PROPUESTAS PARA (RE)CONSTRUIR UNA NACIÓN

Purdue Studies in Romance Literatures

Editorial Board

Íñigo Sánchez-Llama, Series Editor
Elena Coda
Paul B. Dixon
Patricia Hart

Deborah Houk Schocket
Gwen Kirkpatrick
Allen G. Wood

Howard Mancing, Consulting Editor
Floyd Merrell, Consulting Editor
Joyce L. Detzner, Production Editor

Associate Editors

French
Jeanette Beer
Paul Benhamou
Willard Bohn
Gerard J. Brault
Thomas Broden
Mary Ann Caws
Glyn P. Norton
Allan H. Pasco
Gerald Prince
Roseann Runte
Ursula Tidd

Italian
Fiora A. Bassanese
Peter Carravetta
Benjamin Lawton
Franco Masciandaro
Anthony Julian Tamburri

Luso-Brazilian
Fred M. Clark
Marta Peixoto
Ricardo da Silveira Lobo Sternberg

Spanish and Spanish American
Catherine Connor
Ivy A. Corfis
Frederick A. de Armas
Edward Friedman
Charles Ganelin
David T. Gies
Roberto González Echevarría
David K. Herzberger
Emily Hicks
Djelal Kadir
Amy Kaminsky
Lucille Kerr
Howard Mancing
Floyd Merrell
Alberto Moreiras
Randolph D. Pope
Elżbieta Skłodowska
Marcia Stephenson
Mario Valdés

 volume 76

PROPUESTAS PARA (RE)CONSTRUIR UNA NACIÓN

El teatro de Emilia Pardo Bazán

Margot Versteeg

Purdue University Press
West Lafayette, Indiana

Copyright ©2019 by Purdue University. All rights reserved.

∞ The paper used in this book meets the minimum requirements of American National Standard for Information Sciences—Permanence of Paper for Printed Library Materials, ANSI Z39.48-1992.

Printed in the United States of America
Template for interior design by Anita Noble;
template for cover by Heidi Branham.

Cover image by Castelao.
Originally published in *El Liberal,* 23–V–1912.
Reproduced from: Clodio González Pérez. *Castelao. Caricaturas y autocaricaturas.*
A Coruña: Cada, 1986.

Library of Congress Cataloging-in-Publication Data

Names: Versteeg, Margot, author.
Title: Propuestas para (re)construir una nación : el teatro de Emilia Pardo Bazán / Margot Versteeg.
Description: West Lafayette, Ind. : Purdue University Press, 2019. | Series: Purdue studies in Romance literatures ; 76 | Includes bibliographical references and index.
Identifiers: LCCN 2018041520| ISBN 9781557538482 (pbk. : alk. paper) | ISBN 9781612495880 (epub) | ISBN 9781612495897 (epdf)
Subjects: LCSH: Pardo Bazán, Emilia, condesa de, 1852-1921--Criticism and interpretation.
Classification: LCC PQ6629.A7 Z93 2019 | DDC 863/.5—dc23 LC record available at https://lccn.loc.gov/2018041520

"las ideas se transforman
en imágenes y representaciones sensibles,
y estas se dramatizan"
(De siglo a siglo 180)

"el teatro es [...] mi *péché mignon*.
Iría al teatro todas las noches"
("Crónicas de España." *La Nación*,
2 de abril de 1916)

Índice

ix Prefacio

1 Introducción
El teatro de Emilia Pardo Bazán
   1 Nación y teatro
   11 Pardo Bazán y el teatro nacional
   18 Un teatro que hace pensar y sentir
   24 Galicia
   28 El teatro juvenil de Pardo Bazán
   34 Organización de los capítulos

39 Capítulo uno
El vestido de boda (1898). Mujer y nación en un monólogo teatral

57 Capítulo dos
Destino y muerte en *La Suerte* (1904) y *La Muerte de la Quimera* (1905)
   58 Pardo Bazán y las nuevas corrientes simbolistas
   63 *La suerte*
   77 *La muerte de la Quimera*

89 Capítulo tres
Violencia, perversidad y horror en *Verdad* (1906)

113 Capítulo cuatro
Cuesta abajo (1906) y el problema de España

135 Capítulo cinco
De/Regeneratión en *El becerro de metal* (1906)

155 Capítulo seis
Juventud o las (des)ilusiones del deseo (1909)

175 Capítulo siete
Imperio, darwinismo y responsabilidad moral en *Las raíces* (1909)

197 Epílogo
La Malinche (esbozo de un drama)

Índice

217 Apéndices
  217 Apéndice uno: Artículos escritos por Emilia Pardo Bazán y consultados en este estudio
  221 Apéndice dos: Las obras teatrales de Emilia Pardo Bazán comentadas en este libro
223 Notas
263 Obras citadas
291 Índice alfabético

Prefacio

Entre mis primeras incursiones en el teatro de Emilia Pardo Bazán y la terminación de este libro se miden más de diez años. A lo largo de esta trayectoria he llegado a ver que el proyecto teatral de Pardo Bazán, lejos de enfocarse tan solo en los problemas de género y sexualidad, relaciona estas cuestiones con la formación de la nación, y más concretamente con la reconstrucción de la España postcolonial. Como la autora se mete literalmente con todo y con todos para construir sus argumentos, su teatro es especialmente rico en alusiones intertextuales, de modo que con frecuencia me vi frente a fragmentos a los que no pude atribuir sentido y cuyos hilos no siempre logré anudar ...

A medida que seguí con mis lecturas y pesquisas, sin embargo, y ayudada por conocimientos adquiridos en el curso de mis proyectos anteriores (sobre la vida teatral y el periodismo decimonónico), llegué a ver cada vez con mayor claridad la producción teatral de la autora. Su proyecto empezó a tener sentido, y descubrí obsesiones y motivos recurrentes (¡si bien de ninguna manera quiero pretender haberlos captado todos!). Este "trabajo de detective" que hace la investigación tan fascinante, me ayudó también a entender mejor por qué el teatro de Pardo Bazán no tuvo éxito en su época ya que la incipiente dramaturga resultó enormemente (demasiado) exigente para espectadores cuya falta de cualidades ella misma solía criticar implacablemente.

Durante la gestación de este trabajo he contraído una deuda con numerosas instituciones y personas, a las que quiero hacer constar mi agradecimiento. La realización de este proyecto ha sido posible gracias a una beca del programa para la Cooperación Educativa Española y Norteamericana del Ministerio de Educación y Ciencia de España que hizo posible la consulta de fuentes españolas en el verano de 2010. La Universidad de Kansas me otorgó un sabático en el otoño de 2011, así como una beca de estío del Fondo de Investigación General en 2012. Un semestre en el "Hall Center for the Humanities" de la Universidad de Kansas durante el otoño de 2014 me ofreció la tranquilidad necesaria para asegurar que el proyecto llegara a su fin. Un semestre en Salamanca en la primavera de 2015 me abrió el tiempo para escribir, y una "Franklin Research Grant" de la "American Philosophical Society"

Prefacio

en el verano de 2015 me permitió poner los puntos sobre las íes mediante una visita a la Real Academia Galega y a la Casa-Museo Emilia Pardo Bazán en A Coruña. Agradezco mucho la ayuda de los bibliotecarios de la RAG y sobre todo las valiosas sugerencias de Xulia Santiso, directora de la Casa-Museo Emilia Pardo Bazán. Quiero extender mi agradecimiento a los encargados del departamento de préstamos interbibliotecarios de la Universidad de Kansas, y también a Pam LeRow que brindó su valiosísima ayuda con la preparación del manuscrito final.

Muchas personas me han acompañado de una manera u otra durante este proyecto. Las publicaciones de Maryellen Bieder, y más recientemente las de Joyce Tolliver, Carmen Pereira-Muro, Íñigo Sánchez-Llama y Denise DuPont, pavimentaron el camino para este trabajo. Sin las indagaciones sobre el teatro de Pardo Bazán de Montserrat Ribao Pereira y Patricia Carballal Miñán este libro hubiera sido muy diferente. Roberta Johnson, Linda Willem, Jennifer Smith, Lisa Nalbone, Ricardo de la Fuente, José Manuel Pereiro-Otero, Kay Sibbald y Lee Skinner escribieron cartas para becas, revisaron versiones previas y me dieron valiosos consejos. Especial gratitud merece Susan Walter con la que intercambié centenares de emails sobre el tema Pardo Bazán. Quiero darles las gracias a todos mis colegas y ex-colegas de la Universidad de Kansas, en especial a Stuart Day, Jorge Pérez, Santa Arias, Araceli Masterson-Algar y Vernon Chamberlin por su aliento y buenos consejos.

Algunas secciones del libro vieron la luz anteriormente en otras publicaciones. Parte del capítulo sobre *El vestido de boda* se publicó en forma embrionaria en *Hispania*, y segmentos de los capítulos sobre *Verdad* y *Cuesta abajo* aparecieron en *Siglo Diecinueve* y *ALEC* respectivamente. Sobre *Verdad* publiqué también un ensayo enfocado en la enseñanza de la obra en la colección *Approaches to Teaching the Works of Emilia Pardo Bazán*, que codirigí con Susan Walter y que fue publicada por la Modern Language Association of America. Una versión de *El becerro de metal* apareció en *Siglo Diecinueve* y, otra versión, en inglés, en el volumen *Intersections of Race, Class, Gender, and Nation in Fin-de-siècle Spanish Literature and Culture*. Parte del capítulo sobre *La Malinche* apareció en *Hecho teatral*. Agradezco a los editores por acceder amablemente a su reimpresión en este libro.

Prefacio

Como siempre, estoy en deuda con mi marido e hijo por su paciencia y tolerancia durante este proyecto. Dedico este libro a la memoria de mi abuela Anna, quien me enseñó que los estudios enriquecen la vida y que hay muchas maneras de ser una mujer fuerte.

Introducción

El teatro de Emilia Pardo Bazán

Nación y teatro

En 1892 Benito Pérez Galdós agitó la opinión pública con su drama *Realidad*, una obra que ha sido considerada como un hito en la historia del teatro español por su representación realista de la sociedad española de su tiempo. En *Realidad*, Pérez Galdós representa a un marido engañado que perdona a su esposa adúltera en vez de matarla. Al desmantelar la visión del mundo maniquea inherente al paradigma melodramático que hasta entonces dominaba la escena española, y al retratar a ambos cónyuges como ni enteramente inocentes ni enteramente culpables, Pérez Galdós sugiere que a finales del siglo XIX el tradicional código de honor español quede desprovisto de toda relevancia. Augusta, la protagonista femenina (interpretada por la actriz María Guerrero), no morirá a causa de su transgresión.[1]

Más de una década más tarde, Emilia Pardo Bazán estrenó su drama *Verdad*[2] (1906) en el que critica a su colega y amigo Pérez Galdós por la que ella consideraba una representación demasiado optimista de la España de su tiempo. Si en *Realidad* Pérez Galdós evita el feminicidio final, Pardo Bazán abre *Verdad* (1906) con un monstruoso crimen en pleno escenario. Contrario al generoso Orozco, el protagonista de *Verdad* es un psicópata que después de un presumido ataque a su honor, no vacila en estrangular a su compañera femenina (otro papel de María Guerrero). En *Verdad* la dramaturga recicla conscientemente las convenciones del melodrama, que combina con elementos nuevos pertenecientes al género gótico, la literatura policíaca y el teatro de Ibsen para concienciar a sus espectadores de la situación sumamente crítica en la que se encuentra la nación y las pocas garantías de seguridad que ésta ofrece a las mujeres españolas.[3]

Introducción

El presente estudio explora cómo Pardo Bazán (1851–1921) imagina y engendra la nación española en su producción teatral finisecular que vio la luz entre 1898 y 1909. Basándome en un marco teórico que combina los estudios sobre la nación (postimperial) con la teoría teatral y las aportaciones recientes sobre las emociones y los afectos, así como una serie de estudios de perspectiva feminista, examinaré las propuestas teatrales de Pardo Bazán para salir de la crisis de fin-de-siglo. A la zaga de la debacle de 1898, cuando la introspección colectiva dirige la mirada de los autores hacia la patria (vista como problema), Pardo Bazán expone en su teatro sus ideas sobre la crisis finisecular, reflexiona sobre el lugar de España en la arena internacional (enfatizando su misión civilizadora), critica el poder embriagador de la que llama la leyenda dorada (el glorioso pasado español) y ve la causa de los males de la patria en la falta de educación de sus habitantes ("el secreto de nuestros males") y en la desigualdad entre hombres y mujeres. Pardo Bazán no comparte la nostalgia de sus contemporáneos masculinos por un pasado perdido. En vez de enfocarse en el ayer, la autora se interesa por la España presente, y se imagina un futuro en el que nuevas configuraciones sociales sean posibles. En lugar de ubicar sus obras en una Castilla ancestral que cree la ilusión de un espacio unificado y que suprima toda diversidad, Pardo Bazán sitúa varias de sus piezas teatrales en un lugar ex-céntrico: su Galicia natal. Para la autora los problemas regionales son inseparables de los nacionales y los problemas nacionales son inseparables de la cuestión de la mujer. En su producción teatral la incipiente dramaturga apela tanto al raciocinio como a las emociones de sus espectadores/lectores para hacerles pensar y sentir que son los hombres los que constituyen el problema nacional. Pardo Bazán, que veía las cosas muy claras, ilustra con sus obras de teatro que en su opinión "la clave de nuestra regeneración está en la mujer" ("Conversación" 330).

La reflexión crítica sobre la nación—como vemos manifestada en *Verdad*—ha sido una constante en la obra de la autora. El concepto de la invención o construcción simbólica de una nación mediante el discurso ha sido desarrollado por historiadores como Benedict Anderson y Eric Hobsbawm, y para el caso español por, entre otros, José-Carlos Mainer, Jon Juaristi y E. Inman Fox. Sin embargo, no ha sido hasta mediados de los años ochenta del siglo pasado cuando los estudiosos como George Mosse han empezado a considerar las nociones de género y sexualidad como componentes esenciales de la nación y del nacionalismo. Con respeto a la literatura española Christine Arkinstall, Kirsty Hooper y Roberta Johnson han manifestado su asombro ante la poca o nula atención que se ha prestado a la contribución de las mujeres escritoras a la elaboración de conceptos relacionados a la nación, la cultura y la historia.[4] Rompiendo con los paradigmas de su época, Pardo Bazán contribuyó al proceso de construcción de la nación en sus escritos novelísticos, como figura pública intelectual y, como veremos, también como dramaturga.[5] Siguiendo el camino indicado recientemente por Carmen Pereira-Muro, que ha demostrado convincentemente que Pardo Bazán, como ardua defensora del proyecto realista, compartió plenamente el nacionalismo cultural de sus compañeros novelistas de la así llamada "Generación de 1868" (*Género*), y por Íñigo Sánchez-Llama, que ha insistido en el "nacionalismo cívico" que permea la obra crítica finisecular de la autora ("Introducción"), el presente estudio enfoca en las contribuciones que Pardo Bazán como dramaturga brinda al debate sobre la nación.

El ya clásico análisis de Benedict Anderson demuestra que el proceso de formación de la nación no quedó de ninguna manera limitado a las iniciativas del estado, sino que, en términos culturales más amplios, también tuvo lugar en la esfera pública como la describe Jürgen Habermas. La prensa y la cultura impresa (y como veremos también el teatro) desempeñaron un papel crucial en promover un imaginario nacional, al crear un público lector homogéneo, que compartiera intereses y ansiedades, respaldara valores burgueses, y tuviera hábitos comunes de consumo cultural (Labanyi, "Relocating" 169–71).[6] En España, los escritores realistas de la Restauración—y Pardo Bazán con ellos—, se indignaron ante los débiles e ineficaces intentos del estado para crear una nación en el sentido liberal y moderno, y asumieron la tarea, en las palabras de Leopoldo Alas "Clarín," de "remover y conmover la conciencia nacional" (*Teoría* 92).[7] Procedieron a imaginar esa posible nación a través de la novela realista y se metieron a escribir una novela nacional "de calidad," una literatura "viril," con la que intentaron reivindicar para España su condición de potencia intelectual en el contexto europeo con un producto vinculado al realismo español del Siglo de Oro (Cervantes y el *Quijote*). Además, buscaron recuperar un mercado nacional (invadido por

Introducción

folletines franceses) y proteger el oficio del escritor (amenazado por el sistema de la producción por entregas) (Jagoe "Disinheriting"; Blanco "Gender").[8]

Pardo Bazán participó activamente en este proyecto de nacionalismo cultural pese a los compromisos que para ella implicó su involucración. Las mujeres habían quedado excluidas de la nación liberal, ya que ésta fue ideada como "contrato social" establecido exclusivamente entre hombres, es decir como manifestación de una "fraternidad" varonil, cuyo sujeto nacional era obviamente masculino (Mayer 6). En su libro *Nationalism and Sexuality*, George Mosse afirma que el concepto moderno de la masculinidad occidental—y como consecuencia también el de la mujer pasiva y subordinada al hombre—surge con la emergencia de la nación moderna (10). Como mujer dentro de un mundo de hombres, Pardo Bazán trataba de negociarse un espacio como autora y sujeto en una cultura nacional que ella misma concebía como masculina, tanto por ser sus colegas todos varones (Pereda, Valera, Pérez Galdós, Clarín, Palacio Valdés, etc.), como por los términos exclusivamente masculinos del nacionalismo cultural del movimiento realista (Pereira-Muro "Maravillosas" 71–74).[9] Si quería ser tomada en serio como autora—en vez de ser descalificada como "literata"—y tener acceso a las instituciones culturales más prestigiosas del país (ej. el Ateneo), la escritora debió necesariamente aceptar el carácter masculino de la literatura nacional de la que anhelaba formar parte.[10] En su producción literaria, sin embargo, Pardo Bazán se esforzaba continuamente por reclamar para la mujer el protagonismo como sujeto nacional que le era negado por la cultura decimonónica.[11] La autora comparó la reintroducción de la mujer en la sociedad, en feliz formulación de Carmen Pereira-Muro, a una "necesaria *transfusión de sangre* que daría nueva vida a la *anémica* nación" (*Género* 5, la cursiva es mía).

Cuando, a finales del siglo XIX, Pardo Bazán sigue conscientemente los pasos de sus colegas novelistas de la generación realista (Pérez Galdós, Alas) en un esfuerzo de consagrarse como escritora dramática y renovar la languidecente escena española con un teatro nacional de calidad, la autora (que ya tuvo que aceptar el carácter masculino de la literatura nacional) debe de nuevo ganarse un lugar en otro mundo masculino, el del teatro. En el ínterin, tanto Pardo Bazán como la sociedad española han cambiado. La autora ha experimentado una mayor concienciación feminista, como

Introducción

demuestra su ensayo "La mujer española" (1890).[12] En cuanto a la realidad social española, la brecha cada vez mayor entre esta realidad y el proyecto literario nacional de la generación realista ha resultado en la creación del tópico de España como anomalía o fracaso (Pereira-Muro, *Género* 29).[13] En 1899 Pardo Bazán se muestra altamente indignada sobre el silencio de los miembros de su generación ("no han abierto la boca") ante los acontecimientos del 98: "Me duele ver que las letras conservan actitud de impasibilidad en presencia de tan terribles golpes" ("Asfixia." *De siglo* 163). La autora, por su parte, no vacila en compartir su desencanto con los jóvenes escritores que más tarde recibirían la etiqueta de Generación del 98. Las repuestas de la autora a los acontecimientos no son menos emocionales y ambivalentes que las de los intelectuales finiseculares que han sido analizadas por Javier Krauel.[14] Pardo Bazán, que en su *Discurso pronunciado en los juegos florales de Orense* (1901), les ruega a sus oyentes que "no me neguéis, repito, en atención a mi sexo, que pueda hablaros de los males de la Patria" (*Obra crítica* 314), reivindica como mujer su derecho a discutir cuestiones relacionadas con la identidad nacional y el estado de la nación. La autora coincide con los intelectuales finiseculares tanto en el diagnóstico pesimista del "problema de España" como en ver una posible solución a la crisis en un mayor autoconocimiento por parte de los españoles. Al igual que Unamuno, Ganivet, Maeztu y otros escritores, pero desde una perspectiva innegablemente femenina, la autora manifiesta su disconformidad con y preocupación por la España finisecular.[15]

En el imaginario español del fin-de-siglo la idea de la "nación" siguió vinculada a la del imperio. El llamado "turno imperial" en los estudios culturales ha dirigido la atención crítica hacia el impacto de las historias imperiales en las sociedades metropolitanas tras la descolonización y más allá (Burton 2). Edward Said, en *Culture and Imperialism*, postula que el imperio y las preocupaciones imperiales eran "constitutively significant" en los textos europeos, aún cuando estos textos no trataron del imperio (66). Es decir, el imperio no fue simplemente un fenómeno *out there*, sino una parte fundamental y constitutiva de la cultura metropolitana y de la identidad nacional de la patria, donde influenció en el debate político, la estructura social, el discurso intelectual y la imaginación de la gente (Burton 3). Si bien Said y otros no se refieren específicamente al caso español, sus ideas son relevantes para

Introducción

la producción cultural finisecular española. Los estudios históricos recientes de Christopher Schmidt-Nowara, Josep Fradera y otros nos han enseñado que durante el siglo XIX, el imperio colonial español desempeñó un papel central en el proceso de formación de la nación. Si bien el imperio español de la temprana edad moderna estuvo en declive desde hace mucho tiempo, y España perdió la mayor parte de sus posesiones en el nuevo mundo como consecuencia de las revoluciones independentistas hispanoamericanas (1808–26), el colonialismo continuó a desempeñar un papel clave en las discusiones de los españoles sobre los contornos de su nación y en la articulación de una identidad nacional española. Siguiendo una sugerencia de Alda Blanco, quien se basa en el concepto de "former present" acuñado por el antropólogo David Scott, leeré por ende la producción textual y teatral de Pardo Bazán en el contexto de un presente pasado que fue innegablemente determinado por una conciencia imperial (incluso si las obras tratan sólo indirectamente del imperio) (Blanco, "Spain" 4).[16]

Joyce Tolliver y otros críticos han manifestado su perplejidad ante las ideas de Pardo Bazán que resultan a veces "unabashedly imperialist" y en algunos casos incluso "disturbingly racist" (Tolliver, "Pardo Bazán" 93). ¿Cómo fue posible que esta autora con sus ideas tan progresistas sobre el género sexual pueda ser tan vehementemente colonialista cuando se trata de su postura en el debate colonial?[17] La respuesta es que en el siglo XIX y a principios del siglo XX el concepto de "imperio" no fue considerado como causa de abyección ni tuvo la carga de inmoralidad que tiene hoy en día. Más aun, para la inteligencia liberal española el colonialismo fue un proyecto moderno y por ende progresista para la nación (Blanco, "Spain" 7). Conviene enfatizar aquí que la reducción considerable del poder imperial español tuvo lugar precisamente en una época en la que los países del norte de Europa tales como Inglaterra, Francia y Alemania estaban en el proceso de convertirse en los nuevos poderes coloniales (y podemos añadir a los EEUU como poder colonial emergente en 1898. En la que Hobsbawm ha llamado "edad del imperio," cuando aproximadamente un cuarto de la superficie de la tierra de nuestro planeta fue distribuido y redistribuido como colonias entre media docena de estados (*Age* 59), el imperio fue un objeto de deseo y un componente crucial en los imaginarios nacionales de los países capitalistas. Si bien España por cierto "no se resignaba a desaparecer del selecto club de países que en el siglo XIX se repartieron el mundo en beneficio propio" (Fradera 687), los intelectuales españoles eran sumamente conscientes que la amputación simbólica de la pérdida del imperio apartó al país de la modernidad, de "Europa," y del "Occidente" (Iarocci, *Properties* 8). No hay duda que esta amputación simbólica afectó el pensamiento de Pardo Bazán que escribió en 1899: "Esta nación [...] parece cabalmente predestinada [...] a tomar parte activísima en la marcha y adelantos de la civilización del mundo [pero] al finalizar nuestro siglo se discut[e]n seriamente sus derechos a figurar entre los pueblos cultos" (*La España* 64). La conciencia colonial y el apego emocional al imperio no pueden ser mejor expresados.

Discursivamente, los emergentes imperios del norte de Europa se esforzaron mucho por representar a su anterior rival España bajo una luz desfavorable—por "pintarnos feos" diría Pardo Bazán ("Columnas de humo." *De siglo* 31)—y por atribuir a España una identidad explícitamente no moderna. Tanto la así llamada "leyenda negra" como las narraciones orientalistas que representaron al país como presumidamente retrasado ilustran este fenómeno. Estos estereotipos de la identidad nacional española convergieron hasta cierto punto con la visión que los españoles tuvieron de sí mismos. En una conferencia que Pardo Bazán dio en 1899 para la prestigiosa Société de Conférences en París, la autora afirma que no sólo los franceses que viajaron a España percibieron el país por la bruma de la leyenda romántica (*La España* 62). Los españoles mismos habían creado la que Pardo Bazán llama una "leyenda dorada" (el inverso de la leyenda negra), una peligrosa serie de convicciones fuertemente arraigadas y basadas en el poder embriagador del pasado glorioso español que ahora socavaban la vitalidad de la nación. "¿Quién no leyó, en verso o en prosa, todo aquello de que hemos sido señores del mundo, con lo otro de que el sol no se ponía en nuestros dominios, y por contera lo de nuestro leonino valor y nuestro heroísmo que al orbe asombra?" ("Despedida." *Nuevo Teatro Crítico* [*NTC*] 3.30 [1893]: 304).[18]

La leyenda dorada, escribe Pardo Bazán en 1899, ha falseado el juicio de los españoles, incapaces de tomar conciencia de los verdaderos problemas que atormentan al país. Aludiendo a Lord Salisbury que en un discurso del mismo año habló de "naciones moribundas" (Torre del Río 171–72), la autora afirma que el resultado es "una España tan diversa de la que fantaseábamos;

Introducción

una España de *empobrecida sangre*, de agotados nervios, de mal cultivada inteligencia" (*La España* 89, la cursiva es mía). A Pardo Bazán le resulta altamente preocupante que los españoles actúen conforme a la leyenda dorada, la cual, según la autora, es una "creación colectiva de los españoles" que éstos han "comunicado a los extranjeros" (*La España* 61). Le molesta que sus compatriotas den, en las palabras de Michael Iarocci, un *performance* de su identidad como fundamentalmente no moderna, que favorece grandemente a los países del norte de Europa deseosos de repartirse el mundo y expulsar discursivamente a España de la modernidad (*Properties* 23–26). En los últimos párrafos de la conferencia de París, Pardo Bazán respalda por ende explícitamente a la exigua minoría de intelectuales que aspiran a despertar a los españoles y "reemplazar el ideal legendista [sic] por el ideal de la renovación, del trabajo y del esfuerzo" (*La España* 89). La biografía que se adjunta a la versión publicada de la conferencia revela quiénes constituyen esta minoría: Lucas Mallada, Macías Picavea, Ramiro de Maeztu, Miguel de Unamuno, Joaquín Costa ... (*La España* 91–97).[19]

Es cierto que la representación que los países del norte de Europa divulgaron de España fue la de una nación retrasada, y que los españoles acogieron por lo menos parcialmente esta representación y dieron un *performance* de la identidad no moderna que la Europa del norte les había atribuido. Pero la cosmopolita Pardo Bazán percibió también lo moderno como una fuerza poderosa e inquietante *dentro* de la cultura española, mientras que al mismo tiempo su ubicación en una nación europea periférica le abrió los ojos a las deficiencias de la modernidad extranjera. Dentro de los límites ideológicos que determinaron su pensamiento, la autora explora una serie de soluciones para insertar su país dentro de la comunidad de países civilizados y para llevarlo a la vanguardia de la modernidad europea. Muchas de sus obras intentan responder a la pregunta: "¿Qué podemos hacer para ser modernos?" (Shkatulo).

Una de las sugerencias que avanza la autora en este contexto es que es tiempo para otro tipo de literatura, una literatura que corresponda mejor con la situación de la nación: "[u]n pueblo como el español tan atrasado, tan decaído, necesitaría más bien una literatura de acción, estimulante y tónica, despertadora de energías y fuerzas, remediadora de daños" ("Asfixia." *De siglo* 163–64).[20] La literatura debe inculcar el sentimiento patriótico y excitar las emociones del público: "Nuestro público necesita que el arte le inculque *ciertos sentimientos y ciertas memorias*, que por el camino de la ciencia no aprenderá nunca" (*NTC* 2.23 [1892]: 101–02, la cursiva es mía). Pero Pardo Bazán, que en su producción periodística se quejaba constantemente de la falta de lectores, suscriptores de revistas, compradores de libros, en resumen de la indiferencia e ignorancia del público, sabía perfectamente "que en este pueblo, nadie leería esa literatura (ni la otra)" ("Asfixia." *De siglo* 164). Y con una alusión a la terminología médica tan en boga con los regeneracionistas, la autora concluye: "Precisamente he aquí uno de los síntomas de nuestra *enfermedad*; la inapetencia literaria" (164, la cursiva es mía).[21]

Así es que en los años alrededor del Desastre de 1898 y en el período que siguió a la pérdida de los últimos vestigios del imperio español, Pardo Bazán optó por un género diferente. La novelista se volvió dramaturga y produjo una serie de propuestas teatrales para revitalizar la patria después de la debacle colonial.[22] Ya antes en la década de los noventa, dos de sus más ilustres compañeros de la así llamada Generación de 1868 le habían precedido en el afán de contribuir, ahora desde el escenario, al nacionalismo cultural: Benito Pérez Galdós con *Realidad* (1892) y Leopoldo Alas "Clarín" con *Teresa* (1895). Tanto Pardo Bazán como sus colegas masculinos consideraron el teatro, donde la comunicación entre las ideas del autor y el público es más directa, de gran importancia para el progreso de la sociedad, e insistieron en su regeneración (Hernández 95).[23]

La nación es reproducida cultural, social y simbólicamente mediante la performatividad de sus miembros (Mayer 8), y si bien los estudiosos del nacionalismo cultural (Bhabha, Said, Anderson y otros) suelen subestimar la contribución del teatro a este proceso, el especialista en estudios teatrales Stephen Wilmer insiste en la importancia y eficacia del teatro para representar y retar los valores nacionales y la noción de la identidad nacional (1).[24] El teatro (como el cine) crea espectáculos públicos con cuerpos sexualizados, y contribuye de esta forma a inculcar una inversión erótica en el romance nacional. Además, puede servir para formular contranarrativas que revelen los peligros implícitos en las representaciones hegemónicas de la historia nacional (Parker, "Introduction" 12).[25]

Las características retóricas y semióticas inherentes al teatro convierten este género en un medio particularmente eficaz para

Introducción

transmitir las nociones de lo que pertenece a la nación y lo que queda fuera de este concepto. Las obras que expresan los valores nacionales suelen ser representadas en un espacio público (una sala de teatro), donde por un lado pueden reivindicar que representan una identidad nacional, y por otro invitar a la comunidad a juzgar las representaciones que ofrecen de esta identidad. Las actuaciones en vivo proveen los problemas abstractos de caras y cuerpos humanos y colocan estos cuerpos y caras en el mismo tiempo y espacio que el público (Muse 176). Como lugar de interacción entre los actores y los espectadores el teatro es un microcosmos de la comunidad nacional. A diferencia del lector solitario, el espectador teatral forma parte de un conjunto de espectadores que pueden expresar su apoyo o rechazo en presencia de los actores y los demás espectadores. En consecuencia y conforme a la noción del "plebiscito cotidiano" formulada por Ernest Renan,[26] el teatro puede servir de foro público en el que la audiencia escudriña la retórica política y evalúa la validez de las representaciones de la identidad nacional, juzgando las imágenes de sí misma (Wilmer 1–2).

En todo momento, la noción hegemónica de la nación es contestada por los grupos rivales dentro de esta misma nación que buscan afirmar o imponer sus propios valores culturales. Andrew Higson explica este fenómeno cuando afirma que una identidad nacional estable y coherente siempre se produce "at the expense of repressing internal differences, tensions and contradictions— differences of class, race, gender, religion, etc." (62). Los grupos subalternos contrastan la representación hegemónica del grupo dominante con una identidad más pluralista o contrahegemónica (Wilmer 3). Peggy Phelan y numerosos otros teóricos del *performance* han señalado que las actuaciones en vivo, que se definen por cualidades de presencia, personificación, e interacción con el público, se prestan particularmente bien a llamar la atención a aquellos aspectos de la sociedad que han sido reprimidos o que la gente simplemente se niega a ver (*Unmarked*). Pardo Bazán fue muy consciente de la importancia del teatro para el proceso de formación de la nación: "El teatro de cada pueblo y de cada período de la vida histórica de ese pueblo, *revela* el desarrollo de su evolución" ("La vida contemporánea." *La Ilustración Artística* [*IA*] 1.305, 1 de enero de 1907, la cursiva es mía). Las obras teatrales de la autora contestan en varios aspectos la imagen hegemónica de la nación. Buscan abrir los ojos a los espectadores y mostrarles los

Introducción

aspectos misóginos de esta nación para reivindicar una identidad nacional que privilegie la posición de las mujeres en vez de reducirlas a un grupo marginado y oprimido en la sociedad.

Pardo Bazán y el teatro nacional

La producción teatral de Pardo Bazán comprende unas veinte obras compuestas casi todas entre 1898 y 1909. Si bien el inventario de esta producción se ha ampliado recientemente y no es aún definitivo (Ribao Pereira, "Estudio Preliminar" 15), es cierto que tan sólo cinco de estas obras han sido representadas y no siempre con éxito: el monólogo *El vestido de boda* (1898); el "diálogo dramático" *La suerte* (1904); y los dramas *Verdad* (1904), *Cuesta abajo* (1906) y *El becerro de metal* (1906, estrenado en 1922). Tres obras más han sido sólo publicadas: *Juventud* y *Las raíces* (en el tomo 35 de las *Obras completas* de la autora, 1909) y *La muerte de la Quimera* (como capítulo previo a la novela *La Quimera*, 1905). Las restantes obras teatrales de Pardo Bazán han sido conservadas en forma manuscrita y fragmentaria. Así es que disponemos de una serie de intentos juveniles de la autora: *Perder y salir ganando*, *El Mariscal Pedro Pardo*, *Tempestad de invierno*, *Adriana Lecouvreur* (una traducción incompleta de la obra homónima de Scribe y Legouvé), *Ángela*, y *Plan de un drama [En Extremadura]*. También existen, tampoco en forma completa, los textos siguientes: *Fragmento de un drama [Soleá]*, *Los Peregrinos*, *La Malinche*, *Asunto de un drama [Los señores de Morcuende]*, *Un drama*, y *La Canonesa*, una traducción incompleta de *La patrie en danger* de Edmond de Goncourt. De atribución dudosa y discutible es *El sacrificio*.[27] Dentro de la extensa producción creadora de la autora, su teatro es un terreno frecuentemente pasado por alto. Sin embargo, los críticos que se han ocupado más o menos detenidamente de las obras teatrales de Pardo Bazán, como Elaine Farlow, Salvador García Castañeda, Francisco Nieva, Dolores Thion-Soriano Mollá, Mary Lee Bretz, Maryellen Bieder, María Prado Mas, John Wilcox, Anxo Albuín González, Javier López Quintáns, y sobre todo Montserrat Ribao Pereira y Patricia Carballal Miñán, han señalado unánimemente que las obras de teatro de la autora son mucho más que un fracaso interesante y pueden ofrecer una perspectiva innovadora de los problemas que discutimos cuando analizamos otras obras contemporáneas a su producción teatral.

Introducción

Pardo Bazán escribió su teatro para verlo representado y la autora dedicó mucha atención a la escenificación de sus obras. Estas obras se estrenaron en teatros importantes de Madrid (Teatro de Lara, Teatro de la Princesa, Teatro Español, Gran Teatro [antes Teatro Lírico]) y de Galicia (Teatro Principal, A Coruña). La autora seleccionó con mucho cuidado a unos intérpretes de primera categoría (Balbina Valverde, María Álvarez Tubau, María Guerrera, Fernando Díaz de Mendoza, Enrique Borrás …) y prefirió para algunos de los estrenos los beneficios de los actores que le garantizaron un público benevolente. La elección, para el estreno, de una función de beneficio de un actor respetado, minimizaba las posibilidades de un fracaso y revela la importancia que Pardo Bazán da al éxito de su obra. La autora solía proveer sus piezas de detalladas acotaciones que incluso precisaron la posibilidad de suprimir uno de los actos "[s]i se juzgase oportuno por razones de brevedad o de conveniencia," para asegurarse que no hubiera ningún obstáculo que impidiera la tan deseada representación (*TC* 170).

A pesar de los esfuerzos de la dramaturga, las representaciones de sus obras teatrales tuvieron un éxito muy moderado. Las piezas de Pardo Bazán generaron numerosas críticas que tienen que ver tanto con la estructura de las obras mismas como con el género sexual de la que Pérez de Ayala llamó "nueva Lope con faldas" (en Bravo Villasante, "Introducción" 7). Un espectador incluso le recomendó a la dramaturga: "Que se vaya a hacer calceta" (Morote 276). Pardo Bazán se mostró siempre muy consciente del carácter *ad feminam* de las críticas que tuvo que aguantar: "A ningún escritor vivo, y acaso a ninguno de mi generación, le han sido dirigidos los ataques que a mí. No ataques del género literario [...] La base de esas censuras es personal" (*Discurso en la inauguración* 8). Como causa de la falta de éxito de las piezas teatrales de Pardo Bazán se han aducido tanto la inexperiencia de la incipiente dramaturga como la falta de preparación de su público (Nieva 190). El primer argumento lo considero algo discutible. Aunque le faltaba experiencia a la escritora, no le falta ingeniosidad a sus obras. Además, la autora fue una gran conocedora del teatro de su tiempo. El segundo argumento, sin embargo, sobre la modernidad de sus obras en combinación con las expectativas del público finisecular, me parece más convincente y en éste ha insistido la misma Pardo Bazán ("La vida contemporánea." *IA* 1.261, 26 de febrero de 1906).

Introducción

Si bien los estrenos de las obras teatrales de Pardo Bazán tuvieron lugar bastante tarde en la carrera literaria de la autora, su fascinación por la escena arrancó, sin embargo, de muy atrás y la creación dramática siempre había ocupado un lugar central en su pensamiento artístico. Sus "Apuntes autobiográficos" (1886) revelan el interés que desde muy joven tuvo por el arte teatral. Según confesión propia, una vez instalada en Madrid en 1889 no perdía oportunidad de asistir al teatro, con asiduidad y ojo crítico ("Apuntes" 29; Quesada Novás 155–56).[28] En 1906 la autora escribe que "ensayos, estrenos, éxitos y la mecánica interior que esto lleva en sí, despiertan mi curiosidad lo suficiente para entretenerme como a un mero *dilettante*, por la observación y análisis de pasiones, miserias, luchas e ilusiones que ello envuelve" ("La vida contemporánea." *IA* 1.261, 26 de febrero de 1906). Una década más tarde esta afición no ha disminuido: "Yo confieso que el teatro es, permitidme que lo diga con una frase francesa, mi *péché mignon*. Iría al teatro todas las noches" ("Crónicas de España." *La Nación*, 2 de abril de 1916).

Pardo Bazán no nos ha dejado ningún texto que recoja programáticamente todas sus ideas sobre el teatro, pero sí disponemos de las muchas y muy perspicaces reseñas teatrales que la autora escribió en el curso de su vida y en las que emite sus juicios sobre el teatro y los caminos que éste, a su parecer, debería tomar. Estas reseñas, en las que la autora considera el teatro como espectáculo y demuestra tener un gran conocimiento de la escena española y extranjera, se publicaron entre otras en *La Ilustración Artística* (*IA*) de Barcelona, en la que escribió desde 1896 hasta 1916 la sección quincenal "La vida contemporánea"; en *La Nación* de Buenos Aires (periódico en el que escribió desde 1879 hasta 1921), y sobre todo, desde las páginas de la sección "Revista de Teatros" de su *Nuevo Teatro Crítico* (*NTC*), que redactó entre 1891 y 1893. En sus artículos la autora se queja repetidas veces de la ausencia de un auténtico teatro "nacional," y atribuye la situación decaída de "nuestra malaventurada escena" ("Los estrenos." *NTC* 2.15 [1892]: 110) a la indiferencia y el hastío del público cuya educación teatral consideró de primera urgencia si se quería remediar la falta de interés por todo lo que no fuera la ópera o las bufonerías de los teatrillos por horas.

En la España finisecular, y con el crecimiento de la capital, había nacido en Madrid una cultura urbana cuya manifestación

Introducción

más palpable era la expansión de la vida nocturna y la proliferación de los teatros. Hasta la llegada del cine, los teatros eran lugares importantes de sociabilidad donde la clase media venía noche tras noche para ver y, sobre todo, para dejarse ver.[29] La situación del teatro fue en muchos aspectos parecida a la que los miembros de la llamada Generación del 1868 encontraron con respecto a la novela. Si es cierto que en las últimas décadas del siglo XIX el teatro estaba dominado por un limitado número de dramaturgos de gran renombre, también lo es que centenares de autores menores compitieron con ellos por la atención del público con una producción a destajo de traducciones y arreglos de obras francesas y un teatro festivo y poco trascendente, el género chico, que gozó de una tremenda popularidad. El calificativo "varonil" era uno de los mejores elogios que podían hacerse a un dramaturgo (Gies, *The Theatre* 326), y sólo algunas mujeres dramaturgas se atrevieron a hacer unas modestas incursiones en este mundo masculino (Wilcox; Gies, *The Theatre*).[30]

Después de los éxitos de Tamayo y Baus y López de Ayala (*Consuelo*, 1878), maestros de la así llamada "alta comedia" cuyas obras bien hechas representan una clase alta que ve amenazados sus privilegios y poder por una movilidad social posibilitada por el dinero, la escena española de la segunda mitad del siglo XIX fue dominada por José Echegaray. Este ingeniero-vuelto-dramaturgo incorporó las tensiones manifiestas en la sociedad en un aparatoso teatro melodramático de conflictos maniqueos y grandes emociones, escrito en un lenguaje anacrónico y recargado, que iba dirigido a la clase media-alta que controlaba las riendas sociales, económicas y políticas del país (Gies, *The Theatre* 294). El dramaturgo consiguió su autoridad artística al permear la vieja fórmula melodramática con formas dramáticas de mayor prestigio (explotó primero el drama romántico y el teatro del Siglo de Oro; en su madurez se aproximó al realismo y naturalismo).[31] En una carta a la actriz María Guerrero, Echegaray afirma saber exactamente cómo agradar a los espectadores: "el público no siente y no aplaude más que tres cosas: *chistes* más o menos toscos, *valentías* más o menos heroicas, o *situaciones* de efecto. En el teatro sólo tiene gran efecto el efectismo" (en Ríos-Font, *Rewriting* 76). En un esfuerzo de ponerse al día Echegaray pretendió conectar con la ideología de su época. Pero si sus personajes apoyan los ideales progresistas y muestran la hipocresía de muchas creencias morales, al final nunca encuentran un lugar en la sociedad. En las obras del dramaturgo el ideario liberal coexiste con modelos de conducta reaccionarios, por lo que a fin de cuentas, en las palabras de Wadda Ríos-Font, el teatro de Echegaray es un teatro hegemónico; sus obras apoyan encubiertamente lo opuesto de la ideología progresista que las hace tan atractivas para el público liberal (*Rewriting* 61). Y no es muy diferente el caso de sus seguidores (Eugenio Sellés, Leopoldo Cano, José Feliú y Codina, Joaquín Dicenta ...).

Pardo Bazán reseñó las obras de Echegaray en varias publicaciones de su *Nuevo Teatro Crítico*. Al igual que Leopoldo Alas "Clarín" y Benito Pérez Galdós, la autora estimó a Echegaray por lo que sabía conseguir dentro de las limitaciones del escenario de su época. Admiró la maestría dramatúrgica de Echegaray y notó que entre los dramaturgos de su tiempo el autor de *El gran galeoto* fue el único con valor estético. (Pardo Bazán respaldó también la candidatura de Echegaray al premio Nobel en 1904.) Aunque para la autora el melodrama fue un "censurable extremo" ("Revista de teatros." *NTC* 1.12 [1891]: 53) y las obras de Echegaray demasiado largas para su gusto, éstas constituyeron no obstante la "columna que sostiene el palacio ruinoso de nuestro drama nacional" ("El estreno de Echegaray." *NTC* 1.1 [1891]: 82). Pardo Bazán alabó el interés de Echegaray por los problemas contemporáneos así como su decisión de abandonar su época "súper-romántica" y aventurarse por otros derroteros, cuando la dirección seguida en sus primeras producciones ya no era sostenible. Los experimentos del dramaturgo con una gama heterogénea de influencias domésticas y extranjeras (Dumas hijo, los Goncourt, Sardou, Augier, Moratín, Shakespeare, Ibsen, Tolstoi) le parecieron de alabar, incluso cuando no resultaran exitosos. Aunque no le contenta el desenlace de *Mariana* (1892), Pardo Bazán se entusiasma con la protagonista femenina (un papel de María Guerrero) en la que nota la influencia de Henrik Ibsen: "rompiendo la tradición de mujeres abstractas y sin humanidad que ha solido imperar en el teatro romántico, Mariana es una mujer verdadera, que siente, quiere y discurre; mujer tal vez más consciente que la mayoría de las mujeres" ("El estreno de Mariana." *NTC* 2.24 [1892]: 61).

A pesar de tales comentarios elogiosos, Pardo Bazán no consideró a Echegaray como el representante de la tendencia teatral más innovadora del momento. Para ella es Pérez Galdós, quien, siguiendo las ideas expresadas por Zola en *El naturalismo en el*

Introducción

teatro (1879), supo imponer a la escena los procedimientos y el contenido analítico de la novela y crear un teatro realista en la forma y filosófico en el contenido ("Realidad." *NTC* 2.16 [1892]: 63).[32] Según explica Jesús Rubio Jiménez, en Zola, "[l]a búsqueda de lo verdadero mediante la observación y el análisis del hombre, preside, al igual que en sus ideas sobre la literatura en general, su concepción del teatro" (*Ideología* 12–13). El autor francés propuso un teatro que no sirviera a los caprichos del público, sino que se enfrentara a él, y tratara de fabricárselo (12–13). De igual manera, Pérez Galdós se esforzó por sustituir las representaciones simbólicas de los problemas que atormentaron a la sociedad por "una reproducción de la vida" (Dougherty 212).[33] Ríos-Font ha analizado perspicazmente cómo Pérez Galdós implementó en el teatro un proyecto de reforma similar al que había emprendido en la narrativa. Utilizando su prestigio como novelista, el autor canario abogó por un mayor realismo escénico. Distinguiendo entre la producción de masa y la producción de calidad pretendió crear un teatro menos artificial y más artístico. En vez de tolerar que el teatro dependiera de la sanción del público, Pérez Galdós quiso contribuir a la formación de una audiencia que pudiera percibir y apreciar un arte de calidad (Ríos-Font, *Canon* 75–90).[34] Para los defensores del nacionalismo cultural importaban tanto las novelas que la nación leía cuanto las obras que veía representadas en las tablas.[35]

Pardo Bazán respaldaba los esfuerzos de Pérez Galdós para remediar la "decadencia y anemia" del teatro nacional: "Nuestro teatro es parte sobrado integrante de nuestra gloria literaria para que podamos ver tranquilos su angustiosa agonía" ("Realidad." *NTC* 2.16 [1892]: 22). La autora no veía ninguna razón para aislar al teatro de las demás formas literarias, con las que según ella guarda tan estrecha relación, tales como la poesía y la novela (20). Al contrario, desde una perspectiva educadora de raigambre krausista, Pardo Bazán consideraba el teatro como un medio idóneo para orientar al pueblo español con respecto a su pasado, presente y futuro. Para la autora la escena es "un campo nuevo, libre [...] de serias competencias, un camino directo para intimar otra vez con el temible público, para hacer vibrar con más intensidad sus fibras y despertar su embotada sensibilidad artística" (23). Pardo Bazán precisa que "[h]ay en el teatro infinitos elementos ajenos a la literatura, que le prestan interés humanísimo. Es un estudio, más viviente y sangrante que el de los libros. Es vida en que el artificio y la realidad, combinándose, dan por resultado un poco más de experiencia" ("La vida contemporánea." *IA* 1.261, 26 de febrero de 1906). Refiriéndose al valor del teatro para el nacionalismo cultural concluye: "No se trata de enseñar la historia como en una cátedra, sino de familiarizar con los personajes y el sentido íntimo de la historia patria al pueblo, y a los que, sin ser pueblo, ni aun la sospechan" ("La vida contemporánea." *IA* 1.776, 10 de enero de 1916).

Pardo Bazán era de la opinión que el teatro debía tener más fin que el de "recrearnos honesta, lícita y bonachonamente" ("Revista de teatros." *NTC* 1.12 [1891]: 52), y consistir en "el análisis de pasiones, miserias, luchas e ilusiones" ("La vida contemporánea." *IA* 1.261, 26 de febrero de 1906; Ruiz-Ocaña Dueñas, *La obra* 249). La autora comparte con Pérez Galdós la convicción que para este tipo de teatro el público se halla escasamente preparado, algo que repetirá durante toda su vida.[36] Los espectadores son ignorantes y de gustos vulgares y sólo se divierten con obras de ínfima calidad, en las que priman la música y el espectáculo intrascendente: "Aquí no hay dinero ni humor sino para el Real, en invierno, y ahora, en verano, los frontones" ("Revista dramática." *NTC* 2.18 [1892]: 100).[37] Las obras extranjeras no quedan excluidas de sus quejas sobre la oferta teatral: "vivimos metidos en la producción francesa hasta el cuello." Refiriéndose a Sardou y Daudet, Pardo Bazán lamenta: "si nos invade el género francés, no nos invada el peor" ("Los estrenos." *NTC* 2.15 [1892]: 104, 109). El problema es que se impone la "ley de taquilla" y que la escena es condicionada por la demanda de los espectadores. Lo que falta es "una autoridad crítica que en este terreno especial, ejerza sobre el público una verdadera influencia educativa, que le enseñe lo que debe admirar, comprender y saborear," pero "nadie se toma el trabajo de examinar y revisar los fallos del público de masa para confirmarlos o corregirlos" ("Crónica de España." *La Nación*, 29 de abril de 1911). Para educar a este público que ejerce injustamente tan gran presión sobre los autores, es necesario que el Estado subvencione el teatro clásico español—el de Lope, Tirso y Calderón, y los dramaturgos románticos.[38] Repetidas veces Pardo Bazán comunica su peculiar concepto de lo que debe ser el teatro nacional. Así es que escribe para sus lectores argentinos: "Un teatro nacional en España, debiera darnos a algunos aficionados

Introducción

que por ese concepto valemos más que el resto del público estragado y entumecido regalo de oír alguna vez a Lope, a Tirso, a Guillén de Castro, a Calderón, a Rojas" ("Crónica Teatros y público." *La Nación*, 6 de junio de 1909).

Un teatro que hace pensar y sentir

Para Pardo Bazán, asumir la modernidad literaria (y teatral) implica establecer un provechoso diálogo entre diferentes propuestas renovadoras tanto españolas como importadas (Sánchez-Llama, "Introducción" 13). Tanto para ella como para sus colegas masculinos la producción cultural nacional no puede ser separada de la cultura popular ni de las obras de los autores extranjeros (Labanyi, "Relocating" 181). Así es que la autora, en su producción teatral, experimenta con una pluralidad de géneros y técnicas dramáticas. En julio de 1887 escribe en la *Revista de España*: "En principio, creo que el drama no puede eximirse de la transformación que sufren todas las artes de nuestro siglo; que entrará en el aro del realismo, y sea invocando y restaurando viejas tradiciones, sea adoptando audazmente las fórmulas modernas, se renovará" ("Literatura y otras hierbas"). En fuego cruzado con los jugadores más importantes del campo de producción cultural de su tiempo (tanto españoles—Echegaray, Pérez Galdós, Unamuno, Valle-Inclán—como extranjeros—Ibsen, Maeterlinck, D'Annunzio), Pardo Bazán ofrece su crítica de la decadencia nacional en unas obras que reciclan una serie heterogénea de materiales por aquel entonces anticuados o trillados (el teatro romántico, el melodrama, el género chico) que la autora combina de manera inteligente con formas nuevas e inesperadas (el teatro de ensueño, el género gótico, la literatura policíaca, el teatro de Ibsen …).[39] Conforme a las ideas de sus admirados Zola y Pérez Galdós, el marco general de su teatro es siempre realista. Si bien en 1898, cuando Pardo Bazán estrena su primera obra teatral, el realismo literario ya está cediendo el paso a las nuevas corrientes modernistas, la experimentación técnica y estética nunca causa que la autora deje que prevalezca la forma sobre el contenido ni tampoco pierde ella de vista las condiciones de la representación. Pardo Bazán ve el teatro como praxis cultural para entretener, informar y transformar al público. La autora incluye todo esto en la obra para concienciarles a los espectadores de las rémoras al progreso de la nación y para avanzar, siempre desde una perspectiva femenina, unas nuevas propuestas para la reconstrucción práctica y cotidiana de la patria después del Desastre. En estas propuestas otorga a la mujer un papel central.

La nación es una creación más bien afectiva que intelectual (Sinclair 181),[40] y el nacionalismo cultural encuentra su justificación tanto en el dominio afectivo como en el raciocinio. Dicho en otras palabras, el encanto del nacionalismo cultural se debe por lo menos tanto a los afectos como a las creencias y filosofías basadas en el intelecto (Spencer y Wollman 71, 99). La misma Emilia Pardo Bazán afirma en sus "Apuntes autobiográficos" "que el sublime escalofrío del amor patrio es anterior a todo conocimiento reflexivo de la idea que lo produce" (13). Los afectos, precisa Jo Labanyi siguiendo a Sara Ahmed, constituyen en realidad una amalgama de sentimientos y pensamientos. Mueven el cuerpo y de esta forma impactan el argumento razonado. Los afectos nos llevan a formas de razonamiento que no quedan limitadas a la esfera cognitiva (Labanyi, "Doing Things" 224–25, 230). Ahmed misma, en su libro *The Cultural Politics of Emotions*, enfatiza que las emociones son modos de pensar porque se dirigen hacia algo y tienen un objetivo (7).[41] "[D]oing things with feeling," escribe Erin Hurley en *Theater and Feeling*, es precisamente la *raison d'être* del teatro (4). Sin negar que la escena sea también un lugar de conocimiento, Hurley insiste en que el teatro ha desarrollado una serie de mecanismos y efectos para provocar en los espectadores una amplia gama de sentimientos: estados de ánimo, afectos y emociones (10-11).[42] Los afectos son preconscientes y ocurren en nuestro cuerpo, mientras que las emociones son afectos convencionalizados o codificados. Transponen las experiencias subjetivas y las insertan en el contexto social donde se relacionan con las experiencias de los demás (11–21).[43] Con el fin de divulgar eficazmente sus ideas sobre la nación, y en el mejor de los casos incitar a la acción, Pardo Bazán recurre a esta capacidad del teatro para suscitar afectos y emociones.[44] La dramaturga busca influenciar tanto las emociones cuanto las mentes de su público con un teatro de confección ecléctica que ponga de acuerdo la sensibilidad y la inteligencia ("Realidad." *NTC* 2.16 [1892]: 52–53).

Pardo Bazán entendía muy bien que "theatre might best be described as a realm of active emotion" (Hurley 4). En su libro *Utopia in Performance: Finding Hope at the Theater* (2005), Jill Dolan enfatiza que las emociones que el público experimenta

Introducción

durante una representación teatral pueden resultar en alianzas imprevistas, placeres compartidos, identificaciones y desidentificaciones entre los espectadores. De este modo, el teatro interviene en cómo los miembros de una sociedad entienden sus valores, su entorno, y a sí mismos (Dolan). Es a esta capacidad del teatro para crear "comunidades emocionales" (en el sentido de Max Weber) y conmover a los espectadores/lectores así como al hecho de que las emociones son "ways of expressing something going on that talk cannot grasp" (Katz en Thrift 60) que Pardo Bazán recurre en sus propuestas teatrales para regenerar la nación. Contrariamente a muchos de sus contemporáneos decimonónicos que desasociaron la razón de las emociones (Labanyi, "Doing Things" 227), Pardo Bazán utiliza precisamente los afectos para llevarles a sus espectadores a la razón e incitarles a la acción.

Convencida de que el poder de la resistencia o crítica contracultural se ubica en lo que la cultura pueda cumplir como praxis (Martín 227), Pardo Bazán manipula en sus obras teatrales las expectativas de sus espectadores para abrirles los ojos ante una situación que se encuentra, según ella, en la base de todos los males de la sociedad y que los españoles se niegan a ver: que la mitad de la población española oprime a la otra mitad. La dramaturga quiere concienciar a su público de lo indeseable de este estado de cosas que obstaculiza el progreso de la patria y retarle a cambiarlo. Ya hemos visto que para ella la clave de la regeneración de la nación reside en la mujer. Para conseguir sus metas, la autora pone en juego varios procedimientos. En *El vestido de boda*, por ejemplo, recurre a los moldes del género chico para manipular las expectativas del mismo público burgués al que sabía tan aficionado de esta forma teatral mientras que en otras piezas utiliza elementos góticos y/o melodramáticos.

Benjamin Kohlmann examina en un interesante artículo cómo el teatro modernista (Brecht, Isherwood) invierte considerablemente en los afectos (melodramáticos). Ya décadas antes, Pardo Bazán recurre al melodrama para (con)mover a sus espectadores y generar conexiones emocionales con el público (Muse 175). El melodrama es poco sutil en la forma en la que aborda los sentidos y emociones, y en las palabras de Peter Brooks "handles its feelings and ideas virtually as plastic entities" (41). Es un "feeling producing machine" (Hurley 44) que nos impacta con gran intensidad. Si bien el melodrama (por su reputación de entretenimiento popular, su longevidad, y su complicidad con la ideología burguesa) está aparentemente en desacuerdo con el deseo de regenerar la escena, la forma ha sido utilizada para propósitos políticos y puede servir para balancear lo artísticamente innovador y lo comercialmente aprovechable (Kohlmann 337–39). A pesar de ser considerada de mal gusto (un "censurable extremo," diría Pardo Bazán), la fórmula melodramática puede suscitar cierta unidad de sentimientos en un público pasivo y obligar a los espectadores a enfrentar unas emociones difícilmente aceptables.

En el melodrama, escribe Annabel Martín, los afectos transcienden lo interpersonal y se convierten en un tema social, de relevancia ética y política, que pide un compromiso emocional (225–26). El exceso del melodrama llama la atención a su artificialidad al mismo tiempo que transporta a los espectadores más allá de las limitaciones del momento histórico y les ruega contemplar una alternativa radical (226). En el caso de Pardo Bazán esta alternativa es la posibilidad de una sociedad futura en la que el doble estándar de la moralidad burguesa haya sido abandonado.

Otra forma de la que Pardo Bazán se apropió para su teatro es el discurso gótico femenino, en el que los horrores que experimenta el cuerpo femenino en el escenario producen sensaciones y afectos en los espectadores que éstos pueden rechazar o, al contrario, que les pueden alentar a tomar acción (ver capítulo 3). Lo ominoso, los dobles, los espectros y *revenants* (la vuelta del pasado), son otros tantos procedimientos para representar un mundo de disturbios y violencia, que trasciende la realidad melodramática ordenada en categorías morales tranquilizadoras. Si el ritual del melodrama supone la confrontación de unos antagonistas claramente identificados (los buenos versus los malos), y termina con la expulsión de los malos, en la literatura gótica esta expulsión resulta imposible. El discurso gótico le provee a Pardo Bazán no sólo de una herramienta para educar a sus espectadoras/lectoras que deben estar alertas y desarrollar estrategias pasivo-agresivas para sobrevivir al patriarcado (P. Fernández, "Emotional Readings" 60), sino también de un instrumento poderoso para instigar al público a cambiar un estado de cosas indeseable.

Pardo Bazán recurre también al teatro simbolista de Maurice Maeterlinck. El dramaturgo belga intentaba devolver la dimensión poética al teatro estereotípico y comercializado de su tiempo. En sus primeras piezas teatrales, que forman parte de la "trilogía de la muerte," y en las que esta última es una amenaza omnipresente, Maeterlinck se interesa por crear una metáfora teatral que sugiere los temores, los misterios o los sueños de la mente individual en vez de presentar la interacción social y sus consecuencias. Es también posible que el interés que Pardo Bazán tiene por el dramaturgo belga se deba al contexto lingüístico de su producción teatral (ver capítulo 2).

La autora incorpora estas formas teatrales "sensoriales" (melodrama, lo gótico, teatro de ensueño) en el marco realista y racional que le proporciona el teatro de Ibsen. Tanto en *Mariana* de Echegaray como en el teatro galdosiano Pardo Bazán nota con interés cierto parecido con el teatro del dramaturgo noruego ("Realidad." *NTC* 2.16 [1892]: 62). Y en cuanto a *La huelga de hijos* de Enrique Gaspar, de la que alaba a la protagonista Henny, la autora escribe: "El *ibsianismo* o *ibsenismo* de esta comedia sólo consiste en reivindicar con osada valentía el derecho de la mujer, idea que late o se manifiesta desembozadamente, por primera vez, en el teatro de Ibsen" ("Un ibseniano español." *NTC* 3.30 [1893]: 252, la cursiva es mía). Las obras de Ibsen, escribe Simon Williams fueron esenciales para transformar el drama europeo que fue criticado por Zola en su *El naturalismo en el teatro* por ser mecánico y superficial, desprovisto de personajes auténticos y perpetuando los trillados clichés románticos (Williams 165). Con su producción teatral, Ibsen vitalizó el repertorio estancado, estimuló nuevas formas de actuación y escenificación, e influenció profundamente en los mejores dramaturgos del siglo XX (165). Al igual que Zola y Maeterlinck, Ibsen fue introducido en España por los grupos intelectuales atentos a las novedades europeas y al mismo tiempo por las compañías teatrales extranjeras de gira por la península (Rubio Jiménez, *Ideología* 52). Si bien las ideas de Ibsen resultaron poco familiares a los espectadores de su tiempo, sus obras encajaron perfectamente en la estética de la pieza bien hecha, y su larga exposición da mayor cohesión estructural a la trama (Williams 171). Por el enfoque en el personaje y la ilusión de la realidad cotidiana, las obras de Ibsen fueron criticadas como poco teatrales (172). En sus dramas altamente intelectualizados el autor noruego creó unos personajes movidos ante todo por el imperativo de la propia autorrealización (Rubio Jiménez, *Ideología* 51). Son obras que no se representan exclusivamente para el entretenimiento del público, del que por otra parte exigen

Introducción

un mayor esfuerzo imaginario que se había requerido previamente de los espectadores (Williams 172). El crítico catalán José Yxart destaca en Ibsen "los nuevos aspectos que toma en tales obras el amor, la relación de los sexos" y concluye que se trata de "un mundo y una sociedad completamente nuevos" (255). De *Espectros* y *La casa de muñecos*, obras de Ibsen que se tradujeron y estrenaron en España entre 1891 y 1893, Pardo Bazán retoma la noción que el pasado forma parte del presente y, por supuesto, el protagonismo de la mujer. La incorporación de un personaje femenino fuerte y no exclusivamente sacrificado o víctima, es un modelo que la autora seguirá en su propia producción dramática para subvertir el exclusivo protagonismo masculino del nacionalismo cultural y enfatizar el papel clave en la regeneración del país que Pardo Bazán atribuye a la mujer. Otras obras ibsenianas que han servido de inspiración a la dramaturga son *El pato salvaje* y *Un enemigo del pueblo* (ver capítulo 7).

La producción teatral de Pardo Bazán presenta una serie de temas que encontramos también en la narrativa española escrita por mujeres en las primeras décadas del siglo XX (Johnson, *Gender* ix). Al igual que las novelistas modernistas, Pardo Bazán se enfoca en unas preocupaciones tradicionalmente privadas, al mismo tiempo que enfatiza la importancia de las relaciones interhumanas y la comunicación (6). Su teatro se caracteriza por una marcada preocupación por la nación española (post-imperial), así como por el lugar asignado a los géneros sexuales dentro de esta nación. Así es que la dramaturga explora los defectos de una España patriarcal gobernada por una casta de psicópatas masculinos que continúan viviendo en el pasado y desmantelan la integridad tanto de la familia como de la nación. Si bien la autora no siempre consigue deshacerse de sus prejuicios raciales y de clase social, aborda temas como la condición de la mujer, el trabajo femenino, el doble estándar para hombres y mujeres, la fraternidad varonil, la ausencia de los hombres del hogar, la amenaza causada por la violencia doméstica y el feminicidio, la frivolidad de la clase alta y su código de honor anticuado. Pero también explora los excesos del capitalismo (la adoración fetichista del becerro de oro) y los efectos desastrosos del militarismo y de la guerra para la familia y la nación, así como la pérdida del imperio con el Desastre de 1898 y el nuevo imperialismo de las naciones del norte de Europa. Pardo Bazán se ocupa de la idea de España como provincia cultural de

Introducción

Francia e intenta vincular Galicia a la nación. Su visión de España mira al futuro: una nación libre de hipocresía, energética y laboriosa y no agotada por gastos militares, en breve un lugar seguro tanto para los hombres como para las mujeres. Es especialmente a las ciudadanas españolas que Pardo Bazán asigna un nuevo papel.

Galicia

Varias de las obras teatrales de Pardo Bazán están ubicadas en Galicia. Es bien sabido que la posición de la autora en materia del regionalismo gallego fue bastante compleja. El regionalismo amenazaba con reducir la *patria* a Galicia, mientras que Pardo Bazán, con su fuerte nacionalismo español, era de la opinión que la patria es un concepto más bien universal. En *De mi tierra* la autora escribe: "la patria representa una idea más alta aun, y la patria, para los españoles todos, donde quiera que hayan nacido, desde la zona tropical hasta el apartado cabo de Finisterre, es España, inviolable en su unidad, santa en sus derechos" (58). Pardo Bazán fue más allá de los límites del regionalismo gallego para explorar la identidad de género y unas formas más cosmopolitas y poliglotas de ser gallego en el mundo (Barreto 137). Para Pardo Bazán los problemas regionales son inseparables de los nacionales y estos son inseparables de las cuestiones de género sexual. Es sin embargo significativo que la autora se mostró siempre muy preocupada por la recepción de sus obras teatrales en Galicia.

Cuando empieza a escribir teatro, Pardo Bazán ya había convertido a Galicia en el centro temático de su producción novelística y de sus cuentos.[45] Escribiendo en castellano y desde la metrópolis, la autora, inspirada por lo que Marisa Sotelo Vázquez siguiendo a José Yxart ha llamado su "regionalismo afectivo" (Sotelo Vázquez, "Pardo Bazán y el folklore gallego"), pretende "estudiar y retratar en forma artística gentes y tierras que conozco, procurando huir del estrecho provincialismo" (Pardo Bazán, "Prólogo" a *El cisne de Vilamorta*). Siguiendo las teorías políticas de John Stuart Mill, que propone que la supervivencia de las nacionalidades más débiles depende necesariamente de ser englobadas en la más fuerte, Pardo Bazán adoptó un sistema de conciliación dialéctico según el cual escribir desde la metrópolis sobre la provincia redime del provincialismo, al mismo tiempo que revive el centro, porque una centralización y homogeneización excesiva puede resultar dañina

Introducción

para la identidad nacional, arruinando lo que haya de genuino en la nación (Pereira-Muro, *Género* 83; Labanyi "Relocating" 172). Los esfuerzos de personas conflictivas como Pardo Bazán por incorporar, en la órbita metropolitana, a las culturas provincianas (en su opinión inviables en tanto que eco retrasado de una metrópolis provincia cultural de Francia: "respecto a París, todos los europeos somos provincianos" [*Los resquemores*]) potenciaron en Galicia un movimiento defensivo de creación y delimitación de la cultura nacional gallega. La recepción (desfavorable) en Galicia de la obra *La suerte*, estudiada por Patricia Carballal Miñán y Ricardo Axeitos, ilustra el desencuentro en los principios geopolíticos y literarios de Pardo Bazán y los de los regionalistas (ver capítulo 2). Ante la humillación que experimentan desde la metrópolis, los intelectuales provincianos se esfuerzan por construir una identidad "que suponga la situación marginal, excéntrica de su comunidad, no como una desventaja sino como una garantía de un ser más auténtico, más virtuoso, y más natural que la metrópolis" (Pereira-Muro, *Género* 94). Los padres de la patria gallega sexualizan a esta patria como femenina, y expulsan de ella a Emilia Pardo Bazán por haber transgredido el marco de la provincia, y de la literatura regional, femenina y lírica (estilo Rosalía de Castro) y no realista, varonil y cosmopolitana (estilo Pardo Bazán). Como escribe Manuel Murguía, Pardo Bazán "[n]o conoció nunca ni su tierra ni su gente, de la cual sólo ve el exterior; el interior, su alma, o no le fue revelada jamás, o no acierta a reproducirla. Porque siendo mujer y gallega, no conoce la mujer [sic] gallega, sobre la que cae todo el trabajo y todo el dolor de su tierra" ("Cuentas" 67; Pereira-Muro, *Género* 105).

Al igual que las demás piezas de la autora, las obras teatrales ubicadas en Galicia se ocupan de temas como el género sexual, la domesticidad, la familia y la nación, además de problemas más específicamente gallegos como la pobreza, la emigración y el folklore. Si consideramos el galleguismo de las obras teatrales de Pardo Bazán, vemos que particularmente estas obras suelen contestar la idea de Galicia como un hogar hospitalario. Las piezas no escenifican la nación romantizada como una familia unida por el amor, que ha sido una metáfora recurrente de la nación. Benedict Anderson atribuye la eficacia de la imaginación nacional en los productos culturales a su capacidad de establecer un sentido de comunidad y unos lazos afectivos entre los recipientes de estos

Introducción

artefactos y la idea de la nación. Pero cuando se trata del hogar y de las relaciones familiares, las obras teatrales de Pardo Bazán muestran también una buena dosis de odio y violencia. Según Homi Bhabha estas representaciones ominosas y conflictivas del hogar son típicas de naciones sin estado tales como Galicia, donde los discursos nacionales están cargados de ambigüedades debido a la inestabilidad de la idea de la nación (*Nation* 2).

Pardo Bazán ubica sus piezas en una variedad de espacios domésticos que pertenecen a los diferentes ambientes sociales y geográficos que juntos forman la sociedad gallega: el *pazo* (*Verdad*, *Cuesta abajo*), la *casa labriega* (*La suerte*), y un escenario urbano en *Juventud* ... Para la vieja Ña Bárbara y su ahijado Payo en *La suerte* la vida se define mediante un número de relaciones afectivas a la tierra, como parte de su historia personal y lugar de entierro de sus ancestros y al fin de cuentas también de Payo. Al igual que los emigrantes, Payo no quiere dejar su hogar, pero su alistamiento le obliga a salir, si fuera tan sólo para redimirse de quintas. Si bien el reclutamiento militar y la emigración son dos cosas diferentes, en la literatura gallega éstas son frecuentemente relacionadas ya que ambas son las consecuencias de una monarquía y un sistema económico explotadores. Las guerras carlistas y coloniales son un asunto español que victimiza a los gallegos pobres, cuyas vidas vienen marcadas por la falta de igualdad social. La emigración/ el alistamiento de los pobres tiene un efecto destructivo en las mujeres, cuyo abandono se ha convertido en un tópico poético. En *La suerte* Pardo Bazán reescribe la narración común del gallego incapaz de volver a casa al representar al sujeto gallego flotando muerto en el río Sil para así establecer una identidad gallega a la que uno no puede escapar. Incluso el oro acumulado por Ña Bárbara no puede cambiar su destino (o "suerte"). De esta forma la autora critica las propuestas para una identidad gallega cerrada y endógena.

En *Cuesta abajo* Pardo Bazán nos presenta con otro tipo de migración. En la obra, los migrantes, tanto masculinos como femeninos, son los miembros de las clases altas madrileñas y sus criados. El éxito ha abandonado a la familia, y la vieja matriarca decide bajarse a Madrid para recoger las piezas antes de volver de nuevo a Galicia donde intenta establecer una comunidad utópica basada en el trabajo y la honradez. Es posible que para Pardo Bazán, quien en su ensayo "La gallega" (1900) había escrito sobre

Introducción

la masculinidad de las mujeres del campo gallego, esta solución sea una reacción a las propuestas masculinas enfocadas exclusivamente en Castilla de Unamuno y los suyos. No obstante, la comunidad establecida por la matriarca no ofrece sitio a todos los miembros de la familia y la joven Celina se ve obligada a "europeizarse": emigrará a Italia donde intentará su suerte como actriz.

Para las mujeres gallegas Galicia es frecuentemente un lugar de violencia o un sitio cerrado que restringe sus deseos. En *Juventud* las casas de Santiago de Compostela vienen rodeados por altos muros. Para la protagonista femenina la casa es un espacio sofocante, una estructura que limita su libertad, de la cual ella intenta escapar entrando en una relación con un hombre fuera de su clase social. La casa del protagonista masculino ni siquiera le pertenece. Sólo la heredará si cumple con lo estipulado en el testamento de su protector. Si se niega a cumplir con las estipulaciones del deán, como es el caso, tanto él como la vieja Misia Fidela y la hospiciana Socorro tendrán que abandonar su domicilio. Para Misia Fidela el desahucio equivale a la muerte. La familia debería ser una manera de garantizar la continuidad, pero en *Juventud* esto por cierto no es el caso. Es por algo que Pardo Bazán llama a Galicia una "bella Cenicienta" (*Cuarenta días* 6), un territorio lejos de la capital donde las leyes del Antiguo Régimen continúan de rigor mientras que las nuevas leyes de la modernidad no pueden enraizarse.

En las obras de Pardo Bazán situadas en Galicia, los personajes son frecuentemente huérfanos. Si bien hay numerosos personajes que adoptan responsabilidades maternales, hay muy pocas madres. Los hombres suelen ser ausentes y si están presentes no contribuyen al bienestar de las mujeres. En la obra *Verdad* destaca la violencia, y los sangrientos actos de misoginia. En esta pieza cruel, las relaciones entre familiares y amantes invierten la imagen de la familia que circulaba como la norma burguesa en la literatura nacional. Los espectros de un pasado sin resolver forman un obstáculo a la unidad y felicidad. Esta violencia simbólica puede ser leída como un síntoma de una tensión social y cultural subyacente (Barreto 186). Los dobles góticos, representantes de una identidad dual, salen en la obra "como un momento sintomático, en el que disuelven los límites entre el bien y el mal, la salud y la perversidad, el crimen y el castigo […] interior y exterior" (Halberstam 2). El protagonista masculino se vuelve loco. Bhabha establece una relación entre la locura y los problemas sociales y culturales:

27

Introducción

"It is at this moment of intellectual and psychic 'uncertainty' that representation can no longer guarantee the authority of culture; and culture can no longer guarantee to author its 'human' subjects as the signs of humanness" (*Location* 137). Danny Barreto, siguiendo a Bhabha, sugiere interpretar las crisis nerviosas de los personajes no como manifestaciones de su desequilibrio mental o individual sino como síntomas de un espacio cultural inestable en el que estos sujetos viven y donde no pueden desarrollar una identidad equilibrada (Barreto 176).

El teatro juvenil de Pardo Bazán

El presente estudio enfoca en la producción teatral finisecular de Pardo Bazán, es decir en sus proyectos dramáticos de madurez. Sin embargo, conviene echar un breve vistazo al teatro de juventud de la autora, porque sus intentos juveniles anuncian ya aspectos recurrentes en su producción posterior: la reclamación de un mayor realismo escénico, la búsqueda de una esmerada escenificación, ciertos prejuicios de clase social, la ubicación en Galicia, el protagonismo de unos personajes femeninos fuertes y el tema fundamental de la falta de igualdad entre el hombre y la mujer.

Pardo Bazán fue ya en sus años de juventud una asidua asistente al teatro (en su ciudad natal, en Santiago donde estudió su marido, en Madrid y en otras ciudades europeas cuando viajó con sus padres). Además, la joven Emilia se aventuró ella misma a escribir teatro y experimentar con varios subgéneros dramáticos, muchos de ellos ya anticuados en el momento en que los utilizó la autora (comedias de capa y espada, dramas románticos, dramas de costumbre, alta comedia …). En provincias, donde la escritora había recibido la mayor parte de su formación como espectadora, las nuevas corrientes dramáticas solían tardar en hacer su entrada mientras que otras, que en la capital ya habían pasado de moda, se mantuvieron largo tiempo en los escenarios.[46]

Contamos hoy en día con seis manuscritos teatrales juveniles de la autora, todos menos uno conservados de forma fragmentaria: *Perder y salir ganando*, *El Mariscal Pedro Pardo*, *Tempestad de invierno*, *Adriana Lecouvreur*, *Ángela* y *Plan de un drama*.[47] Ninguna de estas obras de juventud se ha representado, por lo que faltan los comentarios de la crítica y sólo guardamos alguna que otra alusión de la propia Pardo Bazán. En sus "Apuntes autobiográficos" leemos esta primera declaración de la autora sobre sus tempranos esfuerzos dramáticos:

> Yo no perdía estreno ni renuevo de drama o comedia, y mis aficiones literarias remanecían. Excuso añadir que a ratos perdidos cometí dos o tres dramas, prudentemente cerrados bajo llave apenas concluidos. Según puedo colegir hoy, no teniendo ánimos para exhumarlos del nicho en que yacen, eran imitaciones del teatro antiguo. Alguno estuvo a punto de alcanzar los honores de la representación sin yo pretenderlo. Un copista infiel lo dio bajo su nombre a un teatro de segundo orden, donde se lo admitieron y empezaron a estudiarlo. Por fortuna sorprendí a tiempo el enredo, y puse el manuscrito a buen recaudo. (29-30)

Perder y salir ganando, la única obra de Pardo Bazán que se halla íntegramente conservada, fue escrita en 1872 según la fecha en la portada del manuscrito. Carballal Miñán, que ha descubierto y transcrito el manuscrito, aventura que sea esta obra la primera tentativa dramática de la autora y quizás uno de los "dos o tres" dramas a la que ésta se refiere en su cita (y tal vez incluso el drama robado por el "infiel" copista por usarse dos tipos de letras en el cuaderno de 84 páginas). Además, como remedo de las comedias de capa y espada, la "comedia en tres jornadas y en verso" es una imitación del teatro antiguo (Carballal Miñán 66–71). Y ya hemos visto que Pardo Bazán abogará toda su vida por un teatro nacional en el que se lleven este tipo de obras a los escenarios.

Perder y salir ganando es una comedia de enredo, ambientada en el reinado de Carlos I, durante la revuelta de los Comuneros. El tono de la obra es moralizante y la acción se desarrolla en un universo maniqueo en el que el único modelo de gobierno es el de Carlos I, mientras que la revuelta de los Comuneros se representa como un acto censurable. Las ideas que se defienden en la obra encajan perfectamente con la ideología política de la joven escritora que por aquel entonces fue una ferviente carlista que en 1876, en una inacabada "Teoría del absolutismo," expondrá sus ideas afines a esta ideología. Los personajes son estereotipados y la heroína Elvira hace prevalecer la razón a sus sentimientos, casándose con Don Lope (fiel a su rey) y despreciando a Don Diego (aliado a los comuneros y traidor a Carlos I).[48] Si bien Elvira dista mucho de las protagonistas pardobazanianas posteriores, ya anuncia el protagonismo femenina de las obras mayores.

Introducción

Otro aspecto (recurrente en el teatro de la autora) es la atención a los detalles escenográficas que son cuidadosamente apuntados (Carballal Miñán 66–71).

El Mariscal Pedro Pardo es una obra incompleta de la que se conservan dos manuscritos: uno de tres páginas (con parte de la escena octava del primer acto) y otro de 52 páginas. Carballal Miñán fija la fecha de estos manuscritos alrededor de 1870 (57). Ambos documentos fueron editados por Ribao Pereira ("El Mariscal") que incluye esta obra en su edición del *Teatro Completo* de la autora, y por Francisco Blanco Sanmartín y Xaquín Núñez Sabarís. La obra se centra en Pedro Pardo de Cela, un noble gallego que después de su muerte en 1483 dejó sus huellas como personaje legendario en la literatura popular. En el siglo XIX el personaje del Mariscal surge en la literatura culta, dotado de nuevas significaciones políticas e ideológicas. Toda una serie de autores (entre ellos Vesteiro Torres, Vicetto, pero también Murguía, Lamas Carvajal y otros) convirtieron al Mariscal en un emblema de la causa regionalista gallega y representaron cada uno a su manera a un Mariscal mártir, que lucha por la independencia de Galicia frente al poder centralista de los Reyes Católicos (Carballal Miñán 71–80).

El interés que Emilia Pardo Bazán, bastante alejada de la corriente regionalista, tuvo por este personaje se debe quizás al apellido que el Mariscal comparte con la autora. Pero hay otro motivo. Pardo Bazán, que se mostró siempre muy consciente de su descendencia hidalga, se esfuerza mucho por destacar que si Pardo de Cela lucha por la independencia de Galicia, es para reivindicar una independencia jurisdiccional y no política, visto que el Mariscal lucha no tanto por la independencia de su tierra cuanto para defender la propiedad de los fueros de la nobleza gallega (Carballal Miñán 82). El Mariscal fue un conocido personaje literario que por su trágica vida reunió todas las características para protagonizar un drama romántico. Pardo Bazán sitúa sus múltiples escenarios interiores y exteriores en un universo galaico del que subraya las costumbres y el folklore hasta en los detalles más nimios. El personaje de Aura (a veces llamada también Aurea) es la primera de los personajes femeninos que tanto caracterizan el teatro de la escritora: mujeres fuertes y luchadoras que no son víctimas o personajes pasivos sino que desempeñan un papel fundamental en la acción dramática.

Introducción

Tempestad de invierno es otro drama romántico incompleto de la que se conservan diez folios. Por sus características la pieza data probablemente de la misma época que *El Mariscal*. Ribao Pereira destaca la influencia del romanticismo en la obra: "medievalismo, plazos que vencen, amores imposibles y trágicos, el sino aciago que se cierne sobre los protagonistas, conductas subversivas (fratricidio, violación) y signos de anticipación dramática" ("Estudio preliminar" 49). La misma estudiosa sugiere que el drama es incompleto no tanto porque parte de la pieza se ha perdido o traspapelado, sino porque la autora suspendió la redacción (en Pardo Bazán, *TC* 477). El planteamiento dramático que se esboza en las seis escenas del primer acto se desarrolla en una cuidad de ambientación medieval y cuenta las trágicas consecuencias de la rivalidad amorosa del rey de Suecia y su hermano. La brutalidad masculina anuncia el tema de la violencia contra la mujer que veremos en obras posteriores de la autora (ej. *Verdad*), mientras que Berta es un personaje resuelto como muchas otras de sus protagonistas femeninas.

Adriana Lecouvreur es una traducción fragmentaria de la obra homónima francesa de A. E. Scribe y Ernest Legouvé. La traducción de Pardo Bazán comprende las cuarto primeras escenas del primer acto de la obra que se había estrenado en el Théâtre de la République en París en 1849 y había conocido diferentes versiones en castellano.[49] La obra fue representada repetidas veces en España. Carballal Miñán fija la gestación de esta traducción en la década de 1870 y principios de 1880.[50] El interés de Pardo Bazán por Scribe puede atribuirse a varias razones. Rubio Jiménez resume adecuadamente la importancia del autor dramático francés en el teatro posterior al romanticismo. Scribe "entendió muy bien lo que reclamaban los nuevos públicos: piezas de compleja trama, basadas en hábiles intrigas y en la gradación de las acciones, que sin perder nunca la vivacidad mantuvieran la atención de los espectadores" (Rubio Jiménez, *El teatro en el siglo XIX* 17). El autor, continúa Rubio Jiménez, "[n]o tenía grandes ideas pero sí talento comercial y habilidad con la que abasteció los teatros más de treinta años" (17).

Tampoco Pardo Bazán consideró a Scribe como un genio "a menos que se consideren dotes geniales la fecundidad, la agilidad, la destreza, la inagotable vena" (*La literatura francesa moderna*

Introducción

210-11). La autora valora a Scribe por "su invencible afición al teatro" (211) y por haberse hecho dueño del público (y no sólo el francés) durante un cuarto de siglo. Reclama para "este avispado y experto proveedor de la escena" (214) un espacio en la historia literaria, por un lado "porque, con todas sus condiciones de inferioridad, su teatro refleja, de un modo epidérmico y superficial si se quiere, pero exacto, un estado social," y por otro porque "en él se inspiraron después otros autores dramáticos de más ínfulas" (215). En el campo de la producción literaria (en el sentido de Bourdieu), Scribe, que "no vio sino el teatro mismo" y que representó para Pardo Bazán "el adelanto técnico, la perfección de los medios propios del arte" (216), se encuentra obviamente en el espacio de la producción a gran escala, sometido a las leyes del mercado, y no en el espacio más autónomo y prestigioso de la producción restringida donde pretendieron situarse Pérez Galdós y la misma Pardo Bazán (Bourdieu 52, 53). Si bien Pardo Bazán se daba cuenta del carácter comercial del autor francés, quien fue aclamado por el gran público burgués, la autora entendió muy bien que en un teatro de calidad tampoco se puede prescindir de cierta técnica teatral. Así es que escribió en su reseña de *Realidad*:

> ¿Qué significa ese *don* famoso, esa quisicosa indefinible, clave del arte escénico, parecida a la virtud del zahorí y distinta de la inspiración; esa maña o tino, mezcla de la destreza del artífice y el prestigio del domador de fieras? Quien puede, un día tras otro, en páginas inmortales, estudiar la fisionomía moral de una época, analizar el corazón humano, crear caracteres, entrechocar con fragor de tempestad las pasiones humanas más violentas y los sentimientos más profundos; quien puede desencadenar la ola de la risa y soltar las fuentes del llanto, ¿ha de encontrar cerrado el camino de la escena por culpa de ese duendecillo que se llama *el don,* por falta de práctica en ciertas rutinas, el cubiletaje que dominaron autores secundarios como Scribe? ("Realidad." *NTC* 2.16 [1892]: 20–21)[51]

La traducción que Pardo Bazán emprende de *Adriana Lecouvreur* y que según Ribao Pereira "no muestra variaciones significativas con respecto al original francés" ("Estudio preliminar" 50), puede considerarse, pues, como un ejercicio para familiarizarse con la técnica de uno de los más exitosos dramaturgos del siglo XIX. Además, para Pardo Bazán fue una manera para acercarse a los nuevos moldes teatrales postrománticos: un escenario funcional y temas del mundo cotidiano.

También la figura de Adriana Lecouvreur, ilustre actriz del siglo XVIII, captó el interés de Pardo Bazán, sea por el ambiente metadramático, sea por tratarse de una mujer artista que, como la misma Pardo, valía tanto como otros servidores de la patria. En una crónica en *La Ilustración Artística* la autora comenta que la condecoración de la Legión de Honor con la que había sido honrado Sara Bernhardt debe interpretarse como reparación a la memoria de Adriana Lecouvreur.[52]

El personaje de Adriana Lecouvreur le habrá interesado a Pardo Bazán también por otro motivo. En el escenario la actriz francesa, en las palabras de uno de los personajes de la obra, "ha hecho toda una revolución en la tragedia: es sencilla, natural, habla" (Pardo Bazán, *TC* 512). Esta manera de actuar obedece a los gustos de la propia Pardo Bazán que en muchas de sus crónicas manifestó su predilección por una declamación sencilla y no afectada (Patiño Eirín, "Trashumancias" 201), conforme a lo que Zola expone en 1879 en su tratado *El naturalismo en el teatro*.

Ángela, "problema dramático en un acto y en verso," del que se conservan dos folios de una primera escena inacabada, es una incursión en el teatro breve. Carballal Miñán llama la atención a las semejanzas que la pieza presenta con el monólogo *El vestido de boda* (1898) (105) (ver capítulo 1). En ambos casos la obra se sitúa en un ambiente burgués (reminiscente de la alta comedia) cuyo escenario viene detalladamente descrito. Si bien en *Ángela* el reparto es mayor que en *El vestido de boda*, encontramos también en aquella obra a la joven casadera (Ángela, viviendo en un convento) y su madre sagaz y madura (Sofía). El pretendiente calavera anuncia una de las obsesiones de Pardo Bazán: el doble estándar para hombres y mujeres, tema recurrente en muchos textos de la autora.

De *Plan de un drama* [*En Extremadura*] se conserva un pliego con el bosquejo del argumento de tres actos de la obra. Pardo Bazán nos presenta un conflicto de alta carga melodramática entre dos grupos de personajes que pertenecen unos a la burguesía y otros a la hidalguía extremeña. Se trata de reponer el honor que la hidalga Lucía pierde a manos de Félix, hijo de un rico banquero, mientras que su prometido y su hermano se han embarcado

Introducción

rumbo al Pacífico. De vuelta del viaje, Rafael e Ignacio nunca recriminan a la joven Lucía, sino que matan al malhechor y se ocupan del niño producto del *faux pas*. De haberse estrenado la obra Pardo Bazán se hubiera adelantado varios años a Pérez Galdós en su representación escénica de la adúltera perdonada. Se observa además la importancia para Pardo Bazán del honor de la hidalguía con la que la autora se identificará siempre.

Organización de los capítulos

Los primeros cinco capítulos del libro se enfocan en la producción estrenada de Pardo Bazán. El capítulo 1 se centra en el monólogo dramático *El vestido de boda* (1898), en la que Pardo Bazán da expresión a su convicción que España, si hace un esfuerzo, puede estar a la par de Francia. La dramaturga manipula inteligentemente las expectativas del público burgués para el que ha sido escrita la obra, con el fin de enfatizar la falsedad y el culto a las apariencias de la sociedad decimonónica que la autora considera como impedimento para el progreso de la nación. En esta pieza sobre una tramposa modista "francesa" se entreteje un discurso sobre el consumo y la productividad (tanto personal como nacional), la moda (los trapos, las modas literarias), la dependencia española de Francia (económica y también culturalmente) en una época (poco antes del Desastre) en la que el desprecio del país vecino sabía particularmente mal. La obra representa también los esfuerzos de la misma Pardo Bazán por consagrarse como escritora (inspirándose en modelos franceses la autora supo crear una auténtica novela española a la par con la que producen sus colegas masculinos).

El capítulo 2 examina el "diálogo dramático" *La suerte* (1904) y la obra para marionetas *La muerte de la Quimera* (1905), obras en las que Pardo Bazán incorpora elementos del nuevo estilo simbolista para dar forma a una serie de preocupaciones existencialistas que atormentaron tanto a la sociedad finisecular española como a la dramaturga misma. Las dos piezas breves analizadas en el capítulo se centran respectivamente en la Galicia natal de la dramaturga y la afirmación de su propia autoría intelectual femenina. *La suerte* es la historia de una vieja aureana gallega que, supuestamente debido a unas fuerzas desconocidas, pierde a todos sus seres queridos sin que lo pueda remediar con sus ahorros. Detrás de esta trama sencilla y desgarradora

Introducción

se vislumbra un discurso económico que critica duramente a la emergente sociedad capitalista, y una alegoría de la nación española que sacrifica a sus súbditos (gallegos) y malgasta sus tesoros en unas guerras sin sentido. Pardo Bazán critica tal estado de cosas y enfatiza las consecuencias nefastas para la población femenina. La autora deja bien claro que los problemas regionales son inseparables de los nacionales y los problemas nacionales son inseparables de la cuestión de la mujer. En la obra para marionetas *La muerte de la Quimera*, la ambigua representación del mito clásico del monstruo de la Quimera apunta a la creación artística y la reivindicación de autoría intelectual femenina por parte de Pardo Bazán cuyos deseos de alcanzar éxito y fama en el teatro son de sobra conocidos.

El capítulo 3 se enfoca en *Verdad* (1906), obra en la que Pardo Bazán ataca la España calderoniana defendida por Menéndez Pelayo y los suyos contra la perniciosa influencia francesa. Para Pardo Bazán, los valores de esta "eterna España católica" significan la vuelta poco deseada de los espectros del pasado. No es por cierto ésta la nación que Pardo Bazán tiene en mente para los españoles. En *Verdad* la dramaturga recicla conscientemente las convenciones del melodrama, que combina con elementos nuevos pertenecientes al género gótico, la literatura policíaca y el teatro de Ibsen para concienciar a sus espectadores de la situación sumamente crítica en la que se encuentra la nación y las pocas garantías de seguridad que ésta ofrece a las mujeres españolas. La otra verdad que Pardo Bazán quiere comunicar a sus espectadores tiene que ver con Galicia. *Verdad* es una obra poco reconfortante para el público, no sólo por la extrema violencia sino también porque manifiesta la ausencia de una colectividad gallega unificada y harmoniosa y porque muestra el retraso de la región donde lo ominoso resulta inminente. Este "unhomely fiction" (Bhabha, *Location* 12) representa una identidad gallega (y por extensión española) encerrada y endógena de la que Pardo Bazán desaprobó tajantemente. La autora favoreció una manera más cosmopolita de ser gallego en el mundo.

El capítulo 4 explora cómo Pardo Bazán escenifica en la comedia dramática *Cuesta abajo* (1906) su perspectiva al "problema de España," diagnosticado con machacona insistencia por regeneracionistas y noventayochistas. La obra es una ilustración teatral de la conferencia que Pardo Bazán ofreció en 1899 en París con el título *La España de ayer y la de hoy*. Frente a la a-historicidad de los

Introducción

noventayochistas, la dramaturga plantea el "problema de España" en términos históricos y económicos. Criticando fuertemente la disfuncionalidad masculina, Pardo Bazán presenta el nacionalismo cultural no como una fraternidad varonil sino como un vínculo de solidaridad entre mujeres. Al mito hegemónico de una Castilla ancestral, donde las mujeres carecen de agencia, individualidad y voz, la autora opone su Galicia natal, donde mujeres de diferentes generaciones y clases sociales pueden vivir en una comunidad matriarcal en la que sus intereses y fuerzas se fusionan explícitamente. Galicia, cerca del mar, ofrece también una apertura al extranjero.

El capítulo 5 enfoca en la comedia dramática *El becerro de metal* (1906), en la que Pardo Bazán indaga sobre la posibilidad de remediar la desastrosa situación finisecular española mediante un impulso (económico) desde el exterior. Pardo Bazán asemeja el proyecto de repatriación de los judíos sefardíes a España con el imperialismo francés (y europeo) moderno, dirigido exclusivamente a la creación de mercados y beneficios económicos sin ninguna misión civilizadora. Como demuestra Pardo Bazán en *El becerro de metal*, para regenerar la nación se necesitan otros cambios, de índole más profunda. En la obra la autora critica las imperfecciones de la sociedad capitalista y la mentalidad de los nuevos ricos, enfocados exclusivamente en la acumulación de estatus y capital. Pardo Bazán propone un modelo de sociedad radicalmente diferente, basada en una economía del don y un fuerte sentido de comunidad en vez de una economía del mercado con su mentalidad utilitaria. La dramaturga reclama unos valores espirituales auténticos en vez del nihilismo religioso y la adoración del dinero; y por último defiende unas relaciones entre los géneros sexuales que se fundan en el compañerismo, el respeto mutuo y la autodeterminación de la mujer.

Los capítulos siguientes se enfocan en las piezas publicadas pero no estrenadas de Pardo Bazán (*Más/Juventud* y *Las raíces*). En el capítulo 6 vemos cómo Pardo Bazán critica en *Juventud* las quijotescas ideas de los intelectuales contemporáneos que no suelen tener en cuenta a las mujeres. La obra explora los penosos y difíciles ajustes que se exigen de la sociedad finisecular en el proceso de aceptación de la pérdida definitiva de sus últimos vestigios coloniales. El principal ajuste es la aceptación de las mujeres. La dramaturga pretende mostrar que en vez de regodearse

Introducción

melancólicamente en los trasnochados ideales de grandeza imperial (tal y como hace el quijotesco protagonista Bernardo) más vale admitir que el imperio ha muerto irrevocablemente e iniciar la fase del duelo. En vez de soñar conviene aceptar la pérdida y dedicarse al trabajo disciplinado. Para que los espectadores/lectores de la obra comprendan y *sientan* el peligro de los sueños de hombres como el inconformista Bernardo, Pardo Bazán recurre al tema ibseniano del derecho del individuo (masculino) a reivindicar su plena realización, cuyas consecuencias nefastas (para las mujeres) lleva hasta el extremo. Bernardo Sálvora, que se ve a si mismo como un águila, es en realidad un predador, cuyos ideales trasnochados no salvarán a la sociedad española.

El capítulo 7 se enfoca en *Las raíces*, comedia dramática en la que Pardo Bazán se esfuerza mucho para mostrar a su público la conexión profunda entre unos fenómenos aparentemente dispares. El nexo de esta conexión profunda es nadie menos que el varón finisecular a cuya irresponsabilidad moral la autora atribuye todos los males que achacan a la sociedad, tanto el declive del imperio colonial español, como el malfuncionamiento de la estructura familiar patriarcal. Aquí como en sus otras obras de teatro queda claro que la autora no podía aceptar el determinismo zolesco porque este redimió el ser humano (y sobre todo el varón) de toda responsabilidad moral. La familia, para los críticos el tema principal de esta obra teatral pardobazaniana, es una de las metáforas más empleadas para representar la nación y el imperio, y la disfuncionalidad de la misma es por ende altamente apropiada para una representación alegórica de un imperio en declive. *Las raíces* contiene obvias referencias al Desastre, sobre todo a la pérdida de las últimas colonias y a la ceguera colectiva en la que viven sumidos los españoles como consecuencia de la por Pardo Bazán llamada "leyenda dorada" (*La España*). La autora, que escenifica en la obra una relación de idolatría entre el pater familias y su hija enferma, muestra además que gran parte del discurso imperialista se basa en una misoginia fetichista. Al igual que hace en otros textos, Pardo Bazán sugiere en esta obra teatral que las representaciones de la situación colonial como patología son inextricables de las ansiedades sobre el género sexual.

Para ilustrar la riqueza que ofrece el teatro de Pardo Bazán (incluso si sólo pervive de forma incompleta) se analiza en el epílogo el fragmento *La Malinche*, en el cual la dramaturga

Introducción

utiliza un momento de la historia imperial (Hernán Cortés y La Malinche) para proyectar y criticar la situación de la mujer española finisecular. Pardo Bazán se apropia de la figura del conquistador para reflexionar sobre el lugar de España en la arena internacional en un momento histórico en el que el fin del imperio español coincide con la contienda entre las naciones europeas modernas para crear sus propios imperios. Veremos que frente a la identidad imperial española, la autora adopta una postura no sólo emocional sino también ambivalente que la alinea con los intelectuales regeneracionistas finiseculares. Si bien Pardo Bazán revisó importantes aspectos de la historiografía nacional (sobre todo los que tienen que ver con los géneros sexuales), la autora no cuestionó el imperialismo español ni su supuesta misión civilizadora.

Como primer estudio extenso de la producción teatral de Pardo Bazán, el presente libro ofrece una nueva perspectiva de la participación de las autoras femeninas en el contencioso debate sobre la nación española. Mientras que los hombres se tomaron la libertad de definir la nación y la mayoría de las mujeres se contentaron con su obligación a reproducir esta nación biológica y simbólicamente (Mayer 7, 16), Pardo Bazán fue una de las primeras mujeres que desempeñó un papel central en el proyecto nacional español. En buena vena krausista la autora propuso con su teatro civilizar por la cultura. Este estudio, que posiciona a la autora entre los autores regeneracionistas y noventayochistas, contribuye a arrojar luz sobre este terreno poco estudiado de la producción de Pardo Bazán. Además, desafía el tan trillado tópico del retraso de la escena española y la supuesta falta de innovación durante el fin de siglo. Pardo Bazán resulta una dramaturga innovadora. Su obra es de ninguna manera una equivocación, sino un paso más hacia la renovación de la escena española.

Capítulo uno

El vestido de boda (1898)
Mujer y nación en un monólogo teatral

El arquetipo femenino del "ángel del hogar," es decir de la esposa que no vivía sino en función de su marido y sus hijos (Aldaraca 64), nunca tuvo mucho encanto para Emilia Pardo Bazán. La versión contemporánea del viejo refrán "la mujer honrada, pierna quebrada" (y en casa) no le resultó muy atractiva, ni para ella misma ni tampoco para el conjunto de las mujeres españolas de clase media de su época (*Mujer española* 152). Como hija única de una familia burguesa con antecedentes nobiliarios, Pardo Bazán sufrió en carne propia las dificultades que experimentaban las mujeres de su tiempo si querían obtener una educación y preparación que a los varones de su clase les solía facilitar la sociedad ("Apuntes" 38). Esta experiencia le llevó a defender incesantemente los derechos de la mujer, bien en el terreno de la enseñanza, bien en los ámbitos del trabajo, de la moral y hasta de la política (*Mujer española* 330).

Para divulgar sus ideas Pardo Bazán recurrió tanto al género del ensayo o artículo periodístico como a los géneros de ficción: a la novela, al cuento y, aunque es menos sabido, al teatro también. Si el ensayo o artículo periodístico le brindó a la escritora la oportunidad de expresar sin rodeos lo que tenía que decir y de plantear su propia posición como intelectual y autora (Bieder, "Women" 33), la novela, el cuento y el teatro, a su vez, le dieron la ocasión de elaborar artísticamente, y también de problematizar sutilmente, muchos de los temas desarrollados en sus artículos y ensayos.[1]

Particularmente, la creación teatral le ofreció a la autora una serie de recursos para presentar ciertas ideas que nunca hubiera podido promulgar con tanta claridad a través de los demás géneros de ficción. El teatro permite representar delante de los ojos de los espectadores determinados temas que los géneros narrativos tan sólo pueden elaborar textualmente; además, confiere cierta

Capítulo uno

materialidad corpórea y, por ende, cierta ilusión de realidad a los personajes; el teatro hace posible la creación de unas construcciones espaciales (espacio escénico/espacio extraescénico) que permiten subrayar ciertas distancias sociales; asimismo, permite la construcción más explícita de un público receptor ficticio. Hay, finalmente, un factor que no se puede minimizar: recurriendo al teatro, uno de los principales medios de comunicación con el gran público a finales del siglo XIX, Pardo Bazán podía alcanzar una audiencia ligeramente diferente a su público lector usual, ya que es de suponer que entre los espectadores de sus obras se encontrasen también lectores menos asiduos.

En el presente capítulo pretendo examinar un monólogo teatral poco conocido de Emilia Pardo Bazán, titulado *El vestido de boda*. Es la primera obra del pequeño corpus de piezas estrenadas por la autora.[2] El género del monólogo estaba en auge a partir de finales del siglo XIX y fue cultivado por dramaturgos destacados, como Strindberg y Chejov.[3] Por su aparente sencillez y dimensión introspectiva constituyó una novedosa alternativa a los moldes melodramáticos de Echegaray, paradigma incontestable de la escena española en las últimas décadas del siglo (Ríos-Font, *Rewriting* 9). Frente a unos dramones de honor altamente efectistas, cuya evolución se basaba en una intricada acumulación de sucesos, Pardo Bazán hacía un esfuerzo para llevar al teatro a una mayor profundidad analítica y a un mayor realismo escénico, siguiendo las sugerencias innovadoras de Zola, Ibsen y, en su propio país Pérez Galdós y Benavente. Es mi propósito demostrar que la escritora supo sacar gran provecho del género monológico para manifestar sus ideas sobre—entre otras—la condición femenina y para subvertir la categoría "mujer" tal y como había sido construida por la sociedad decimonónica y solía figurar en la escena española de su época.[4] La incipiente dramaturga intuyó acertadamente que el monólogo escrito y protagonizado por una mujer era un "género femenino por excelencia," ya que le permitió a la autora construir a una mujer protagonista que se expresaba libremente, sin que otro locutor le pusiese freno, para así rechazar imágenes establecidas que consideraba deformadas o falsificadas por intereses ajenos (O'Connor 91). La originalidad de *El vestido de boda* reside, sobre todo, en el uso que hace Pardo Bazán de la sátira y la ironía para manipular con destreza las expectativas del público burgués al que iba destinada la pieza. Explotando hábilmente una serie de convenciones de un teatro insustancial y ligero que era el repertorio usual del coliseo donde se estrenó la obra (entre otras, el espacio único, el diálogo con un público ficticio, el final convencional y acomodaticio), resalta la falsedad y el culto a las apariencias de la sociedad finisecular decimonónica como impedimento para el progreso de la nación.

Dos años antes, Jacinto Benavente había hecho algo similar en *Gente conocida* (estrenada 21 de octubre 1896 en el teatro de la Comedia), una obra en la cual el dramaturgo sustituye la acción—que en la pieza tiene lugar fuera del escenario—por un discurso desprovisto de todo efecto grandilocuente. Los críticos no tardaron en comentar la originalidad del nuevo lenguaje benaventino, cuyas frases humorísticas, observaciones sutiles y sátira amarga se acercaron mucho más al habla cotidiana de los espectadores que el lenguaje altisonante del melodrama al que estuvieron acostumbrados. En *Gente conocida* Benavente extiende su crítica social a los miembros de la audiencia, a los que considera culpables de la misma hipocresía que caracteriza a algunos de sus personajes. En términos que vienen que ni pintados para *El vestido de boda* el dramaturgo comenta: "Tenemos una ropa moral para andar por casa, bastante holgada en ocasiones, y otra de más vista para presentarnos en sociedad. Esta es la que lucimos en el teatro como espectadores" (en Ríos-Font, *Rewriting* 153). *Gente conocida* representa el triunfo de un personaje femenino que trasgrede, por lo menos parcialmente, el universo dominado por los hombres (154). Tanto este protagonismo femenino como la metateatralidad destacan también en otra obra de Benavente, *El marido de la Téllez (boceto de comedia en un acto)*, estrenada el 13 de febrero 1897 en el mismo teatro de Lara que vio el estreno de *El vestido de boda* (Versteeg, "De coristas").

Si *El vestido de boda* es una obra sobre la situación de la mujer decimonónica, éste no es de ninguna manera el único tema que toca el monólogo. Como veremos en el curso del capítulo, en esta pieza sobre una modista tramposa se entreteje un discurso sobre el consumo y la productividad (al nivel personal y nacional), la moda (los trapos y las modas literarias), la dependencia española de Francia (económica y también culturalmente) en una época (poco antes del ya inminente Desastre) en la que el desprecio del país vecino sabía particularmente mal, y por último la pieza representa los esfuerzos de la misma Pardo Bazán por consagrarse como

Capítulo uno

escritora (la autora, inspirándose en ciertos modelos franceses, supo crear una auténtica novela española que se encuentra a la par con la que producen sus colegas varoniles).

El teatro de Lara, donde *El vestido de boda* fue estrenado el 1 de febrero de 1898, era un edificio elegante y confortable, con una nota de intimidad familiar por sus dimensiones reducidas.[5] La "bombonera" de Don Cándido Lara era el teatro predilecto de un público netamente burgués. Como apunta Pilar Espín Templado, frente a los muchos teatros madrileños que no contaron con un público uniforme o identificable con una determinada clase social, Lara constituía una excepción, ya que contó con un público propio (74). En este respecto, escribe Deleito y Piñuela:

> [Un] auditorio de pequeños burgueses pacíficos y acompasados, que gustaban de pasar allí las veladas, en la seguridad de que no les harían trasnochar mucho [...], no les calentarían la cabeza con tesis ni problemas sociales, psicológicos o éticos, ni les pondrían en apurada situación con asuntos escabrosos ni atrevidas frases que escandalizaran [...] En cambio, era más seguro que les harían reír con chistes, retruécanos y situaciones cómicas, más o menos inverosímiles y de mejor o peor ley literaria. [...] Era su ordinario público el matrimonio pacífico, la mamá con niñas casaderas, la patrona de huéspedes, el escolar tutelado por padres cuidadosos de sus estudios, el empleado y el comerciante que habían de madrugar, etc. [...] (320–21)

Éste era, pues, a *grosso modo* el público al que iba destinado *El vestido de boda*, o sea un público acostumbrado a un repertorio ligero e intrascendente de "comedias caseras" (Simón Palmer, *Construcción* 33) y "juguetes cómicos" (Espín Templado 177).[6] Un público que en parte habrá coincidido con el público lector de los periódicos (*El Imparcial*, *El Liberal*...) en los que Pardo Bazán solía publicar sus numerosos cuentos y crónicas, aunque quizás el público de Lara fue algo más modesto.[7]

El vestido de boda es una obra teatral en un acto y en prosa que consiste en un sólo papel hablado. Fue escrita ex profeso para una representación a beneficio de Balbina Valverde, una actriz consagrada con un público fiel que sin duda acudiría a una representación en honor de su estrella favorita, por lo cual Pardo Bazán podía estar asegurada de que su primera obra teatral se estrenaría en una sala llena (Carballal Miñán 165). La obra fue probablemente concebida como un reto para esta conocida actriz cómica, que fue en aquellos años la innegable estrella del teatro de Lara.[8] Pardo Bazán opinaba que los autores dramáticos, al idear una obra, debían de tener presentes las condiciones y grados de capacidad de los actores que habían de representarla (*Obras completas* [*OC*] 1089). El hecho de que la obra fuera escrita para una actriz determinada cuyo garbo, voz, dicción y porte conocía la autora, explica con toda probabilidad la escasez de acotaciones, algo que, por otra parte, no era inusual en el teatro de la época. En el monólogo Balbina Valverde, que al momento del estreno tenía 58 años, hizo el papel de Paula Castañar, una mujer de clase media que relata su vida: la muerte del padre y los consiguientes apuros económicos que pasaron madre e hijas, la falta de ayuda por parte de amigos y conocidos; su decisión de dejar el ámbito del hogar burgués para hacerse costurera y su éxito profesional como la famosa modista "francesa," Madame Palmyre Lacastagne (y como veremos más adelante esta conexión con Francia no es gratuita). Al levantarse el telón los espectadores ven a Paula con una caja que contiene, supuestamente, su más reciente y última creación, un precioso vestido de boda que ha cosido para su hija, educada en un convento y totalmente ignorante de la profesión de su madre, profesión socialmente cuestionable para una mujer de clase media. Una vez casada su hija en un matrimonio aventajado, Paula abandonará la costura para irse a vivir con los recién casados y esperar la llegada de los nietos.[9]

El crítico de la *Ilustración Española y Americana* que asistió al estreno comentó que la obra "adolece en nuestra opinión del defecto de ser poco teatral; es más bien un artículo muy bien escrito que una producción dramática bien pensada" (en Carballal Miñán 186).[10] Otros críticos, como el de *La Correspondencia de España* consideraron el uso del monólogo más literario que teatral ("queda reducido a una agradable narración") (en Carballal Miñán 186), una observación que se debe relacionar con el debate sobre la presencia de los novelistas en el teatro (Val). Aunque *El vestido de boda* es altamente diegético y otorga una gran importancia a la palabra, al código verbal, el mensaje propio de la representación teatral no reside en el discurso del personaje sino en las condiciones de ejercicio de éste (Ubersfeld 178), y su significado se crea mediante un espesor de signos—verbales y no-verbales (Bretz 43). El monólogo no es texto, sino *performance*, un *performance* en que la actriz debe dar vida a las tres *personae* de la protagonista:

Capítulo uno

la joven ingenua, la modista tramposa y la burguesa acomodada. Como apunta Judith Butler, nuestra identidad genérica es ya de por sí un *performance* implícito, condicionado por el paradigma social y los tabúes de una sociedad determinada, e instituido mediante una serie de actos performativos, "a *stylized repetition of acts*" (270, cursiva en el original). Son estos actos performativos, unos en concordancia (la joven, la burguesa, la madre) y otros en marcada contradicción (la modista) con el guión socio-cultural del momento, que la actriz debe representar. Se le exige, por ende, ser alternativamente ingenua, espontánea, locuaz, coqueta, maliciosa, tierna y falsamente sentimental, y desplegar la correspondiente mímica y gestualidad: risas, bofetadas, exclamaciones, lágrimas, sollozos, silencios.

Asimismo, y como es frecuente en el monólogo teatral, lo expresado por la protagonista se dirige a unos receptores ficticios (Peregrim 157), predefinidos en la obra como los supuestos espectadores burgueses del teatro de Lara. Se trata evidentemente de una comunicación truncada, unilateral, que le da a la monologadora el dominio de la palabra y carta blanca para manipular a sus receptores (Lauzière 121, 196). Paula, por ser un personaje con agencia, dista mucho de la mujer-objeto del teatro burgués, haciéndole todo tipo de observaciones maliciosas al público y burlándose repetidamente de las normas burguesas y patriarcales de sus supuestos espectadores, sin que éstos tengan la posibilidad de objetar.[11] No busca realmente el diálogo con el público, no quiere que éste le dé su parecer; más bien lo invita (o mejor aún lo fuerza) a escuchar un discurso demasiadas veces silenciado. No es por nada que el discurso feminista se acopla perfectamente a esta forma teatral.

Imprescindible para el significado de la obra es también el espacio en el que actúa la protagonista. Se destaca el gran contraste, la tensión entre, por un lado, el discurso de Paula, una mujer que sabe dirigir su propia vida, que ha viajado y que tiene mucho mundo, y, por otro lado, el espacio escénico inmutable y sumamente convencional que constituye el escenario durante toda la obra. Este escenario estándar es un interior muy trillado, un lujoso saloncito con su mesa, sofá, sillas y vista al jardín, que el espectador burgués de la obra debe de haber reconocido como enteramente familiar. Representa el ámbito burgués por antonomasia, cerrado, aislado de la naturaleza—sólo se nos deja ver el jardín por las ventanas—y es regido por un código tan severo de entradas y salidas que en él no entra nadie a no ser la criada. El contraste entre el enunciado de la protagonista, que remite a un espacio imaginario y dinámico fuera-de-escena y el carácter inmutable del espacio escénico que perciben los espectadores, le confiere a dicho espacio mimético un valor metafórico: es una especie de cárcel de lujo, que aprisiona a la mujer. Por cierto, no ha sido en este espacio aburrido donde Paula ha logrado independizarse. Esto ha ocurrido en el espacio narrado, exterior al escenario, un espacio menos decoroso—y, por eso, invisible—donde la protagonista tuvo que recurrir a trampas y engaños para recuperar su actual posición social, algo que parece indicar los falsos fundamentos de la vida burguesa, basada en puras apariencias.

Adelantándose hacia su público, Paula empieza su monólogo preguntando si los espectadores saben guardar un secreto. El secreto que quiere compartir, que sale de la caja de Pandora, no es, sin embargo, ninguna de las banalidades usuales del teatro ligero, sino que consiste en nada menos que una trasgresión de las normas burguesas y patriarcales vigentes en el siglo XIX. El personaje les confía a los espectadores que cuando joven fue empujada por las circunstancias a dejar el hogar burgués para aventurarse en el mundo laboral. Ni siquiera en situaciones tan urgentes como la suya, sin embargo, el decoro les permitía a las mujeres de clase media cambiar la esfera privada por la pública, ya que dicho cambio era considerado como la manifestación de una movilidad de clase en declive, algo sobre lo que Pardo Bazán ha expresado su indignación en numerosos artículos, ensayos y cuentos. Por ejemplo, es ilustrativo lo que escribe al respecto en su ensayo "La mujer española":

> [S]uponed una familia mesocrática, favorecida por la naturaleza con cinco o seis hijas, y condenada por la suerte a vivir de un sueldo o una renta miserable. ¿Qué van a hacer esas niñas? [...] ¿Ejercer una profesión, un oficio, una ocupación cualquiera? ¡Ah! Dejarían de ser señoritas *ipso facto*. Hemos convenido en que las señoritas no sirven para cosa alguna. [... A la mujer burguesa] la clase social a que pertenece la expulsaría de sus filas si supiese que cometía la incongruencia de hacer algo más que "gobernar su casa"! (*Mujer española* 100–01)

Capítulo uno

La protagonista de *El vestido* es una mujer enérgica e inventiva que expresa sus opiniones con claridad y firmeza. En un lenguaje vivaz, y no sin cierta agresividad verbal cuando se enfada, Paula les informa a los espectadores de su carácter, que no era "de achicarme" (*Teatro completo [TC]* 82), y de la decisión que tomó para solucionar los problemas familiares, por falta de ayuda por parte de "amigos" y otros "lagartones" (82). Una decisión que se resume en la expresión "brujulearemos" (82). El empleo tanto del término "achicarse" como del término "brujulear" llama la atención. El primero es un verbo que Pardo Bazán emplea en su ensayo "La mujer española," en el que se queja de "lo achicado" de sus compatriotas (105). El uso del término familiar "brujulear," en vez de "trabajar," puede haber sido un guiño intertextual al personaje de la Menegilda de la revista teatral *La Gran Vía* (1886) de Felipe Pérez y González, archiconocida por el público finisecular madrileño. La canción—un tango—de la inventiva (léase tramposa) criada que "sisa" a sus amos, y al final sale mejor parada que ellos, viene muy a propósito para describir la situación de la pobre Paula.[12]

Si Paula es demasiado locuaz para corresponder al ideal tradicional de una femineidad asociada al silencio y al recato, también las acciones que refiere traspasan los límites del decoro burgués. En efecto, Paula no se limitó a aprender el oficio de costurera, sino que, al mismo tiempo, tramó un enredo, que—con una alusión al mismo teatro donde se estrenó la obra—afirma ser "ni de los del repertorio de Lara" (*TC* 83). Un enredo del que supone—y aquí se dirige otra vez a su público ficticio—que le fueran ya adivinando todas las señoras, "como no habrá ninguna entre este escogido auditorio, que incurra en la vulgaridad de tener modista española" (83). El personaje relata cómo, provista de un peluquín zanahoria, adoptando unos modales muy impertinentes y chapurreando el francés, cambió su nombre de Paula Castañar al de Madame Palmyre Lacastagne, a la que describe, con un contraste estilístico elocuente, como "una eminencia del arte de los pingos" (81). Bajo esta falsa identidad se estableció, con dinero prestado, como modista francesa en una calle céntrica de Madrid, donde por mucho dinero—demasiado dinero según dice—vestía a sus clientes.[13] El juego con el público ficticio burgués es importante aquí, porque de sus rangos, precisamente, debían de haber salido las clientes que se dejaron estafar por Madame Palmyre y sus congéneres.

En un artículo satírico en *La Nación* de Buenos Aires, Pardo Bazán pone de oro y azul a las poco simpáticas modistas francesas, con lo que la reputada importadora de ideas francesas demuestra que no se traga todo lo que viene del país vecino ("Crónicas de Madrid." *La Nación*, 8 de diciembre de 1912). Años antes, en 1889, la autora reconoce el prestigio cultural de Francia, pero le molestan las representaciones deformadas de España que la "eterna adversaria" hace circular: "siempre Francia ha sido la piedra en que tropezamos, la fosa en que caímos, la enemiga declarada o embozada [...] que acechó nuestras desventuras para explotarlas, que observó nuestros lados débiles para herirlos" (*Al pie* 34).[14] En cuanto a la cultura, los arrogantes franceses tienden a reducir la importancia de la producción cultural española a una serie de espectáculos populares de ínfima calidad, para así negar a España el capital intelectual simbólico necesario para posicionarse entre los países civilizados del norte de Europa (Shkatulo). Cuando la prensa francesa, durante la Exposición Universal de 1889, critica el salvajismo de las corridas de toros (Pardo Bazán, *Al pie* 183), Pardo Bazán no vacila en contraatacar con ejemplos de similar "barbarie" de la población de Francia, país cuyas "armas mejor templadas y más agudas" son la coquetería y la moda (115). Uno de estos ejemplos encontramos en *El vestido de boda*: el comportamiento poco civilizado de las modistas francesas a cuyos engaños las burguesas españolas sucumben como toros "que acuden derechos al engaño del trapo" (*TC* 6). Pagando a los franceses con su propia moneda, Pardo Bazán desacredita las acusaciones de ser ella una "mala española" y presenta a España como en pie de igualdad con Francia.

Pero aun más que a las modistas, Pardo Bazán critica la trapomanía de sus clientes, que se dejan atrapar como moscas en la red de una araña ("Crónicas de Madrid." *La Nación*, 8 de diciembre de 1912), y que sólo quieren vestirse con ropa proveniente de Francia: "Mientras la mujer, sin saberlo o a sabiendas aspira a arañar y turbar los corazones, se viste a la francesa, y trae de París o siquiera de Francia los pingos" ("A la rusa." *De siglo* 43). La escritora, que en sus crónicas habló con cierta frecuencia de asuntos de la moda, era de la opinión que una mujer debía vestirse con discreción

Capítulo uno

y sencillez ("La moda con arte." *La Nación*, 25 de diciembre de 1889) y de manera apropiada a las circunstancias ("La vida contemporánea." *IA* 1.522, 27 de febrero de 1911; Ruiz-Ocaña Dueñas, *La obra* 376). Pardo Bazán se opuso con vehemencia a que la moda fuera un ídolo hueco ante cuyo altar sus compatriotas sacrificasen el dinero, la salud, la decencia y el sentido común ("Crónicas de Europa. La indumentaria femenina." *La Nación*, 25 de agosto de 1912; "Crónicas de España." *La Nación*, 26 de abril de 1917). Tanto en el artículo periodístico de 1912 como en la pieza teatral que nos ocupa aquí, las clientes de la modista son las exponentes de la cursilería y el cultivo de las apariencias de una sociedad cuyas estructuras están cambiando rápidamente y que se ve impulsada por el consumo y el fetichismo de la mercancía. En una sociedad donde lo único que se vende son unos signos (Fernández Cifuentes 289), lo de tener modista francesa "casi viste más que el traje" (*TC* 3). Y Paula, recurriendo a un galicismo, añade irónicamente: sobre todo si es un *deshabillé* (83). Walter Benjamin atribuyó la tiranía de la moda al afán de las clases altas por distinguirse de las clases medias, que a su vez no pararon de querer igualarse e imitar a aquéllas (74–75). La disparidad entre, por un lado, las aspiraciones bien presentes en las clases medias españolas decimonónicas de adoptar cierto estilo de vida y de seguir ciertas modas, y, por otro, la falta de los medios económicos necesarios, es decir, "el querer y no poder," resultó en un sentimiento de inadecuación y produjo un efecto de cursilería (Valis, *Culture* 11). La palabra "cursi," empleada por Madame Palmyre en *El vestido* (*TC* 84), se refiere despectivamente a la persona que tiene pretensiones de refinamiento y elegancia sin poseer estas características.

Si la moda es el indicio de cierta voluntad de distinción y de prestigio, también es el reflejo de una conducta convencional, de un deseo de integración social, en otras palabras, del conformismo más evidente (Salmon 280). El conformismo de las burguesas consumidoras e improductivas contrasta con el modelo de la mujer productiva que propone Pardo Bazán con el personaje de Paula, quien con su talento y ambición es capaz de fabricar su propio atuendo elegante en vez de dejarse estafar por otras. Su alter ego Madame Palmyre supo aprovecharse hábilmente de la situación, infligiendo a sus clientes un tratamiento que da muestra de un innegable aire de superioridad:

> Mi primer movimiento era mirar por encima del hombro a las señoras que venían a preguntar precios: recorrer de una ojeada de arriba abajo su traje, con el aire del que dice: "Valiente cursi abatida estás tú; parece que te vistieron tus enemigos; no sé si debo dignarme hacerte ropa." Y cuanto más impertinencia en mí, las parroquianas más tiernas, más blandas, más abiertas de bolsillo. (*TC* 84)

Estas clientes no fueron, por cierto, unos ángeles del hogar, del que salían con frecuencia, aunque no instigadas por el noble motivo de remediar la necesidad, sino para hacer volar el presupuesto familiar. Sin que lo supieran sus maridos, empeñaron sus diamantes e hipotecaron sus fincas para poder pagar su ropa. Paula juega aquí con dos barajas, demostrando a los espectadores masculinos de su público (ficticio) que se dejaron engañar por sus propias esposas a las que tenían emperifolladas a sus lados, mientras que éstas se dejaron a su vez engañar por la modista.[15]

En *El vestido de boda* el discurso económico se infiltra en todo, no sólo en la trama sino también en el lenguaje. En el letrero que Paula se ha dejado fabricar se lee *Madame Palmyre Lacastagne. Robes et costumes*, algo que algunos maridos de sus clientes no tardaron en cambiar en "roba por costumbre" (*TC* 83). Paula, sin embargo, dice no haber abusado, aunque luego lo matiza: "no me gusta abusar," designando el abuso como un mal necesario: "si Madame Lacastagne cobrase una miseria, vamos, no estaría en carácter ... carecería de verisimilitud ..." (85). Esta mujer sabe exactamente cómo funciona la nueva economía de mercado.

En el personaje de Palmyre Lacastagne, Pardo Bazán critica una idea muy extendida en el siglo XIX, a saber, que la mujer que deja el hogar y por ende transgrede la separación entre las esferas privada y pública, no pueda ser ni productiva ni una buena madre. Pérez Galdós, por ejemplo, retrató en sus novelas contemporáneas a toda una serie de protagonistas femeninas que abandonaron su hogar y descuidaron a sus hijos para dedicarse al consumo obsesivo de unos productos importados mayoritariamente de Francia cuyos precios excedieron sus presupuestos (Rosalía de Bringas, Isidora Rufete ...). Tal apetito femenino por el lujo constituía por su carácter incontrolable una amenaza para el orden patriarcal. En estas representaciones, escribe Lara Anderson, la imagen de una España consumidora y pasiva contrasta tajantemente con la

Capítulo uno

de una Francia industrializada que produce y exporta todos estos objetos del deseo femenino ("Fabricated" 101). Pardo Bazán, que en otro lugar admite la ridiculez de la importación excesiva de productos franceses adopta no obstante un enfoque más positivo que su colega Pérez Galdós.[16] La autora demuestra que la mujer que deja su hogar puede ser productora de objetos (creaciones) que pueden competir con los productos importados del país vecino (es decir, España puede competir con Francia), sin que esta actividad productora la lleve a abandonar a los que le hayan sido confiados a su cuidado.

Gracias a su sentido comercial Paula ha podido crear el hogar burgués que se ve representado en la escena. El personaje relata además cómo ha sacado a su madre y hermanas de la miseria. En la obra sólo importan los lazos entre mujeres, especialmente entre madres e hijas. Los hombres no tienen ninguna importancia. Paula tuvo un padre ausente y luego muerto—"viajaba y negociaba; le veíamos poco" (*TC* 82)—y se casó con un hombre que "afortunadamente" / "desgraciadamente" (85) se fue pronto al otro mundo, un esposo que no le sirvió sino para procurarle la muy deseada maternidad. La hija, a la que sólo al final de la obra se la ve pasar por detrás de las ventanas del escenario, ha sido educada en un convento y mantenida en total ignorancia de la doble identidad de su madre. La modista no sólo le ocultó a la niña su trabajo, sino que también quiso que ella fuese una señorita por todo lo alto, y no la hija y, aun menos, la sucesora de Madame Lacastagne, ya que—y aquí el parlamento adquiere un tono algo triste—el trabajo deshonra. Añade que no debía deshonrar, pero deshonra (85). Dirigiéndose una vez más al público ficticio cuyas normas son precisamente la causa de la deshonra del trabajo, Paula insiste en la falsedad de la sociedad burguesa:

> Ahí verán ustedes, la gente es tan particular, que da más consideración al que se pasa la vida tumbado a la bartola ... ¡Cuánta farsa! ¡Qué fantasmona es la sociedad! Si mi niña aparece como hija de una modista, no la hubiese pretendido un diputado, y de tanto porvenir como el que va a ser mi caro yerno dentro de pocas horas ... (*TC* 85–86)

Para la boda de su hija, Paula ha confeccionado el vestido que está en la caja, "con fiebre artística [...] ha salido ... una creación" (*TC* 86). Un vestido que les queda oculto a los espectadores, pues

El vestido de boda

remite al resultado de un trabajo socialmente cuestionable para una mujer de clase media, y al culto de las apariencias. "Parece que no lo han tocado manos" (81), dice la modista y la ironía es evidente. Es significativo que no se vea el trabajo invertido en el vestido, sino sólo la atractiva caja que lo encubre (que queda en el escenario durante toda la representación). Por mucho que Paula, que como madre de la novia se seca una lágrima sobre el vestido, nos quiera hacer creer que éste simboliza la inocencia, las ilusiones de un alma virgen, resulta evidente que el vistoso atuendo tiene otro valor metafórico, ya que simboliza, aparte del trabajo "oculto" de la modista, el acceso a la burguesía. Es, por supuesto, irónico que la hija incluso haya pedido que su vestido fuese cosido por Madame Lacastagne.

Todo lo que está presente en el escenario tiene la posibilidad de significar, y una aparente ausencia puede igualmente adquirir significado. Para Peggy Phelan estas ausencias indican aspectos que la sociedad ha decidido ignorar (*Unmarked*). Si el traje de la desposada encarna el momento más solemne en la existencia de una mujer, la caja con su vestido invisible puede simbolizar—aparte del trabajo de la madre costurera—"toda la suma de las decepciones que pueden esconderse en tan alegres preparativos" ("Vistas." *De siglo* 250–52). En un artículo en la que la autora afirma querer "que todo se adivinase y que nada se expresase clara y crudamente," Pardo Bazán habla de la desigualdad de los géneros sexuales y del "terrible problema" del matrimonio, ya que por mucho que se mulla el nido y se dore la jaula del ave, no es ninguna garantía que ésta se habitúa a su prisión ("Vistas." *De siglo* 250–52).[17] Ni la nítida blancura del vestido, ni sus preciosos encajes pueden garantizar el éxito del matrimonio.

Si hay ironía en el capricho de la hija de querer su vestido de boda confeccionado por una famosa modista "francesa," la hay evidentemente también en las pretensiones de esta misma modista tramposa de obtener para su hija, como bien supremo, la respetabilidad burguesa. En lugar de estimular a la hija de seguir su ejemplo, la madre le inculca los valores de quienes se ha aprovechado. Después de haber comunicado sus planes para abandonar la costura y vivir con los recién casados, Paula despide a su anterior *persona* de mujer enérgica y llena de picardía para adoptar el sentimentalismo de la personalidad burguesa. Este final nos remite otra vez al principio de la pieza, donde se originan las

Capítulo uno

tensiones que se manifiestan a lo largo de la obra: tensión entre la descripción de la pobreza pasada de Paula y el lujo en que vive en el presente dramático, tensión entre la esfera pública donde se mueve profesionalmente, y que queda ocultada a la mirada de los espectadores, y la esfera privada de su hogar que se ve representada en la escena, y, por último, tensión entre su energía e inteligencia y la estupidez de sus clientes burguesas. Si una mujer moderna e independiente como Paula, que se ha creado una posición fuera del control patriarcal, quiere para su hija una posición entre las filas de la burguesía, tendrá ella misma que ceder ante las exigencias morales, económicas y espaciales de este mundo burgués en cuya falsedad había insistido tanto. En la realidad social de finales del siglo XIX, una hija no podía desde luego mantener una posición burguesa si la vida de su madre era una farsa. Con *El vestido de boda*, Pardo Bazán ha escrito una sátira del culto a las apariencias y de la imitación femenina, así como del uso eficaz que hace su protagonista Paula de estos atributos para ascender en la escala social. Burlándose de los acostumbrados finales de las miles y miles de otras obrillas teatrales representadas en el teatro de Lara que tanto gustaron a un público proveniente de la clase media, la autora da a la obra un desenlace no acomodaticio, sino satírico, interpretación que corroboran las últimas palabras de la pieza, "un solo aplauso ... para las modistas" (*TC* 87).

El afán de las españolas por las modas de París tuvo un equivalente en el consumismo (femenino) de las modas literarias francesas (los folletines) que se produjo en la economía doméstica de la literatura española (donde se sentía como una amenaza para el mercado editorial español y el estatus socioeconómico del escritor). Pardo Bazán, apodada por Julio Cejador y Frauca "la sacerdotisa de las *modas* literarias" (en Blanco, "Gender" 133, la cursiva es mía), fue repetidamente atacada por sus contemporáneos masculinos por haber importado en España ideas literarias foráneas (francesas) tales como el naturalismo, lo cual le dio a la autora la etiqueta de extranjerizante, vanidosa, cursi y "mala española." Según Cejador y Frauca: "[l]as modas suelen traerlas las señoras y tras las señoras se van las cabezas de los hombres" (314). El historiador literario no distingue en esta cita entre el mundo de la literatura y el de la moda, ya que ambos se caracterizan por una frivolidad típicamente femenina. Para el patriarcado el consumismo femenino fue particularmente perturbador puesto que para satisfacer el deseo femenino el hombre no era sino un mero instrumento. En *El vestido de boda* Pardo Bazán alude a esta angustia patriarcal cuando muestra que las consumidoras/espectadoras no hacen sino explotar a sus maridos/espectadores al igual que Paula/Pardo Bazán se independiza de los varones para alcanzar sus propios objetivos.

Esta equivalencia entre el afán consumista por los trapos y la pasión por las modas literarias (francesas) nos señala que el texto permite también otra lectura, metafórica esta vez, en la que el personaje de Paula, en su lucha de mujer que quiere salir adelante en un mundo dominado por los hombres, simboliza el espíritu de la propia escritora y sus esfuerzos por situarse como "mujer de letras" en el campo literario, en el sentido de Bourdieu (1993). Tal y como la costurera busca su propio camino y desarrolla estrategias propias para llegar a ser la modista más cara de la capital, la aficionada a las letras, que en su juventud escribe "Apuntes" y poesía, consigue convertirse no en una literata, sino en una escritora de renombre, una mujer de letras (Botrel 155). Desplegando deliberadamente una serie de estrategias y tácticas (tales como construirse un sistema de relaciones propio y granjearse el apoyo de críticos de renombre) (161), y también quizás otras de las cuales sería mejor callarse (dejándolas en la caja de Pandora), Pardo Bazán sabe finalmente conquistar, una tras otra, casi todas las posiciones propias del rol masculino de escritor público u hombre de letras, y ocupar un lugar a la vez "conforme" y *sui generis* en el campo literario (157). El vestido de boda simboliza entonces este pleno acceso a la república de las letras y el final satírico no es sino un guiño de la escritora que se burla de sus propias pretensiones a una posición de igualdad que, por supuesto, considera bien merecida y ampliamente justificada.

Esta interpretación viene corroborada por el interesante paralelismo que presenta *El vestido de boda* con los "Apuntes autobiográficos" (1886) de la misma autora. Si en *El vestido de boda* Pardo Bazán recurre al género monológico para que su protagonista femenina pueda expresarse libremente y sin que otro locutor le ponga freno, en sus "Apuntes autobiográficos," como muestran acertadamente Elizabeth Ordóñez ("Passing Notes") y Carmen Pereira-Muro ("Maravillosas"), la autora se aprovecha del espacio privilegiado de control del discurso que le proporciona la autobiografía para negociarse un lugar como sujeto nacional femenino. *El vestido de boda* tiene como función consagrar a Paula

Capítulo uno

Castañar como mujer independiente y productora en un mundo masculino, mientras que los "Apuntes" deben celebrar a Pardo Bazán como autora en una cultura nacional varonil.

Al igual que Paula tuvo que ingeniárselos para afirmarse en la alta *couture* española, Pardo Bazán tuvo que echar mano de complicadas estrategias para afiliarse a la alta cultura nacional, justificando que fuera "buena española" y poniendo fin al exclusivo protagonismo masculino del nacionalismo cultural. En *El vestido de boda* Paula/Pardo Bazán hace—¡a su manera!—justicia a la observación de César Barja que "[r]aramente, si alguna vez, se ha visto a la mujer entrar en la carrera del arte sin disfraz. ¡Mujer al fin!" (549–50). Tanto Paula como Pardo Bazán son las creadoras de un producto nacional de calidad (ropa, libros) capaz de competir con las importaciones francesas (no son seguidoras de moda sino auténticas creadoras), que en vez de negar su conexión con lo francés la hacen explícita; Paula mediante un nombre francés ("Palmyre Lacastagne") y Pardo Bazán reconociendo la superioridad francesa para así destacar su decisión de escribir una novela española (Pereira-Muro, "Maravillosas" 84). Las dos se presentan como altamente profesionales y mencionan los obstáculos que como mujeres tuvieron que sortear para poder adquirir una formación (identificándose implícitamente con todas las que pertenecen a su género sexual), algo que les aísla tanto de la comunidad masculina como de las mujeres ineducadas. Ni la una ni la otra mujer ha sido la recipiente pasiva de modelos previos, sino que los ha tenido que buscar activamente en una voluntad de educarse, muchas veces a contracorriente. A pesar del lugar que las dos mujeres se han conquistado en la alta *couture*/cultura, ellas subrayan su condición femenina de forma desafiante. En un discurso triunfal (*El vestido*/ "Apuntes") enfatizan emocionalmente su feminidad, maternidad, y domesticidad. Así reconcilian su ser mujer y profesional con ser sujeto nacional, ya que si el sentimiento de nación es algo natural y emocional, entonces, en las palabras de Carmen Pereira-Muro "la mujer, ubicada en la esfera de la naturaleza según el paradigma cultural dominante, es el sujeto nacional por excelencia" ("Maravillosas" 95).

En conclusión, se puede decir que con *El vestido de boda*, Emilia Pardo Bazán ha escrito una obra teatral que es mucho más que una simple sátira de los vicios sociales, de las falsas apariencias y la falsa vanidad de determinada burguesía femenina que se deja estafar *en*

El vestido de boda

masse por unas tramposas modistas francesas (Farlow 98). También en las tablas Pardo Bazán dio forma a su feminismo y se afirmó como escritora/dramaturga en la cultura varonil de su tiempo. La especificidad del teatro le brindó una serie de recursos que no le ofrecieron los géneros narrativos y que explotó eficazmente para *representar*, y así comunicar de una manera muy clara al público, sus ideas sobre la cuestión de la mujer así como su posición como creadora (y no consumidora) en un mundo varonil.

En el escenario, los modelos de mujer que propone Pardo Bazán—tanto en la obra que nos ocupa aquí como en sus otras producciones teatrales—adquieren una materialidad corpórea, lo que refuerza la ilusión de realidad en los espectadores. Focalizando en unas protagonistas femeninas que eclipsan a los personajes masculinos en sus obras, la creación teatral es para la escritora una manera eficaz de deconstruir arquetipos femeninos tradicionales y de sugerir a su auditorio derroteros para la existencia femenina que se basen en la propia voluntad de la mujer. En *El vestido de boda* Pardo Bazán recurre con gran habilidad al género del monólogo, género que le permite construir una protagonista que en vez de una seguidora de modas es una auténtica creadora y que, sin temer contradicción, puede expresar con toda franqueza lo que tiene que decir y desde su propio punto de vista femenino. Además, emplea de manera original el humor y la ironía para burlarse de las pretensiones de su personaje y así destacar, una vez más, el culto de las apariencias y la falsedad de la sociedad finisecular decimonónica, estos grandes obstáculos a la emancipación de la mujer. La tramposa protagonista es evidentemente el producto de la sociedad en la que le toca vivir.

Pardo Bazán, por incipiente dramaturga que fuese, tenía una clara conciencia tanto de la técnica dramatúrgica como de las expectativas del público, que supo manipular con destreza. Esta conciencia la alcanzó mediante su larga experiencia con el análisis crítico teatral que desde años venía realizando en sus reseñas. En las pocas obras que logró estrenar, cuidaba siempre mucho de la escenografía y seleccionaba cuidadosamente a las actrices, como en este caso Balbina Valverde. Si solía preferir una puesta en escena de máxima sencillez, esto se debe a que estaba al tanto de las nuevas corrientes dramáticas y optó por seguir las huellas de innovadores como Ibsen, Zola y, en su propio país, Pérez Galdós y Benavente. Su ambición era un teatro moderno y feminista con un equilibrio entre el realismo en la forma y el pensamiento en el fondo ("Realidad." *NTC* 2.16 [1892]: 63). Un teatro cuyo motor no era una intricada acumulación de sucesos, sino el mismo personaje femenino con sus ideas, pasiones y emociones, y a la que se podía confiar la regeneración de la sociedad.

Capítulo dos

Destino y muerte en *La suerte* (1904) y *La muerte de la Quimera* (1905)

En una inteligente meditación sobre la producción teatral de Emilia Pardo Bazán, el dramaturgo Francisco Nieva expresa su admiración por esta parte poco conocida de la extensa obra de la autora, y alaba sobre todo el "diálogo dramático" en prosa *La suerte* (1904) como una "pequeña obra maestra" y una "estupenda premonitora de un gran teatro posterior." Nieva relaciona la pieza, no con el naturalismo que le hizo famosa a su autora, sino con las nuevas tendencias teatrales europeas propuestas por Ibsen, Maeterlinck y D'Annunzio (198–99). En España ve una conexión con el teatro de Valle-Inclán. Efectivamente, en su segunda obra estrenada, que vio la luz durante la época de mayor auge del modernismo teatral, Pardo Bazán fabrica un "tejido" de técnicas novedosas de índole simbolista para dar expresión a unas ideas muy concretas sobre la nación después del Desastre.

En otro lugar he leído *La suerte* en yuxtaposición con la *Tragedia de ensueño* (1901) de Valle-Inclán (Versteeg, "Destino"). En este capítulo combino el análisis de *La suerte* (1904) con el de otra obra simbolista de Pardo Bazán de la misma época: *La muerte de la Quimera* (1905), pieza publicada que a pesar de una representación planeada nunca fue estrenada. Sí parece haber tenido lugar una lectura dramática de la obra. Ambas piezas se centran en temas que preocuparon profundamente a la autora, respectivamente su Galicia natal y la afirmación de su propia autoría intelectual femenina. En *La suerte* la incorporación de diversos elementos de la entonces nueva estética simbolista le permitió a Emilia Pardo Bazán, mejor que lo hubiera hecho el recurso al naturalismo, escribir una obra que revelara las preocupaciones existenciales presentes en la sociedad española del *fin-de-siècle*. Pardo Bazán pretende producir un teatro que hace pensar y sentir (sin caer jamás en la sentimentalidad). Detrás de la sencilla y desgarradora historia de la vieja aureana gallega que, supuestamente debido al destino y unas fuerzas desconocidas, pierde a todos sus seres queridos sin que lo pueda remediar con sus ahorros, se vislumbra un discurso económico que critica duramente a la emergente sociedad capitalista, y una alegoría de la nación española que, en nombre de una fraternidad masculina, sacrifica a sus súbditos (gallegos) y malgasta sus tesoros en una guerra sin sentido. Pardo Bazán critica la existencia de tal fraternidad masculina y enfatiza sus consecuencias nefastas para la población femenina. Como alternativa, la autora propone una economía del don y la convivencia en una comunidad hospitalaria, en la cual todos y todas se ayudan mutuamente. En la obra para marionetas *La muerte de la Quimera* (1905), la ambigua representación del mito clásico del monstruo de la Quimera apunta a la creación artística y la reivindicación de autoría intelectual femenina por parte de Pardo Bazán que, como es bien sabido, durante largos años fue perseguida por la quimera de alcanzar fama y éxito con sus proyectos de renovación teatral (García Castañeda, "Emilia Pardo Bazán" 133–54).

Tanto *La suerte* como *La muerte de la Quimera* son piezas de extensión menor, obras en miniatura casi. Al escribirlas Pardo Bazán buscó deliberadamente y desde una voluntad de renovación formal y temática, una alternativa para los fastuosos pero huecos espectáculos burgueses que predominaban en los escenarios españoles de su tiempo. En vez de glosar las costumbres de las clases altas madrileñas, la autora desplazó a su público a un ambiente melancólico de ensueños y misterios, de superstición y de muerte (el universo rural gallego en *La suerte* y un contexto mitológico en *La muerte de la Quimera*). A pesar de cierto hermetismo de las obras, Pardo Bazán las escribió para verlas representadas—*La muerte de la Quimera* en un teatro para marionetas (representación que sin embargo no tuvo lugar); *La suerte* en los escenarios madrileños y gallegos—por lo que no intentaba escapar a las limitaciones materiales del espectáculo sino que, desde una posición más conciliadora, buscaba ensanchar las convenciones teatrales de su tiempo (a contra-corriente de los gustos del público mayoritario).

Pardo Bazán y las nuevas corrientes simbolistas

En 1904 Pardo Bazán afirma que le gusta "estar al corriente—sin otras pretensiones—de lo que se hace en el mundo" (en Sánchez-

Llama, "El mito" 441–42). La autora fue una de los más destacados defensores de la renovación finisecular de las letras españolas. Esta renovación se basa, en las palabras de Sánchez-Llama, en "[d]eseos de innovación estilística, censura del mercantilismo burgués, búsqueda del 'aura' perdido por la irreversible modernización, exploración de nuevas tendencias con respecto a los modelos decimonónicos y aguda conciencia de crisis" ("El mito" 441). En un discurso de 1905, Pardo Bazán se muestra a favor de un diálogo entre la tradición literaria autóctona y las aportaciones extranjeras más solventes. La autora defiende un eclecticismo en que "se resiste eligiendo, creando, trabajando, afirmándose a sí mismo, que es el mayor género de independencia" (*Discurso en la velada* 14; Sánchez-Llama, "El mito" 445). Pardo Bazán enfatiza, sin embargo, que los vientos de cambio en la literatura deben ir acompañados de cambios en la sociedad. Imbuida por un afán regeneracionista, nunca prescinde de incorporar la promoción de la mujer en sus propuestas de renovación literaria (Sánchez-Llama, "El mito" 446, 455).

En el teatro, las últimas décadas del siglo XIX y las primeras del siglo XX vieron la transición del realismo burgués al inicio de las vanguardias. A la creencia en la posibilidad de representar miméticamente la compleja vida humana le sustituyó el reconocimiento de las limitaciones y la artificialidad intrínseca de tal representación. La literatura dramática emprendió su búsqueda de una renovación en dos direcciones. Después del acercamiento, en la última década del siglo XIX, del teatro a la novela, acercamiento que la propia Pardo Bazán defendió cuando elogió las tentativas de Pérez Galdós en las que vio una posibilidad de ampliar temas y técnicas, se produjo, a principios del siglo XX, otro acercamiento, esta vez a la poesía, cuyo resultado más importante fue un teatro lírico modernista o simbolista. Este teatro encontró su modelo en la obra de Maurice Maeterlinck (1862–1949) (Rubio Jiménez, "Estudio preliminar" 22).

Maeterlinck puede considerarse el mayor representante del simbolismo en la escena. El dramaturgo belga intentaba devolver la dimensión poética al teatro estereotípico y comercializado de su tiempo. Para los simbolistas, el arte fue concebido no como exploración o análisis sino como revelación. No se trataba tanto del uso consciente de elementos tangibles para sugerir significados más amplios y abstractos, cuanto de la detección de formas y patrones arquetípicos que revelan la unidad esencial de la existencia que se esconde detrás de los múltiples accidentes del tiempo y del espacio (Lyon 12–13). Para los simbolistas, escribe Susan Kirkpatrick, la obra de arte no es un espejo para reflejar la naturaleza, sino una metáfora de esta misma naturaleza. El rechazo de la representación directa presupone un entendimiento de la naturaleza no como el mundo exterior bien delineado sino como el mundo interior de los estados de ánimo. Maeterlinck, en sus primeras piezas teatrales, se interesa por crear una metáfora teatral que sugiere los temores, los misterios o los sueños de la mente individual en vez de presentar la interacción social y sus consecuencias. Para el dramaturgo belga, la "realidad" es el misterio de la vida interior y el destino del alma, mientras que el mundo exterior es una ilusión (Kirkpatrick "From 'Octavia Santino'" 72). Por ende la tragedia se revela no en una complicada acción dramática o en los gritos de los actores, sino en una forma teatral más bien estática e inmóvil, propia de las mejores tragedias antiguas.

Maeterlinck quiso mostrar en sus obras un mundo trágicamente absurdo donde el hombre lucha contra el destino, cercado por fuerzas desconocidas. El dramaturgo belga sabía lo difícil que era mostrar lo que llamó tan acertadamente "lo trágico cotidiano."[1] La originalidad de Maeterlinck radicaba en su afán de unir las reacciones de los personajes, su drama interior, a los fenómenos naturales exteriores. Los estados interiores de los personajes se enlazan con el agua, el aire, la vegetación y los colores (Lavaud, *El teatro* 90–91). Se suprimen en sus obras las tramas complicadas y los numerosos personajes del realismo-naturalismo, así como el decorado descriptivo y cualquier análisis psicológico sistemático. Voces y silencio, estatismo y movimiento, se combinan de manera extraña (Rubio Jiménez, "Perspectivas" 201). Sobre todo la así llamada "trilogía de la muerte": *La intrusa, Los ciegos* e *Interior* tuvo un gran impacto.[2] En estas piezas, precisa su autor, los hombres no son sino los juguetes de un destino detrás del que se esconde, en la noche impenetrable de la naturaleza, la idea de un dios cristiano y una fatalidad antigua que se divierten en turbar todos los proyectos y la humilde felicidad de los seres humanos. Con frecuencia, el destino toma la forma de la muerte, una muerte indiferente e inexorable, que hace estragos a voleo, y de preferencia lleva consigo a los más jóvenes y menos infelices, simplemente porque se mantienen menos quietos (Maeterlinck, "Préface" iv).

Destino y muerte

En España existió tempranamente un teatro simbolista de influencia maeterlinckiana al que la crítica se ha referido con términos como "teatro ideal" o "teatro de ensueño" por tratarse de un teatro que buscaba crear un clima onírico, propio de fantasías, sueños y alucinaciones, y que anteponía el relato mítico a la rigidez de la historia real y documentada (Oliva 26). El teatro de ensueño, que fue propagado por autores como Benavente y Pérez de Ayala y que significó una profunda reformulación del lenguaje poético, entroncó también con Shakespeare, autor que había sido reivindicado por la escuela simbolista. Maeterlinck y sus congéneres destacaban la flexibilidad y libertad dramatúrgica de Shakespeare y quedaban seducidos por la presencia de lo fantástico en sus dramas, por lo que elogiaron obras como *El sueño de una noche de verano* o *La tempestad* (Rubio Jiménez, "Perspectivas" 202). Esta admiración de los simbolistas por Shakespeare fue compartida por Pardo Bazán quien opinaba que en el dramaturgo inglés "se encuentra todo" ("La vida contemporánea." *IA* 901, 3 de abril de 1899; Ruiz-Ocaña Dueñas, *La obra* 252).

Pardo Bazán no hubiera sido Pardo Bazán si no se hubiera percatado de las nuevas corrientes que se anunciaron desde fuera. La autora, que era una lectora voraz y se interesaba literalmente por todo y por todos, tuvo una singular capacidad no desprovista de cierto oportunismo para adaptar su talento a los tiempos y tendencias reinantes. Siempre quiso estar a la cabeza, y no fue nunca refractaria a las novedades, con tal de que implicaran la búsqueda de la belleza como resorte que da sentido a la creación artística. "Yo agradezco a Dios que me haya dado gusto comprensivo, sensibilidad dispuesta para asimilarme todas, o por lo menos, muchas y muy variadas manifestaciones de la belleza artística," escribió en 1908 (en Kronik 172, n.11). No es de sorprender, pues, que se sintiera fascinada por los diversos "ismos" (simbolismo, decadentismo, modernismo ...) que nacieron y murieron entre 1880 y la Primera Guerra Mundial. Se ven fuertes resonancias del simbolismo en sus novelas *La Quimera* (1905) y *La sirena negra* (1908) así como en cuentos como "El tapiz" (1902), obras publicadas en los años cercanos al del estreno de *La suerte*.[3] Pardo Bazán condenó, sin embargo, el uso de símbolos indescifrables, postura que en una ocasión defendió con las siguientes palabras: "Las cosas simbólicas no han de ser, desde luego lo reconozco, tan claras como el agua, sin embargo, han de sugerir una idea y abrir

Capítulo dos

un camino de luz al entendimiento y al sentimiento" (en Kronik 168).[4]

Pardo Bazán conoció también la obra de Maeterlinck, a quien menciona en 1895 en un artículo en *La Época*. En este artículo relata una excursión al Cau Ferrat donde se reunieron Santiago Rusiñol y sus amigos, quienes se encargaron en 1893 de la primera representación de una pieza de Maeterlinck, *L'Intruse* (1890), en España (Faus II; 89–92). La autora consideró la obra de un simbolismo demasiado abstracto y difícilmente representable ("La vida contemporánea." *IA* 1160, 21 de marzo de 1904). Esto no quita para que años más tarde, en 1917, le dedicara al creador belga una crónica en *La Nación* de Buenos Aires, en la que le manifestó su admiración. Maeterlinck perteneció, según la autora, a una generación que se dio cuenta de que los adelantos de la ciencia, a finales del siglo XIX, no podían dar una respuesta a todas las incógnitas, y que proclamó con razón los derechos del misterio. Esta sugestión del misterio, de lo que apenas se vislumbra y presiente bajo el tejido de las apariencias, es ahora para Pardo Bazán un elemento de arte de los más altos y profundos. La autora dice admirar, ante todo, los dramas cortos de Maeterlinck, los que no pasan de un acto, y que tienen, según ella, una "alta presión" ("Crónicas de España. Un ave de paso: Metterlinck [Maeterlinck]." *La Nación* 26 de marzo de 1917). Estas piezas breves habrán correspondido con su propia sensibilidad artística. "El teatro, en el mismo análisis, pide gran rapidez; una escena debe darnos a conocer un alma," escribió en 1892 ("El estreno de Mariana." *NTC* 2.24 [1892]: 75–76).

Hay otro motivo que puede explicar el interés que Maeterlinck despierta en Emilia Pardo Bazán. Este motivo se basa en el nacionalismo cultural de la autora y su agenda geopolítica. A Pardo Bazán, que escribió desde la metrópolis sobre Galicia, le importaba mucho tener éxito en su región nativa. La posición que la autora ocupa en España es en varios aspectos comparable con la de Maeterlinck en Bélgica, tal y como la describe Raphael Ingelbien (183–201). Pardo Bazán conoció la situación belga de sus viajes (Behiels). El belga Maeterlinck escribió en francés pero fue de origen flamenco. En aquellos años Flanders era una sociedad rural que vivía de la agricultura. Maeterlinck nació en una familia flamenca pero francófona de propietarios de la tierra. Nunca buscó la independencia de Flanders, pero de la misma manera que Pardo Bazán se esforzó por incorporar a Galicia como cultura provinciana en la órbita metropolitana, Maeterlinck pretendió poner a Bélgica en el mapa. Maeterlinck cultivó la diferencia con Francia incorporando el folklore y las leyendas flamencas. El dramaturgo quiso distanciarse tanto de la cultura literaria francesa como de las clases medias belgas que buscaron el éxito material de la emergente economía industrializada a expensas de las aspiraciones culturales y espirituales. Mientras que los simbolistas franceses optaron por el arte por el arte, Maeterlinck buscó una conexión con el campesinado y el folklore para criticar la aridez espiritual de las clases medias. Pardo Bazán adoptó una estrategia similar a Maeterlinck en su interés por el pueblo gallego y su crítica de la burguesía, y también en la desfamiliarización del lenguaje metropolitano inspirado por el dialecto popular.[5] Maeterlinck escribió su producción artística en francés, pero el dramaturgo construyó la sintaxis conforme a modelos flamencos y salpicó su lenguaje con flamenquismos. En *La suerte* Pardo Bazán hizo algo comparable. La autora, que consideró el gallego como un "dialecto," apropiado para "balbucir una frase amante, arrullar a una criatura, lanzar un festivo epigrama, exhalar un ¡ay! de pena" (*Obra crítica* 159), optó en la obra por "la elaboración de un *habla* artificial, manipulada por ella misma, no demasiado alejada de la lengua usual del campesino. Se trata de un *constructo* lingüístico suficientemente verosímil para lograr infundir al texto la fuerza verística de la Galicia interior" (Penas Varela en Pardo Bazán, *TC* 100, n.111).[6] A los regionalistas, sin embargo, no les convence la diglosia de la propuesta de Pardo Bazán y la obra fracasa en A Coruña (ver abajo).

La suerte

La suerte es un "diálogo dramático" en prosa que consiste en un sólo acto, dividido en dos escenas. Éstas se desarrollan en un ambiente galaico, situado al borde del río Sil.[7] La primera escena es en realidad un monólogo en la que Pardo Bazán crea un espacio femenino en el que la anciana Ña Bárbara nos informa de voz propia de su soledad y sus carencias. Rememorando su pasado, el personaje nos cuenta cómo de joven había extraído pequeños residuos de oro de las arenas del río afín de juntar con ellos su ajuar de novia y poder casarse con un chico del pueblo. Cuando al novio

Capítulo dos

le tocó servir al rey, el oro coleccionado no bastaba todavía para comprarle un sustituto, y el chico falleció en la guerra. Ña Bárbara se consolaba trabajando y a lo largo de los años acumuló—sin que lo supiera nadie—una pequeña fortuna que ahora acaricia recelosamente.

La escena segunda es un diálogo entre Ña Bárbara y el joven Payo, un tímido huérfano al que Ña Bárbara sacó del hospicio para que le ayudara en las faenas del campo. Cuando Payo le comunica a Ña Bárbara su "negra suerte" de haber caído soldado y se prepara para marcharse al frente, la anciana, con una mezcla de amor maternal y sentimiento de culpa por no haber sabido evitar la muerte de su novio, le ofrece al chico su tesoro para librarse del servicio militar. En el momento de salir de casa, sin embargo, con el dinero para redimirse de las quintas escondido en el pecho, el mozo ve a la aureana de la que está enamorado y a su pretendiente pueblerino, que se mofan de él. La obra termina con Ña Bárbara contando cómo Payo se arroja "como un lobo" contra su rival, que resulta más fuerte y le hace caer del barranco, con lo que el oro vuelve al río.

Según Benedict Anderson, la disposición del individuo para sacrificarse por la comunidad imaginada que es la nación, está vinculada con la concepción de ésta como "fraternidad o camaradería": "the nation is always conceived as a deep, horizontal comradeship. Ultimately, it is this fraternity that makes it possible [...] for so many millions of people, not so much to kill, as willingly to die for such limited imaginings" (B. Anderson, *Imagined* 7). Obviamente se trata aquí de hermanos metafóricos, hermanos en armas (Marrugo 213), que se sacrifican por el amor a la nación, porque "nations inspire love, and often profoundly self-sacrificing love" (B. Anderson, *Imagined* 14). Anderson ha sido criticado, entre otras por el antropólogo Claudio Lomnitz, para quien la pertenencia a una comunidad nacional imaginada no implica necesariamente esa "deep horizontal comradery" masculina (Lomnitz 336). En muchas situaciones es la coerción del gobierno la que dirige el sujeto hacia el sacrificio por la patria (338), y este sacrificio ha resultado en grandes pérdidas humanas (Marrugo 203–16).

Si en la retórica nacionalista los hombres deben estar preparados a sacrificarse por el bien de la patria, de las mujeres se espera que están dispuestas a sacrificar a sus seres queridos (Spencer y

Wollmann 52). La nación es frecuentemente representada como una madre que ha perdido a sus hijos en la batalla (Anthias y Yuval-Davis 315). José Álvarez Junco propone que a finales de siglo, cercano al Desastre, la imagen que se asienta en España sea la de una tradicional *Mater dolorosa* del imaginario católico, inhabilitada para toda labor que no fuera la de mera subsistencia (Álvarez Junco, *Mater dolorosa*). En la literatura gallega se ha enfatizado el efecto destructivo que tiene el abandono de las mujeres, que se ha convertido en un tópico poético. Basta pensar en "As viudas d'os vivos e as viudas d'os mortos" de Rosalía de Castro, texto con el que Pardo Bazán entra obviamente en diálogo aquí.

Pardo Bazán recicla no sólo elementos de la obra de Rosalía, tales como la injusticia infringida contra la población, el desgarro de la separación, la soledad de quienes se quedan, la doble carencia del hombre y del bienestar, sino también una representación de la misma Rosalía que después de su muerte solía ser representada por los galleguistas como una virgen dolorosa (Davies 66). Al mismo tiempo la autora se dirige en *La suerte* al marido de Rosalía, Manuel Murguía, galleguista con el que Pardo Bazán tenía una relación bastante tensa. El autor de "La mujer de Orense" (1873) había afirmado que "[d]espués de todo, Galicia es el país en el que menos dotes para doncellas se han establecido, señal de que de antiguo ha sabido la gallega ganarse la vida por sus manos," y Pardo Bazán le muestra en su obra las implicaciones de esta afirmación.[8] Tanto Ña Bárbara como la misma Pardo Bazán se alejan del modelo de la dulce y sumisa feminidad que los padres de la patria gallega (Murguía y los suyos) estipulan como ideal femenino nacional (el modelo Rosaliano—musa, madre, santa, mártir) (Pereira-Muro, *Género* 101–02).

En *La suerte* Pardo Bazán critica la noción de la nación como gran fraternidad masculina por la cual vale la pena morirse. Si bien sugiere que pueda haber otras razones valiosas por las que morir (el amor, por ejemplo), la autora no comparte lo que George Mosse llamó el culto a los soldados muertos (Mosse, *Fallen* 70). La pieza, que hace evidente que sólo los pobres van a la guerra, recurre a la noción maeterlinkiano de lo "trágico cotidiano" para alertar ante los estragos de las guerras en las vidas individuales.[9]

Mary Lee Bretz, una de las pocas estudiosas contemporáneas que se han ocupado de *La suerte* con algún rigor, puso a la pieza la etiqueta de "naturalista-determinista," tanto en el tema como en la técnica.

Capítulo dos

Bretz fundó su juicio primordialmente en los vanos intentos de los protagonistas de modificar un destino que es determinado social y físicamente, así como en unas alusiones al alcoholismo del rival de Payo, en el uso de un lenguaje local y en las acotaciones miméticas (43). La visión de Bretz, de la que se hicieron eco críticos posteriores como García Castañeda ("El teatro" 119), no hace justicia a la riqueza de la pieza. Personajes, paisaje y lenguaje en *La suerte* son sometidos a una manipulación artística considerable y la obra se apoya, como veremos, en modelos dramatúrgicos y literarios concretos: Maeterlinck, D'Annunzio, Ibsen, pero también "El sueño de Rapiña" (1898) del escritor uruguayo Carlos Reyles y *La fiebre del oro* (1892) de Narcís Oller, así como en el arte prerrafaelita. Tampoco sería totalmente descabellada establecer una remota conexión con *El oro del Rin* (1869), ópera de Richard Wagner, cuya obra conocía Pardo Bazán (González Herrán, "Emilia Pardo Bazán y las óperas"; Ríos). Todo esto nos prohíbe considerar la obra como *tranche de vie* naturalista basada meramente en el estudio, la observación y el análisis.

Si bien es cierto que Pardo Bazán, por miedo a escribir una pieza irrepresentable (y no poder transmitir sus ideas), no prescinde por completo de las convenciones realistas-naturalistas vigentes en los escenarios de su tiempo—y eso explica las acotaciones miméticas y cierto verismo en la representación de personajes y ambiente—, no son las condiciones físicas y sociales las que impiden el cambio de los personajes, que al contrario actúan motivados por unas condiciones muy personales. Es debido a su libre albedrío, para acallar una conciencia torturada por sus instintos maternales y sentimientos de culpabilidad—"mala cristiandade mía" (*TC 98*; 2)—que Ña Bárbara lega su dinero a Payo para librarle de quintas. Payo, por su parte, obra igualmente por motivaciones muy personales: acepta la oferta de su madre adoptiva por gratitud filial y cuando se arroja sobre su rival es porque está cegado por el amor. Si Ña Bárbara y Payo no pueden escapar a su suerte, no es porque se encuentran determinados por la especie, la herencia o por el medio, sino porque la suerte, el destino, parece poder más que ellos. El destino en la obra se presenta como una especie de *fatum*, una fuerza oscura, telúrica, irracional, y su presencia pone de relieve lo profundamente trágico de la vida de los personajes.[10]

La sencillez de *La suerte* y el número reducidísimo de *dramatis personae*, la ubicación de la acción en un ambiente rural gallego

Destino y muerte

donde se vive bajo la influencia del destino en un clima de superstición y terror, así como la ansiedad de los personajes ante la muerte, enfatizan la dimensión trágica de la obra, que representa una desgracia que provoca en los lectores/espectadores miedo y piedad, conforme a la idea de Pardo Bazán de producir un teatro que hace pensar y *sentir*. Estas emociones surgen sobre todo ante el sufrimiento de la anciana Ña Bárbara que, sin que lo pueda remediar, ve frustradas sus expectativas de aliviar su vejez por la muerte inevitable de su ahijado en el que encontró un sustituto al marido e hijo que tuvo nunca. Esta *mater dolorosa* representa una versión estilizada de la mujer gallega que se queda sola después de que todos los hombres se han apartado de su vida. El que la tragedia se centre no en grandes aventuras sino en acontecimientos corrientes en la vida humana, la vincula con el teatro simbolista del dramaturgo belga Maeterlinck, quien quiso mostrar en sus obras (y sobre todo en su "trilogía de la muerte") un mundo trágicamente absurdo donde el hombre lucha contra el destino, cercado por fuerzas desconocidas.

La sombra del creador belga que se proyecta sobre *La suerte*, se manifiesta en el ambiente crepuscular (aunque no ensoñado y maravilloso como en Maeterlinck sino misterioso e inquietante), el tratamiento de la luz para dramatizar la atmósfera, las correspondencias entre los estados interiores de los personajes y el agua, el aire, la vegetación y los colores, agrupados éstos últimos entorno a dos núcleos (el oro y lo negro), la musicalidad y la estilización del discurso, el uso de nombres casi genéricos ("Payo" = "aldeano"),[11] las connotaciones mitológicas (la rueca, el río que separa vivos y muertos) y cristianas (Cristobo) y, sobre todo, una arquitectura de la obra que se basa en un juego de variación y repetición, de espejos y reflejos, mediante el cual la llegada de la muerte se prepara cuidadosamente.[12]

Sin embargo, en oposición a Maeterlinck, cuyos personajes son meras siluetas que no dicen más que unas escasas pero importantes líneas, Pardo Bazán le da a su protagonista una gran presencia escénica, y su texto es mucho más largo. Siguiendo en esto el ejemplo de Ibsen, Pardo Bazán optó siempre en su teatro por el protagonismo de mujeres independientes que luchan por realizarse a sí mismas.[13] La Galicia que se representa en *La suerte* tampoco es una Galicia ensoñada y atemporal. *La suerte* se ambienta muy concretamente "en un paraje montuoso y quebrado, a las márgenes del

Capítulo dos

río Sil," donde la vida se organiza, no sólo según la superstición ancestral y las cuatro fases de la luna, sino también según las fiestas religiosas y las costumbres regionales. Para la vieja Ña Bárbara y su ahijado Payo en *La suerte* la vida se define mediante un número de relaciones afectivas, tanto entre ellos como a la tierra, que forma parte de su historia personal y constituye el lugar de entierro de sus ancestros y al fin de cuentas también de Payo. Las acotaciones y el texto de los actores nos informan con una exactitud rayana a la precisión etnológica sobre la tradición de sacar el oro del río, las festividades del día del santo, y sobre el hogar, una tradicional casa labriega. En el detallismo de la descripción del extenuante procedimiento de la extracción del oro—bajarse al río, poner los pies en el agua, apañar y recoger la tierra, apartar el oro con el azogue y meterlo en el cañuto para guardarlo en el seno[14]—Pardo Bazán, cuyo interés por el folklore (gallego) es bien conocido (Sotelo Vázquez, "Pardo Bazán"), no sólo ancla su obra en Galicia y rescata la memoria cultural gallega, sino que se acerca también a otro autor simbolista admirado por ella, el controversial escritor italiano Gabriele D'Annunzio, que en su drama modernista *La figlia di Iorio* representa con gran exactitud la vida en los Abruzzos, una región donde los rituales de la muerte y las creencias folklóricas perviven hasta hoy en día.[15]

La acción de *La suerte* se desarrolla en la rústica cocina de una casa de labor, un espacio que funde trabajo y domesticidad. Los viejos muebles connotan el paso del tiempo, mientras que los objetos y utensilios representan las costumbres populares en su ambiente natural (los aperos de labranza, la rueca, la artesa, el arca, el talego, el cañutero ...). En varias reseñas de la representación de *La suerte* se alabó la "decoración preciosa" que los escenógrafos Amorós y Blancas pintaron ex profeso para la obra (Carballal Miñán, 227, 233). El bienestar del hogar labriego viene sin embargo alterado por el paisaje poco acogedor de peñascales y riscos que se ve por la ventana, por el ambiente crepuscular donde pronto se levantará la luna,[16] y por los ruidos amenazadores del exterior que penetran en la habitación (como una violación del ámbito privado). Todos estos aspectos sugieren un ambiente inquietante y siniestro que aumenta la tensión y refleja la angustia y el terror que siente la protagonista en el interior.

La correspondencia entre el estado emocional del personaje y el mundo exterior que se proyecta sobre él como una fuerza ineludible, también nos recuerda, con una referencia a Anne McClintock, a leer lo público en términos de lo privado y al revés, ya que "the domestic is political, the political is gendered" (35). La luz del candil que la anciana acerca y aleja en la escena, da al ambiente doméstico y cotidiano un tono perturbador premonitorio de la violencia final y esta representación contesta la idea de un hogar hospitalario. Según Bhabha semejantes representaciones ominosas y conflictivas del hogar son típicas en representaciones de naciones sin estado tales como Galicia, donde los discursos nacionales están cargados de ambigüedades debido a la inestabilidad de la idea de la nación (*Nation* 2; Barreto 79). Es un hogar que obliga a muchos a abandonarlo. Como en otras obras simbolistas, en *La suerte* el crepúsculo ("casi no se ve") evoca la metáfora del ocaso, y la zona accidentada ("paraje montuoso y quebrado"; "peñascales y riscos") que se ve por la ventana sugiere el viaje al infierno, el abismo, que le espera a Payo.

Es en este contexto ominoso que empieza su monólogo la vieja Ña Bárbara, cuya habla es un castellano veteado por un gallego literario (Acosta 468), lo que resulta ser el motivo por la falta de éxito de la pieza en Galicia (ver abajo).[17] Al inicio vemos a la vieja aureana dejar la rueca para contar el oro que había recogido del río cuando era joven. La reverencia del oro viene expresada en un discurso muy estilizado; la prosa de la anciana es rítmica y medida, con numerosas repeticiones: "¡Vélas aquí, vélas aquí las areniñas del río, las arenas garridas, el oro galán!" (*TC* 92; 1). Este culto de la riqueza acumulada convierte al oro en un fetiche.[18] Oculta el tiempo de trabajo y el costo físico de su producción ("bajé al río como las más; ni día ni noche holgaba," *TC* 93; 1), dotándolo únicamente de un valor de cambio (garantizarle a la anciana una vejez sin preocupaciones). El oro funciona como un sustituto al novio (los afectos) que ésta perdió en la guerra (y que el oro—el dinero—ni siquiera pudo redimir).

La suerte critica la potencial deshumanización del nuevo sistema capitalista y castiga a la protagonista con una toma de conciencia que no llega sino a su vejez y en la cercanía de la muerte. Es sólo entonces cuando el personaje se da cuenta de que "el oro empobrece la conciencia" y "[p]or el oro vende el hombre los senos que le criaron" (*TC* 94; 1). En vez de vivir en el presente, Ña Bárbara ha vivido en el engaño, y el oro ha sustituido los afectos. La anciana ha desperdiciado su vida almacenando riquezas para

Capítulo dos

un futuro que en realidad no lleva sino a la muerte. Si la vida de la anciana ha sido acompañada por la muerte (al igual que la cultura gallega ha vivido desde siempre muy apareada con ella), estas alusiones macabras se intensifican al acercarse el desenlace trágico: "cosido en la doblez de la mortaja" (*TC* 98; 2); "El oro mío, que yo junté, persona viva no le ha de poner encima la mano. ¡Ni mi padre que saliese de la sepultura!" (*TC* 94; 1).

Es a causa del dinero que Ña Bárbara ha perdido no sólo a su novio (al que no ha podido redimir de quintas) sino también a otros pretendientes a su mano: "Penas que bien pasaron ya no acuerdan; ojos que bien me querían ya los comieron gusanos" (*TC* 94; 1). Por ser pobres estos pretendientes no contaron con la aprobación de su padre que como "*irmán* del mayorazgo," formaba parte de la fraternidad masculina. Para evitar que el mismo destino le toca a Payo, la anciana lucha consigo misma para superar su avaricia antes de darle el dinero a Payo. Este don significaría el olvido de sí misma y un momento en el que puede entregarse enteramente a la vida y vivir plenamente en el presente: "era mala cristiandade mía, y Dios me había castigare. Toma, toma, agárralo, no me lo vuelvas a meter en las manos, no me tiente el infierno" (*TC* 98; 2). Cuando Payo se muestra reacio a aceptar, la vieja insiste: "Toma, toma, que pésame en las manos el oro [...] Anda Payiño, [...] mañana vendes el oro; libraste y tornas aquí" (*TC* 98; 2). Las acotaciones señalan las emociones cambiantes de la vieja.

Ante la oferta de este don, también Payo lucha consigo mismo porque está convencido de que "[e]l hombre nace con su suerte escrita" (*TC* 96; 2). Más adelante afirma con gravedad fatídica: "El hombre ha de seguir su suerte [...] No mudemos el correr del agua, que no se puede" y "[l]a suerte poderá más que el oro" (*TC* 99; 2). Si bien acepta el dinero, el joven no llega a redimirse de quintas. Al salir del hogar se enfrenta a su rival y cae en el abismo, lo que demuestra que el círculo económico hace retornar las riquezas—después de cierto tiempo—hacia el punto de origen, en este caso al río.

En el presente dramático Ña Bárbara es un cuerpo deformado por el trabajo, pero la descripción que da de sí misma de cuando era joven, destaca la perfección de sus formas femeninas. Esta descripción se construye mediante una serie de oraciones paralelas y transmite sensaciones como la dureza y el brillo (que aluden al

Destino y muerte

mismo metal precioso que la aureana recoge), así como a cierto peligro:

> Los mis brazos, duros como piedra;
> los mis ojos, agudos como los de la rapiña;[19]
> las mis manos, listas como la centella;
> los mis pies, que se agarraban a las peñas bravas lo mismo que las patas de un pájaro ...
> [...]
> Y a más, bien parecida, que paraba al sole.
> La color, imitante a las manzanas de San Juan;
> *Las perfecciones, como las de una imagen ...*
> El pelo hasta los pies y más reluciente que el oro del río ...
> (*TC* 92–93; 1, la cursiva es mía)

Es aquí, precisa la acotación, que la actriz debe entreabrir el pañuelo de su tocado y contemplar sus trenzas (una escena que le vino muy a propósito a María Tubau, la actriz que representó a la protagonista y que tuvo una cabellera impresionante). El larguísimo pelo del personaje remite a las ilustraciones modernistas (prerrafaelitas) de mujeres melenadas, peligrosas y enigmáticas de la época, y apunta a lo que Pardo Bazán admira y rechaza en estas representaciones artísticas de la "*hermandad* prerrafaelita," a saber que deshumanizan y objetivan a la mujer en unas imágenes en las que la búsqueda de la belleza trasciende (es decir, niega) una realidad mucho más prosaica, caracterizada por el trabajo y el sufrimiento (Kirkpatrick, *Mujer* 98–106).[20]

Ña Bárbara y Payo son dos personajes antagónicos. Ña Bárbara ha sido casi toda su vida una mujer de constitución fuerte, varonil casi, de una gran vitalidad, dotada de una voluntad de lucha— "rapiña" (*TC* 92; 1)—e identificada por su nombre con la tierra bárbara y primitiva. Es la típica mujer rural gallega luchadora y aguerrida que Pardo Bazán describe en su ensayo "La gallega." Payo, al contrario, que viene del hospicio, de la villa, es un ser débil, de pobre constitución física, "mansiño" (*TC* 91; 1) como un can o como las palomas (*TC* 94; 1).[21] Mientras que Ña Bárbara lucha por cambiar su destino, Payo sólo lo acata. Payo se aleja de la masculinidad convencional por su domesticidad, y los cuidados casi maternales que le brinda a la anciana: "estando yo aquí, no había de pasar necesidá ni de faltar arrimo y calore" (*TC* 96; 2).[22] El amor tácito entre este hijastro y su madre adoptiva ata Galicia a la madre patria, y suscita en los espectadores/lectores empatía

Capítulo dos

con los problemas y ansiedades en toda la península (Labanyi, "Relocating" 172).

Si para Ña Bárbara, Payo necesita protección, para los aldeanos, el chico presenta una masculinidad contrahegemónica. Lo llaman "madamita" y su rival le amenaza con vestirle unas faldas si la toca a la chica a la que ambos desean: "Mañana, como se te antoje bailar con esta moza, te visto unas sayas y chapúzote en el río después" (*TC* 98; 2). Payo es sumamente supersticioso y aun de su sombra tiene temor (*TC* 98; 2). En el sueño que tiene, la muerte le causa una sensación fría: "Algunas noches no puedo dormire, de miedo que me entra a las endrómenas del otro mundo. Paréceme que una mano fría, fría como la de los difuntos, me agarra de los pelos y tira de mí. Anque me den cuanto oro el Sil arrastra, no paso por el camposanto de noche" (*TC* 95; 2), lo que es obviamente un presagio. Inicialmente es sólo Payo quien—en una vena muy maeterlinckiana—presiente su propia tragedia, pero cuando el joven anuncia que le ha tocado la "negra suerte" de haber caído soldado, Ña Bárbara sabe inmediatamente que la aventura terminará mal:

> ¡Si con sóle vere la sangre éntrate un mal que te tornas como la cera!
> ¡Si aun los chiquillos pequeños pueden contigo!
> ¡Si aun yo soy más para caso de valentías que tú! (*TC* 95; 2)

Los espectadores tampoco habrán tardado en asociar el hecho de que Payo tenga que servir en el ejército con la muerte. A pesar de la vaguedad temporal de la obra, en 1904 la memoria del Desastre de 1898, en el que España perdió Cuba, Filipinas y Puerto Rico, además de unos cien mil hombres, era demasiada viva para no dar a *La suerte* un toque de actualidad bélica (Pérez Ledesma 124). En su artículo "Días nublados," publicado en la colección *De siglo a siglo*, la autora escribe sobre otro joven parecido a Payo:

> uno de aquellos muchachos, Santiago Sangro, ya pagó su tributo a la muerte, bajo el firmamento de la Habana. Increíble nos parece, a los que recordamos al jovencillo imberbe y rubio, que haya sido la guerra la que segó su vida cuando alboreaba; pero ¿quién no tendrá hoy en su familia, entre sus amigos, de estos dolores, de estas impresiones que son como una ducha glacial, algo que corta el aliento? ("Días nublados." *De siglo* 55)

Destino y muerte

Al recrear ciertos tópicos siniestros en *La suerte*, Pardo Bazán provoca una fuerte y perturbadora conmoción en los lectores/ espectadores a la vez que se aleja de las convenciones de la escena burguesa de su tiempo. Enamorada de su aureana, Payo es como un doble de Cristobo, el novio de Ña Bárbara quien tuvo que servir al rey para no volver jamás.[23] En su ensayo sobre lo siniestro, Sigmund Freud señala la figura del doble como perteneciente al orden de lo ominoso. Para el autor austriaco, se produce en el hombre una sensación de lo siniestro cuando algo familiar o conocido desde tiempo atrás que permanece reprimido en la mente de forma inconsciente, surge inesperadamente (Freud, *The Uncanny* 142). La figura del doble, esa duplicación o permutación del yo, sería una formación procedente de las épocas primordiales del alma ya superadas, por lo que es sentida como espantoso heraldo de la muerte. El doble remite también a otro sentimiento que causa lo siniestro, a saber el permanente retorno de lo igual, las situaciones repetitivas que se experimentan como fatídicos e ineludibles. Es una alusión al eterno retorno de resonancia nietzscheana,[24] pero también al retorno gallego (de emigrantes, y ahora también de soldados), y por supuesto al círculo económico que hace retornar el dinero hacia su lugar de origen.

Cuando Payo, a la medianoche, sale de casa para dirigirse hacia la ciudad, es desafiado y derrotado por su rival (nada de fraternidad aquí). Su viaje al infierno termina con una caída trágica, porque Payo cae literalmente en el abismo del río que separa a los muertos de los vivos (como los emigrantes caen al abismo del mar). De nuevo la muerte se lleva a una víctima inocente y deja desamparada a otra; tanto el joven como la vieja morirán sin ver nunca cumplidos sus sueños. En esta historia, el llanto de la anciana al final es desgarrador, porque se origina en la soledad más absoluta. La muerte cruel le ha robado tanto de su oro como de su hijastro. En ambos vio una ayuda de sus años. Bretz ha bien visto que Pardo Bazán, al relatar en vez de mostrar el desenlace de la obra, se opuso a las convenciones teatrales establecidas por Echegaray y sus congéneres (43–44). Conforme al modelo maeterlinckiano, Pardo Bazán no trata de representar el acontecimiento sino de enfilar hacia éste mediante el desdoblamiento del espacio y la palabra que la relata. Es que la escena verdadera de este teatro, como Maeterlinck no deja de afirmar, es la del alma, en la que no se ve como se ve en el espacio (Ballestra-Puech). Es por algo

Capítulo dos

que Pardo Bazán elogió a Maeterlinck como "descubridor de las regiones desconocidas del alma humana, abismo grande, que dice la Escritura" ("Crónicas de España. Un ave de paso: Metterlinck [Maeterlinck]." *La Nación* 26 de marzo de 1917).

La figura de Ña Bárbara puede leerse como la mujer gallega que se queda sola después de haber sido abandonada por todos los seres queridos en su vida. Pero Ña Bárbara, mujer varonil, es también una metáfora de la *madre patria*, de España, que en una lectura alegórica de *La suerte* pierde a sus soldados y colonias, primero en las guerras de independencia del principio de siglo y más recientemente, en la lucha contra un rival mucho más fuerte. La codiciosa metrópolis ("rapiña") supo explotar las colonias y sacar de ellas un gran caudal de oro, que pierde trágicamente en una lucha (naval) tan costosa que todo ha sido en vano. El vínculo entre Ña Bárbara y Payo puede interpretarse también como la relación entre España y Galicia que se necesitan mutuamente.

En *La suerte* se produce una fusión entre la patria y la patria chica, España y Galicia, la gran tragedia nacional y lo trágico cotidiano ("¿quién no tendrá hoy en su familia …?"). Pardo Bazán nos pinta un mundo trágicamente absurdo en el que es supuestamente el destino que toma la forma de la muerte, una muerte indiferente e inexorable, que hace estragos a voleo. Sin embargo, lo que se vislumbra y presiente bajo este tejido siniestro, esa "unidad esencial de la existencia *que se esconde detrás* de los múltiples accidentes del tiempo y del espacio" (Lyon 12–13, la cursiva es mía), es que no son tanto el destino y la fatalidad, cuanto las decisiones políticas del estado que tienen repercusiones (nefastas) hasta en las zonas más periféricas de la nación: "por los ríos amarillos y rojos de la bandera española corre en abundancia oro y sangre gallega" (*Obra crítica* 193). Para combatir el fatalismo finisecular, y la idea que las cosas no se pueden cambiar, la autora propone regenerar la economía doméstica y cohabitar en una solidaridad cívica basada en el don mutuo. En vez de que la mitad de la población muere por la patria en nombre de una inexistente fraternidad varonil y deja a la otra mitad desamparada en casa, más vale convivir como una familia, una comunidad, cuyos miembros se protegen y apoyan mutuamente.[25]

La suerte se estrenó el 5 de marzo de 1904 en el elegante Teatro de la Princesa en Madrid, en una función organizada en beneficio de la famosa actriz María Álvarez Tubau de Palencia, a quien Pardo

Bazán tenía en alta estima. La Tubau, que fue una de las actrices más progresistas de su tiempo e interpretó las obras más atrevidas, representó el papel de la protagonista, Ña Bárbara (González Peña 59).[26] El actor José Monteagudo se encargó del papel de Payo. Ya desde principios del año, comenzaron a circular en la prensa los rumores de un nuevo estreno de Pardo Bazán, y de la "preciosa decoración" que se habría encargado para la pieza (Carballal Miñán 226–27). La elección, para el estreno, de una función de beneficio de una actriz respetada, lo que minimizaba las posibilidades de un fracaso, muestra una vez más la importancia que Pardo Bazán dio al éxito de su obra. Y efectivamente, la acogida de *La suerte* en Madrid no puede llamarse desfavorable. Al estreno habían acudido la familia real así como la madre y las hijas de la dramaturga y su amiga Blanca de los Ríos. Pardo Bazán misma no se encontró en la sala (Carballal Miñán 249). La obra fue reseñada por los críticos teatrales más conocidos del tiempo, tales como Zeda de *La Ilustración Artística* (28 de marzo de 1904); Francisco Villegas de *La Época* (6 de marzo de 1904); Alejandro Miquis en *El Diario Universal* (6 de marzo de 1904); José de Laserna del *Imparcial* (6 de marzo de 1904), quienes elogiaron, además de la interpretación de los actores, sobre todo, la sencillez y sobriedad de la "tragedia" a la que calificaron de "helénica" (Villegas) o "popular" (Laserna), así como su gran belleza poética y las hondas emociones que produjo en los espectadores.[27] Manuel Bueno, en *El Gráfico*, aunque criticó como inverosímil la manera que tiene la anciana de poner en antecedentes al público (que es en realidad un procedimiento antimelodramático), elogió la rudeza del desenlace, mientras que Alejandro Miquis del *Diario Universal*, a pesar de considerar la pieza más bien un "cuento dialogado" que "una obra dramática completa," resaltó la perfección con la que Pardo Bazán supo llevar a las tablas al alma y al ambiente gallegos, rompiendo así la monotonía de las producciones extranjeras. Además de en Madrid (donde hubo un segundo pase, el día 8 de marzo del mismo año, y otra representación en 1908), *La suerte* fue representada en Barcelona, el 26 de mayo de 1904. La iniciativa de Pardo Bazán para llevar la obra al escenario en catalán no tuvo éxito (Carballal Miñán 254). Un año más tarde, el 21 de mayo de 1905, la pieza se estrenó en A Coruña. En la ciudad natal de la autora la obra fracasó ruidosamente, a pesar de situarse la acción en la misma Galicia. En una carta a su amiga Blanca de los Ríos,

Capítulo dos

Pardo Bazán echó la culpa del inesperado pateado a sus enemigos regionalistas. Como es bien sabido, la autora estuvo a favor del regionalismo pero no de la independencia de Galicia (Bravo Villasante, *Vida* 270–71; García Castañeda, "El teatro" 116–18).

Axeitos y Carballal Miñán, sin embargo, que han analizado los motivos del fracaso gallego, dan una explicación más matizada del fracaso. A la ocasión del estreno madrileño de *La suerte*, Galo Salinas, dramaturgo y periodista coruñés de simpatías regionalistas, escribe en 1904 una entusiasta reseña en la *Revista Gallega* (13 de marzo de 1904) en la que elogia ardientemente la obra de Pardo Bazán (¡sin haber acudido al estreno!). Galo Salinas alaba la pieza como expresión de "la sufrida Alma Gallega" e impresionante contribución al emergente teatro gallego: "si bien lo escribió en castellano [...] está pensado en gallego [...] es nuestro" (en Axeitos y Carballal Miñán 158). Pero cuando Galo Salinas finalmente ve la obra durante el poco exitoso estreno en Galicia, la pieza no cumple con sus expectativas. Para el dramaturgo/periodista, que luchaba por un teatro que dignificase la idea de Galicia, la pieza resulta una auténtica decepción. Galo Salinas rectifica entonces sus ideas originales y explica a la crítica madrileña (que acusa de "ignorantes" a los coruñeses porque rechazan *La suerte*) que lo que se rechaza es la visión deformada que la obra da de la realidad gallega. El público gallego, precisa Galo Salinas (bajo el seudónimo de "Orsino"), "no transigió con el lenguaje que en el diálogo se emplea, que ni es gallego, ni bable, ni castellano, sino algo así como la caricatura del nuestro tan hermoso, rico y armonioso y puesto en ridículo por el empleo de frases y giros que por aquí no conocemos" (en Axeitos y Carballal Miñán 159). Tampoco se conformó con la indumentaria que asemejaba a los personajes a "estas figuritas de gallegos que lucen en las cubiertas de los librillos de papel de fumar" (en Carballal Miñán 260). El dramaturgo coruñés Eugenio Carré Aldao compartió la opinión de Galo Salinas cuando afirma que la pieza de Pardo Bazán "ni en lenguaje ni en carácter, ni en acción supo asimilarse al alma de su país" (en Carballal Miñán 261). Si bien Pardo Bazán, como hemos visto, echó la culpa del fracaso a los regionalistas gallegos, Carballal Miñán no cree que los ataques fueran dirigidos contra la persona de Pardo Bazán sino contra su obra. Ambos dramaturgos, tanto Galo Salinas como Carré Aldao, eran defensores de un emergente teatro gallego, y se ilusionaron tanto ante cualquier noticia de un nuevo drama de tema galaico como luego se desilusionaron cuando la obra los decepcionaba. Pardo Bazán, por su parte, no volvió a estrenar ninguna pieza más en A Coruña durante su vida, si bien que siguió ambientando varias de sus obras en Galicia (Carballal Miñán 263).[28]

La muerte de la Quimera

En 1905, Emilia Pardo Bazán publica su novela *La Quimera* en el tomo 29 de sus *Obras completas*. El texto de la novela va precedido de un prólogo y de un curioso texto teatral para marionetas que la autora incorpora como preámbulo al primer capítulo de la narración propiamente dicha y que se titula *Sinfonía. La muerte de la Quimera. Tragicomedia en dos actos, para marionetas*. La crítica ha relacionado siempre este breve texto teatral con la novela que la sigue.[29] Y efectivamente, existen evidentes relaciones entre la tragicomedia y la novela, tales como el tropo de la quimera para representar la lucha, frecuentemente infructífera y destructiva, del ser humano para realizar sus sueños. Esta lucha puede resultar tan fatal como el fuego vomitado por la Quimera, el monstruo de la mitología griega (Glascock 86).

Si bien en las *Obras completas* novela y tragicomedia se han unido por una decisión editorial de Pardo Bazán, ambos textos tienen una génesis distinta. *La muerte de la Quimera* no nació como texto acompañante de la novela en cuestión, y su gestación fue considerablemente anterior (Carballal Miñán 216). Según datos provenientes de *La Época*, la dramaturga escribió *La muerte de la Quimera* para responder a una petición que había recibido de escribir una obra para formar parte de una serie de representaciones de títeres que se planeaban para 1904 en el teatro particular de algún aristócrata. El proyecto de las representaciones con marionetas nunca logró a realizarse, pero la pieza de Pardo Bazán fue recibida con éxito, y "[c]uantos la oyeron leer [...] celebraron la belleza y originalidad de la producción" (*Época*, suplemento al número 19.711, 9 de mayo de 1905, 3). El análisis de la obra, que el crítico de *La Época* calificó de "tragicomedia de ensueño," iluminará aspectos interesantes de las pretensiones dramatúrgicas de Pardo Bazán, siempre afanosa de posicionarse en la vanguardia de la renovación del teatro finisecular. La ambigua representación del mito clásico del monstruo de la Quimera a la que se refiere el título de la tragicomedia, puede ser relacionada con la creación artística

Capítulo dos

y la reivindicación de autoría intelectual femenina por parte de la autora que, como es bien sabido, fue perseguida por la quimera de alcanzar fama y éxito con sus proyectos de renovación teatral (García Castañeda, "Emilia Pardo Bazán" 133–54).[30]

En el fin de siglo creció notablemente el interés por el teatro de marionetas. Introducido en España por comediantes italianos, y muy corriente en el siglo XVII cuando fue practicado por el mismo Cervantes (*El retablo de las maravillas*, y "El retablo de Maese Pedro" en el *Quijote*), el espectáculo de títeres decayó a fines del siglo XVIII para dar paso a otras diversiones. El impulso excepcional que experimentó el género a principios del siglo XX se debe a que los dramaturgos veían en esta forma teatral un género capaz de satisfacer la nueva sensibilidad artística modernista. En el contexto de los esfuerzos de la "reteatralización" del teatro, el títere se convirtió en un medio apropiado para dar forma a perspectivas dramáticas que, decepcionadas por las limitaciones del actor teatral, buscaron un sustituto en la marioneta.[31] Así privilegiaron, por una parte, la deshumanización del actor, y por otra, intentaron acabar con los divos, en cuya función seguían trabajando creadores y directores (Lavaud y Lavaud 363; Huerta Calvo, Peral Vega y Urzáiz Tortajada *Teatro* 692). Entre los adeptos de tal forma teatral se contaron dramaturgos como Jacinto Benavente, Valle-Inclán y, unas décadas mas tarde, García Lorca (Peral Vega).

También Pardo Bazán manifestó su fascinación con "la idea modernista del teatro de marionetas."[32] La autora dedicó al tema una de sus crónicas en la *Ilustración Artística* en la que reflexiona sobre el origen y desarrollo de esta forma de arte dramático: "[h]a habido marionetas desde que el hombre pudo sentir pruritos de arte" ("La vida contemporánea." *IA* 1.150; 11 de enero de 1904). Destacando el profundo simbolismo de un modo de experimentación artística que vuelve a las raíces del teatro, la autora enfatiza sobre todo las semejanzas entre las marionetas y los seres humanos, ya que ambos tienen en común que su existencia viene regida por hilos más o menos invisibles y se debe al *antojo* de quien los maneja:

> Creemos vivir, y *nos viven*, o mejor dicho, nos comunican apariencias de vida esos cordelitos y esos dedos ocultos que agitan nuestros brazos mientras una voz finge salir de nuestra boca y realmente parte de entre bastidores. Si la

marioneta pudiese hablar, protestar, ser persona, ¡qué de cosas
diría; cómo desmentiría el papel que la obligan a representar
mecánicamente! ("La vida contemporánea." *IA* 1.150; 11 de
enero de 1904)

Pardo Bazán recurre aquí a la metáfora del autor como
demiurgo o insensible divinidad creadora que conocemos de
Valle-Inclán. Valle-Inclán, escribe Amparo de Juan Bolufer, utiliza
la figura del demiurgo en el sentido de distanciamiento estético,
y más que construir una nueva realidad, se propone descubrir
mediante procedimientos contrarios al realismo, la verdad que
se oculta a la vista (307). En esta misma vena Pardo Bazán nota,
con una referencia al teatro de ensueño, que regidas por hilos, las
marionetas se prestan muy bien a dar forma a lo dramático irreal,
porque su manera de moverse por el escenario es reminiscente de
la falta de gravedad con que se desplazan las apariciones:

> Si un velo transparente se interpone entre el espectador y la
> marioneta; si los prestigios de la luz eléctrica adoptada a lo
> escénico las envuelven y las desmaterializan, nos transportan
> fácilmente a la región de los ensueños. Tal es quizás la causa del
> prestigio que las marionetas ejercen hoy sobre los inclinados
> al modernismo. Estamos en una época en que lo demasiado
> verdadero abruma el alma. ("La vida contemporánea." *IA*
> 1.150; 11 de enero de 1904)

Para ilustrar sus afirmaciones Pardo Bazán menciona a
Maeterlinck. Como un reto artístico a los dramas realistas y
psicológicos que prevalecían en la escena europea del fin de
siglo, Maeterlinck estrenó en 1894 tres dramas estáticos para
marionetas.[33] Para el dramaturgo belga las obras y los personajes son símbolos, imágenes de nuestros sueños, y los actores
nunca pueden sostenerlos perfectamente. Es la razón por la cual
Maeterlinck optó, en algunas de sus obras, por marionetas que en
su opinión resultaron más efectivos que los actores (Oliva 116).
Las marionetas carecen de las características físicas y psicológicas
de los seres humanos, y pueden expresar significados complejos.
Desprovistas de movilidad, sólo pueden moverse cuando alguien
maneja los hilos. El dramaturgo puede aprovecharse del doble
valor metafórico de la marioneta que por la ausencia de movilidad no sólo es el juguete de una fuerza (tales como el amor o la

Capítulo dos

fatalidad), sino que tiene también una fuerza propia que le permite recibir y transmitir las palabras del otro. Al mismo tiempo material e inmaterial, la marioneta es para Maeterlinck un intermedio entre lo visible y lo invisible, entre el hombre y lo desconocido (Kwon). Muchas de las ideas de Maeterlinck volveremos a encontrar en *La muerte de la Quimera*, si bien Pardo Bazán, como es su costumbre, se apodera de estas ideas con una agenda propia y para afirmar su autoridad como dramaturga. *La muerte de la Quimera* tiene un carácter estático. El escenario es sencillo, la trama poco complicada. Los dos actos de la pieza se distribuyen el primero en cuatro escenas, el segundo en seis. En comparación con otras piezas de la autora y con las obras de Maeterlinck las indicaciones escénicas son mínimas, tanto en lo que se refiere al quehacer de las marionetas como en lo que concierne el escenario. Pardo Bazán sí retoma de Maeterlinck las perspectivas por puertas y ventanas (Lyon 20), y el juego de luz y sonido.[34]

Conforme a las limitadas posibilidades del teatrillo de marionetas, el primer acto de la obra representa una sala baja del palacio de Yobates cuyos jardines se ven a través de una columnata. En el segundo acto la acción se desplaza a dichos jardines en la que hay una estatua de Eros. En la segunda escena de este segundo acto, se produce una mutación en la que la acción se traslada hacia un "sitio solitario y salvaje, donde se ve la entrada de la cueva de la Quimera," un escenario reminiscente de *Pélléas et Mélisande* de Maeterlinck. *La muerte de la Quimera* se desarrolla en una atmósfera de ensoñación febril y embelesada. La autora utiliza símbolos para representar los estados de ánimo de los personajes (la estatua de Eros, para el discurso amoroso; la cueva de la Quimera para expresar el terror inspirado por el monstruo). Pardo Bazán comparte con Maeterlinck la prosa poética, rítmica y sonora y mucho más compleja y trabajada de lo que parezca a primera vista.[35] Se notan los ecos estilísticos de Rubén Darío ("la pálida Selene cruza en su esquife de plata y la brisa de primavera arranca perfumes a los nardos"; "mi lecho de marfil cubierto de tapices de plumón de cisne"; etc.). Pardo Bazán retoma también de Maeterlinck unos personajes (marionetas) que manifiestan explícitamente ser movidos por una especie de fatalidad superior.[36] No obstante, la autora se desvía de la seriedad del dramaturgo belga al añadir un toque irónico. Su recreación del mito de la Quimera no sigue fielmente ni al mito clásico ni a las representaciones simbolistas del monstruo, sino que se desvía lúdicamente por las cauces de la tragicomedia.

En la mitología clásica la Quimera es un monstruo devorador que simboliza la tentación de la imaginación exaltada. El monstruo suele ser representado como un animal que vomita fuego y petrifica con la mirada. Las tres cabezas o tres partes de su cuerpo, según la versión clásica, pertenecen respectivamente, al león, a la cabra y a la serpiente, y señalan tres perversiones: el peligro de la lujuria (la cabra), de la dominación (el león), y de la vanidad (la serpiente). Es sobre todo el peligro de la dominación que desempeña un papel dominante en este mito y que representa, para el héroe que debe combatir la Quimera, tanto una amenaza que proviene del exterior como un peligro que lleva dentro.[37] El hecho de que en el mito de la Quimera el héroe debe combatir el monstruo quimérico, el símbolo más obvio de la deformación psíquica, confirma, según Paul Diel, la verdad general que los enemigos combatidos por los héroes mitológicos son los "monstruos" que obsesionan la mente (Diel 62, 63).

La gloria de haber matado a la Quimera se atribuye tradicionalmente a Belerofonte, a quien el rey de Argos, su adversario, le manda a Licia para entregar al rey Yobates un mensaje cifrado en el que ordena la muerte de Belerofonte. Convencido de que Belerofonte sucumbirá en la lucha, Yobates le incita entonces a matar la Quimera, el monstruo que está devastando su país. Belerofonte, sin embargo, gana la batalla y recibe en recompensa la mano de la hija del monarca. Atenas, la diosa de la razón, le había enviado ayuda en la forma de Pegaso, el caballo alado. Pegaso, escribe Diel, es el símbolo de la imaginación sublimada, que eleva al hombre a las regiones de lo sublime. Es montado a Pegaso que Belerofonte consigue matar a la Quimera, una hazaña que implica que el ser humano no puede combatir la imaginación exaltada sin la ayuda de las cualidades espirituales y sublimes que lo elevan por encima del peligro de la perversión (Diel 63–67).

Pardo Bazán no tuvo que recurrir a la Antigüedad para representaciones de la Quimera. El animal fantástico hizo frecuentemente acto de presencia en la literatura y pintura decimonónicas francesas, y en el bestiario simbolista finisecular (Vade). Lo que destaca en las representaciones finiseculares es la asociación de la Quimera con una mujer (Dijkstra 331, 335). El pintor simbolista Gustave Moreau contribuyó notablemente a esta aproximación

Capítulo dos

entre el monstruo y la mujer. Su pintura "La Chimère" (1867), para dar tan sólo un ejemplo, representa un centauro: una criatura con cuerpo de caballo alado, torso y cabeza humanos, símbolo de salvajismo y de las pasiones animales. En la pintura el centauro lleva en su vuelo a una mujer desnuda abrazada a su cuello (Stead 72). El pelo del animal y el de la mujer tienden a confundirse, por lo que la mujer y el monstruo se igualan en animalidad, una visión que Moreau confirma en una serie de escritos (73–74). Pardo Bazán criticará esta representación de la mujer-monstruo en su pieza.

La muerte de la Quimera no sigue fielmente el mito clásico de Belerofonte y la Quimera. La autora no solamente da una vuelta de tuerca al final, sino que cambia varios detalles significativos. En la versión de Pardo Bazán, Casandra, hija del rey Yobates, está "enferma de pasión de ánimo" y tiene deseos de morirse. El Rapsoda achaca los males de Casandra a la presencia de la Quimera, que le ha inficionado "ese veneno de melancolía y de aspiraciones insanas" (*TC* 395; I.1). Ya en la segunda escena aparece el héroe que la libertará de la Quimera. Es Belerofonte, hijo del rey de Corinto, famoso por haber dominado a Pegaso con gran esfuerzo y crueldad. Cuando Belerofonte se presenta a Casandra, sin embargo, no va acompañado de su caballo alado. El joven se presenta como un desventurado a quien "la cólera de los inmortales" lo empuja lejos de su patria. Dice vagar por la tierra, "sin tener donde recostar la cabeza" (*TC* 397; I.2). Aprendemos que Belerofonte ha dado muerte a uno de sus hermanos, pero el joven inculpa de su "mala suerte" a la fatalidad, por lo que resucita gran simpatía en Casandra: "Los Dioses, oh Rey, nos tejen la tela del existir; suponemos que caminamos, y es que invisibles manos nos impulsan [...] Nuestras culpas involuntarias nos pesan como voluntarias" (*TC* 399; I.3). Belerofonte trae para Yobates, el padre de Casandra, una misiva del rey Preto, casado con la hermana de Casandra. En la misiva Preto le pide que acabe con Belerofonte porque éste ha deshonrado a su esposa Antea.

Es aquí donde Pardo Bazán se desvía claramente de la trama mítica. Primero, porque desdobla ominosamente (si bien sin elaborarlo) la presencia femenina en las hermanas físicamente idénticas (¿gemelas?) Antea y Cassandra (un anticipo de lo que ocurre en *Verdad*, ver capítulo 3). Segundo, porque la dramaturga hace a Belerofonte vocear explícitamente su culpa de la deshonra, algo que el mito no hace sino sugerir. Yobates le encarga entonces el exterminio de la Quimera a Belerofonte que a su turno pide la mano de Casandra. En el segundo acto, Casandra le cuenta a Belerofonte sobre el mensaje de Preto y le incita a huir de una muerte segura. Belerofonte, sin embargo, insiste en cumplir con su destino, y vencer a la Quimera. De nuevo se considera guiado por la fatalidad y su corazón se estremece "de gozo y de locura" ante la perspectiva de acabar con el monstruo: "Antes morir joven [...] que envejecer en miserable inacción" (*TC* 402; II, 1). Casandra siente similar "atracción extraña por el monstruo" (*TC* 402; I, 1). Pasan la noche juntos, y la mañana siguiente Casandra se esconde cerca de la cueva de la Quimera para presenciar la lucha entre Belerofonte y el monstruo. De repente aparece la diosa Minerva,[38] que le ayuda a Belerofonte en su empresa. Introduciendo en la garganta del monstruo una pieza de plomo que se derrite en sus entrañas bajo el efecto de las llamas, Belerofonte acaba con la Quimera.[39]

Si hasta aquí Pardo Bazán ha seguido *a grosso modo* el mito relatado por los clásicos, aportando no obstante algunos cambios significativos, tales como la subyugación cruel y la ausencia de Pegaso, la culpabilidad de Belerofonte y el desdoblamiento de las hermanas, una vez muerta la Quimera la dramaturga le da una vuelta de tuerca a la trama y cambia bruscamente el tono de la pieza de tragedia en comedia. En vez de que Yobates le recompense a Belerofonte con la mano de su hija, ocurre algo muy diferente. En la versión de Pardo Bazán sigue un anticlímax. Apenas la Quimera sucumbe, en la escena sexta y última, el amor loco, el entusiasmo heroico, perecen con ella. Casandra y Belerofonte, antes tan enamorados, parecen despertar de su ensueño y melancolía y resultan librados del maleficio hipnótico. Como una ducha fría les espera la realidad cotidiana. Minerva triunfa, pero con este triunfo de la razón sobre la locura, se esfuman asimismo los ensueños y locuras. Irónicamente, se pierden todas las pasiones heroicas que hacen correr a los protagonistas. Ambos se alejan sin mirarse. Belerofonte huye del peligro de ser asesinado en el palacio de Yobates y Casandra de la vida insegura que la espera si sigue al desventurado Belerofonte. Sin la atracción y el enloquecimiento de la Quimera como símbolo del aliento de la inspiración, los personajes ya no sienten ni amor ni tampoco motivación para empresas atrevidas.

Capítulo dos

Ya Andrenio (pseudónimo de Eduardo Gómez de Baquero), que como Unamuno fue bastante entusiasta sobre la novela *La Quimera*, observó en su reseña que la figura de la Quimera es esencial para la ilusión y la alegría humana. Refiriéndose a la estructura cíclica de la mencionada novela, el crítico consideró la tragicomedia para marionetas como una necesaria preparación "para la reaparición del monstruo, devorador de espíritus entre los personajes modernos," en *La Quimera*. En el prólogo que precede tanto *La muerte de la Quimera* como *La Quimera*, Pardo Bazán aclara haber querido estudiar la "alta aspiración" del hombre moderno que tanto se diferencia de la ambición antigua. Contrariamente a la ambición antigua que fue "concreta y positiva en su objeto," la dolorosa inquietud moderna viene dominada por un "exaltado idealismo" ("Prólogo" 7).

Para ilustrar sus afirmaciones la autora refiere al "ensueño artístico" del protagonista de su novela que se deja "arrastrar palpitante en las garras de la Quimera" ("Prólogo a *La Quimera*" 8). Los sueños de Silvio Lago prohíben la actividad creativa y sus desmesuradas ambiciones le obsesionan hasta tal punto que acaban consumiendo su breve existencia. Vienen al caso las palabras de Cervantes en el *Quijote* que "al artista caballero andante, después de tantas heroicidades y de pelear con siete endriagos, lo mejor que le puede suceder es no acertar con la infanta, sino acertar consigo mismo y autodesencantarse" (en López, "Moral y estética" 64). Es que la imaginación sin restricciones lleva a la locura, algo que Belerofonte pretende evitar en la pieza teatral cuando mata a la Quimera siguiendo los consejos de Minerva: "Libre a la tierra de ese endriago que trastorna las cabezas y me impide hacer la dicha de la humanidad, apagando su imaginación, curando su locura y afirmando su razón, siempre vacilante" (*TC* 405; II, 4). Pero ya hemos visto en la misma obra teatral que la razón no basta. Una vez muertas las ilusiones ya no hay nada por qué luchar y lo que queda es la indiferencia. La razón debe templar la fantasía pero no extinguirla.

Pardo Bazán rescata la acepción romántica de la Quimera que vincula este concepto con la imaginación y lo conecta con el genio creador. Como el alado Pegaso—significativamente ausente en la tragicomedia de Pardo Bazán—la imaginación sublimada eleva al hombre a las regiones de lo sublime.[40] El irracionalismo de esta pretensión quimérica no quita para que su presencia sea indispensable si el artista quiere alcanzar la genuina creación artística (Sánchez-Llama, "El mito" 454). Flaubert, cuyo discurso entre el Esfinge y la Chimère en *La Tentation de saint Antoine* la autora admiraba tanto que lo reprodujo parcialmente en *La Quimera*, escribió: "Dès qu'on abandonne sa Chimère, on meurt de tristesse. Il faut [...] souhaiter qu'elle nous emporte" (Flaubert, *Correspondence* V 95 en González Arias 215). La misma Pardo Bazán afirmó que "[e]n arte, la razón no procrea. Ha de sobreponérsele siempre el vuelo de la fantasía y el movimiento interior del sentir" (en González Arias 215). Sin embargo, la autora señaló igualmente "el freno que la razón no cesa de poner a la inspiración y a la imaginación desatadas, moderando su impulso unas veces fortificándolo, otras atenuándolo" (en González Arias 215). Es decir, si Pardo Bazán utiliza el concepto romántico de la inspiración sublime para defender al genio creador (una especie de empoderamiento de su propio genio artístico), al mismo tiempo la autora matiza el carácter desenfrenado de las (sus propias) aspiraciones artísticas (de renombre, de inmortalidad) mediante su insistencia en la importancia de la razón.

En la conferencia titulada *La Quimera* que la autora pronunció en mayo de 1912 con motivo de la clausura de la Exposición Regional de Pintura del Centro Gallego de Madrid, Pardo Bazán enfatiza de nueva la importancia del "soplo quemante de la Quimera" y "su arañazo sangriento y profundo," que presenta como alternativa a la degradación mercantil del arte (*Quimera. Conferencia* 35): "Cuando un artista se calma, se aduerme en la indiferencia, renuncia a perseguir algo que rebasa de la medida razonable, decid que su Quimera es difunta y que él cree vivir, pero es otro inerte despojo, que debe quedarse tras una vitrina, como disecada ave del paraíso" (*Quimera. Conferencia* 34). Es decir, para el proceso artístico, la estabilidad y el método son imprescindibles, pero éstos deben ir acompañados por la imaginación, la osadía, y la inspiración. Pardo Bazán se toma la libertad de reformular la ambición quimérica no como el influjo irreal de la fantasía—"lo que se propone a la imaginación como posible o verdadero, no siéndolo" (Roque Barcia en Sánchez-Llama, "El mito" 449)—, sino como un estímulo esencial en la afirmación de la individualidad del artista.[41] Así por lo menos lo experimenta en *La Quimera* el personaje de la compositora Minia Umbría, frecuentemente considerada como alter ego de la autora:[42]

Capítulo dos

> Un soplo de fuego la envolvió: unas pupilas de agua marina alumbraron la estancia con su reflejo, parecido al de los gusanos de luz ... Y—ya segura de que el monstruo acababa de penetrar por los huecos del balcón consagrado a las Musas—Minia descubrió el harmonio, se sentó ante él, y empezó a tantear la composición de una *sinfonía*, tal vez más sentida que las anteriores. (*La Quimera* 399, cursiva en el original)

Si leemos *Sinfonía. La muerte de la Quimera. Tragicomedia para marionetas* como el engendro de la compositora, y como un prólogo simbólico a la novela, vemos cómo la presencia de la Quimera ha tenido un efecto estimulante sobre las composiciones de Minia Umbría.

Sánchez-Llama ha escrito sobre la difícil inserción de la autoría intelectual femenina en las tendencias estéticas modernistas ("El mito" 440). Al recrear teatralmente el mito de la Quimera, Pardo Bazán dirige la atención a su propia autoría intelectual femenina y se afirma a sí misma como dramaturga, algo que la autora considera, como ya hemos visto, como el mayor género de independencia.[43] Al igual que en *La suerte* no es el destino sino la manipulación del Estado la que turba la felicidad de los personajes, en *La muerte de la Quimera* tampoco es la fatalidad que mueve a los personajes/marionetas (recordamos que en la versión de Pardo Bazán Belerofonte es plenamente culpable de sus actos). La trama de la obra teatral resulta consistir en los actos de Pardo Bazán, que nunca ocultó sus aspiraciones artísticas en el ámbito teatral. Es la dramaturga que manipula los hilos, y lo hace *a su antojo*. Mediante su insistencia en el juego entre la quimera y la razón, sin embargo, Pardo Bazán pretende suavizar "la terrible ansia de renombre y fama" que sus contemporáneos pensaron detectar en ella (Unamuno, "*La Quimera*" 438).[44]

Con *La muerte de la Quimera* Pardo Bazán critica el simbolismo adoptando sus propios símbolos y técnicas. Recordamos que el simbolismo es una reacción contra unas limitaciones previamente aceptadas y contra las certezas ideológicas del racionalismo burgués.[45] En vez de expresarse en una obra realista, la autora rompe con la representación mimética y manifiesta sus ideas en forma metafórica para detectar lo que se esconde detrás de las formas y los patrones arquetípicos. Recurriendo a la ambientación misteriosa e inquietante del teatro de ensueño como una reacción a una realidad que los hombres no querían ver porque "lo demasiado verdadero abruma el alma," y manipulando unas marionetas como intermediarios entre lo visible y lo invisible, Pardo Bazán establece bien claramente que la verdad que queda oculta a la vista es que muchas veces es una mujer la que manipula los hilos. Más específicamente, en el caso que nos concierne aquí, es una mujer que controla el acto creativo. Para muchos hombres de la época, la mujer-autora es un monstruo femenino, como la Quimera del ideario simbolista finisecular. Y al igual que en los mitos clásicos, los hombres luchan con estos monstruos que obsesionan la mente masculina. No es tanto una amenaza que proviene del exterior sino un peligro que llevan dentro. Con *La muerte de la Quimera* Pardo Bazán demuestra que es malo dejarse consumir por semejantes obsesiones y sueños. Mejor que combatir los "monstruos" femeninos es vivir con ellos. Porque, como afirma la autora en la versión francesa de su conferencia pronunciada en París con el título *La España de ayer y la de hoy*: "la femme immobile, tout s'immobilise" (50), es decir "[a]l pararse la mujer, párase todo" (80).

En *La suerte* y *La muerte de la Quimera* Pardo Bazán ofrece dos propuestas teatrales en las que se opone a la comedia burguesa dominante de su tiempo. En vez de plegarse a los gustos del público y representar en las tablas unas escenas de una vida burguesa falta de toda imaginación, escribe unas piezas inquietantes y perturbadoras, muy en concordancia con las preocupaciones de muchos españoles en los primeros años después del Desastre. La dramaturga crea un universo dramático regido por eros y thanatos, por la belleza, la violencia y lo siniestro, en el que vuelve el misterio inquietante de los dramas de Maeterlinck y el poder de sugestión y asombro de las tragedias de Shakespeare. La autora encuentra en el simbolismo teatral con sus modos particulares para penetrar en la complejidad y el hermetismo de la realidad, una manera atractiva para dar su visión de Galicia y de la autoría intelectual femenina. La realidad es el misterio de la vida interior y el destino del alma, mientras que el mundo exterior es mera ilusión. Es aquí que el simbolismo teatral se vincula explícitamente con *Macbeth* y *Hamlet* y con el desengaño del teatro barroco, porque si la vida es teatro, sueño, la obra puede sólo reflejar esta ilusión y no crearla. La referencia a Shakespeare y a Calderón en la dedicatoria de *La suerte* es entonces algo más que mera soberbia de Pardo Bazán.[46] Las lecturas de *La suerte* y *La muerte de la Quimera* no solamente nos han mostrado que Francisco Nieva estaba plenamente en lo

Capítulo dos

cierto cuando relaciona parte de la producción pardobazaniana con las nuevas tendencias teatrales simbolistas, que las piezas explotan para dar forma a unas preocupaciones existenciales muy relevantes en su momento histórico, sino que nos han dado también un argumento más contra el tópico repetido hasta el cansancio del supuesto retraso del teatro español y la falta de propuestas renovadoras durante el cambio de siglos.

Capítulo tres

Violencia, perversidad y horror en *Verdad* (1906)

El feminicidio, es decir, la muerte de una mujer a manos de un hombre por motivos de misoginia, es un tema que preocupó Emilia Pardo Bazán profundamente.[1] La escritora se rebeló apasionadamente contra los asesinatos de mujeres que—si debemos creer la autora—eran tan recurrentes hace un siglo como hoy en día.[2] Pardo Bazán achacaba esta forma extrema de la violencia de género a los instintos primitivos de una casta de varones faltos de instrucción y de cultura que continuaban viviendo en el pasado. La autora denunció sobre todo la pasividad de una sociedad que se mostraba demasiado comprensiva con los delincuentes. Le indignó que los autores de estos delitos monstruosos quedaran con frecuencia impunes bajo el pretexto que se tratara de un crimen pasional ("Temis." *De siglo* 202–03). Entre 1895 y 1915 aproximadamente, Pardo Bazán se esforzó mucho por hacer consciente al público de que el asesinato de mujeres era un delito de la máxima gravedad. Lo hizo en sus crónicas, en una serie de cuentos,[3] y también en una obra teatral al que puso el título elocuente de *Verdad*.[4]

Verdad es la primera pieza larga en la producción dramática de la autora gallega.[5] El drama en cuatro actos y en prosa se estrenó en el Teatro Español, el 9 de enero de 1906, con la actriz María Guerrero en el doble papel de las hermanas Irene y Anita, y su marido Fernando Díaz de Mendoza como el protagonista masculino, Martín.[6] Una carta que Pardo Bazán escribió a su amiga Blanca de los Ríos muestra la inseguridad (¿fingida?) de la autora ante esta nueva aventura dramática: "No se si esto saldrá un disparatón. Ahora, en el calor de la invención me gusta. ¿Seré yo un dramaturgo atroz, sin saberlo? ¿O seré una heroína que marcha, como los japoneses, a dejar su cuerpo en una trinchera? Allí se verá, si no morimos pronto" (en Bravo Villasante, *Vida* 263). No

Capítulo tres

estaban del todo infundados los miedos de la autora. A pesar de la presencia del tándem de actores de renombre en los papeles principales, y a pesar de que a Díaz de Mendoza la obra le pareció "fuerte y robusta" (en Schiavo y Mañueco Ruiz 58), la pieza fue mal recibida tanto por el público como por la crítica. Ya antes de representarse la obra circulaban los rumores más absurdos sobre el número de muertos que ocurrieran en ella. El estreno de *Verdad* desató toda una sarta de comentarios en la prensa. Si bien algunos críticos alabaron incondicionalmente los esfuerzos dramáticos de Pardo Bazán, muchos otros manifestaron su explícita reprobación de una trama "repugnante" y "grosero," para la que el público, según ellos, no estaba preparado.[7] Es a raíz del estreno de *Verdad* que algunos de estos espectadores poco preparados tuvieron incluso la "amabilidad" de recomendar a la pobre autora "¡Que se vaya a hacer calceta!" (Morote en García Castañeda, "Emilia Pardo Bazán" 121).[8]

Y efectivamente, *Verdad*, con su "violento y fantástico argumento" (Nieva 193) basado en un asesinato monstruoso con un cadáver que se hace desaparecer, y situada en un ambiente gallego de misterio y miedo, es todo menos la alta comedia naturalista asentada en el costumbrismo o la cotidianidad, o el melodrama en la vena echegariana que esperaba el público burgués del recién remodelado Teatro Español.[9] Si bien en este sentido la obra puede calificarse de una atrevida equivocación de la incipiente dramaturga, estoy más inclinada a respaldar el juicio del crítico Francisco Fernández Villegas—mejor conocido por su pseudónimo "Zeda"—quien opinó en *La Ilustración Artística* que en esa equivocación de la autora gallega hubo "mayor cantidad de talento que en otras muchas comedias aplaudidas y celebradas" (en Schiavo y Mañueco Ruiz 65).[10]

Pardo Bazán sigue en *Verdad* las huellas del por ella tan admirado Pérez Galdós en su afán de crear una nueva tradición teatral en España.[11] Juega con el horizonte de expectativas del público al producir una obra que, si bien recicla recursos melodramáticos, se apropia también de nuevas formas dramáticas y literarias, tales como el discurso gótico (femenino), la literatura policíaca y el teatro de Ibsen (géneros todos importados del extranjero). Los críticos que desaprobaron tanto la pieza no han visto que la inusual combinación genérica empleada por la escritora es plenamente intencionada y sirve no sólo para ofrecer una alternativa a la escena teatral de su tiempo, sino también para subrayar un mensaje sumamente crítico sobre el estado de la nación (y la de Galicia) y la posición poco segura que ocupa en ella la mujer.

Como sugiere el título, con *Verdad* Pardo Bazán entra en diálogo con el Pérez Galdós de *Realidad*. *Realidad*, estrenada en el Teatro de la Comedia en 1892, ha sido considerada como hito en la historia del teatro español y el principio de una nueva época dramática. Pardo Bazán se sentía muy involucrada en la producción de *Realidad*.[12] Asistió asiduamente a los ensayos y opinó que la obra galdosiana representaba "la tendencia más marcada hacia la innovación teatral" ("Realidad." *NTC* 2.16 [1892]: 22). La autora juzgó que a Pérez Galdós le correspondía el mérito de haber intentado vigorizar la alicaída dramaturgia española e imponer los procedimientos y el contenido analítico y humano de la novela moderna al teatro ("Realidad." *NTC* 2.16 [1892]: 52).

Si bien Pérez Galdós no se alejó completamente del paradigma melodramático establecido por Echegaray, abogaba por un teatro más natural, basado en el desarrollo de los personajes y una representación más realista de los problemas de la sociedad contemporánea (Ríos-Font, *Rewriting* 138). "*Realidad*," escribe Rubio Jiménez, "es el primer drama español en el que la *verdad*, la búsqueda de la autenticidad en la propia conducta, conduce a los personajes a un enfrentamiento con una sociedad no veraz, aunque trate de mostrarse como tal, con una moral de apariencias" (*Ideología* 96, la cursiva es mía). En la obra el autor insinúa que ni la familia ni la sociedad son posibles cuando la opinión, el secreto, la desconfianza y la soledad sustituyen a la verdad, la veracidad, la confianza y la solidaridad (Sobejano 105). Para Pérez Galdós la verdad es un arma en la lucha contra la superstición, las mentiras y la hipocresía. Su propósito era una reforma moral de la sociedad, y el autor estaba convencido de que la realidad, una vez revelada, podía producir esta regeneración.

Pardo Bazán estaba de acuerdo con Pérez Galdós que el teatro debía ocuparse de los problemas contemporáneos. Su obra *Verdad*, sin embargo, ha sido escrita una década más tarde que *Realidad*, es decir, después del Desastre, y además, desde una perspectiva femenina (y añadiendo una dimensión gallega). En el cambio de siglo, la producción cultural de la autora servía, en las palabras de González Herrán, como vehículo para unas "reflexiones acerca de esa crisis que sintetizamos en el [D]esastre de 98" y para unas propuestas hacia la revitalización nacional ("Emilia Pardo Bazán ante el 98" 140).[13] En su pieza teatral Pardo Bazán introduce aspectos góticos y elementos de la literatura policíaca y del nuevo teatro ibseniano para mostrar la verdad no como un alivio (tal y como era el caso de Pérez Galdós) sino como algo penoso, algo profundamente perturbador. La dramaturga echa la culpa por la triste "verdad" a la que deben enfrentarse los españoles—y sobre todo las mujeres españolas—después del 98, primordialmente a los varones, y nos presenta en *Verdad* a una casta de psicópatas misóginos enfocados en el pasado que destruyen la integridad de la familia y ofrecen ninguna base para una (re)construcción de la nación.

En *Realidad,* Pérez Galdós pone en escena un conflicto melodramático basado en el adulterio al que da un tratamiento que se desvía de los cauces del melodrama. El marido engañado Orozco, humanizado por las muchas cavilaciones mentales de las que somos testigos los espectadores/lectores, está plenamente consciente del adulterio de su esposa Augusta, pero se niega tajantemente a que esta ofensa a su honor resucite en él al hombre primitivo. Perdona a su mujer en vez de matarla. La adúltera, presentada como víctima de las restricciones impuestas por la sociedad, no morirá a causa de su transgresión.

En *Verdad*, al contrario, Pardo Bazán recicla las convenciones del melodrama para crear una obra que, como ha observado acertadamente Nieva, es más bien "un relato negro y teratológico," "un drama de misterio, casi un argumento a lo Hitchco[c]k" (193). Si en *Realidad* Pérez Galdós evita el feminicidio, *Verdad* abre con un crimen monstruoso, cometido por el psicópata Martín. Martín no comparte de ninguna manera la filosofía vital de Orozco, basada en el amor y el perdón y en el respeto mutuo. Torturado por los celos, él sí siente la necesidad primitiva de "lavar su honor," y en buena vena calderoniana castiga a su querida con una muerte brutal. Después del delito, el asesino padece en los actos restantes los remordimientos de su crimen, hasta morir trágicamente.

Aquí no está de más recordar que el estreno de *Verdad* era lo que Marvin Carlson en *The Haunted Stage* llama "a haunted production" (96) visto que María Guerrero desempeñaba no sólo un papel doble en la pieza de Pardo Bazán, sino que la por aquel entonces ya muy celebrada actriz se había encargado también del rol de Augusta en *Realidad,* además de haber protagonizado en el mismo Teatro Español numerosos melodramas de Echegaray.[14] La recepción teatral, escribe Carlson, depende de la memoria y de las asociaciones establecidas por los espectadores (69), y especialmente los actores famosos aportan a su papel algo extra, que previene que desaparezcan completamente detrás del personaje (86).

Pardo Bazán se aprovechó de este fenómeno como fuente de enriquecimiento de su obra. La correspondencia de la autora con su amiga Blanca de los Ríos y con el matrimonio Guerrero-Díaz de Mendoza revela que *Verdad* ha sido creada pensando en la actriz. En septiembre de 1904 Pardo Bazán ya ha acabado el primer acto y escribe: "El drama de la Guerrero está más atrasado (el que he escrito ahora, no el que tenía de antiguo). Se titula *Verdad*. Hace en él María dos papeles: uno de mujer que muere en el primer acto, otro de hermana de la muerta, que la sobrevive y se casa con el amante y matador de su hermana" (en Bravo Villasante, *Vida* 263). En abril de 1905 Pardo Bazán recuerda al matrimonio Guerrero-Díaz de Mendoza su compromiso de poner en el escenario la obra a lo largo del año; ha terminado dos actos y espera acabar la obra en verano. En agosto la pieza está terminada y Pardo Bazán se muestra impaciente de enviarla a María Guerrero (en Schiavo y Mañueco Ruiz 56–57). En la reseña de *Realidad* que Pardo Bazán escribió en 1892, la autora se mostró impresionada con las facultades de la actriz, aunque la consideraba demasiado joven para el papel de Augusta ("Realidad." *NTC* 2.16 [1892]: 65–66). Es de suponer que en 1906, es decir más de diez años más tarde, la consideraba en edad para representar a esa otra esposa culpable y no arrepentida que es Irene, y a su hermana Anita. María Guerrero era famosa por la escala de matices que sabía dar a sus personajes y Pardo Bazán, que confiaba mucho en la interpretación de los actores, explotó esta facultad de la actriz, que en el papel de Irene debía actuar, siguiendo el orden dictado por las didascalias de una de las escenas: "Asombrada," "Acercándose, con zalamería," "Cariñosa," "Entre burlona y desazonada," "Conciliadora, resignada," "Insinuante," "Enojada" (*TC* 115–18; I.6).[15]

Verdad es un estudio de la oposición entre por un lado la mentira y la autodecepción y por otro la verdad y realidad. El tema de *Verdad* viene introducido por Irene, quien en el primer acto insiste en que la verdad es un "veneno activo" (*TC* 118; I.6), "un cartucho del más atroz explosivo" (*TC* 112; I.5), y que la autodecepción es la única forma de alcanzar la felicidad. La mujer

Capítulo tres

ha acordado un secreto encuentro nocturno a Martín de Trava, en la finca que éste tiene al borde del río Miño, en la frontera entre España y Portugal. Cuando la frívola Irene revela al violento hidalgo, quien la tortura por saber sus verdaderos sentimientos, que éste no es su primer—ni probablemente su último—amante, Martín, ofendido en su honor y en un acto de desesperación que, sin embargo, confunde con la pasión, estrangula a su querida casi a la vista de los espectadores: "La maté ... La maté ... ¡porque la adoraba! [...] Quería todo de ella; quería que ni su aliento hubiese respirado otro hombre ... Dijo la verdad ... y la ahogué en sus labios ... ¡Ese fue mi pecado!" (*TC* 157; IV.1). Santiago, el mayordomo de Martín, se encarga de ocultar cualquier indicio de su crimen, y Martín sale al extranjero.

El asesino, sin embargo, no puede soportar el peso de la mentira y después de seis años vuelve a su Pazo gallego. Entretanto se ha casado con nadie menos que Anita, la hermana menor de Irene, con la que aquélla tiene un sorprendente parecido físico. La mujer, que contrariamente a su hermana muerta (de la que es el reflejo especular) parece reunir todas las calidades de una buena esposa y madre, se da cuenta que Martín nunca está verdaderamente feliz, y se obsesiona por descubrir el por qué (como veremos en más detalle, Pardo Bazán recicla aquí el guión de "Barba Azul"). La revelación de la verdad que Anita busca agónicamente da, sin embargo, al traste con el matrimonio de Anita y Martín. La decisión del último de entregarse a la justicia y confesarlo todo, amenaza con dañar la reputación de Anita y la de su hija pequeña, fruta del matrimonio. Una tal confesión haría sufrir también a Santiago, que ha vivido en la mentira y ha sacrificado hasta su propia madre para proteger a Martín. Es para evitar que Martín se entregue a la justicia que el mayordomo mata finalmente a su amo.

A pesar de algunas inverosimilitudes (tales como el cambio repentino del humor de Martín cuando descubre que su amada dista mucho de ser una santa), la construcción de la obra da prueba de cierta destreza teatral y hay en *Verdad* una evidente tensión dramática (Nieva 199). *Verdad* presenta a los protagonistas en conflicto los unos con los otros y consigo mismos. Además, la obra sigue una progresión que obviamente ha sido ideada para involucrar al público en el conflicto. Cada acto termina con un efecto dramático que deja al espectador horrorizado. Y no es gratuito. Pardo Bazán, citando a Hegel, escribe en *La cuestión palpitante*, que "el objeto del arte es manifestar la *verdad* bajo formas *sensibles*" (51, la cursiva es mía).

Esquemáticamente la progresión de la obra es la siguiente. En el primer acto, cuya acción ocurre seis años antes de la de las demás escenas, se representa—como una especie de prólogo—el secreto y fatal encuentro nocturno de Irene y Martín, su discusión sobre la verdad y la ilusión, y al final tiene lugar el horrible asesinato de Irene. En el acto segundo, la dicotomía entre verdad y decepción se vuelve más complicada y el conflicto se agudiza por la llegada de diversos personajes, entre ellos Martín, quien vuelve al Pazo como hombre casado, y el criminal Sangre Negra, escoltado por la Guardia Civil. El acto termina con la salida a la escena de Anita, cuya siniestra semejanza con su hermana no deja de producir un efecto estremecedor en los espectadores. El parecido entre Anita e Irene, que viene subrayado por la indumentaria que las hermanas llevan en la escena (ambos visten "de camino" y "con velo a la cara"), tiene una función catalizadora, ya que genera varias observaciones del mayordomo Santiago relativas a la vuelta de los espectros del pasado—"¡Los muertos tornan acá!" (*TC* 139; II.11)—que enfrentan a Martín con su pasado. Según progresa la acción, los espectadores, bien informados de la verdad en el acto primero, empiezan a tener miedo que esa verdad se revele. Y efectivamente, es lo que ocurre al final del tercer y durante el cuarto acto, que se acaba con la muerte de Martín.

Pardo Bazán no recurre a este efectismo para jugar gratuitamente con los sentimientos de los espectadores, como quiere Farlow (138). La autora era—por lo menos en teoría—una gran conocedora de los recursos y técnicas teatrales, como consta de sus numerosas reseñas. Resulta por ende difícil de aceptar que cayera sin más en los moldes del melodrama que cuando Pardo Bazán estrena *Verdad* ya había conocido tiempos mejores. Y no lo hizo. El público teatral de la época, al que tanto aborrecía la autora, quien lo consideraba pervertido de gustos por tener una predilección por piezas de bajo nivel artístico ("Realidad." *NTC* 2.16 [1892]: 22), estaba acostumbrado a obras que hicieron más bien sentir y no pensar (Condé 177). Pero cuando Jacinto Octavio Picón escribió en una reseña de *Realidad* que la obra galdosiana hiciera pensar ("Estreno de *Realidad*." *El Correo* 16–III–1892, 22), Pardo Bazán no consideró este mérito como un logro por parte entera ("Realidad." *NTC* 2.16 [1892]: 47). La escritora quería crear un

Capítulo tres

teatro que hiciera no sólo pensar sino también sentir. Buscaba a provocar al complaciente público teatral y suscitar en él una repulsión visceral ante un fenómeno del que debiera reprobar tanto emocional como racionalmente.[16] Como explica ella misma en su propia discusión de *Realidad*, su propósito era fundir la sensibilidad y la inteligencia ("Realidad." *NTC* 2.16 [1892]: 53).

Es precisamente para suscitar una fuerte reacción emocional en sus espectadores, que Pardo Bazán les sirve ya en el primer acto un horrendo melodrama en miniatura. La fórmula melodramática, escribe Ríos-Font, genera obras que presentan un conflicto polarizado entre el bien y el mal, conflicto que viene personificado por unos personajes antitéticos; unos malos y heroínas bien delineados. Se trata de una fórmula hiperbólica, caracterizada por un exceso de sentimentalismo, una forma de actuar desmedida y afectada, y el empleo de todo tipo de recursos inverosímiles, tales como las identidades secretas y las relaciones ocultas. El melodrama apoya una ideología conservadora y reconfortante, porque al final siempre se castiga al malo, y se restaura el orden (*Rewriting* 9–49).[17]

Una vez sacudido al público en sus asientos, Pardo Bazán utiliza el exceso propio del melodrama para presentar de manera hiperbólica la maldad del protagonista y las implicaciones de su crimen. Las convenciones melodramáticas le permiten también asegurar que el culpable no se quedara sin castigo. Es que por la culpa del asesino—y sus cómplices—ocurren en la obra hasta tres muertes violentas: las de Irene, Martín y la madre de su criado Santiago que, ante la sospecha de que hubiera presenciado el crimen, es recluida por su hijo en una habitación de la que no ha de salir nunca.

Martín de Trava, el malo de la obra, es el heredero de una familia aristócrata venida a menos, que a pesar de que pase bastante tiempo en el extranjero, sigue viviendo en el pasado (simbolizado por el destartalado Pazo gallego con sus "borrosos blasones" [*TC* 111; I.5]). El hidalgo es incapaz de hacer frente a las realidades de la vida moderna, "ese mundo en el cual se miente y donde yo no quepo" (*TC* 116; I.6), algo que se muestra escénicamente cuando Martín no sabe cómo aderezar la habitación para recibir a la refinada Irene (*TC* 109; I.4). El exceso emocional del patético Martín corresponde con una retórica grandilocuente y un histrionismo extremo, que raya incluso en la inverosimilitud cuando el hidalgo, ofendido ante la confesión de su amada, exclama: "en un minuto he llegado a odiarte" (*TC* 117; I.6). En la obra se presta atención no tanto a las supuestas infidelidades de Irene como a la por todos lados ingenua actitud de Martín que está a punto de relacionarse con una mujer casada y se muestra sorprendido de que la amada a la que cree conocer y a la que llama "inmaculada mía," dista mucho de ser una "santa" (*TC* 117; I.6). Irene es una experta en lances amorosos, que ha urdido una trama que ella misma llama doblemente "maquiavélica" (*TC* 113; I.5) para despistar a su marido. Indignado ante el arte de engaño de la mujer, Martín habla de un "abismo entre tu existencia y la mía" (*TC* 114; I.6). En sus artículos periodísticos Pardo Bazán había señalado con frecuencia que a los hombres se les permitía casi todo mientras que las mujeres debían quedarse la pierna quebrada y en casa (*Mujer española* 85). Las palabras de la adúltera señalan esta doble moral: "Querer a otro es infamia; quererles a ellos, virtud" (*TC* 119; I.6). Es porque Martín no puede aceptar que la mujer moderna se escape al dominio patriarcal, que el hidalgo comete su crimen repugnante, calderoniano y misógino.

Si bien Martín se arrepiente luego de lo que ha hecho—y Pardo Bazán recurrirá como veremos a unos procedimientos prestados de Edgar Allen Poe y de Ibsen para elaborar escénicamente este arrepentimiento—, el melodrama no tiene sitio para pecadores arrepentidos ya que no puede acomodar a unos personajes que han cruzado ciertos límites. Pardo Bazán, quien aprobó explícitamente del final de *Realidad* ("Realidad." *NTC* 2.16 [1892]: 60), opinaba que si algunas transgresiones, como la infidelidad conyugal, bien se merecían el perdón, otras, mucho más serias, como el feminicidio nunca debían ser perdonados. No estaba de acuerdo con Menéndez Pelayo que en 1881, en el segundo centenario de la muerte de Calderón, ensalzaba al autor de *El médico de su honra* como mejor representante de la eterna España católica, cuyos valores Menéndez Pelayo pretendía reforzar contra la perniciosa influencia francesa. Pardo Bazán escribió en 1891:

> España es una nación donde los poetas teólogos casi elevaron a deber religioso el asesinato de la esposa infiel o solamente acusada de infidelidad [...] Y qué, desde los tiempos de Calderón acá, ¿no había de ver la Humanidad más claro? ¿No había de fructificar la sangre de Cristo, devorado por la paz y el perdón? [...] Yo no niego la belleza de Yorick, lejos de eso;

Capítulo tres

> también me parece bello Otelo [...] ¿pero ofrecerlos hoy como *ideal*? ¡Qué repulsivo horror! ("Realidad." *NTC* 2.16 [1892]: 60–61)[18]

Es por eso que Pardo Bazán, que tiene en mente una sociedad más tolerante y abierta, se esfuerza por "neutralizar" estos aspectos "calderonianos" y "auténticamente españoles" mediante una obra que combina géneros y discursos más modernos y cosmopolitas y que se estrena en el mismo prestigioso teatro (el Teatro Español, el antiguo Corral del Príncipe) en el que se solían representar las grandes obras del teatro clásico nacional.[19]

En el melodrama, la revelación de la verdad implica el triunfo de la virtud, pero en *Verdad* ésta no causa sino destrucción. Esta destrucción es, en la opinión de la autora, una etapa previa e imprescindible hacia la construcción de una sociedad mejor. La polarización entre el bien y el mal que establece el melodrama, ofrece a la dramaturga la posibilidad de colocar a todos los personajes masculinos en la categoría de malos en oposición a las protagonistas femeninas que a primera vista pueden ser categorizadas como víctimas inocentes. Los personajes masculinos son invariablemente machistas y frecuentemente también agresivos y violentos. Existen entre ellos unos fuertes vínculos homosociales (una "fraternidad") porque se protegen mutuamente y porque encubren los feminicidios cometidos.[20] Que esta solidaridad masculina raya incluso en lo hiperbólico, viene ilustrado por el caso de Martín, cuya víctima ni siquiera es su propia mujer, sino la esposa adúltera de *otro* hombre. Así, Pardo Bazán da una vuelta de tuerca al arquetípico conflicto melodramático entre sentimientos y deber que está a la base de las obras de Echegaray y tantos otros (Ríos-Font, *Rewriting* 184–85).

El personaje del asesino Martín viene desdoblado en el escenario por otro criminal, Sangre Negra, una figura marginal, inculpado de haber degollado a su esposa. Esta acción horrorosa le gana la simpatía e incluso la protección de Martín, quien se identifica con el malhechor. Le llama significativamente "hermano" (*TC* 154; III.6) y "un hombre *como nosotros*" (*TC* 137; II.8, la cursiva es mía). Además, en el escenario bebe de la misma taza (*TC* 133; II.7). Esta acción resucita angustia en las mujeres—"¿Tornará aquí al oscurecer a cortarnos *el pescuezo?*" (*TC* 138; II.10, la cursiva es mía) pero cierta admiración en los hombres: "Muy compadecido es don Martín. Es un santo" (*TC* 136; II.7). Para los espectadores

Violencia, perversidad y horror

es obviamente una observación altamente irónica, ya que las ilusiones engañan y Martín no es un santo como tan poco lo era Irene. La llegada del *degollador* Sangre Negra permite introducir de lleno el sentimiento de culpa del *estrangulador* Martín, sentimiento que éste expresa al quejarse del "dogal que siempre llevo al *cuello*" (*TC* 140; III.1, la cursiva es mía) y de "los dedos de esta mano [que] parece que se me incrustan en la *garganta*" (*TC* 147; III.2, la cursiva es mía). Es este sentimiento de culpa que le urge a Martín a confesarse:

> (*Acercándose a Sangre Negra.*) ¿No sientes deseo de confesar lo que hiciste? ¿No te sube a la boca la palabra sincera? ¿No hay en tu corazón un peso, un peso enorme, que se aliviaría si confesases? No creas que el silencio borre la acción. Callarás, pero hablarán por ti tus ojos, tu cara, los sitios donde cometiste el crimen ... (*TC* 134; II.7)

Y más tarde el mismo Martín revela: "Este hombre es ... ¡un asesino! [...] Y yo soy otro" (*TC* 154; III.6). Si nadie le presta atención es porque la realidad en este caso supera la ficción más absurda, y se la compara con un "fantástico invento" (*TC* 158; IV.1) y "una novela descabellada" (*TC* 158; IV.1).

Que las alianzas "fraternales" entre los hombres van a veces más allá de la muerte consta en el papel del mayordomo y "hermano de leche" Santiago, quien sacrifica hasta a su propia madre para proteger a su amo. En el cuento "Santiago el mudo," en la que se basa *Verdad*, el criado es un hombre servil y mudo. En la obra teatral Santiago, si bien tiene fama de ser "todo un hombre [...] formal y sin vicios," viene construido por la autora como violento y extremamente misógino:

> Juana.—[...] ¿Por qué nos tienes tanta tema a las mujeres? [...]
> Santiago.—[...] Por curiosas; por la maña de preguntar ... y porque de ellas viene todo el mal del mundo. (*TC* 127; II.3)

Santiago es una figura diabólica, capaz de todo con tal de proteger la honra de la casa donde sirve:

> Santiago.—[...] El cuerpo que escondí en la bodega ...
> Martín.—¡En la bodega!
> Santiago.—Lo saqué ... Lo quemé ... Quemé las ropas ...
> Fue ceniza ... Eché la ceniza al río ... (*TC* 131; II.5)

Capítulo tres

La voluntad de este personaje estremecedor excede de lejos la de su señor, y si bien obra por un sentido de servicio y lealtad que es por todas formas exagerado, para una autora tan clasista como lo era Pardo Bazán, darle tanto poder a un criado debería a toda costa prevenirse. No debe confiarse el mando de la casa—y por extensión de la nación—a las clases bajas.

Los vínculos entre Santiago y su amo pueden explicarse de modo naturalista por la influencia de un servilismo excesivo y anticuado, perteneciente al contorno feudal de violencia y barbarie que es la provincia (Galicia), pero fuera de este mundo de incultura, la situación no es mucho mejor, si bien los modales son más sofisticados. El marido diputado de Irene usa su influencia y amistades para borrar las huellas de su esposa (*TC* 146–47; III.2). Y el conde de Portalegre (ex adorador de Irene), a pesar de haber sido inculpado con la muerte de la mujer y de haber sufrido en su vida las consecuencias de esta acusación, reclama la justicia sólo en su propio interés y hasta le da a Martín un plazo de tres días para ponerse a salvo y huir del país. Es como si todos los miembros de la fraternidad varonil trataran fanáticamente de protegerse contra una feminidad elusiva y amenazadora.

Si *Verdad* presenta a primera vista un conflicto melodramático entre el bien y el mal, Pardo Bazán problematiza este conflicto al infiltrar en el paradigma melodramático otros géneros y formas que conceptualmente le son contradictorios, tales como el ya mencionado discurso gótico. Mediante la combinación de elementos disparatados Pardo Bazán crea una obra que una vez que haya sacudido a los espectadores debe alejarlos de la ilusión melodramática e incitarles a la reflexión. La autora rechaza de esta manera la falsa confidencia del melodrama que a pesar de toda la villanía el mundo es fundamentalmente bueno. Además, expone los artilugios del género y muestra las posibilidades para su subversión, abriendo la puerta hacia las alternativas dramáticas que se desarrollarán durante el siglo XX (Ríos-Font, *Rewriting* 163–64).

Ríos-Font enfatiza la relación íntima entre el melodrama y la novela gótica. Ambas formas se presentan como respuestas a la pérdida de lo sagrado, es decir como maneras de hacer inteligible un universo cada vez más informe. Al igual que el escritor de melodramas, el autor gótico se ve ante la tarea de captar un mundo elusivo, cuyas fuerzas divide en opuestas polares: la luz y la oscuridad, lo natural y lo sobrenatural, lo bueno y lo malo. También en lo gótico las fuerzas entran en conflicto y el discurso gótico comparte muchos símbolos de este conflicto con el melodrama: malos y víctimas, ataques y fugas. Pero si el ritual del melodrama supone la confrontación de unos antagonistas claramente identificados y la expulsión de los malos, en la literatura gótica esta expulsión resulta imposible. El mal no puede ser controlado. El mundo gótico es un mundo de disturbios y violencia, que rechaza los esfuerzos del melodrama por ordenar la realidad en categorías morales tranquilizadores (*Rewriting* 192). Lo gótico, escribe Abigail Lee Six, "taps into the 'dark imagination,' which [...] is born of the absence of boundaries, of insecurity, which produces fear, of a sense of danger which, unconsciously, requires the elaboration of fantasies [...] in order to survive" (17). El discurso gótico (discurso por otra parte sospechoso por su poder de despertar emociones en las mujeres [Tenreiro 138]), le provee pues a Pardo Bazán de un instrumento poderoso para socavar una visión del mundo que le resulta a la escritora demasiado simplista.

Como ilustración se puede aducir la muerte de Martín al final de la obra. El culpable recibe su castigo, pero este castigo se produce a instigación de su esposa Anita. Es la propia mujer del asesino que incita a Santiago a matar a Martín. Como consecuencia, el mayordomo debe vivir con el mismo remordimiento de haber matado a un ser querido que atormentaba tanto a su amo. Similar es el conflicto de Anita, que le había rogado a Santiago que evite que Martín se rindiera, pero que se da cuenta demasiado tarde que su propia motivación se debía al mismo fanatismo de conocer la verdad que le había llevado a Martín a matar a Irene. Así se cierra un círculo en el que el crimen final, la muerte de Martín, es en cierto sentido una repetición del crimen inicial, la muerte cometida por éste (Bretz 44). Cuando, en las líneas finales de la obra, Anita confiesa su complicidad en la muerte de Martín, queda claro que la simplificación melodramática entre "buenos" y "malos" no se puede mantener.

El género gótico, con su mezcla de fantasía, crueldad y horror, es en muchos aspectos significativos un género femenino porque tiene la potencia de comunicar efectivamente unas preocupaciones que tocaron a la mujer, tales como el machismo, el abuso del poder patriarcal, la doble moral, la violencia de género con sus resulta-

Capítulo tres

dos nefastos (Pérez 148, Pallejá-López). Son defectos todos, que amenazan el bienestar de la mujer, de la familia, y por extensión el de la nación. El discurso gótico femenino, que se infiltra en la literatura española indirectamente desde Francia, es un discurso subversivo que surgió en la sociedad inglesa victoriana, "como modo de denunciar el poder opresor de la familia en un momento histórico en el que la unidad familiar se impone como institución nuclear" (Ellis en Estrada 83). Este discurso gótico femenino es quizás la forma que mejor les haya permitido a las mujeres escritoras explorar unos miedos profundamente arraigados, tales como la falta de poder de la mujer y su encarcelamiento dentro del patriarcado (Wallace 57).

Muchas tramas góticas femeninas se basan en el palimpsesto de "Barba Azul," un cuento de hadas publicado por Charles Perrault en 1697 en el que una mujer descubre que su marido oculta en su mansión a su esposa anterior cuyo espectro parece retornar. Son historias ominosas, porque se ocupan de algo al mismo tiempo extraño y familiar, pero también son historias de una curiosidad transgresora, de un deseo de conocimiento (sexual) femenino. La heroína de este tipo de tramas suele enamorarse de un hombre atractivo y despreciable a la vez, por lo que siente al mismo tiempo deseo y terror porque sospecha que se haya deshecho de su predecesora y podría hacer lo mismo con ella (Wallace 57–62). También en *Verdad* Anita siente curiosidad por explorar lo que ha pasado con su hermana que en muchos aspectos había sido como una madre para ella. Anita busca distanciarse de esta figura materna y formar una identidad separada al intentar establecer una relación con su marido que no sea una mera repetición de la relación que éste tuvo con su hermana. El discurso gótico tiene además un marcado carácter visual, que atrae a los espectadores hacia la representación de la que son testigos como *voyeurs* (Wolstenholme 6). Al recurrir a la trama gótica ominosa, la dramaturga juega con las expectativas de su público, poniendo en escena la que Tsvetan Todorov ha llamado la oscilación entre unos acontecimientos con explicación natural y supranatural (*Fantastic* 33). Si bien no hay ningún suceso en *Verdad* que no se pueda explicar racionalmente, se produce sin embargo un efecto sumamente siniestro. La oscilación de la que habla Todorov sirve para animar al espectador/lector a hacer una pausa y reflexionar sobre el destino de las mujeres que han perdido sus vidas y sobre las condiciones opresivas que han causado sus muertes violentas (Scoular 446).

No es de ninguna manera gratuita que Pardo Bazán ubique *Verdad* en la geografía gallega, a orillas del río Miño, y no en el ambiente confortable de los salones y dormitorios de la burguesía que conocemos de los melodramas de Echegaray.[21] La obra critica no sólo la situación de la España actual, sino también la de Galicia. Galicia fue una preocupación constante en la obra de Pardo Bazán y recordamos que *Verdad* fue dedicado "[a] la Sociedad Reunión de los Artesanos de la Coruña, testimonio de cariño y reconocimiento" (*TC* 103).[22] No es una Galicia bonita y alegre que se representa en la obra. El escenario gótico y poco familiar de *Verdad* crea un ambiente de misterio y miedo, y el Pazo aislado y en ruina es un edificio de mal agüero.[23] Es un símbolo del mal, un *locus* donde los personajes femeninos se sienten aterrorizados. Como precisa Jack Morgan: "[i]n the gothic framework, deteriorating space speaks emphatically of organic deterioration in general [...] Images expressive of the dissolution of architecture, infrastructure, and spatial ordering, resonate in our psychophysical imaginations, eliciting a sense of a generally dissolving integrity, an objectified schizophrenia" (en Lee Six 48).[24] Al igual que en muchas otras historias góticas, en *Verdad* la imagen de la casa como santuario, como espacio donde los habitantes viven protegidos, viene violada.[25] Esta imagen se refiere no sólo al estado español después del Desastre, sino también a Galicia. En las naciones sin estado, escribe Bhabha, la casa se representa frecuentemente como un espacio poco hospitalario (*Location* 9). No es un espacio acogedor y protector para sus habitantes, sino un lugar de violencia y encarcelamiento que limita sus deseos (Barreto 23).[26]

El Pazo, en *Verdad*, es una casa de la que nadie puede escapar y donde abundan los misteriosos secretos. La criada Juana habla del miedo, que tiene "muchísimo, aun no bien anochece. ¡Esas bodegas tan oscuras! ¡Esas cubas tan enormes! ¡Parece que detrás hay cosas del otro mundo!" (*TC* 128; II.3). También Anita percibe el aura de misterio que envuelve la casa: "No percibes tú, hasta en el ruido del viento cuando mueve las ramas de los árboles, cláusulas misteriosas? ¿No hay sombras a nuestro alrededor? ¿No nos envuelven nieblas y vapores que suben del río?" (*TC* 145; III.2).

Capítulo tres

Los espectros de un pasado (feudal) sin resolver continúan persiguiendo la casa y la nación tanto española como gallega. La situación del Pazo, de difícil acceso al otro lado del río, enfatiza su posición liminal. El regionalismo gallego de la época intentó encerrar la región dentro de ciertos límites, demarcando un "dentro" y un "fuera," cada uno con un centro político-cultural (Barreto 131). Pardo Bazán parece parodiar aquí el dicho de que la civilización se detiene en las aguas del Duero (Miño), con el que los españoles ridiculizaron a los gallegos (Vicetto en Pereira-Muro, *Género* 93). La autora había manifestado su miedo de que el regionalismo redujera la noción de *patria* a Galicia, una reducción que excluyera una subjetividad más universal, porque la *patria* excluyera al mundo: "la noción de *patria* llega a subvertirse, y los regionalistas de buena fe la reducen a las fronteras de su región, y aun hay quien la circunscribe a una localidad determinada" (*De mi tierra* 38). Pardo Bazán opuso a una identidad gallega encerrada y endógena, otra más cosmopolita y exógena: "la patria representa una idea más alta aun, y la patria, para los españoles todos, donde quiera que hayan nacido, desde la zona tropical hasta el apartado cabo de Finisterre, es España, inviolable en su unidad, santa en sus derechos" (40).

La ubicación del Pazo al borde del río Miño anuncia una historia de transgresión y de secretos. Irene, cuyo apellido Ourente sugiere una combinación de Ourense y Otranto (del *Castillo de Otranto* [1764], la primera novela gótica, de Horace Walpole), transgrede al cruzar el río para reunirse en secreto con Martín, y Martín al estrangular a Irene. Ribao Pereira ha señalado la presencia de toda una serie de símbolos mitológicos para reforzar la comparación entre el río Miño y el Estigia, el río en el Inframundo griego, el Hades, por el que solían transportarse las almas de los muertos ("Referencias mitológicas" 629–32). También podemos interpretar el transporte por el río como una representación del Desastre con las pérdidas coloniales y la repatriación de los restos mortales de los miles de soldados fallecidos en la guerra de Cuba.

No es sorprendente que en este ambiente lúgubre—comparado por Irene con "una decoración de ópera" (*TC* 118; I.6)—tiene lugar un asesinato horroroso cuya representación describe Pardo Bazán minuciosamente en una larga acotación:

> La echa las manos a la garganta. Luchan y van retrocediendo hacia el balcón, haciendo caer algún mueble, a fin de que se

Violencia, perversidad y horror

> adivine el trágico desenlace de la escena, que termina en el balcón mismo. Irene, al principio, exhala gritos sofocados; después calla, y Martín entonces la suelta, cayendo ella al suelo, y quedando la mitad de su cuerpo en el balcón, fuera la otra mitad. (*TC* 119; I.6)

El que la escena surtió gran efecto en el público consta en las reseñas del estreno de la obra. En una de estas reseñas escribe Manuel Bueno: "El acto primero produjo verdadero estupor en el público, dicho sea con toda verdad. La muerte de Irene levantó un murmullo de reproche en el ilustre senado, y al concluir la representación se oyó el golpe seco de la cortina al chocar sobre el tablado sin que ni una palmada alterase la adustez del auditorio" (2).

El juego con los dobles es otro de los recursos góticos que emplea la autora, y que le permite enfatizar escénicamente la naturaleza dual de los personajes; bajo la superficie de las apariencias se esconden unas profundidades secretas. Es bien sabido que Freud considera a los dobles como uno de los fenómenos de lo ominoso, por lo cual el vienés entiende algo que es al mismo tiempo familiar y extraño (Freud, *The Uncanny* 142). Para Jack Halberstam, los dobles y monstruos decimonónicos entran en la ficción como "a symptomatic moment in which boundaries between good and evil, health and perversity, crime and punishment [...] inside and outside dissolve and threaten the integrity of the narrative itself" (2). Ya hemos visto que Martín viene desdoblado por su "hermano" y colega asesino Sangre Negra, con el que se identifica. La macabra empatía que el señorito muestra por el malhechor, sugiere la presencia de un lado oscuro, desconocido y secreto en la personalidad de Martín, quien así lo reconoce: "Dentro de mí había un ser que yo ignoraba, y ese fue el que asesinó" (*TC* 157; IV.1).

Sumamente fascinante es la representación de las hermanas Irene y Anita, ya que ésta última por el gran parecido físico, parece ser la reencarnación de su hermana mayor. Si bien a primera vista Irene parece la *femme fatale* transgresora y Anita la mujer virtuosa, las creaciones femeninas de Pardo Bazán eluden cualquier reducción. Recordemos que una misma actriz debía encargarse de ambos papeles, algo que provee a los dos personajes femeninos del mismo cuerpo, y de la misma voz, y que produce un evidente contagio en los rasgos distintivos de las dos mujeres. Ambas mujeres representan una identidad compleja y ambigua, y ninguna de las dos es enteramente inocente. Son los exponentes de

Capítulo tres

unas subjetividades femeninas cambiantes y la "incorporación" de Irene por Anita sugiere la falta de control del cuerpo femenino por parte de los hombres. Contrariamente a las víctimas tradicionales y pasivas del melodrama, las heroínas góticas son unos personajes aventureros e investigadores.

Pardo Bazán construye a Irene como una mujer madura que sabe exactamente lo que está haciendo, y que se empeña en "saltar sola" (*TC* 110; I.5).[27] La vizcondesa de Barcelos es como la Augusta galdosiana el producto de las circunstancias. No es una buena esposa ni es madre (aunque sí tiene sentimientos maternales por su hermana menor). Es porque le falta el amor de su marido, quien la "tenía como se tiene un mueble hermoso" (*TC* 147; III.2), que Irene recurre al adulterio y las relaciones amorosas libres. Como sintetiza su hermana Anita: "Irene no era mala ... La sociedad la indujo a ligerezas ... Su marido no supo infundirla ni respeto ni amor ..." (*TC* 146; III.2). Irene es una mujer cosmopolita de una gran voluntad, y es significativo que viva en Lisboa. Elizabeth Ordóñez precisa que Pardo Bazán en su *Por la Europa católica* (1902) identifica el proyecto portugués de revitalización nacional con la libertad de las habitantes femeninas de su capital. Las portuguesas (tal y como su país—y a diferencia de España) han evolucionado desde una reclusión oriental hacia una participación más completa en una comunidad más abierta ("Mapping" 21). Vista de esta manera, la ubicación del drama en la frontera española-portuguesa, y la comparación del Miño con el Estigia, resulta nada gratuita.

Anita, la hermana menor de Irene, parece ser una esposa y madre ideal, cuyo mundo viene destruido por el secreto de su marido. El cambio de humores y la imprevisibilidad de éste, generan en la mujer una transformación en cómo percibe a su esposo. Le surge el miedo que los secretos del pasado de su marido, se relacionen con la presencia de otra mujer, y quizás con su hermana desaparecida cuyo nombre ha caído en desgracia. Al mismo tiempo, el gran parecido físico de Anita con Irene implica que también Anita pudiera correr peligro en la presencia de su marido asesino. En el curso de la obra, no obstante, queda claro que Pardo Bazán ha intentado confundirnos al categorizar incorrectamente a Anita como esposa inocente. Ha sido Anita la que ha ideado la boda con Martín (*TC* 143; III.2) y Nieva sugiere que el secreto mismo ha tenido mucho que ver en la atracción morbosa y sexual de la mujer por el esposo criminal (193).

Nieva ha bien visto que en su uso de las convenciones góticas, Pardo Bazán se aproxima mucho a los filmes *noir* del cine de Hollywood de los años cuarenta (191).[28] Las narraciones escenificadas en estas películas, escribe Helen Hanson en *Hollywood Heroines: Women in Film Noir and the Female Gothic*, pasan por cuatro etapas: después del romance vienen el recelo, la investigación y el descubrimiento (56). Una vez desconfiada, la joven esposa Anita no para en sus esfuerzos de averiguar la suerte que ha corrido su hermana. Pero cuando su marido confiesa haber asesinado a su hermana, la mujer se niega, al igual que tantas otras mujeres, a aceptar las consecuencias: "Esa verdad, no" (*TC* 156; IV.1). Este rechazo le convertirá luego en cómplice de otra muerte, la de su esposo. Es bien sabido que muchas mujeres maltratadas protegen a su pareja. Anita incluso da la vuelta a todo argumento razonable: "La prueba de que no me quieres es que a mí ... a mí ... no me matarías" (*TC* 158; IV.1). Al instigar la muerte de Martín, Anita no sólo libera a su marido sino que venga a su propia *hermana*. Es como si el espectro de la muerta se hubiera levantado de la tumba para vengarse.

En buena vena melodramática, el malo de la obra queda condenado al final de la obra. Pero Pardo Bazán le da a Martín también otro castigo, cuando le hace perder gradualmente sus facultades mentales. En la literatura gótica suele ser la heroína quien se vuelve loca, porque se encuentra encerrada en una casa donde no tiene ningún poder. En *Verdad* Pardo Bazán subvierte esta tradición con la alienación del protagonista masculino. Martín vive en una dimensión onírica rayana en una pesadilla, ya que ha perdido el control en el Pazo donde su criado determina todo. Las últimas décadas del siglo XIX vieron la preocupación por unas nociones cambiantes de masculinidad y feminidad y si el maniqueísmo del melodrama le permite a Pardo Bazán mostrar que todos los hombres son unos malvados que se protegen mutuamente, la tradición gótica le sirve para insistir en la fragilidad de la masculinidad tradicional. Cyndy Hendershot, autora de *The Animal Within*, nota acertadamente al respecto: "The Gothic is preoccupied with the precarious alignment of the whole male subject and the fragile, individual men who attempt to represent *the* male subject ... The Gothic continually reveals the gulf between the actual male subject and the myth of masculinity" (4). Después de matar a Irene, Martín deambula por la escena describiendo un movimiento asociado a las heroínas románticas, que sufren con pasividad las consecuencias de actos ajenos, y en el que se manifiesta su incapacidad de decisión y falta de libre albedrío.[29] Se encuentra en un estado de lo que Luce Irigaray, aludiendo a la exclusión de las mujeres del orden simbólico, ha llamado de "derelicción" y que hace que las mujeres se encuentren perdidas en el aire como espectros (72). En la obra Martín es calificado como "un perturbado" (*TC* 158; IV.1) que "no queda muy sano de la cabeza" (*TC* 160; IV.3) y que "ha loqueado" (*TC* 160; IV.3). Bhabha por su parte nos ayuda a entender la locura de Martín en relación a la situación de Galicia: debemos leer los ataques de nervios de los personajes en la literatura gallega como síntomas, no de su inestabilidad mental o individual, sino del espacio inestable en el que viven y donde no pueden desarrollar una identidad equilibrada (*Location* 137).

Es por alienación y no por presión social, como en el caso del melodrama, que Martín siente la urgencia de confesarse. La introspección del protagonista y su afán de revelar su acto monstruoso establece un vínculo entre *Verdad* y un cuento de Edgar Allan Poe, "The Imp of the Perverse" (1850). En el cuento de Poe, un asesino siente varios años después de haber cometido un delito el impulso de confesar su crimen, determinando así su propia ejecución, porque como escribe Arthur Brown, la historia de la confesión de un matador nos da dos muertes: la de la víctima y la de su asesino (132). El personaje de Poe sólo puede achacar su acción al espíritu de lo perverso. El término "perverso" es utilizado por el narrador "sin comprender el principio" y significa la existencia de lo incomprensible, la falta de sentido, lo irrazonable, que se revela en las acciones humanas (Brown 198). En *Verdad* Anita insiste en las motivaciones perversas de Martín al preguntarle: ¿Por qué *perverso* cálculo te casaste conmigo? (*TC* 157; IV.1, la cursiva es mía) y al sugerir que Martín cultivaba "no sé qué *perversa* ilusión" (*TC* 157; IV.1, la cursiva es mía) porque su rostro era parecido al de su hermana. "The Imp of the Perverse" es un cuento sobre lo que no puede o no debe ser contado, como los asesinatos de mujeres y la "desgracia" de Irene, "aquella cosa ... que no tiene nombre" (*TC* 155; IV.1).[30]

Violencia, perversidad y horror

Al igual que Poe, que era extremadamente perspicaz a la hora de considerar la mente asesina, Pardo Bazán manifestó durante varios años gran interés por la criminalidad y por la ficción policíaca. Así lo prueban la veintena de narraciones policíacas que nos lega y las numerosas páginas que rellenó en revistas como *La Ilustración Artística* y *La España moderna* sobre el tema. Aunque en *Verdad* la índole del crimen como lacra social y no como proceso de descubrimiento o rompecabezas nos aleja obviamente de la narrativa policiaca propiamente dicha, el interés de la autora por los autores de crímenes contra las mujeres resulta evidente.

En *La nueva cuestión palpitante* Pardo Bazán rechaza la noción del criminal nato propuesta por Lombroso y Nordau (*Cuestión palpitante* 402), y expresa una fascinación creciente con las fuerzas externas (tales como el orgullo ofendido) capaces de producir un comportamiento que se aparta de la norma. En marzo de 1885, la autora había leído *Crimen y castigo* de Dostoievski y se manifestó profundamente impresionada con el retrato psicológico de este "hombre que parecía normal" y cuya actuación fue dirigida por unos impulsos asesinos (Cate-Arries 207). "Todos los conflictos del alma humana se resumen en el pecado y el arrepentimiento," observará Pardo Bazán algunos años más tarde en *La literatura francesa moderna* (III, 204). Y en *La revolución y la novela en Rusia* (1887) escribe: "Horroriza que aquellos sentimientos tan bien estudiados sean humanos y todos los llevamos ocultos en algún rincón obscuro del alma" (374). En la novela de Dostoievski, Pardo Bazán ve confirmada la noción que nadie es inocente, y por cierto no lo son los miembros masculinos de la sociedad. "Somos malos *todos los hombres*" pone en boca de Martín (*TC* 134; II.7, la cursiva es mía). Pero lo que la autora más admira en Dostoievski es su magistral manipulación de los absolutos morales (Cate-Arries 208). Pardo Bazán cuestionará consistentemente las nociones convencionales del bien y del mal, la criminalidad y el comportamiento tolerado socialmente, como en nuestro caso los crímenes de pasión.[31] Las acciones de los mayores criminales, escribe, no se diferencian tanto de las del hombre normal: "gran parte de los crímenes los comete la gente de bien" ("Más clínica." *De siglo* 238). Y esto implica obviamente que los hombres aparentemente más normales pueden hacerse culpables de los más crueles asesinatos de mujeres.

Capítulo tres

Es también por su introspección que Martín, al igual que el Orozco galdosiano, se aleja del tipo melodramático. Pardo Bazán provee a su protagonista de un toque humano, un aspecto de "hombre normal," que viene acosado por un conflicto interno. El dilema de Martín es que vive en su pasado sin remedio, algo que le impide mirar al futuro, tal y como sugiere su afirmación: "parece que se suprime la distancia, que el tiempo retrocede, *que lo presente es lo pasado*, y que seis años transcurridos tienen la duración de un minuto" (*TC* 131; II.5, la cursiva es mía). Esta retro e introspección de Martín aproximan *Verdad* al teatro de Ibsen, quien introdujo al escenario la técnica del autoanálisis y la noción que el pasado forma parte del presente (Gregersen 13). Ibsen era conocido en España a partir de la década de las noventa del siglo XIX, cuando se traducen y publican *Casa de muñecas* y *Espectros*, obras que entre 1892 y 1893 se estrenan en los escenarios de Barcelona y Madrid. En la temporada 1905–06, el dramaturgo estaba en la cumbre de su popularidad en Europa (Gregersen 69), y su teatro puede considerarse como modelo de referencia obligatorio para la renovación del arte escénico español.[32]

Ibsen presenta en sus obras no una intricada acumulación de sucesos, sino el dilema interior del individuo que queda confrontado con el problema de vivir con la mentira o afrentar la verdad. El dramaturgo centra su atención en las relaciones personales de los miembros de la sociedad e intenta desvelar sus mentiras. Suprimiendo toda forma de catarsis o de lecciones morales, presenta en sus obras unas verdades que distan mucho de ser agradables y que deben incitar al público a la reflexión. Es su propósito exponer las muchas decepciones de la sociedad y mostrar a ésta como profundamente amoral en su pensamiento y acciones.[33]

Es un lugar común entre la crítica afirmar que todas las obras del dramaturgo noruego podrían ser llamadas *Espectros*, porque en sus piezas teatrales las imágenes de los muertos siguen influenciando a los vivientes, y las del pasado irrumpen inesperadamente en el presente. Los espectadores tienen la ominosa pero inescapable impresión que están viendo lo que ya han visto antes (Carlson 1). Al igual que los héroes ibsenianos, Martín vive atormentado por las fantasmas del pasado. Poco a poco la lucha interior con las fuerzas oscuras empieza a sofocarle (de ahí las numerosas alusiones al cuello, pescuezo, gorgolla …), y quiere asumir la responsabilidad

Violencia, perversidad y horror

por sus fechorías y afrentar la amarga realidad, incluso si significa sacrificar a todos los personajes en su entorno: "Es tarde. Se ha despertado mi conciencia. La conciencia despierta pide ración de carne y sangre ... Yo quiero acusarme de mi crimen" (*TC* 162; IV. 5). Esta conciencia despierta es obviamente también una alusión a la sociedad española después del Desastre del 98 (como se desprende del artículo "Asfixia" que Pardo Bazán publica en abril de 1899 ["Asfixia." *De siglo* 162–67]).

Pardo Bazán, aspirando como los miembros de la Generación del 98 a la revitalización nacional, nos presenta en *Verdad* una sociedad inmoral basada en la mentira y la autodecepción, en la que los varones desempeñan un papel poco lucido. Es una sociedad violenta y machista, enfocada hacia el pasado y basada en ideas calderonianas de honor y venganza, que no quiere asumir los cambios que implica la edad moderna. El programa de regeneración nacional de Pardo Bazán consiste en superar tanto la idealización del pasado como el derrotismo paralizador (Pereira-Muro, *Género* 113). Para la autora, la modernidad no puede establecerse sin destruir inevitablemente el mundo tradicional, ni tampoco sin saldar cuentas con algunos de los más persistentes fantasmas del pasado.

La verdad que la obra pretende presentar a los espectadores resulta muy poco agradable, más bien penosa. Es por algo que en la pieza se la compara con un veneno activo. La verdad mata. Mata a las mujeres, en unos crímenes repugnantes, cuyos autores quedan en muchos casos sin castigo porque se esconden detrás del marbete de "crímenes pasionales" y porque pueden contar con la protección de todos los miembros masculinos de la sociedad. Para hacer comprender esa falsa moral en la que vive anclada la nación, especialmente con respecto a la mujer, y para hacer sentir las atrocidades del feminicidio a sus espectadores, Pardo Bazán procede al reciclaje consciente y calculado de materiales bien conocidos—géneros, actores—que combina de manera inteligente y eficaz con formas nuevas. De esta manera la dramaturga castiga el gusto de su público por un fácil escapismo y su complacencia con una visión del mundo basada en la negación.

Al atacar la España calderoniana defendida vehementemente por Menéndez Pelayo y los suyos durante el bicentenario del dramaturgo en 1881, Pardo Bazán hace gala de la curiosidad

Capítulo tres

intelectual femenina y el atrevimiento de una heroína gótica que, en uno de esos fantásticos inventos o novelas descabelladas, sabe subvertir el poder del patriarcado para asumir ella misma el control. Estableciendo una identidad única, diferente de todas sus predecesoras, revela ser una "mujer de indisputable talento y de mucha ciencia" y de cultura cosmopolita. Ya se lo temía Menéndez Pelayo a quien la autora le pareció "algo demasiadamente *bas-bleu*" (en González Herrán, "Emilia Pardo Bazán en el epistolario"). Combinando una serie de formas teatrales y literarias importadas del extranjero, la autora produce una obra que hace sentir y pensar. Sentir, porque mantiene cierto efectismo del melodrama, y pensar, porque la combinación con otros géneros (a veces también horrorosos como el discurso gótico) resalta la artificialidad del melodrama, cuya ilusión de un mundo justo y protegido la autora pretende destruir. Pardo Bazán retoma del teatro de Ibsen la técnica del autoanálisis y la noción que el pasado forma parte del presente. Porque si el pasado forma parte del presente, el presente contiene el germen para el porvenir, para la regeneración de la sociedad.

La otra verdad que Pardo Bazán quiere comunicar a sus espectadores tiene que ver con Galicia. *Verdad* hace públicos los dramas privados y familiares de la vida gallega. Es una obra poco confortable para el público, y no sólo por la violencia y los sangrientos actos de misoginia que contiene, sino también porque manifiesta la ausencia de una colectividad gallega unificada y harmoniosa y porque muestra el retraso de la región donde lo ominoso resulta inminente. En esta pieza cruel, en la que un criado mata hasta su propia madre, las relaciones entre familiares y amantes invierten la imagen de la familia que circulaba como la norma burguesa en la literatura nacional. *Verdad* es lo que Bhabha llama un "unhomely fiction" que vincula "the traumatic ambivalences of a personal psychic history to the wider disjunctions of political existence" (*Location* 11). La casa gótica que esconde cadáveres en el sótano y es frecuentada por los espectros del pasado, puede ser leída como un síntoma de una tensión social y cultural subyacente (Barreto 186), y como representación de una identidad gallega (y por extensión española) encerrada y endógena que Pardo Bazán desaprueba fuertemente, porque la autora favorecía una manera cosmopolita de ser gallego (y por extensión español) en el mundo.[34] O como exclama en *Por la Europa católica*: "¡Europeicémonos!"

Capítulo cuatro

Cuesta abajo (1906) y el problema de España

Cuando, a principios del siglo XX, Pardo Bazán sigue conscientemente los pasos de sus colegas novelistas de la generación realista en un esfuerzo de consagrarse como escritora dramática y renovar la languidecente escena española, la autora (que ya tuvo que aceptar el carácter masculino de la literatura nacional) debe de nuevo ganarse un lugar en otro mundo masculino, el del teatro. La sociedad, entre tanto, ha cambiado considerablemente. Después del Desastre y la consecuente humillación de 1898, han surgido grietas en la noción patriarcal de la nación. El concepto de la misma como exclusivamente masculina, le resulta a la incipiente dramaturga ahora totalmente insostenible. La pérdida de las colonias ha desenmascarado a los hombres y es tiempo para un reajuste en el papel que tienen los dos sexos en el proceso de (re)construcción nacional. Se necesitan nuevas propuestas capaces de inspirar a las futuras generaciones de españoles, propuestas que—contrariamente a las de la así llamada Generación del 98— reflejen los cambiantes roles de género sexual y los avances en la educación de la mujer. Una de estas propuestas es el drama *Cuesta abajo* (1906) que se examinará en el presente capítulo.

Visto la mayor concienciación feminista que se ha producido en la autora no es de sorprender que las obras teatrales de Pardo Bazán se centren en una mayor presencia e intensidad de la participación femenina, tanto en el escenario como en la sociedad (Thion Soriano-Mollá, "Las mujeres"). Paula Castañar en *El vestido de boda*, Ña Bárbara en *La suerte*, Irene y Anita en *Verdad*, son todas ellas mujeres fuertes que no aceptan las restricciones que el patriarcado intenta poner a su existencia. Y lo mismo vale para la protagonista de *Cuesta abajo*, drama cuya trama se centra en la visita que una vieja matriarca gallega, después de una ausencia de cuatro años, rinde a sus hijos en Madrid para descubrir allí una

Capítulo cuatro

acumulación desastrosa de problemas familiares. Más que representar simplemente el conflicto entre hidalguía y burguesía, tradición y modernidad, campo y ciudad, *Cuesta abajo* escenifica, como ha bien visto John Wilcox, el "problema de España" que cubrió tanto relieve en el cambio de siglo (553). Y como era de esperar, para Pardo Bazán los responsables de este problema español son ante todo los varones.

En *Cuesta abajo*, la degeneración de la nación y la pérdida de sus posesiones se ponen en escena al mostrar la decadencia de la familia de Castro Real, nombre simbólico en el que encontramos la conocida metáfora de la familia como sucedánea de la nación. Los Castro Real, hidalgos terratenientes gallegos, son una estirpe ilustrísima de rancio abolengo, pero que se encuentra arruinada por la indolencia, la irresponsabilidad, los vicios y la ausencia de conciencia histórica de sus miembros masculinos, todos completamente disfuncionales. El hijo de la Condesa viuda, el Conde Felipe, no sólo ha contaminado el linaje familiar con sangre burguesa al casarse en segundas nupcias con una mujer sin nombre aristocrático, sino que también ha llevado a su familia a la bancarrota, dilapidando tanto su fortuna íntegra como la dote de su esposa con sus inversiones especulativas, su afición al juego, y su estela de amantes caprichosas. El heredero Javier, tan vividor y derrochador como su padre, e incapaz de valorar nada profundo, roba literalmente las joyas de su abuela—último vestigio de la riqueza familiar—, para regalarlas a una cortesana francesa a fin de quitársela a su propio padre. En oposición a estos varones mimados, egoístas y decadentes, *Cuesta abajo* localiza la fuerza interior y el potencial de regeneración de la estirpe y de la nación en la línea femenina, es decir, en la Condesa viuda de Castro Real, su nuera Gerarda (la segunda esposa del Conde) y su nieta Celina.[1]

Como las obras teatrales previamente analizadas en este estudio, *Cuesta abajo* es una de las escasas intervenciones femeninas en el por aquel entonces tan apasionado debate sobre la nación (Hooper, "Death" 171). Con su obra, Pardo Bazán se arrima al proyecto intelectual de los miembros de la Generación de 1898. Ya hemos visto que en el cambio de siglo, la producción cultural de la autora servía, en las palabras de González Herrán, como vehículo para "reflexiones acerca de esa crisis que sintetizamos en el [*D*]*esastre* de 98" y propuestas hacia la revitalización del país ("Emilia Pardo Bazán ante el 98" 140). En una conferencia que

Pardo Bazán ofrece en 1899 en París bajo el título *La España de ayer y la de hoy*, la autora critica vehementemente la marcha de la sociedad española, empleando frases altamente significativas tales como "el monstruoso fenómeno de una nación convertida en estatua" en la cual "solo están vivos los muertos" (*La España* 68, 85). Los intelectuales noventayochistas se preocuparon por la identidad nacional y reexaminaron la relación entre pasado y presente para (re)construir una narración viable de la historia española. Pardo Bazán, que ante la pérdida de los últimos vestigios del imperio español tiene una reacción emocionada idéntica a la de sus colegas noventayochistas (J. Krauel), comparte este interés, si bien que sus propuestas divergen claramente de las de sus colegas. *Cuesta abajo* puede considerarse como la ilustración teatral de su conferencia parisiense.

Pardo Bazán, como otras tantas escritoras modernistas cuya producción ha sido analizada por Roberta Johnson (*Gender*), resiste en *Cuesta abajo* la obsesión con el pasado que caracteriza la obra de Unamuno, Martínez Ruiz, Baroja y otros escritores coetáneos. La dramaturga representa a una España contemporánea que lucha por librarse de las restricciones tradicionales (muchas de las cuales se imponen a las mujeres), y se imagina un futuro en el que nuevas configuraciones sociales sean posibles. En vez de dar la espalda a la modernidad, Pardo Bazán la recibe con los brazos abiertos. La autora aplaude los cambiantes roles de género sexual y las nuevas promesas de educación que promete la sociedad moderna. Frente a la a-historicidad de los noventayochistas, la dramaturga plantea el "problema de España" en términos históricos y económicos. Al mito hegemónico de una Castilla ancestral, donde las mujeres carecen de agencia, individualidad y voz, la autora opone su Galicia natal, donde mujeres de diferentes generaciones y clases sociales pueden vivir en una comunidad (matriarcal) en la que sus intereses y fuerzas se fusionan explícitamente. Pardo Bazán subvierte la metáfora intrahistórica unamuniana del océano asociada con las mujeres y lo maternal (y la del mar azoriniano que va asociado al infinito femenino) en una serie de imágenes acuáticas que todas ellas apuntan a los hombres como los culpables del naufragio nacional.

Pardo Bazán, que adopta en *Cuesta abajo* una destacada perspectiva de género y que enfatiza donde pueda el papel que desempeñan las mujeres en la nación y su devenir histórico, de

Capítulo cuatro

ninguna manera podía aceptar la que Johnson ha llamado muy conservadora "agenda doméstica" de los noventayochistas—generación tan androcéntrica como la anterior de 1868 ("Domestic Agenda" 239; *Gender* 11). Las ideas feministas de Pardo Bazán chocaron vehementemente con la muy generalizada división noventayochista entre el hombre como defensor activo de la nación y la mujer como repositorio pasivo del indómito espíritu español (Hooper, "Death" 176). La autora vio en este reparto una perpetuación de la doble moral en la que vivía anclada la sociedad así como un intento de marginalizar de ella a las mujeres, y no vaciló en proponer una alternativa centrada en la mujer.

Como explica Alda Blanco, el cambio de siglo vio el reciclaje del concepto de "lo castizo" para reconstruir el sentido tradicional de la identidad nacional ("Gender" 125). Sebastian Balfour señala que numerosos intelectuales finiseculares de procedencia pequeña-burguesa, frustrados ante la turbulencia de los tiempos y huyendo de los problemas de la modernidad, buscaron una identidad nacional en un paisaje emocional invariable, una arcadia rural, donde reinaba la harmonía social (89). Así es que Miguel de Unamuno, que pretendió separarse de la ideología castiza tradicional porque ésta conduciría a España al Desastre de 1898, forja en *En torno al casticismo*, el concepto de "intrahistoria" por lo que el filósofo entiende una "tradición eterna" simbolizada en Castilla y en el pueblo. En su búsqueda de la esencia nacional, el filósofo reconcilia las nociones contradictorias de cambio y continuidad en la imagen del océano en la que la superficie tumultuosa ("lo que pasa") contrasta con las honduras del mar ("lo que queda") (Labanyi, "Nation" 141). Si la historia con sus batallas, victorias y derrotas, —"lo que pasa"—es el dominio de los varones, en la intrahistoria—"lo que queda"—son las mujeres las que sirven con frecuencia como el alma subterránea y pacífica de la nación. La alianza entre la mujer y la tierra se muestra en "[l]a oscura y silenciosa labor cotidiana y eterna, esa labor que, como la de las madréporas suboceánicas, echa las bases sobre las que se alzan los islotes de la historia" (Unamuno, *En torno* 145). Esta visión unamuniana, que elide el presente y pasado y vincula a las mujeres con una tradición eterna, oscurece obviamente la realidad de principios de siglo cuando las mujeres empiezan a desempeñar papeles cada vez más visibles en la vida pública nacional (Johnson, *Gender* 31, 44).

El proyecto noventayochista es en muchos aspectos un regreso a la aldea (Rabaté 77). Y efectivamente, al final de *Cuesta abajo* Pardo Bazán coloca a la Condesa protagonista de la obra con su nuera y su nieta retiradas en las posesiones ancestrales de la familia. Es significativo, sin embargo, que Pardo Bazán—que entre tanto ha cortado por lo sano y "matado" a todos los protagonistas masculinos de la obra—sitúe esta comunidad femenina no en una Castilla estancada (lejos del mar)—ubicación preferida por los intelectuales del 98—sino en un lugar ex-céntrico, su Galicia natal (al borde del océano y caracterizada por la emigración) de la que tantas veces había defendido el poder del matriarcado.[2]

El que a Pardo Bazán la propuesta de mantenerse al margen de la modernización le resulta a la larga insostenible—para la aristocracia, para la nación, para las mujeres—consta del desenlace de la obra. La autora subvierte hábilmente los estereotípicos desenlaces que, según Rachel Blau DuPlessis, les solía esperar a los personajes femeninos: la muerte o el matrimonio (1), desenlaces que corresponden obviamente a las limitadas posibilidades para las mujeres en la vida real (Johnson, "Domestic Agenda" 248). La nieta Celina, sujeto femenino moderno y representante de la nueva generación, se niega a sufrir la simbólica muerte en vida que significa para ella el encarcelamiento en la fortaleza familiar de los Castro Real. Buscará la regeneración (de sí misma, de la estirpe y de la nación) mediante el trabajo disciplinado, en este caso mediante el trabajo artístico, ya que va a Europa (Italia) para educarse. Después probará su suerte como cantante, "conquistando" nuevos escenarios y civilizando por la cultura (como en otras obras de Pardo Bazán es la mujer que se encarga de la misión civilizadora de la nación). Frente a la literatura pesimista de la Generación de 1898, *Cuesta abajo* cierra, pues, en un tono optimista y confiado en cuanto al futuro de España, en cuya nueva sociedad abierta y moderna será fundamental el papel de las mujeres. En vez de volver la mirada hacia dentro y exaltar el carácter ancestral ibérico, Pardo Bazán opta por una solución más cosmopolita y una apertura al exterior.[3]

Cuesta abajo se estrenó como "comedia dramática" en cinco actos en el Gran Teatro de Madrid, el 22 de enero de 1906, y fue protagonizada por María Álvarez Tubau, la actriz que dos años antes había interpretado con éxito a Ña Bárbara en *La suerte*.[4]

117

Capítulo cuatro

Ya en 1904 Pardo Bazán había anunciado el proyecto: "[e]l que me flota en el magín, en estado de humareda, podrá titularse *Los Castro Real* o *Cuesta abajo*" (*El Gráfico*, 25 de junio de 1904). En 1905 la pieza debe haber sido terminada porque en *El Noroeste* de Gijón se anuncia el estreno en Barcelona de *Cuesta abajo*, obra que presenta la decadencia de unos nobles "aniquilados en un ambiente cortesano" ("La Pardo Bazán en el teatro." *El Noroeste*, 2 de marzo de 1905; en Carballal Miñán 306). El estreno de la obra no tuvo lugar en Barcelona, sino en Madrid, donde el matrimonio María Tubau-Ceferino Palencia había transformado el antiguo Teatro Lírico en Gran Teatro, coliseo bello y confortable, y concurrido por la aristocracia. La pieza de Pardo Bazán se estrenó el primer lunes de moda y las localidades estaban prácticamente agotadas. La obra fue aplaudida por el público, y no fue denostada por la crítica (con algunas excepciones). Pero si bien la pieza no fracasó, tampoco obtuvo el gran éxito necesario para redimir a la autora del fracaso de *Verdad* (Carballal Miñán 308–10).

Parte de la prensa recibió la nueva obra de la incipiente dramaturga con una abierta hostilidad y varios publicistas aludieron maliciosamente al título de la pieza. Navarrete Lecanda, colaborador de *La Correspondencia Militar*, por ejemplo, anunció que "*la escritora* 'cerebro macho,' hará más que ir *cuesta abajo*" (en Carballal Miñán 310). La misma Pardo Bazán manifestó su inseguridad ante el inminente estreno en una carta a su amiga Blanca de los Ríos: "No sé, no sé cómo saldrá en ese Teatro Lírico donde todos le auguran ruina... En fin, iremos ellos y yo *Cuesta abajo*" (en Bravo Villasante, *Vida* 266). Federico de Onís, del diario salmantino *El Adelanto*, acusó explícitamente a la prensa por ser hostil a Pardo Bazán sólo por ser ella y mostrar reticencias con la obra que "aun con los defectos que pueda tener, es de todos modos infinitamente superior a la inmensa mayoría de las obras que en este año se han estrenado y han encontrado en los críticos una benevolencia a veces vergonzosa" (en Carballal Miñán 328).[5]

La crítica coetánea criticó el carácter anacrónico del tema (Laserna en *El Imparcial*, 23 de enero de 1906); el defecto de señalar los estados de ánimos de los personajes mediante monólogos (Miquis en el *Diario Universal*, 23 de enero de 1906); la mala gestión de la acción dramática (Manuel Bueno en el *Heraldo de Madrid*); la falta de consistencia de los personajes (Zeda en *La Época*, 23 de enero de 1906); la presencia del sacerdote (Arimón en *El liberal*, 23 de enero de 1906) y la ocurrencia de ofrecer una misa en el escenario (P. Caballero en *La Lectura Dominical*, 27 de enero de 1906).[6] En efecto, la obra, que respeta los parámetros de la representación realista, tiene una arquitectura dramática algo desequilibrada, con cambios bruscos en la construcción de los personajes, y no pocos ingredientes melodramáticos.

En cuanto a la crítica moderna, el juicio más favorable es el de Nieva, según el cual hay motivo para admirar en la obra "cierta habilidad de dramaturgo." Nieva señala la obvia semejanza entre *Cuesto abajo* y *El abuelo* de Pérez Galdós, estrenado dos años antes (196–97), semejanza también señalado por Teresa Prol Galiñanes.[7] Los protagonistas de ambas obras se desarrollan desde una posición inicial, en la que defienden los ideales de una hidalguía en decadencia, hasta otra más matizada, en la que aceptan que "la nobleza y el honor no vienen dados por la riqueza, sino por las acciones" (Prol Galiñanes 489). Bieder nota una aproximación técnica y temática a *Mariucha* de Pérez Galdós ("El teatro" 17). Sin embargo, las propuestas de regeneración que hacen Pérez Galdós y Pardo Bazán para revitalizar a las familias hidalgas en estas dos obras son—como también consta Bieder—radicalmente distintas: Pérez Galdós integra la nobleza con la burguesía a través del trabajo y del matrimonio de Mariucha, mientras que Pardo Bazán manda a la Condesa de Castro Real a su antigua fortaleza rural y la nieta Celina al extranjero. En ambas piezas la carga de la renovación pesa sobre los personajes femeninos, y en el caso de Pardo Bazán la mujer no tiene ningún "apoyo de un marido u otro representante de la sociedad patriarcal" (Bieder, "El teatro" 24).[8] Algo que no ha señalado la crítica moderna es el "fuego cruzado" (Johnson, *Gender* x) que se produce en *Cuesta abajo* entre Pardo Bazán y Unamuno y otros miembros de la Generación del 98.[9]

Como mayor defecto de *Cuesta abajo* los críticos y estudiosos que se han ocupado de la obra han señalado casi invariablemente sus ingredientes melodramáticos. Es que además de cierto maniqueísmo hay en *Cuesta abajo* toda una serie de golpes de efecto: hijos descarriados, robos, traiciones, duelos, arrepentimientos, perdones y muertes prematuras (López Quintáns, "Pardo Bazán y el teatro" 307). La fórmula melodramática, escribe Ríos-Font, genera obras que presentan un conflicto polarizado entre el bien y el mal, conflicto que viene personificado por unos personajes antitéticos; unos héroes y antihéroes bien delineados. Se trata de

Capítulo cuatro

una fórmula hiperbólica, caracterizada por un exceso de sentimentalismo, una forma de actuar desmedida y afectada, y el empleo de todo tipo de recursos inverosímiles, tales como las identidades secretas y las relaciones ocultas. El melodrama apoya una ideología conservadora y reconfortante, porque al final siempre se castiga a los malvados, y se restaura el orden (*Rewriting* 9–49).

Ningún crítico, que yo sepa, se ha mostrado sorprendido sobre la presencia de estos ingredientes melodramáticos en la obra de una autora que no sólo fue una gran conocedora de la escena contemporánea (como consta en sus numerosas críticas y reseñas), sino que se consideraba a sí misma una "renovadora" de la escena española y cuyo gran ejemplo era Pérez Galdós en su deseo de alejar precisamente la producción teatral del paradigma echegariano. El melodrama, en el cual las mujeres carecen de toda agencia, no parece de ninguna manera el género más indicado para una dramaturga feminista. Estoy por ende convencida de que Pardo Bazán recurrió ex profeso a los moldes del melodrama, no para seguirlos fielmente sino para manipularlos; en primer lugar para representar la sociedad española como espectáculo altamente melodramático y en segundo lugar para subvertir hábilmente en su obra el componente genérico de la fórmula melodramática, a fin de inscribir en ella a la mujer como sujeto activo en la cultura nacional.

Cuesta abajo tiene un marcado carácter metaficticio y en la obra no escasean las alusiones a otros géneros literarios y sobre todo dramáticos (Zatlin). Como veremos más adelante, estas alusiones han sido plenamente intencionadas por la autora que quería evidenciar la naturaleza fabricada de su tejido literario. Cuando Celina afirma durante una discusión de sobremesa que "el teatro es ficción, mientras las cosas de la vida son verdad," el político Ramírez Duarte replica "Según, … en la vida, la verdad anda más revuelta con la mentira que en ningún teatro" … "La vida también es farsa y comedia, y no sabemos el desenlace, mientras los actores lo saben perfectamente" (*TC* 202; II.4). "La fuerza dramática de la vida," añade Ramírez Duarte, es que "no estamos enterados de nuestro propio papel" (*TC* 202; II.4), observación que recibe la aprobación de todos los personajes presentes:

> Condesa: Tiene razón el señor Duarte, los verdaderos dramas, en la vida.

Gerarda: En la vida, las bajezas, las villanías, las fatalidades que empujan al abismo.
Celina: En la vida, las víctimas sin culpa, la desgracia que recae sobre quien no la merece.
Conde: En la vida, las traiciones del más llegado, las miserias de las venganzas que pierden a todos.
Javier: En la vida, las situaciones desesperadas, en las cuales se siente vértigo, y no se repara en nadie. (*TC* 203; II.4)[10]

La conclusión irónica de Gerarda que la familia se ha puesto no poco melodramática y la observación del Conde "Si no nos riésemos, seríamos ridículos" (*TC* 203; II.4) sugieren que el melodrama es el género idóneo para representar el estado degradado de la familia y la nación actual, y aun así la vida le cargará las tintas al drama.

Como ha señalado Bieder, la dimensión melodramática de *Cuesta abajo* resulta sobre todo de la dramatización de numerosas escenas de corrupción masculina ("El teatro" 20). Las mujeres, sin embargo, se distancian explícitamente de los moldes melodramáticos. Así es que Gerarda se niega a ser "el tipo de la madrastra de melodrama" (*TC* 177; I.3). En la obra, Pardo Bazán representa al mundo masculino como un conjunto altamente patético de exceso y exageración (como en el melodrama), a la cual la autora opone un universo femenino basado en el sentido común, los sentimientos compartidos y la solidaridad. Así consigue ofrecer una perspectiva novedosa a un problema entonces muy actual, la inscripción de la mujer como sujeto y miembro activo de la cultura nacional.

La visita que la Condesa, que normalmente reside en el solar gallego de la familia, rinde a la casa de Madrid, donde es mal recibida, pone en evidencia la decadencia en la cual viven su hijo y sus nietos, decadencia que corresponde con un ambiente urbano de crisis, intrigas, degradación y corrupción. En una de las primeras escenas de la obra, el Conde, que acaba de volver a casa después de haber pasado toda la noche en el casino, tiene una conversación con su esposa Gerarda, en la cual dice temer la visita de su madre. Se lamenta patéticamente del mal estado de sus asuntos. Tiene "el agua al cuello" y está perdido si no se presenta el golpe de suerte que hace salir sus combinaciones (*TC* 179; I.3). Escenas más tarde, la Condesa por su parte reprime

Capítulo cuatro

resueltamente a su hijo por haber vivido como un advenedizo y por haber acabado con la hacienda familiar, en vez de transmitirla entera y preferiblemente mejorada a sus hijos: "Estás arruinado; has acabado con la hacienda que te dejó tu padre, que yo mejoré, y que enteras debías transmitir a tus hijos" (*TC* 210; III.5).

La Condesa le recuerda a su hijo sus responsabilidades. No acepta ninguna disculpa y con una alusión a la sociedad del espectáculo que es la Restauración le reprocha al Conde: "No llames fatalidad a lo que tejieron tus propias manos. No hay fatalidad. Has gastado lo que no podías gastar; has querido vivir, no como un verdadero señor, hijo del tiempo, sino como un advenedizo, deslumbrando a espectadores de una hora" (*TC* 210; III.4). La Condesa no permite que su hijo, como padre y jefe de familia, acuse a nadie si su casa no marcha como debe: "No diga el piloto que los marineros le han torcido el rumbo." El Conde responde: "Hoy no hay pilotos. Cada cual rige. Así va la nave," añadiendo lo difícil que es "luchar contra las tentaciones de cada momento, en esta sociedad a cada paso más enferma, más podrida" (*TC* 210; III.5).

Las alusiones a la transmisión de la herencia (y más tarde a la pérdida de las joyas familiares) y la imaginería acuática aluden obviamente a la pérdida del Imperio y al hundimiento de la flota con el Desastre.[11] El tema de la degeneración de la nación se destaca aún más claramente cuando, más tarde en el mismo diálogo, la Condesa regaña a su hijo por su falta de conciencia histórica: "tu casa, fundada por héroes, continuada por señores ilustres, se desploma, contigo, el último y el peor de los Castro Real." A lo que el Conde replica "¿Último y peor? No te acuerdas de que tengo un hijo" (*TC* 211; III.5). Y en efecto, Javier, tan incorregible como el Conde, poco antes de morir con mucho drama de una mala herida incurrida en un duelo por todos motivos innecesario, afirma llevar "todo el vicio de mi época en la sangre" (*TC* 242; V.6).[12]

El Madrid en que vive la familia es una sociedad enferma que ha abandonado todos los valores tradicionales y que carece por completo de ideas morales profundas. Como resultado del avance arrollador de la mecanización y la economía mercantil (Del Pino 161) se ha creado un universo que respira por el bolsillo, y donde se pone en entredicho el honor por el dinero. A las "ejecutorias magníficas" de la nobleza se prefieren los billetes del Banco (*TC*

181; I.4). Es un mundo hedonista, donde nadie tiene nada que hacer, y nadie tiene tiempo para nada. La sociedad de la Restauración es mero espectáculo, retórica vacía. Ante la pretensión de su abuela de reunir a toda la familia para oír misa, Celina comenta "Aquí no se atrapa a nadie como no sea ofreciendo diversión o comida" (*TC* 185; I.4).[13] La alusión al uso de las mantillas para oír misa enfatiza que hasta la religión se ha convertido en *performance* (*TC* 183; I.4).[14] La vida madrileña es una comedia que transcurre en casinos y salones, donde reinan la cursilería, la hipocresía y la chismografía. Las exigencias sociales son devoradoras y el lujo se ha convertido en una necesidad. Celina comenta, no sin cierta dosis de humor, el afán de su madrastra de volver regularmente la casa patas arriba en unas inútiles transformaciones de los espacios en las que se destacan las influencias francesas ("María Antonieta") e inglesas ("prerrafaelistas"):

> … dos o tres veces se han decorado las habitaciones. Primero nos sedujo María Antonieta, y todo fue blanco pastoril; ahora nos sentimos prerrafaelistas, o qué sé yo, y nos hemos lanzado al simbolismo … Mucho de ninfas acabando en un trapo retorcido, mucho de sillones con patas de zanahorias, de jarrones que figuran el llanto de una azucena desgreñada … Y ya ni sé cuáles son las azucenas, ni cuáles son ninfas ni dónde empiezan las enaguas, ni dónde acaba la flor. ¡Un lío fenomenal! (*TC* 183; I.4)

Esta sátira de la caprichosa importación de las corrientes artísticas modernistas finiseculares es un comentario de la inseguridad de Gerarda, miembro de la emergente burguesía que todavía no se ha formado una identidad estable. Es también una crítica de la misma nación española, frecuentemente tachada por Pardo Bazán de mera provincia del extranjero.

Las estructuras del poder en este mundo urbano madrileño son de clara índole patriarcal (Bieder, "El teatro" 20). Pero el glorioso pasado español ya no existe y los hombres en la obra carecen de las calidades de sus antepasados. No se comportan como caballeros ni tampoco se puede hablar de fraternidad. Los aristócratas degenerados y los nuevos ricos en la obra son invariablemente unos hombres viciados, ansiosos de goces y de una vida de lujo.[15] Son débiles físicamente y tardan horas en bañarse y vestirse.[16] De ninguna manera cumplen con los modelos predominantes de la masculinidad. Así es que en vez de mostrar su virilidad en guerras, y de presentar una masculinidad que podemos llamar hegemónica (Connell 77–78), ni siquiera tienen el coraje de afrentar las consecuencias de sus acciones. Después de haber arruinado a su familia, el Conde se marcha sin que los suyos vuelvan a saber nada de él. El recurso melodramático de la carta con que se despide subraya lo patético de la situación. Todos los hombres en la obra, e incluso los que intervienen en la gobernación y administración, se dedican a vergonzosas transacciones, sin nunca arrepentirse. En vez de mostrarse solidarios, se estafan constantemente y se niegan a sacarse mutuamente de apuros, porque "hay preguntas ... que no puede dirigir un hombre a otro hombre" (*TC* 178; I.3).

Los de la generación más joven tampoco corresponden a los modelos de virilidad del pasado. Los amigos de Javier que vienen a visitarle en su *garconnière* elegantemente decorado, son unos seres perdidos que pasan el tiempo divirtiéndose con fiestas y toros (espectáculo criticado ferozmente por la autora).[17] Son unos hombres promiscuos que compiten por mujeres que se compran con dinero y lujo. Incluso se baten en duelo por una mujer como La Colombe, una *demi-mondaine* francesa que ha conocido tiempos mejores, y que pasa de mano en mano. Johnson nota que el donjuanismo surgió frecuentemente en la literatura de la época. Para los escritores modernistas, el legendario personaje de Don Juan simbolizó tanto la esencia eterna de España como el dilema moderno de la nación, que como país tradicional buscaba su entrada al mundo moderno. Sin embargo, las escritoras (y Pardo Bazán entre ellas), vincularon el donjuanismo con una serie de males sociales tales como la prostitución, la corrupción moral y la irresponsabilidad social (*Gender* 22).

La Colombe, para quien Madrid es "provincia" (*TC* 224; IV.3) y quien ha bajado a España en "viaje de exploración" para satisfacer su curiosidad y "a comprar mantones y ver bailar flamenco" (*TC* 221; IV.2) encarna obviamente la mirada del imperialismo francés hacia una España menospreciada (la idea de que España sea una provincia cultural de Francia).[18] Javier y los suyos se dejan arrastrar por la celeridad de la vida a la cual prestan poco valor. El hijo del Conde da expresión a su abulia al decir que la vida es "cosa que no vale nada, y de lo cual a veces esté uno muy harto" (*TC* 199; III.4). Él y sus amigos derrochan el patrimonio y no se ocupan ni del pasado ni del futuro de la nación. "Fatal, un desastre ... Y a toda velocidad ... En dos horas ... perdí seis mil pesetas" (*TC* 193; II.1). El mismo Javier tiene una pesadilla premonitoria en la que su padre, su madrastra Gerarda, su hermana Celina, y finalmente él mismo, incendian la casa solariega de Castro Real, que se convierte en un puñado de cenizas (*TC* 223; IV.2).[19] No hace falta ser un Freud para interpretar este sueño como simbólico para la ruina a la que se precipitan la aristocrática familia y la nación.

Dentro de las estructuras patriarcales las mujeres se ven forzadas a sufrir y a seguir por las buenas o por las malas el mal ejemplo de los hombres. El Conde fomenta con su propio derroche que su hija, haciendo la frívola vida de todas, se gasta una pequeña fortuna en trapos, y que su esposa, siguiendo el impulso, despilfarra el dinero en vanidades. Mucho peor es que las mujeres dependen por completo de los hombres, y en un efecto dominó son arrastradas con ellos en su arruinamiento. Es que en la construcción de la nación como contrato entre hombres, las mujeres existen sólo en función de los varones. El Conde es muy explícito en su misoginia: "Las mujeres, con sus nervios y sus caprichos" (*TC* 174; I.3). En *Cuesta abajo* Pardo Bazán muestra las consecuencias nefastas que esta desigualdad entre los géneros, esa famosa doble moral, tiene para las mujeres y para la nación.

La situación de Gerarda ilustra la dependencia femenina. La mujer afirma haberse casado por amor, "como en las novelas" (*TC* 179; I.3), léase los malos folletines, con influencia francesa. Pero pronto debe constatar que su marido la abandona en una "cuesta abajo." Aunque ella quiere compartir su vida, él prefiere a otro estilo de compañeras: "Al señor Conde le agrada otro género, ¿entiendes?, género ... averiado" (*TC* 173; I.1). A pesar de este abandono, que Gerarda califica como mal de casi todas las mujeres, el Conde exige su cooperación. En un hábil diálogo, y mediante el doble sentido de las palabras—"No vamos a *engañarnos* tu y yo ... estoy *perdido*" y "*unidos* estamos, hija, *unidos*"—, la autora insiste en el doble estándar (*TC* 177; I.3, la cursiva es mía). A pesar de los engaños el autoritario Conde sigue considerando a su esposa como su propiedad—"eres mi mujer, corres mi suerte, me obedecerás"—y no vacila en acudir a la violencia física: "(*Acercándose a Gerarda amenazador, hasta acabar por asirla de la muñeca*)" (*TC* 198; II.3).[20] Va tan lejos que le manda a su esposa a utilizar su "diplomacia femenina" para obtener cierta información ventajosa para sus propios negocios, porque como

Capítulo cuatro

dice el Conde "los que navegan en un mismo barco se ahogan juntos" (*TC* 178; I.3).

Las opciones de la mujer son sumamente limitadas. Gerarda, consciente de esta situación, lo soporta todo, hasta descubrir que el Conde ha comprometido el futuro al jugar su dote, destinada a su hijo Baby: "el marido administra la dote de la mujer; y con sus bienes responde de ella. Pero si el marido ha enajenado o disipado ya todos sus bienes, ¿me quiere usted decir cómo responde?" (*TC* 196; II.2). La Condesa, conforme a la moral tradicional, le indica a Gerarda que debe aguantar: "Cuando los hombres echan por la ventana el honor, las mujeres bajamos a la calle a recogerlo, lo guardamos en nuestro pecho, y al calor lo hacemos revivir" (*TC* 214; III.6), pero Gerarda, más moderna que la Condesa y harta de guardar las apariencias, no se muestra dispuesta a sufrir y echa la culpa a los hombres:

> Gerarda: Pues bien, sépalo usted. He cesado de tenerme por mujer de Felipe.
> Condesa: No está en tu mano. Es tu marido y aunque lo olvidase el mundo entero, se acordará Dios.
> Gerarda (*con violencia*): Ni usted ni yo podemos atar lo que Felipe ha desatado; lo que va a romperse hoy mismo ... Ya lo verá usted. Prefiero adelantarme; irme yo antes que se vaya él. (*TC* 213; III.6)

También la joven Celina, sin posición por herencia por el hecho de ser mujer, debe constatar la diferencia que existe entre la condición femenina y la de su padre y su hermano: "Si yo hubiese sido varón en la casa de Castro Real, acaso no se vería como se ve. Mi padre fugado, mi hermano moribundo, el caudal en ruina ... Esto no hubiese sido, no, mi obra" (*TC* 240; V.5). Visto las desastrosas consecuencias de las acciones de los hombres, ambas mujeres ya no están dispuestas a aceptar el doble estándar y su marginalización en la sociedad, sobre la cual Pardo Bazán ha escrito tantas páginas (*Mujer española*). Dirigen su mirada al futuro y toman su destino en sus propias manos.

Frente a los debilitados personajes masculinos, se observa en *Cuesta abajo* un progresivo fortalecimiento de los personajes femeninos. Pardo Bazán construye en la obra unas mujeres emprendedoras y preparadas a reinventarse a sí mismas y a la nación, si bien no todos los personajes femeninos llegan a las mismas decisiones radicales. Insistiendo en la solidaridad femenina y el poder del matriarcado, la autora crea unas mujeres que toman la iniciativa de fundar una realidad diferente, en la que la mujer tiene agencia y donde se combinan calidades tradicionales con otras nuevas, más adaptadas a los tiempos que corren. La Condesa viuda, su nuera Gerarda y su nieta Celina no tienen la unidimensionalidad de los hombres que sólo piensan en sí mismos, sino que son mujeres capaces de reconocer sus errores, cambiar de ideas, celebrar la vida y pensar en el futuro.

La Condesa encarna obviamente la dignidad, el honor y la serenidad de la clase antigua. Al principio de la obra el personaje viene construido como una mujer excesivamente rígida y sorda a lo nuevo, que según le reprocha su hijo, siempre ha vivido en su rincón, forjándose el mundo a su capricho, creyendo que podía detener la marcha de los tiempos, entretanto que la sociedad cambiaba (*TC* 210; III.5). El criado Germán carga aún las tintas y la llama "anticuada," "reparona" y "entremetida" (*TC* 172; I.1). En el curso de la obra, sin embargo, la Condesa se da cuenta que se equivoca en el inmovilismo de sus ideas y en su orgullo de su linaje. Gradualmente se desengaña, se quita la venda que tiene delante de los ojos y se hace consciente de los errores de los demás, pero también de los suyos. Debe estar más abierta a los cambios sociales y a la modernidad, ser más generosa, y menos rígida al juzgar a los demás.

En *Cuesta abajo*, abundan las alusiones a los ojos y la vista. Es obvio que éstas se refieren a la concienciación de la anciana noble, pero también invitan a los espectadores a quitarse las telarañas de los ojos ("disipar la dorada neblina" es el término que Pardo Bazán utiliza en *La España de ayer y la de hoy*). John Beverley señala un procedimiento similar en *El abuelo* de Pérez Galdós y José-Carlos Mainer nos recuerda que también Unamuno utiliza el concepto de "visión" para imponer a sus lectores el amor a la nación como revelación individualizada (*Modernidad* 50). "Vamos a ver, vamos a ver" dice la Condesa a Celina cuando intenta enterarse de la situación familiar (*TC* 209; III.2). Más tarde comenta cómo las desgracias le han abierto los ojos: "También yo creí que un Castro Real era diferente de quien no hubiese nacido Castro Real. Y ahora reconozco que he cometido un pecado, y además un grave error. Todos somos del mismo barro, todos iguales" (*TC* 236; V.2). El mito personal de la descendencia aristocrática y el tradicionalismo reaccionario le habían cegado a la Condesa ante la realidad bastarda.

Capítulo cuatro

A medida que la anciana pierda esta ceguera por los acontecimientos que pasan a su alrededor, puede realizar una introspección, y obtener una visión más adecuada de sí misma: "las cualidades están en el alma, si otra cosa dije algún día, me arrepiento. Era humo que yo tenía metido en los sesos" (*TC* 238; V.4). Así lo reconoce en el caso de la burguesa Gerarda, a la que inicialmente rechazó "por no descender de la pierna derecha del Cid" (*TC* 177; I.3). Pardo Bazán siempre experimentó cierta actitud de rechazo hacia las clases medias porque veía en la ideología burguesa el origen de la esclavitud femenina. Luego, sin embargo, la Condesa afirma que Gerarda tiene "alma" y establece con ella una especie de afinidad electiva.[21] Ante los malos actos de su hijo, la Condesa apela a la solidaridad entre "dos mujeres que sufren la misma desgracia" (*TC* 213; III.6). En vez de condenar a su nuera, la Condesa le ofrece protección y la invita a compartir su (mermada) fortuna y a vivir con ella en el pazo gallego de la familia.

Gerarda reconoce también—algo inverosímil eso sí—el gran valor de su ex suegra a la que llama "Madre mía" y quien dice ser "la conciencia de la familia" (*TC* 214; IV.6). La nuera afirma tener más fe en la Condesa que "en toda la familia junta" (*TC* 212; IV.6), para concluir que "De los Castro Real, el caballero es usted" (*TC* 212; IV.6). Cuando, a final de la obra, Gerarda se junta a la Condesa para ir a vivir en Galicia, ella subraya los lazos matriarcales al decir: "No soy de tu sangre, pero soy de tu alma" (*TC* 246; V.11), a lo que responde la Condesa "La mejor sangre que hay aquí es la tuya" (*TC* 246; V.11). Pardo Bazán recurre aquí a la terminología médica del discurso regeneracionista (cf. *Los males de la patria* de Lucas Mallada) para denunciar la anemia y atonía del organismo nacional. Sin embargo, no hay que olvidar que esta infusión de sangre nueva va acompañada de una importante inyección de dinero porque Gerarda, antes de juntarse a su suegra, se ha buscado primero el apoyo del hombre con quien su marido le mandó utilizar su "diplomacia femenina," el político Ramírez Duarte. Mediante este recurso poco noble, Gerarda se ha asegurado el futuro económico de su hijo, el sucesor de la casa en el que quedan depositadas las esperanzas de la Condesa para la regeneración de la familia. El nombre del niño, Baby, enfatiza una masculinidad neutralizada, una alternativa a la masculinidad de los que han echado a perder el linaje.

A la degenerada sociedad madrileña donde rigen el comercio y el dinero, Pardo Bazán opone una comunidad gallega apegada a la tierra y donde la vida es rutinaria y tradicional: "Del establo al gallinero, de la capilla a la granera; a mediodía, la comida, después, vergüenza me da confesarlo, una siestecita ..." (*TC* 191; II.1).[22] Las mujeres en esta comunidad se dedican a las faenas cotidianas: coser, cuidar enfermos, educar niños ... Pero esta representación de una domesticidad aparentemente intemporal no debe engañarnos. Dentro de esta comunidad gallega y explícitamente femenina, la autora construye—en la nación imaginaria proyectada en *Cuesta abajo*—un espacio para la mujer como sujeto activo y miembro en pie de igualdad al hombre. Pardo Bazán subvierte hábilmente las construcciones patriarcales de la Generación del 98, que relegaron a las mujeres a los papeles domésticos más tradicionales (Johnson, "Domestic Agenda" 247).

Al situar su comunidad en un lugar y época muy concretos (la Galicia contemporánea), Pardo Bazán expone claramente los procedimientos de mitificación que incluyeron en su obra los miembros de la Generación del 98. Los noventayochistas, que escogieron a Castilla como "centro verdadero" de la nación y símbolo del alma nacional,[23] fabricaron un nacionalismo sentimental que suprimió toda diversidad. Sugirieron una supuesta unidad geopolítica para de este modo naturalizar su fe en la necesidad de una uniformidad cultural. El retraso de esta Castilla ancestral, con sus castillos en ruinas y sus campesinos taciturnos, convirtió la región en un símbolo adecuado de la nación moderna ya que permitió arraigar el carácter nacional en una tradición eterna. Labanyi, siguiendo a Roland Barthes, explica que lo que los noventayochistas hicieron fue nada menos que crear un mito. Adjudicaron un carácter de eternidad a lo que les importaba que apareciera eterno, aunque se trataba en realidad de una fabricación reciente ya que la nación es un constructo cultural. La vuelta a las raíces propagada por los noventayochistas debió anular la decadencia aberrante de la sociedad moderna y continuar un proceso evolucionario ininterrumpido y natural. Barthes condena como inmorales estas estrategias naturalizadoras de la ideología burguesa. Exoneran al ser humano de su responsabilidad para la historia y fomentan la idea que la historia no se hace sino que es algo dado que se sufre (Labanyi, "Nation" 132–46).

Capítulo cuatro

Pardo Bazán, que no podía aceptar sin más las propuestas noventayochistas, enfatizaba lo que los miembros de la Generación del 98 pretendieron manipular y olvidar (es bien sabido que para Ernest Renan el olvido, incluso el error histórico, es un factor esencial en la creación de la nación). La autora se esfuerza mucho para mostrar el carácter fabricado de los argumentos avanzados por los noventayochistas. Construye *Cuesta abajo* como un denso pero manifiesto tejido de géneros y textos (folletines, melodramas de procedencia francesa, farsas, comedias ...), e insiste en la diversidad nacional al contrastar Madrid con Galicia.[24] En vez de situar su obra en una estancada Castilla medieval, lejos del mar, la ubica en su Galicia natal, cerca del océano y dinámica por la emigración (y mejor conectada con la modernidad y Europa). En el contexto gallego, las mujeres desempeñan un papel activo, masculinizado. No forman de ninguna manera ese mar pasivo y silencioso del que hablan Unamuno y los suyos. Frente al a-historicismo de los noventayochistas Pardo Bazán recurre a un discurso histórico y económico. "No llames fatalidad a lo que tejieron tus propias manos," dice la Condesa a su hijo y la anciana acepta como inevitable la aportación del dinero proveniente de una burguesía deseosa de poder. La autora subraya la cada vez más destacada entrada de la mujer a la esfera pública (Hooper, "Death" 179, siguiendo a Johnson), y dota a sus personajes femeninas de una voz y un gusto por la "buena conversación" (*TC* 190; II.1)—es decir les permite participar en el debate sobre la nación—para echar la culpa del naufragio nacional a los varones.

En *Cuesta abajo* se critica pues la idea, tan querida a los miembros de la Generación del 98, de una tradición española eterna e inmutable cuyos guardianes son las mujeres silenciosas. En sus numerosos ensayos feministas, Pardo Bazán expuso la índole política de la esfera doméstica. McClintock nos recuerda de la común raíz etimológica de los términos "doméstico" y "dominar," donde el último término refiere al amo del *domum*, es decir, de la casa (35). Y efectivamente, la vida en el pazo gallego de la Condesa de Castro Real, por mucho que se parezca a la utopía de pequeños campesinos y artesanos desprovista de industria y tecnología agrícola moderna que propuso el regeneracionista Joaquín Costa (Balfour 73), se basa en realidad en unas estructuras claramente feudales, dentro de las cuales la matriarca ocupa el papel nada pasivo del amo paternal: "De los Castro Real, el caballero es usted" (TC 212; IV.6).²⁵ En vez de la abnegación femenina, prevaleciente tanto en el discurso de la ideología doméstica decimonónica (Tolliver, "Framing" 9), como en el discurso de los autores del 98, nos tenemos que ver con una clara masculinización de lo doméstico.

Pardo Bazán condena igualmente la noción de una comunidad intemporal. Cuando un cínico Ramírez Duarte nota que la situación en el pazo gallego se parece mucho a la de la Edad Media, con sus "siervos de la gleba" (*TC* 192; II.1), la Condesa aporta sutilmente alguna matización para mostrar que la comunidad no es de ninguna manera tan intemporal como parece: "Como en la Edad Media ... salvo la horca, el cuchillo, la caldera, el pendón y otros accesorios" (*TC* 192; II.1).²⁶ También muestra claramente las relaciones de poder en esta comunidad. La masculinizada Condesa rige mal que bien como señor feudal sobre sus vasallos. A pesar de que sus vasallos se dejan fácilmente engañar por la amabilidad de la matriarca y su énfasis en el "alma" y el *sentir* femenino compartido, y aunque le tienen "ley a la señora" (*TC* 172; I.1), en realidad dependen de ella. Son "sus" caseros. La penosa posición económica de la Condesa hace que esta situación se vuelva cada vez más difícil. Para salvarla la Condesa es altamente consciente de que necesita el dinero "bastardo" de la enérgica nuera Gerarda y su amante Ramírez Duarte, representantes ambos de la nueva burguesía adinerada.

Contrariamente a Unamuno que confundió la mujer individual con el ideal de las mujeres como categoría de género sexual ("las mujeres ... se parecen entre sí mucho más que los hombres, y es porque todas son una sola y misma mujer" [en Johnson, *Gender* 42]), Pardo Bazán destaca las marcadas diferencias entre los diferentes personajes femeninos en su obra (en oposición a los personajes masculinos que son invariablemente disfuncionales). Delineando para las mujeres destinos alternativos más allá del ambiente doméstico, Pardo Bazán incorpora en *Cuesta abajo* tanto a la mujer tradicional que apoya la nación con su eterna labor como madre y ama de casa, como a la mujer moderna que se mueve independientemente por el mundo. Si la abuela y Gerarda optan por una solución "tradicional" para edificar un nuevo futuro para la familia nacional (es decir, la domesticidad y una forma de prostitución), la nieta Celina, como representante de la generación joven, escoge un camino más solitario. Si bien se muestra

Capítulo cuatro

en muchos aspectos solidaria con su abuela y madrastra, la joven rechaza el papel que tradicionalmente le espera a una señorita pobre, a saber "morir soltera o aceptar al que llega" (*TC* 239; V.5). Frente a la observación de su abuela que su condición femenina ha sido la voluntad de Dios, Celina observa que "Dios ayuda al que se ayuda," (*TC* 240; V.5) y decide buscar su propio camino. Consciente del carácter performativo de la identidad y dispuesta a representar lo que ella misma llama "el heroísmo de la raza," opta por el trabajo. Confiando en su talento artístico elige una carrera profesional como cantante.

Ante los reparos de su abuela que la carrera teatral representa para una mujer cierto peligro de vicio y de deshonra (como para Pardo Bazán la carrera literaria), y que la buena reputación de la estirpe puede estar en peligro, Celina da prueba de una mejor conciencia histórica y comenta que no ha sido el trabajo que ha causado la degeneración de la familia. La abuela se reconcilia entonces con la carrera de su nieta, que sin embargo debe dirigirse al extranjero (Milano) para recibir una formación necesaria (tal y como también Pardo Bazán se formó leyendo literatura extranjera) y donde actuará bajo un nombre de artista. En vez de esconderse detrás del mito aristocrático, tan querido a su abuela, Celina prefiere inspirarse en el mito de Corinne, la talentosa heroína de la novela homónima de Madame de Staël, quien ha alentado a tantas mujeres escritoras, entre ellas a la misma Pardo Bazán (DuPont, "Masculinity"). Al juicio de la escritora francesa, el conocimiento de las tendencias artísticas foráneas es imperativo para el desarrollo de la cultura nacional (Sánchez-Llama, "Introducción" 41).

Celina llevará consigo una modesta pensión que le ha proporcionado el amante de su madrastra, lo que sugiere la necesidad de la mujer artista (cantante o escritora) de comprometerse, por lo menos provisionalmente, con determinadas estructuras económicas y comerciales. El hecho de que esta mujer debe ir al extranjero para seguir su carrera, muestra también lo culturalmente sola que se encuentra y la falta de ejemplos españoles. Unamuno vio la intrahistoria, la tradición eterna, incrustada en los autores clásicos del Siglo de Oro, pero el rector salmantino pensaba también que era tiempo para dejar de lado a estas tradiciones ya que exaltaron los defectos de España y unas ideas moribundas.

España debía permitir que el alma eterna del pueblo español guiaba a la nación hacia la europeización (Johnson, *Gender* 117). En la pieza de Pardo Bazán, que también apoyaba la europeización, son específicamente las mujeres que guían la nación hacia la modernidad europea.[27] Es importante enfatizar que la joven Celina sale al extranjero para recibir una formación sólida, en vez de imitar frívolamente todas las corrientes extranjeras (tal y como Gerarda hizo en las remodelaciones de su casa). Debemos aprender, escribe la autora, con el ejemplo de otras naciones más activas y prosperas (*La España* 80). Para Pardo Bazán, apunta Sánchez-Llama, "[l]a dependencia de modelos foráneos sólo puede compensarse si el genio creador impregna con su originalidad la tradición recibida y la vincula de manera simultánea a la realidad autóctona" ("Introducción" 41).[28]

Guiada por un espíritu docente, Pardo Bazán se apropia en la obra marcadamente didáctica que es *Cuesta abajo* de numerosos elementos de la producción cultural de sus contemporáneos masculinos (sobre todo los de la Generación del 98) modificándolos sutilmente para incorporar un mensaje feminista y reclamar un lugar para la mujer en una nación que hasta aquel entonces había sido preponderantemente masculina. La autora propone una visión del nacionalismo cultural como solidaridad femenina, una solidaridad basada en los afectos y sin distinción de generaciones y, en menor medida, superando las distancias de las clases sociales.[29] Frente a los mitos fabricados por los varones, a los cuales se alude mediante las numerosas alusiones metaficticias en la obra, y que eclipsan a las mujeres, la autora opone un tejido literario manifiestamente construido, en la que las mujeres no son reducidas a tipos o a seres marginalizados.

Siguiendo el ejemplo de Pérez Galdós (*El abuelo*), Pardo Bazán se afana de educar a sus espectadores a ver mejor el significado del presente—este presente tan vertiginoso, caótico, bastardo—como historia (Beverley). La autora acaba con la mitología histórica generada por una nostalgia por la tradición y la pureza, el mito de una España imperial. Los aportes del viejo Don Venancio, quien aduce cada vez nuevas pruebas para demostrar la excelencia del linaje, no hacen sino enfatizar la ridiculez de las pretensiones de una grandeza histórica que ha confundido la historia con el mito.[30] Si bien Pardo Bazán pretende acabar con cierto

Capítulo cuatro

resentimiento de la nobleza contra las nuevas clases adineradas, en *Cuesta abajo* la autora no se identifica con la España de los *nouveaux riches* de la Restauración, ni tampoco de forma entera con la España del feudalismo agrario. Su corazón está con la joven artista Celina, y con una España que está todavía por venir.[31]

Capítulo cinco

De/Regeneración en *El becerro de metal* (1906)

En febrero de 2014, el gobierno español presentó un proyecto de ley (aprobado en 2015) que permitiría a los descendientes de los sefardíes expulsados de España en 1492 obtener la ciudanía española. Alberto Ruiz-Galardón, por aquel entonces el ministro de justicia, justificó su decisión como un intento de "enmendar un error histórico." Este paso aparentemente conciliatorio fue generalmente aplaudido, si bien fue recibido con escepticismo por varios críticos, tales como Ilan Stavans, quien señaló que invitar a los judíos a establecerse en España en tiempos de crisis económica no era tanto un acto de reconciliación como una estrategia probada que se implementó con la esperanza que los judíos dieran un nuevo impulso a la estancada economía (Stavans). No se puede negar que hay algo de verdad en lo que afirma Stavans. En los últimos años del siglo XIX, el senador Ángel Pulido Fernández había empezado una campaña similar para repatriar a los judíos sefardíes que fue alabada por numerosos intelectuales españoles como un remedio para reforzar la posición de España en el concierto de las naciones. Es en este contexto que debemos situar *El becerro de metal* (1906).[1] Si bien Pardo Bazán se mostró a favor de una reconciliación entre España y los judíos sefardíes (González 186), la autora no consideró el regreso de los judíos como una panacea para todos los males que afectan a la España de su tiempo.

En 1906, cuando Pardo Bazán escribe *El becerro*, España ya había perdido Cuba, Puerto Rico y las Filipinas. En el imaginario cultural de la nueva España postcolonial, sin embargo, la idea de la "nación" siguió vinculada a la del imperio, que constituye, como pretendo mostrar en este capítulo, un contexto hermenéutico productivo para analizar *El becerro*. El llamado "turno imperial" en los estudios culturales ha dirigido la atención crítica hacia el impacto de las historias imperiales en las sociedades

Capítulo cinco

metropolitanas tras la descolonización y más allá (Burton 2). Said, en *Culture and Imperialism*, escribe que el imperio y las preocupaciones imperiales eran "constitutively significant" en los textos europeos, aún cuando estos textos no trataron del imperio (66). Es importante reconocer que en el siglo XIX y a principios del siglo XX el concepto de "imperio" no fue considerado como causa de abyección ni tuvo la carga de inmoralidad que tiene hoy en día. Más aun, para la inteligencia liberal española el colonialismo fue un proyecto moderno y por ende progresista para la nación (Blanco, "Spain" 7). Así es que en 1882—cuando España ya había perdido la mayor parte de su imperio—el jefe conservador Antonio Cánovas del Castillo definió la nación cristiana moderna como dotada de una misión civilizadora. Los españoles, si bien faltaba "su gloria de otros siglos," tenían el deber de entrar "en el número de las naciones expansivas, *absorbentes*, que sobre si han tomado el empeño de llevar a término la ardua empresa de *civilizar* el mundo entero" (en Blanco 9, la cursiva es mía). Se trató de nada menos que una cuestión de honor (10). Para los intelectuales de la Restauración, concluye Blanco, la entrada en la era moderna implicaba pues no solamente la modernización de la nación dentro del territorio peninsular, sino también la obligación de ser una nación expansiva y absorbente con una destacada misión civilizadora (11). Conviene enfatizar aquí que la reducción considerable del poder imperial español tuvo lugar precisamente en una época en la que los países del norte de Europa tales como Inglaterra, Francia y Alemania estaban en el proceso de convertirse en los nuevos poderes coloniales (y podemos añadir a los EEUU como poder colonial emergente en 1898).[2] En la que Hobsbawm ha llamado "edad del imperio," cuando aproximadamente un cuarto de la superficie de la tierra del globo fue distribuido y redistribuido como colonias entre media docena de estados (*Age* 59), el imperio fue obviamente un objeto de deseo y un componente crucial en los imaginarios nacionales de los países capitalistas (J. Krauel 104). Y según Fradera, España por cierto "no se resignaba a desaparecer del selecto club de países que en el siglo XIX se repartieron el mundo en beneficio propio" (687).

Es en el contexto de esta doble vertiente de renovación nacional y afán colonizador que pretendo leer *El becerro de metal*, drama en tres actos y en prosa, escrito por Emilia Pardo Bazán en 1906. En esta obra la autora da expresión a su descontento con las

De/Regeneración

imperfecciones de la sociedad capitalista, las consecuencias negativas de la revolución burguesa y de la mentalidad de los nuevos ricos, enfocados exclusivamente en la acumulación de estatus y capital. Pardo Bazán incorpora—al igual que anteriormente hizo Pérez Galdós en las cuatro novelas de la serie *Torquemada* (1889-95)—los discursos contemporáneos de economía política, salud pública, filantropía y degeneración racial para dar forma a sus preocupaciones con los problemas que enfrentaba la sociedad española finisecular (Fuentes Peris).[3] En particular, la autora se muestra altamente crítica del movimiento de repatriación de los judíos sefardíes, propagado por el senador Pulido Fernández y otros liberales españoles. Pardo Bazán opina que la "redención económica" y la inyección de dinero de, en este caso, los sefarditas parisienses, crean nuevas dependencias.[4] Siguiendo aquí a Ganivet, quien en *Idearium español* contrasta dos métodos de colonización—el de los antiguos conquistadores que incorpora a los sujetos coloniales en la civilización europea y el de los modernos comerciantes que explota la riqueza y se crea mercados (en J. Krauel 113)—la autora asemeja el regreso de los judíos a España con el imperialismo francés (y europeo) moderno, que se basa exclusivamente en los beneficios económicos y no tiene ninguna misión civilizadora. Como demuestra Pardo Bazán en *El becerro de metal*, para regenerar la nación se necesitan otros cambios, de índole más profunda. En su obra propone un modelo de sociedad radicalmente diferente, basada en una economía del don y un fuerte sentido de comunidad en vez de una economía del mercado con su mentalidad utilitaria de toma y daca. Asimismo reclama unos valores espirituales auténticos en vez del nihilismo religioso y la adoración del dinero; y por último defiende unas relaciones entre los géneros sexuales que se fundan en el compañerismo, el respeto mutuo y cierta autodeterminación para la mujer en vez de su subyugación total al hombre.

Pardo Bazán construye *El becerro de metal* mediante una serie de oposiciones. Así es que la dramaturga sitúa los tres actos de *El becerro de metal* en tres lugares emblemáticos: un salón del Sudexprés, el palacio de los Leyva en Madrid, y la propiedad cinegética de la familia. A estos espacios "realistas" en los que se mueven los personajes—espacios que se oponen entre ellos porque representan o bien la modernidad, tales como el tren y en menor medida el palacio remodelado, o bien el pasado, simbolizado por

Capítulo cinco

la propiedad de caza—, la autora opone la isla de Mallorca como un espacio soñado en el que se funden el pasado y el futuro. Otra oposición estructuradora del drama es el contraste entre por un lado los varones Leyva, a pesar de sus numerosas rivalidades, y por otro Susana y su pretendiente Pedro Torrellas. Por supuesto no falta la oposición entre los dos amantes por ser hombre y mujer. Las diferentes connotaciones bíblicas del nombre de Susana desempeñan también un papel estructurador. Inicialmente el drama se sirve intertextualmente de la historia de Susana y los viejos del Antiguo Testamento, en la cual Susana, al borde de ser víctima de la conducta de unos hombres inmorales, se niega a acomodarse a los deseos masculinos y es salvada por su respeto por Dios. Hacia el final de la obra, sin embargo, este intertexto viene sustituido por la historia de otra Susana, esta vez sacada del Nuevo Testamento, una mujer que de su propia voluntad hace importantes sacrificios para ser una de las discípulas femeninas de Jesús. La oposición entre las dos Susanas señala el contraste entre el judaísmo y el catolicismo.[5]

Los protagonistas de *El becerro de metal* son los Leyva, una familia de exitosos negociantes sefardíes que han dejado París para establecerse definitivamente en España. A pesar de su aparente modernidad y sus pretensiones como defensores del progreso, el viejo Simón y sus dos hijos, Ezequiel y Benjamín, son representados estereotípicamente en la obra como unos seres primitivos que retornan al país del que sus antepasados habían sido expulsados en el siglo XV, inspirados por una sed de venganza de su raza. En vez de contribuir a la riqueza de la nación, no buscan sino aumentar su propia fortuna a expensas de los españoles. Como dignos representantes tanto del capitalismo burgués como del imperialismo económico moderno, aspiran mediante una campaña de inversiones astutas, préstamos altaneros, obras de beneficencia interesada y matrimonios ventajosos a ascender hasta la cúspide de la pirámide social e incluso verse ennoblecidos con un título aristocrático. En todos los aspectos hay entre los Leyva varones una gran rivalidad. Compiten por dinero e influencia, y los hijos buscan sustituir a su padre como patriarca. Pero ante el proyecto de sacrificar, en provecho propio, a su hija, hermana y sobrina, se erigen en una fraternidad inquebrantable, fraternidad a la que se junta incluso el tío Ismael, hermano del viejo Simón Leyva y gran rabino de Francia. La falta de una madre fortifica el baluarte masculino.

Susana, sin embargo, no permite que la conviertan en víctima, y toma su destino en sus propias manos. La protagonista femenina, mujer única que carece de la altivez de su padre y sus hermanos, reniega humildemente del "becerro de oro" que representa la nueva religión materialista y prosaica a la que se han rendido los Leyva. Decide casarse con el hombre de su elección, y no le importa que esta decisión conlleve los inevitables sacrificios, tales como su conversión a la religión católica, porque estos sacrificios son el fruto de su corazón y vienen inspirados por un deseo casi místico. Para Susana, los dos componentes del término "judeoespañol" son altamente compatibles, y el único anhelo de la joven es fusionarse plenamente con el país al que considera como su "patria." Es obvio en la obra que Pardo Bazán no ve la regeneración de la sociedad finisecular española en la *absorción*, por parte de la nación, de hombres como los varones Leyva. Es en cambio al elemento femenino, a Susana, a la que la dramaturga atribuye un importante papel en la misión *civilizadora* de la nación.[6]

La cuestión sefardita que forma parte del contexto de *El becerro de metal* resurge en España a mediados del siglo XIX (Rozenberg 90), y adquiere prominencia a finales del mismo siglo cuando el país comienza a redescubrir la dimensión judía de su herencia (93). A partir de 1860 los liberales españoles empezaron a mostrar interés en explorar el potencial de una población que parecía haber preservado durante mucho tiempo su dominio de la lengua, en forma del ladino, y la cultura española. El defensor más prominente de la vuelta de los sefarditas fue el ya mencionado Pulido Fernández, vinculado al Partido Liberal y amigo de Emilio Castelar (quien fue también amigo de Emilia Pardo Bazán).[7] Fomentar la fusión racial y contrarrestar la decadencia del país fueron los motivos del filosefardismo de Pulido Fernández que quería promover una España saludable y por ende próspera (Goode 184). La reintroducción de (la crema de) los judíos en la mezcla racial española beneficiaría tanto a los judíos, que podrían volver a su país de origen, como a los españoles, que habían perdido parte de su elite, y con ella la experiencia médica, científica, agronómica, financiera e industrial. A fin de cuentas, se decía, esta pérdida había resultado en la derrota española en la guerra cubano-americana (196).[8] Los sefarditas, asociados con el mundo de las finanzas y del capital, podrían hacer arrancar las moribundas relaciones de comercio internacional (Goode 190), y

Capítulo cinco

ayudar a España a jugar un papel más activo en el Mediterráneo (Rozenberg 90). El proyecto de repatriación de los sefarditas debe considerarse no solamente como un esfuerzo de rejuvenecer la nación española, sino también como un intento de restablecer la influencia española en el Mediterráneo y competir con Francia por influencia en el norte de África. "If the Renaissance Zeitgeist," escribe Iarocci, "came to be viewed as radiating from Mediterranean Europe, the spirit of Enlightenment and its aftermath was represented as an almost entirely northern affair" (*Properties* xi).[9] No es gratuito que la familia Leyva sea originaria de la isla de Mallorca. Su presencia alude no solamente al pasado judío de la isla (los chuetas), sino también a una época en la que un país mediterráneo como España fue un importante poder colonial, una posición de que se encargaron más tarde las naciones del norte de Europa.

El salón del Sudexprés, en el que los espectadores/lectores encuentran a los Leyva en el primer acto de la obra, constituye una imagen altamente apropiada para representar la vuelta de los judíos sefardíes, que, como escribe Hazel Gold, si bien se encontraron en el centro de la sociedad metropolitana estuvieron siempre alejados de la patria en el tiempo y el espacio (93). El tren de lujo que realiza el trayecto entre París y Madrid, representa tanto la naturaleza apresurada y urgente ("sud" y "exprés") del plan de repatriación sefardita como la supuesta modernidad de la familia Leyva y sus conexiones con el comercio internacional. Para Wolfgang Schivelbush los ferrocarriles fueron una primera materialización tecnológica de la movilidad, la velocidad y el intercambio, y por ende los testigos materiales de la modernidad. Gracias a su rápida expansión, la red de ferrocarriles cumplió con la necesidad intrínseca del capitalismo de promover la libre circulación de grandes capitales y fomentó la migración humana— con frecuencia masiva—por un itinerario transnacional. El tren no sólo contribuyó a la formación de la nación española sino que también conectó España—aunque significativamente mediante un trasborde en Irún—a esa capital del siglo XIX que fue París (Lawless 6).[10]

En *El becerro de metal* Pardo Bazán escenifica la vuelta de los Leyva a España como una especie de campaña militar. El plan perfectamente orquestado de los Leyva (Ribao Pereira "De la corte" 242) no es menos elaborado que el plan de reintegración de

De/Regeneración

Pulido Fernández, pero su propósito es bastante diferente: no se trata de regenerar el país sino de "reinar sobre Madrid" (*TC* 254; I.2), es decir *conquistar* un mercado, y aquí se nota el escepticismo de la dramaturga ante el proyecto de Pulido Fernández. El plan de los Leyva comporte varios elementos. Para abrirles las puertas del gran mundo madrileño y ahorrarles desaciertos, los Leyva—que ya en París han conocido buena parte de la sociedad española—, se han buscado la ayuda (remunerada) de un noble venido a menos, el Marqués de Neblí (*TC* 254; I.1). Para fijar su residencia y exhibir su lujo la familia se ha comprado un palacio en el paseo de la Castellana, y para aumentar su estatus social los Leyva varones tienen planeado el matrimonio de Susana con un grande de España (*TC* 279; II.8).

El artífice de este plan estratégico es el viejo Simón de Leyva, el patriarca de la familia. Simón es, como el Torquemada galdosiano, un *self-made man*, un nuevo rico de humildísimo origen y el autor de su propio éxito. Gracias a una extraordinaria habilidad en lo pecuniario, su genio especular, y su duro trabajo, ha acumulado grandes riquezas. Para Simón todo en la vida se reduce a una transacción comercial y el hombre no pierde ninguna oportunidad para obtener ganancias. Su formación autodidacta no ha resultado en ninguna elevación de carácter: la ironía es que Simón alcanza su riqueza a expensas de los pobres, y que en este caso sus víctimas son los españoles que se ven atormentados por la pobreza en los años que siguen al Desastre: "España es un terreno virgen, o poco menos, para las especulaciones atrevidas y geniales. He estudiado el terreno y sé lo que puede rendir ... [...] Con estos dedos exprimiré la última gota de jugo a la naranja española" (*TC* 256; I.2). Simón no busca en España exclusivamente satisfacciones de orgullo y venganza de su raza. Su meta es la obtención de poder económico y la búsqueda de una fortuna aún mayor de la que ya había atesorado en Francia.

Los dos hijos de Simón, que apenas pueden esperar para destronar a su padre como jefe de los negocios familiares, formulan cada uno diferentes estratagemas para conquistar el país en el que van a instalarse, al que ambos desprecian: "Vamos a un país donde nuestros antecesores fueron perseguidos, maldecidos, corridos a pedradas como perros ..." (*TC* 255; I.2). Estas propuestas simbolizan otras tantas maneras para conseguir la meta de dominación expresada por el viejo Simón. Ezequiel, el primogénito, recurre a

Capítulo cinco

la filantropía para su provecho personal. Busca quitarse el estigma de la avaricia y ganarse el respeto público dedicando su dinero a obras de beneficencia. Así pretende remedar tanto a los católicos como al Estado:

> Hagamos mucho bien, no escondido, porque eso de ocultar la beneficencia es un yerro cristiano ... y los cristianos, por otra parte, tampoco esconden la mano para dar ... ¡Qué han de esconderla ...! Yo tengo ideas magníficas. Yo fundaría en Madrid un establecimiento benéfico modelo, como el Estado no lo ha fundado nunca. Yo regalaría ... obras de arte a los museos ... El estado español no compra nada, deja que nos lo llevamos todo ... Enseñaríamos su deber al Estado ... Haríamos algo sensacional ... La prensa lo divulgaría ... Dominaríamos por la cultura y el bien. (*TC* 255; I.2)[11]

A pesar de su ostensible interés por los demás, la filantropía de Ezequiel sirve exclusivamente el provecho propio porque también él comparte la mentalidad mercantil que caracteriza a su padre y hermano. En el contexto de la economía política, escribe Teresa Fuentes Peris, la caridad fue esencialmente una empresa utilitaria (23). Funciona como un mecanismo de intervención y control, al estilo foucauldiano, y carece del sentido de comunión con el otro, que según apunta Noël Valis es inherente a la verdadera filantropía (*Sacred* 120). La filantropía de Ezequiel conduce a la dependencia, al igual que los préstamos que concede su hermano y rival Benjamín.

Benjamín, el hermano menor, adopta una estratagema diferente a la de Ezequiel. En vez de pretender falsamente que la familia actúa por bondad, prefiere llamar las cosas por su nombre y dominar por la soberbia y el desprecio:

> Divertir, prestar, humillar, deslumbrar ... Es un goce de venganza, exquisito, y lo estoy saboreando ya. ¡Qué de adulaciones, qué de bajezas vamos a paladear, cuando entremos en campaña con nuestro oro! ¡Y hasta podemos darnos este placer refinado a poca costa! Madrid es pobre. El lujo allí consiste en un abono a medio turno y un coche con dos rocinantes ... (*TC* 255; I.2)

Los motivos de Benjamín para conceder préstamos no son nobles: "Si te doy [...] cantidades para tus vicios, es porque así tengo uno más a quien mirar desde arriba" explica a uno de sus clientes (*TC* 272; II.5).[12]

Al igual que su padre, los dos hermanos están altamente conscientes de que la deplorable condición económica de España les confiere una situación de superioridad. Esto consta, por ejemplo, cuando se burlan del comportamiento del Marqués de Neblí, que después de haber vivido tantos años en París aún no sabe cómo comportarse. El nombre del marqués que significa literalmente "halcón gentil," contiene por la comparación con el ave de pico fuerte y garras robustas una alusión al carácter provechoso de este hombre "amigo, pariente, compañero de la niñez, del colegio, de aventuras, de toda la gente alta" (*TC* 251; I.1), que por su oportunismo y mentalidad utilitaria no difiere mucho de los varones Leyva. El calificativo "gentil" (no judío) alude al abolengo del personaje y su relación con los perseguidores de la comunidad hebrea.

> Benjamín.—¿Te parece que no es ir al desquite el traernos, agregado a nuestro servicio, al Marqués de Neblí, un Lara Enríquez, caballero de Alcántara y descendiente directo de aquellos que …?
> Simón.—(*Riendo*). De los que nos cosían una rueda amarilla al traje … Vueltos de la rueda … ¡Ahora somos nosotros el mejor linaje, hijo!
> Benjamín.—Como que solo hay dos castas de linajes: el tener y el no tener. (*TC* 254; I.2)

Para los varones Leyva queda fuera de duda que su prosperidad los coloca muy por encima del Marqués de Neblí como representante de la empobrecida nobleza española, si bien Pardo Bazán, mediante el retrato poco favorable que la autora presenta de ellos en *El becerro*, parece cuestionar la validez de este parecer.[13]

El palacio que la familia se ha comprado en Madrid y donde tiene lugar el segundo acto de la obra, debe afirmar simbólicamente esta superioridad económica. El dinero de los Leyva sólo adquiere valor cuando se gasta en posesiones u objetos materiales, cuya función es señalar el estatus social y el prestigio. El palacio en el paseo de la Castellana ha sido renovado con la ayuda de obreros parisienses, lo que indica el esnobismo de los Leyva, su lealtad (mental) a Francia, y lo poco que su dinero beneficiará a la economía española y al saneamiento de la deuda nacional. A pesar de sus contactos con la clase alta madrileña, la otredad de los Leyva viene subrayada por el nombre de la mansión, el palacio de la Morería.

Capítulo cinco

Las fiestas nocturnas que se organizan allí para mantener el culto de las apariencias y al mismo tiempo practicar la usura atraen a un público de aduladores—"Ahora la persecución tomará la forma de halago" (*TC* 260; I.4). A pesar de sus muestras de referencia hacia los Leyva, estos exponentes de la vacuidad de la alta sociedad no tienen reparo en criticarlos a sus espaldas por "advenedizos" (*TC* 267; II.1) y "ricachones"—"¿Qué se figuran los ricachones? ¿Qué todo está en venta?" (*TC* 269; II.2)—y hasta profieren insultos antisemitas: "Y a Fernán dile que sus hijos nacerán con rabo" (*TC* 268; II.1).

En *El becerro de metal* Pardo Bazán representa a los Leyva varones como rivales en todo pero unánimes cuando se trata de la subyugación de la mujer. Si bien los miembros masculinos de la familia se pelean siempre, forman un sólido bloque frente al proyecto de casar a Susana con el heredero de una familia noble a fin de consolidar su movilidad social: "Hemos de ver sobre ese pelo negro chispear una corona heráldica" (*TC* 257; I.2). Los Leyva buscan injertarse en la vieja nobleza española mediante el negocio de la boda de Susana y un grande de España, Fernán Altacruz, al que la chica no ama.[14] Simón formula el plan de boda de la siguiente manera:

> Simón.—[…] Es lo único que me falta conseguir. Lo demás lo tengo. La prosperidad me acompaña. El oro crece, se hincha, fructifica en mis manos. Y ya lo has visto: nos rinden homenaje. ¡Qué de halagos, qué de victorias! Ahora, a cruzar la sangre nuestra con la primera sangre de España. Los nietos del viejo Simón de Leyva se cubrirán ante el rey […] (*TC* 275; II.8)

La dramaturga señala la injusticia de tal estado de cosas, en el que la opinión de la mujer no cuenta para nada. Ya anteriormente, en su ensayo "La mujer española," Pardo Bazán había escrito que en la sociedad finisecular española los hombres y las instituciones masculinas determinaron la condición femenina. Desprovistas de toda libertad, las mujeres estaban sobornadas a sus padres, hermanos, y luego maridos (*Mujer española* 88). La naturaleza teatral de la obra permite que Susana dé expresión a su descontento contra la subyugación de la mujer al hombre y su sacrificio por el interés de sus familiares. La joven protesta explícitamente contra la perspectiva de un matrimonio sin amor y la obligación de convertirse al catolicismo: "no he dicho yo si estoy conforme ... Creo que mi voto pesaría algo ... Y parece imposible que no te preocupen los problemas que eso lleva consigo, ¿No presumes a lo que me obligaría semejante boda, Benjamín?" (*TC* 267; II.9). Como oportunista que es, Benjamín resta importancia a las objeciones de su hermana y responde que la época en la que viven es una de gran tolerancia. Aludiendo a las famosas palabras con las cuales Enrique IV se convirtió al protestantismo, afirma que el Duque de Altacruz "bien vale una misa" (*TC* 276; II.9).[15] Así revela cuán altas son sus expectativas en cuanto a la recompensa que piensa obtener de la conversión al catolicismo de su hermana y de su casamiento con un noble católico. La diferencia es que Enrique IV se convirtió al catolicismo *motu propio* y no exigió a ninguna otra persona hacerlo en nombre suyo, algo que enfatiza de nuevo el egoísmo de los varones Leyva, así como su completa falta de respeto por los sentimientos personales y religiosos de Susana.

Para demostrar la unanimidad de los varones Leyva frente a la mujer, Pardo Bazán introduce ahora un nuevo personaje: Ismael de Leyva, tío y consejero espiritual de Susana, y el gran rabino de Francia. En muchos aspectos (prestigio social, ascendiente sobre su sobrina) Ismael es un rival de Simón y sus hijos, pero cuando se trata de Susana no duda en elegir el campo de los varones Leyva. La llegada de Ismael provoca la indignación de los hermanos de Susana, medrosos del qué dirán y de un posible conflicto social: "La presencia aquí será comentada, nos desfavorecerá, hará pensar en lo que no conviene que piensen ... íbamos viento en popa ... Ha sido error muy grande el tuyo, hermana" (*TC* 277; II.9). Como nuevos ricos en un país que en el pasado les fue hostil a los judíos, a los Leyva el qué dirán les importa mucho y no quieren llamar la atención por su otredad. El viejo Simón no se lleva bien con Ismael y por cierto no está dispuesto a seguir los consejos del rabino: "Hay que escucharle con reverencia profunda ... y luego ... luego hacer lo que más convenga" (*TC* 259; I.4), lo que muestra también el poco respeto que Simón tiene por su propia religión. A Simón, como exponente de la sociedad capitalista moderna le importa el dinero mucho más que la religión: "Si Ismael, en vez de comentar por centésima vez el libro de Jozef el Zelador, hubiese trabajado, negociado, luchado como yo luché y lucho aún, no

Capítulo cinco

pensaría en tales quimeras" (*TC* 260; I.4). Ismael, sin embargo, se basa en la autoridad de su sacerdocio para corregir a su hermano y amonestarle de que la riqueza desmedida le lleva a querer que prevarique Susana al casarse con Fernán Altacruz (*TC* 280–81; II.12). El castigo simbólico que recibe Simón por su comportamiento es la ceguera. Al escuchar las palabras de su hermano, el patriarca se desmaya y cuando recupera la consciencia se da cuenta de que se ha quedado ciego (*TC* 282; II.12). La ceguera, escribe Naomi Schor, señala no sólo una pérdida de la vista sino también una pérdida de la vista moral. Además tiene una dimensión punitiva (77–78). Collin McKinney enfatiza que Freud, en su ensayo sobre lo ominoso, considera la ceguera como un símbolo de la castración (102). En *El becerro* el padre se niega sin embargo a abdicar en favor de sus hijos, porque planea utilizar su oro para buscar un remedio a su enfermedad. Simón considera hasta su curación de la ceguera como una transacción comercial y piensa sobre el valor de sus ojos como si se tratara de una cotización de la bolsa (*TC* 284; III.1).

Cuando Susana quiere consultar a su tío sobre la transformación que experimenta a raíz de su nuevo amor por Pedro Torrellas, Ismael le promete inicialmente su apoyo—"a tu lado estoy" (*TC* 280; II.11)—, pero cuando la joven intenta explicar la situación el rabino no la comprende—"no te entiendo, Susana" (*TC* 291; III.5)—, y cuando finalmente entrevé la situación la deja caer: "has prevaricado; ya no estás con los tuyos" (*TC* 294; III.5). Ismael, que demuestra así su simpatía con y apoyo de los demás varones Leyva, tiene prisa, porque le reclaman sus tareas y "nuestros *hermanos*" en Francia (*TC* 290; III.5; la cursiva es mía). Pardo Bazán representa al rabino como un hombre que reúne todas las condiciones de los confesores católicos que en vez de guiar e iluminar a las mujeres resultan una prolongación del patriarcado. "No sucede casi nunca que el confesor aconseje a la mujer que proteste, luche, y se emancipe, sino que se someta, doblegue y conforme" (*Mujer española* 92).

Pardo Bazán muestra cuán lejos va la solidaridad masculina al hacer hasta el rabino apoyar el primitivo afán de dinero de su estirpe que indigna tanto a Susana. En presencia de su tío, la joven critica el descreimiento y escepticismo de sus familiares, y denuncia la religión del dinero que profesan y su idolatría del becerro de fundición (*TC* 276; II.9).[16] El rabino, sin embargo, no se muestra tan tajantemente opuesto al materialismo como fuera de esperar: "Una cosa es adorar al ídolo, otro negar el valor de las riquezas" (*TC* 293; III.5). Al defender las prácticas económicas de su pueblo, el rabino se distancia claramente de las convicciones de su sobrina.

La dramaturga hace la brecha entre Susana y su tío tan grande que a la joven no le queda otra opción que volverle la espalda al rabino. Susana manifiesta ahora abiertamente el deseo de renunciar a su religión: "Reniego de ese oro que quieres mezclar con mi sangre. Pobreza, libertad ... ahí tienes lo que reclamo" (*TC* 293; III.5). Las palabras empleadas por Susana, así como su "sueño" y la falta de temor que experimenta (*TC* 296; III.7), son reminiscentes del misticismo de ese modelo de regeneración nacional que fue Santa Teresa (DuPont, *Writing* 15). Al igual que la religiosa de Ávila, Susana se opone en solitario a una comunidad masculina (99).[17]

La autora dota a Susana de Leyva de una inteligencia cultural y artística superior a la de los varones de la familia que se interesan exclusivamente por los negocios y la acumulación de dinero. La joven, que no comparte ni el utilitarismo ni el espíritu de venganza de sus hermanos y padre, tiene un espíritu independiente y es—como Celina en el drama *Cuesta abajo*—la artista de la familia: lee poesía (española) y entiende de pintura. Cuando Simón, sorprendido ante la incomprensión de su hija hacia su codicia, nota que "[d]e vida y dinero nunca anduvo sobrado nadie" (*TC* 256; I.2) y que hasta el arte, las limosnas y los sueños se realizan con dinero, Susana le corrige diciendo que tiene un sueño que vale más que todo el dinero de su padre (*TC* 257; I.2).[18] Susana, al contrario de su padre y hermanos, experimenta una fuerte identificación con España y su lengua: "un país que es casi nuestra patria. En él vivieron nuestros ascendientes. Nuestro apellido es español ... Soy española de origen. ... Hablamos español todos los Leyva." (*TC* 262; I.4). Para Simón y sus vengativos hijos, los dos componentes de español/judío suponen una oposición. No se dan cuenta que se parecen mucho a la clase adinerada española, criticada tan vehementemente por Pardo Bazán en *Cuesta abajo*. Para Susana, sin embargo, estos componentes suponen una simultaneidad. En cuanto a su identidad, la chica experimenta algo similar a lo que Todd Presner ha constatado con respeto a lo alemán/judío: "lo judío" no es exterior u opuesto a "lo español" sino inherente si no constitutivo de "lo español" (4). Esto implica que "lo judío" se encuentra enredado con "lo español" a pesar de los esfuerzos antisemitas para separarlos terminantemente.

En esta visión los términos no están en desacuerdo sino que son dialécticos, al igual que el encuentro entre el pasado y el presente representado en la obra. Pardo Bazán aceptó la noción de la "memoria orgánica," la idea que uno heredaba memorias de sus antepasados al igual que rasgos físicos (Otis en Sosa-Velasco 64, n.8). Si las memorias de España cultivadas por Simón y sus hijos son memorias negativas, coloreadas por la persecución y la expulsión, el universo emocional de Susana, quien desea conocer sus raíces, no se basa en este tipo de sentimientos. Como Beth Bauer ha observado para *Misericordia*, Pardo Bazán enfatiza las diferentes dimensiones de las necesidades del ser humano y las maneras en las que los seres humanos luchamos por rellenar la brecha de nuestro anhelo con dinero y palabras ("Love" 236). Contrariamente a su padre y sus hermanos que sólo desean enriquecerse a expensas de los españoles, Susana está abierta a historias y memorias para poder imaginarse su pasado.

En este descubrimiento del pasado le acompaña el personaje de Pedro Torrellas, cuya trayectoria bien planeada traza simbólicamente el itinerario de la repatriación propagada por Pulido Fernández. Torrellas es al igual que la joven Leyva originario de Mallorca donde se encuentra "el viejo caserón" de su familia que anima a Susana a visitar.[19] La isla mediterránea, ese "islote de la historia" (Unamuno, *En torno* 145), se eleva pronto a la categoría de símbolo. Significativa es la exclamación de Susana que—contrariamente a sus padres y hermanos—estima la vuelta a sus raíces por encima de todo dinero: "¡Cuánto daría yo por ver esa isla!" (*TC* 263; I.5). Como espacio de (re)generación, no desprovista de ciertas reminiscencias bíblicas de una tierra prometida, Mallorca representa tanto la culminación del regreso a casa como un pasado compartido; simboliza el gusto por lo heredado y la esperanza del futuro (Ribao Pereira, "De la corte" 242). Si bien Mallorca denota la antigua importancia española en el Mediterráneo, su insularidad alude también al aspecto ilusorio del proyecto de repatriación judía.

La diferencia principal entre Pedro Torrellas y los Leyva varones es la ausencia en el primero de la mentalidad mercantil que caracteriza a los segundos. Cuando los hermanos de Susana se enteran de que en París Pedro ha intentado vender algunos tapices, le instigan a su hermana a negociar la compra de estos objetos de arte para la decoración de su nuevo palacio madrileño. Ante la impaciencia de los hermanos, Pedro afirma que con Susana no habla de venta ni de compra alguna. En vez de vender los tapices—"No sirvo para negociante; sería errar la vocación; no sirvo" (*TC* 265; I.5)—Pedro se los ofrece de balde a Susana.

Pardo Bazán contrasta aquí el sistema dominante de intercambio económico con formas alternativas de intercambio interpersonal. Marcel Mauss, en su *Ensayo sobre el don* (1924), describe los sistemas arcaicos de prestaciones totales. En estos sistemas del pasado las relaciones entre los grupos se basan en la obligación de intercambiar no sólo bienes y riquezas, es decir cosas económicamente útiles, sino también cortesía, festines, ritos, colaboración militar, etc. La circulación de riqueza no es más que uno de los términos de un contrato mucho más general y duradero que garantiza la paz. El intercambio constante de talismanes, tierra, trabajo, servicios y funciones religiosas equivalía al intercambio de materiales espirituales, y el sistema de prestaciones totales implica pues una obligación moral del don y un sentido de comunidad (Mauss; Bauer, "Love" 241). Lewis Hyde, trabajando con las ideas de Mauss, establece conexiones entre el intercambio de regalos, el arte y el género sexual, y sitúa la producción artística en una economía del espíritu creativo que se dirige tanto al don interior que el artista ve como objeto de su trabajo como al don exterior que llega a ser un vehículo para transmitir la cultura. El intercambio de regalos conecta a los partidos interesados y crea un comercio erótico que opone el eros (el principio de atracción, la unión) al logos (la razón y la lógica) que domina la economía del mercado. Las profesiones que se basan en esta economía del don suelen ser profesiones consideradas como femeninas, porque no buscan obtener el poder sino que quieren conservar la vida (Hyde xiii–xvii; 106–08; Bauer, "Love" 242).

En *El becerro de metal* el regalo que Torrellas da a Susana de los tapices procedentes del viejo caserón mallorquino de su familia, esa casa-cuerpo reminiscente de un cuerpo maternal y protector (Bauer, "Love" 244), resulta en el compañerismo y la satisfacción personal. Torrellas se basa en la economía del don y busca conservar la vida con un regalo que enriquece y conecta, y que produce entre Susana y él la "fusión buena" propagada por

Capítulo cinco

Pulido Fernández (Goode 183). Susana intuye las implicaciones del don de las "preciosas antigüedades," pero para los hermanos Leyva, que se conforman a la economía del mercado para obtener el poder y están insensibles a cualquier forma de belleza, la actitud desinteresada del pretendiente de su hermana resulta totalmente incomprensible.

Pardo Bazán no deja de hacer patente que por comprensivo y tolerante que se muestra Torrellas, y por mucho que participa en una economía que no se basa exclusivamente en el mercado, también en él se observa una buena dosis de machismo por no hablar de sus escrúpulos religiosos. Cuando el pretendiente le declara a la joven su amor, señala todos los aspectos que separan a los amantes, de los que la religión es obviamente el más importante. Su sentido de superioridad masculina, su conservadurismo en cuanto a la mujer y sus prejuicios religiosos le motivan a exigir de su futura esposa que se convierta al catolicismo, porque no se "casaría nunca con una mujer que no rezase las oraciones que mi madre rezaba" (*TC* 279; II.10). En el ya mencionado ensayo "La mujer española" Pardo Bazán señala no sólo que en la sociedad finisecular española las mujeres están subyugadas a sus padres, hermanos y maridos, sino también que los hombres españoles adolecen de un dualismo penoso, dualismo que la autora adscribe interesantemente al "fondo semítico" que pensaba que latía en todo español: enamorados del progreso, sienten en cuanto a sus mujeres un intenso apego a la tradición (88). En cuanto a la religión la escritora observa que "sean [los hombres] lo que gusten... sus hijas, hermanas, esposas y madres no pueden ser ni son más que acendradas católicas" (89). La autora se queja de la falta de igualdad entre hombres y mujeres en este respecto: "sólo quiero poner patente la contradicción, el desequilibrio y el carácter un tanto humillante que tiene para la mujer esa consigna impuesta por el varón de no romper el freno de las creencias" (90). Es en esta desigualdad genérica en la que se basa también la trama de *El becerro de metal*.

El conflicto escenificado en la obra entre por un lado los varones Leyva y por otra Susana y su pretendiente alcanza su culminación en el tercer acto que tiene lugar en la posesión cinegética de la familia donde Susana sigue encontrándose con Pedro. Cuando su padre y hermanos descubren las citas secretas, presumen inmediatamente que peligra la honra de la joven y traman un plan para matar a Torrellas. Sobornando a los guardas con monedas de oro, les dan órdenes para matar al amante cuando entre en la propiedad de la familia: "Al que entra en una finca ajena furtivamente, saltando el cercado, se le puede tratar como a un malhechor ..." (*TC* 289; III.4). Además del teatro del Siglo de Oro la escena es altamente reminiscente del desenlace de *Doña Perfecta* de Pérez Galdós, cuando Pepe Rey es matado después de haber saltado la tapia de la huerta del caserón de Doña Perfecta. Esta vez, sin embargo, no son unos católicos intransigentes los que traman la muerte, sino los miembros de una ilustrada familia judía cegados por su veneración del dinero que intentan matar a un inocente. En la finca de los Leyva, Torrellas se encuentra tan desprotegido—cazado "como un gamo" (*TC* 294; III.6)—como los judíos en el pasado.

Torrellas, a pesar de ser hombre atlético y buen tirador, no viene armado, y la ley de talión del Antiguo Testamento no le inspira. El tercer acto corrige la idea de la supuesta modernidad de los Leyva sugerida en el primero para mostrar el carácter primitivo y la falta de civilización de los varones de la familia.[20] En *De siglo a siglo* la autora había calificado la caza como una "lucha de los tiempos primitivos" ("Esperando." *De siglo* 123). Este tercer acto le permite a Pardo Bazán enfatizar que estos hombres, que no rehúyen de los sacrificios humanos (Susana y Pedro) significan un regreso en el tiempo y no vienen para civilizar. Su modernidad es una falacia y por cierto no contribuirán a rejuvenecer la sociedad española.

Susana, impresionada por lo ocurrido, desoye a su padre y hermanos. Reniega de su fe y se va con Torrellas para vivir una vida regida por principios bien diferentes de los de los Leyva: "Iré a donde tú vayas: tu patria será mi patria, tu Dios será mi Dios. ¡Ya lo es!" (*TC* 296; III.7). Estas palabras, que provienen del Libro de Rut del Antiguo Testamento y señalan la conversión de la moabita Rut que sigue a su suegra Noemí y se incorpora al pueblo judío por elección y por fe, indican una fusión total entre las dos religiones. Torrellas confirma la conversión de Susana aceptándola como esposa y afirmando que "desde ahora te llamo María, que era el nombre de mi madre" (*TC* 296; III.7). El viejo Simón, cuya ceguera le profiere un momento de iluminación, se da cuenta de que ha perdido a su hija. El castigo de Simón, su muerte en vida, son los dos hijos que le quedan.

El becerro de metal es al mismo tiempo ortodoxo en lo que Beth Bauer, refiriéndose a la novela *Una cristiana/La prueba*, ha descrito como la valoración del catolicismo, y no convencional

Capítulo cinco

en cuanto a su rechazo de los destinos comúnmente otorgados a las protagonistas femeninas de la literatura española finisecular ("Catholicism" 296). El uso de los estereotipos culturales, tales como la representación negativa de los judíos mediante el retrato desfavorable de los Leyva varones—que en vez de contribuir al saneamiento de la deuda nacional sólo piensan en su enriquecimiento y provecho personal—intensifica la impresión de un catolicismo ferviente (296–97),[21] pero no socava las preocupaciones feministas de la obra.[22] Como modelo de fuerza femenina, Susana es inteligente, toma decisiones difíciles, y actúa independientemente en un mundo dominado por hombres. La joven sabe huir del poder determinista de las influencias ambientales y se escapa de la suerte desastrosa de las malcasadas y perdidas. Al mismo tiempo, sin embargo, Pardo Bazán señala acertadamente que irónicamente, la elección que hace Susana de su propia voluntad es la misma que los miembros varones de su familia quieren que haga (i.e. convertirse al catolicismo). No obstante, y ante lo poco que se puede esperar de los varones, Pardo Bazán encarga a las mujeres de dar el primer paso para mejorar y *civilizar* la nación.

En *El becerro de metal* Pardo Bazán recurre al tema de la repatriación de los sefarditas para dar expresión a sus preocupaciones con la nación española después del Desastre. La autora critica al senador Pulido Fernández y sus seguidores que presentan el regreso de los judíos como una panacea para todos los males que atormentan a la España postcolonial. Pardo Bazán, que apoya la idea de una reconciliación, se muestra en su obra sin embargo altamente escéptica ante el posible éxito de tal proyecto, a no ser que se produzcan en la sociedad unos cambios radicales. Según la dramaturga, una inyección de dinero extranjero no hará sino fomentar los defectos ya existentes en la sociedad: la falta de solidaridad entre los habitantes, su mentalidad utilitaria y la adoración del dinero en detrimento de los valores morales. Los exponentes del capitalismo internacional tales como los varones Leyva nunca se fusionarán plenamente con los españoles sino que sólo se aprovecharán del país en la búsqueda de nuevos mercados y negocios. Es significativo que los Leyva sigan manteniendo lazos con Francia y no tengan ningún interés en conocer a su país de origen del que únicamente tienen memorias negativas. Ni una sola vez aluden a la isla mediterránea de la que son originarios. En un sentido más amplio, la autora arguye que no se puede confiar la regeneración de la nación a unos hombres que todo lo organizan en beneficio propio y que excluyen a la mitad femenina de la nación de sus proyectos. Porque a pesar de su aparente modernidad, estos hombres siguen viviendo en el pasado y meten todo en obra para formar un bastión masculino cuando se trata de defender sus intereses en detrimento de la mujer.

Ante este baluarte de hombres autoritarios y de mente estrecho, de los que no se puede esperar ningún rejuvenecimiento de la nación, opone Pardo Bazán (pensando probablemente en su propia situación como escritora) una mujer solitaria, educada, cosmopolita, dotada de un espíritu artístico y que mira al futuro. Para Susana de Leyva, los sueños valen más que todo el dinero del mundo. La mujer reniega del espíritu mercantil y utilitario de su época para perseguir sus sueños y comprometerse (con su pareja) en un intercambio mucho más amplio y duradero, es decir una economía del don que transmite la cultura y conserva la vida. Es un sistema de prestaciones mutuas que conecta a los partidos interesados y les ayuda a superar las diferencias. Las consecuencias positivas de la inevitable conversión al catolicismo por parte de Susana—su adopción del espíritu de clemencia y los valores evangélicos del Nuevo Testamento en vez de la crueldad del Antiguo—compensan para la autora ampliamente los aspectos negativos y aparentemente anti-feministas y anti-semíticos de su conversión. Además, Pardo Bazán estuvo convencida que todas las razas originaron de una sola fuente (Charnon-Deutsch, "Racial Theory" 152). Las preciosas "antiguallas de familia" (*TC* 263; I.5), los tapices que Pedro regala a Susana—esa "dádiva fraternal y cristiana" (Pardo Bazán, "En los días santos." *De siglo* 196)—confirman el pasado compartido de los dos amantes así como la relación con la isla mediterránea de la que proceden las familias de ambos. Según Pardo Bazán, así debe ser la "fusión buena" propagada por Pulido Fernández (Goode 183) y que tal vez pueda restaurar la gloria de otros tiempos y la importancia del "caserón antiguo" en el Mediterráneo. Al fin de cuentas en Mallorca "hace más sol que en París" (*TC* 263; I.5). Es una fusión que convierta a España en una nación *absorbente* y *civilizadora* y un club sólo para hombres en una comunidad de seres humanos.[23]

Capítulo seis

Juventud o las (des)ilusiones del deseo (1909)

Después de haber leído en 1906 el borrador de la pieza que luego será titulada *Juventud*, Fernando Díaz de Mendoza le contesta a Emilia Pardo Bazán con un rotundo "no." El conocido director de teatro, que anteriormente había estrenado *Verdad*, admite "con entera sinceridad" que no le ha gustado el nuevo drama de la autora que le parece más bien "el esqueleto de una obra." El mayor defecto de la pieza, según Díaz de Mendoza, es que los personajes se mueven "sin que sepamos nada de ellos, *sin poder presumir el móvil de las acciones que realizan*" (en Schiavo y Mañueco Ruiz 71, la cursiva es mía). Si bien pasaba obviamente inadvertido a Díaz de Mendoza, hay en *Juventud* un móvil que mueve a todos los personajes. Es el deseo insatisfecho. Es por algo que una versión anterior de la pieza fue titulada *Más*. En la obra todos los personajes, tanto los hombres como las mujeres, vienen representados como sujetos que desean. En algunos casos se trata de pasiones ardientes, idealizadas, mientras que en otros, más numerosos, los anhelos son simplemente de orden económico y materialista. Si Díaz de Mendoza siente la necesidad de expresar su desconcierto ante la imprecisión e indeterminación del drama, es porque los personajes no saben expresar claramente este deseo sino sólo de manera alusiva e indirecta. No son capaces de captar bien el objeto de su anhelo que resulta siempre insatisfecho y que en algunos casos hasta los lleva a una metafórica muerte.

Las aspiraciones frustradas escenificadas en *Juventud* son típicas del fin-de-siglo español, y de la crisis de identidad nacional que fue catalizada por los problemas coloniales y el Desastre. Numerosos autores e intelectuales han documentado la desorientación y la insatisfacción radical que experimentó la población española al ver a España marginalizada en la arena internacional.[1] Recordamos que en *La sociedad moderna como materia novelable*, discurso

Capítulo seis

que leyó Pérez Galdós en 1897, la palabra clave es "confusión." Hasta muy entrado el siglo XIX, el discurso político español había presentado la nación y el imperio como una unidad: "la España ultramarina." Esta presunta unidad, que ya en las últimas décadas del siglo resultó cada vez más ilusoria, se perdió por completo con la pérdida de los restos del imperio americano durante el Desastre de 1898. Si bien ninguno de los críticos modernos que se han ocupado de *Juventud* (Farlow, Bretz, García Castañeda, Nieva, Thion Soriano-Mollá, Ribao Pereira …) lo ha señalado, la pérdida del imperio echa su sombra sobre la obra y puede servir como instrumento heurístico para interpretarla.[2]

En *Juventud* Pardo Bazán pretende curar a sus espectadores de su melancólico apego a los ideales de grandeza imperial, reliquias de un pasado trasnochado. Cuando la dramaturga escribe la obra, ya no hay imperio y es significativo que en la pieza el marido indiano a la que debe su riqueza la protagonista femenina, ha fallecido desde hace mucho tiempo. Es bien sabido que Freud establece una distinción entre los estados de duelo y melancolía. El duelo es la reacción frente a la pérdida de un ser amado, o de una figura que ocupa este lugar (la patria, un ideal …), y este proceso toma lugar en la consciencia. En la melancolía, sin embargo, una persona sufre por una pérdida que es incapaz de comprender o identificar completamente, y este proceso tiene lugar en el inconsciente. Mientras que la melancolía se ve como un estado patológico que impide el funcionamiento "normal" de una persona, el duelo es un proceso sano y natural que, una vez concluido, permite retomar el hilo de la vida (Freud, "Mourning" 243–44). En *Juventud* Pardo Bazán se esfuerza por despertar las emociones de sus contemporáneos y, con la metafórica muerte del quijotesco Bernardo, involucrarlos en un proceso de duelo como el primer paso necesario hacia una actitud sana ante la vida. Un elemento esencial de esta actitud sana es el respecto por la mitad femenina de la población.

Entretejiendo en la pieza conflictos de clase y de género, Pardo Bazán nos muestra en la obra el auge y la caída del joven Bernardo Sálvora. Como representante de un pueblo cuyas ambiciones de expansión no han conocido límites, este sobrino de una criada busca sacar siempre más de la vida, si bien no sabe definir exactamente el objeto de sus aspiraciones. Bernardo es un soñador, que desea volar alto, expandir sus horizontes. En la obra se lo compara con un águila, comparación que sin duda remite a las ilusiones

Juventud

de grandeza imperial que tanto contrastan con la realidad empírica. El inalcanzable deseo de Bernardo encuentra un sustituto en el deseo por su noble vecina, heredera de un fallecido marido indiano. Pardo Bazán, sin embargo, no permite que los esfuerzos de Bernardo se culminen en una reunión feliz. Es bien posible que tal relación y la correspondiente movilidad social ascendente hubieran chocado con la conciencia de clase de la autora-condesa. Un impedimento mayor, sin embargo, es la misoginia del joven que como varón español no tiene ninguna consideración con las mujeres en su entorno.

El orden nuevo que anhela el soñador, si bien no consigue perfilarlo claramente, no incluye a las mujeres. El arrogante Bernardo, cuya trayectoria le ha llevado de un estado de subordinación a la proclamación de la soberanía individual, pretende ser el representante de unas estructuras ideológicas modernas, según las cuales la libertad del individuo se imagina como el producto de su propia creación (Iarocci, "Sovereign" 10) en vez de ser el resultado de unos privilegios heredados. Pardo Bazán, sin embargo, hace patente que el protagonista es todo menos un *self-made man*. Bernardo pueda presumir ser todo lo moderno que quiera y considerar su formación como el producto de sus propios esfuerzos, pero en realidad ha fracasado al no terminar la carrera y, lo que es más importante, el joven debe su existencia relativamente despreocupada a los sacrificios y el trabajo disciplinado de una serie de mujeres. Ningún varón le ha ayudado incondicionalmente visto que, como observa acertadamente el ingenuo Don Carmelo, el legado del Deán está vinculado a estrictas condiciones. Hombres como Bernardo que no saben apreciar la "fidelidad" y el "socorro" femeninos (de Misia Fidela y Socorro respectivamente), no caben en una nación moderna. Es por eso que cuando, finalmente, Bernardo vuelve a la realidad y parece dispuesto a adaptarse a las circunstancias de la sociedad, la dramaturga le castiga con una simbólica muerte en vida.

Pardo Bazán sitúa la acción de la comedia dramática en tres actos y en prosa *Juventud* (1909) en una época contemporánea a su publicación, pero en vez de ubicarla en Castilla donde situaron sus obras los miembros (masculinos) de la Generación del 98, la dramaturga descentraliza la ubicación del drama y la sitúa en su Galicia natal, en una ciudad provincial, con un ambiente conservador y opresivo, que los estudiosos han identificado como

Capítulo seis

Santiago de Compostela (García Castañeda, "El teatro" 131; Ribao Pereira, "Ejercicio" 195).[3] Es posible que esta decisión se deba a un afán de autoafirmación por parte de la autora y un deseo de refutar la primacía de Castilla como metonimia o quintaesencia de España.[4] La fama de Santiago de Compostela se remonta a la Edad Media, coincidiendo con la leyenda de la tumba del apóstol Santiago, emblemática para la Reconquista. Como escribe Cristina Casas Barbeito, el alcance mítico-religioso de esta leyenda dota a la ciudad de una posición relevante dentro del imaginario occidental. Casas Barbeito apunta además que Santiago de Compostela y Galicia se asocian con la España atlántica (6), y por ende con la expansión ultramarina. Por otra parte, esta ubicación le permite a Pardo Bazán, que se refiere frecuentemente en sus textos al matriarcado gallego, aprovecharse del contexto de Galicia para representar unas figuras femeninas fuertes, trabajadoras y sacrificadas. En *Juventud* la presencia de Galicia se inscribe en la obra mediante los nombres de los personajes (Misia Fidela), los toponímicos (Sálvora, Tuy), y el uso de ciertas palabras que refieren al cultivo de la tierra (ferrados ...).

El primer acto de la pieza se desarrolla en el modesto patio de la casa de Bernardo Sálvora. Bernardo es un estudiante de derecho de veinticuatro años que destaca por su inteligencia y lucidez, pero que en vez de utilizar su tiempo de forma productiva lo malgasta en disputas con los catedráticos. Suspende el examen de licenciatura y pierde por consecuencia el legado del Deán, algo que le hubiera permitido vivir no sólo a Bernardo mismo, sino también a su vieja tía Misia Fidela que lo ha recogido cuando huérfano, y a la hospiciana Socorro. En un deseo de movilidad ascendente Bernardo busca envolverse románticamente con Inés de Montemor, una joven viuda aristocrática que vive en el caserón al lado. Al final del primer acto, cuando es de noche, el estudiante pasa resueltamente al huerto de su vecina y le declara su amor.

El segundo acto tiene lugar en la lujosamente decorada casa de Inés. Si bien las relaciones clandestinas entre Bernardo e Inés no pasan de platónicas, pronto empiezan a circular malévolos rumores. Estos chismorreos incitan al hermano de Inés, Jacobo, a descender de la aldea de Montemor para recordarle a su hermana que su pretendiente es el sobrino de una criada y por ende un hombre socialmente inferior. Inés exhorta entonces a Bernardo a buscarse un trabajo, pero el joven se niega con agresiva arrogancia:

"Pidiérasme, Inés, que dilatase mi ser, que por ti acometiese gigantes empresas ... y lo intentaría y escalaría el cielo para traerte un astro que te clavases entre los rizos!" (*TC* 327; II.5). Inés sufre una crisis nerviosa y le pide a su hermano que la lleve al pueblo, con lo que termina el segundo acto.

El tercer acto, de nuevo situado en el sencillo patio de la casa de Bernardo, muestra la brusca transformación del protagonista que ha reconsiderado su situación. Entiende que la relación con Inés no tiene futuro. Renunciando a sus sueños se somete a los imperativos de la sociedad y acepta un empleo como director de un periódico. Inés, arrepentida, vuelve de su aldea y le declara a Bernardo su amor incondicional. Como gesto de invitación le entrega la llave que da acceso a su huerto. Bernardo, sin embargo, ya no quiere envolverse con esta nueva Inés que se encuentra ahora a su alcance. El joven pasa la llave a Socorro, que está secretamente enamorada de Bernardo, y la hospiciana la arroja por encima de la tapia al jardín de la viuda. Es un gesto agresivo que cierra definitivamente toda posibilidad de reconciliación.

Ribao Pereira, que ha cotejado los diversos manuscritos de la obra que se conservan en la Real Academia Galega, atribuye ciertas incoherencias y cambios bruscos en el desarrollo de los personajes a las múltiples refundiciones de la pieza original, cuyo argumento inicial fue, según Ribao Pereira, considerablemente más convencional que el resultado final ("Ejercicio" 191–204).[5] Pardo Bazán, motivada por el deseo de ver su obra representada, introduce en el curso de la gestación de la pieza una serie de cambios que implican entre otras cosas el motivo desencadenante del conflicto dramático, los nombres de los personajes y la relación entre ellos, así como el título de la obra. Inicialmente, la pieza se llama *El águila*, pero cuando, en mayo de 1905, la autora alude a su obra en una carta a su amiga Blanca de los Ríos, el título se ha cambiado en *Más*: "Han rechazado *La suerte*, creo que hasta ruidosamente, y comprenderá usted o ustedes que no les ofreceré un *Más*, que sería más ... silbado" (en Ribao Pereira, "Ejercicio" 193). Enrique Borrás, el actor al que iba destinado *Más*, aprueba el texto pero sugiere a su vez un nuevo cambio en el título que "no le [...] parece de cartel" (193). La obra no subirá a las tablas de mano de Enrique Borrás. El texto definitivo fue ofrecido a la compañía Guerrero-Mendoza[6] y se titula *Juventud*.[7] Si bien consta de las palabras de Díaz de Mendoza que la pieza no resucitó mucha

Capítulo seis

simpatía en el famoso director, Pardo Bazán renuncia esta vez a arreglar su obra según las sugerencias de Díaz de Mendoza para que éste la pueda estrenar en Buenos Aires o Madrid. A la autora se le ha obviamente acabado la paciencia. Ribao Pereira hipotetiza que la voluntad de autoafirmación estilística de Pardo Bazán prevaliese ahora sobre su deseo de ver la obra representada, algo que Ribao Pereira atribuye a la influencia de Ibsen ("Ejercicio" 204). Pardo Bazán, haciendo gala de la "briosa protesta individualista" que admiró tanto en la obra del dramaturgo noruego ("La vida contemporánea." *IA* 1.275, 4 de junio de 1906), habrá decidido que sus coetáneos deben aceptar la obra tal cual es.[8]

El entonces recién fallecido Henrik Ibsen (1828–1906) proporciona a la autora el tema central de la pieza, a saber, el derecho del individuo a su plena realización personal frente a las convenciones sociales y morales que coartan su libertad (Yxart 254). Para movilizar las emociones en sus espectadores y abrirles los ojos ante una situación social que le parece de todos modos indeseable, Pardo Bazán lleva hasta el extremo las consecuencias de este derecho. Muestra hasta qué punto el hombre, por mero egoísmo, puede abusar del principio de la autonomía y cambiar en abuso la noble aspiración a ejercer la soberanía individual. En *Juventud*—obra que tiene reminiscencias de *Un enemigo del pueblo* (1882) de Ibsen—la dramaturga escenifica las consecuencias nefastas que tal proclamación de la autonomía puede tener si se basa en ilusiones trasnochadas y no tiene en cuenta al entorno social.[9] Al recurrir al modelo ibseniano la dramaturga escenifica sobre todo cómo la ilimitada ambición *masculina* va en detrimento de los intereses de las mujeres, mientras que son precisamente ellas cuya emancipación viene bloqueada por la sociedad.

Si el modelo ibseniano le da a la autora una manera de escenificar las ilusiones frustradas, otro intertexto, esta vez celestinesco, ancla la obra en una cruda realidad. El interés de Pardo Bazán por *Celestina*, obra a la que responde según la autora "la prelación del realismo" (Patiño Eirín, "Cervantes" 1221), podría explicarse, además de por su realismo y su pertenencia a la tradición española, por la estructura dialogal de la obra de Rojas y por la presencia de unas mujeres fuertes. Percatamos obvias influencias celestinescas tanto en los espacios (el huerto) como en los personajes y sus actuaciones: Bernardo es un amante temerario como Calisto y la libertad de conducta de Inés recuerda la de Melibea (Ribao Pereira,

"Estudio preliminar" 43), mientras que la vieja Misia Fidela resulta manipuladora como Celestina. Pero es ante todo la exploración de la insatisfacción del deseo humano la que Pardo Bazán retoma del autor renacentista cuya *Tragicomedia de Calisto y Melibea* (1499) se desarrolla ante el trasfondo de una España sacudida por profundos cambios, tales como el descubrimiento de América. Para Pardo Bazán, *Celestina* es por ende un intertexto muy apropiado para reflejar las transformaciones igualmente drásticas que se estaban produciendo en el contexto finisecular decimonónico, tales como la pérdida, para los españoles, de esta misma América. Según Michael Gerli, el autor de *Celestina or the Ends of Desire*, *Celestina* "centers its interest on desire, which pulls, entices and entraps, and finally threatens to unravel the very foundations of culture, order, polity, language, and belief" (15). De la misma manera que Rojas hace en *Celestina*, Pardo Bazán explora en *Juventud* cómo el deseo humano instiga a la acción, al conocimiento y sobre todo a la experiencia del universo que se representa en la obra. Es una sociedad que acaba de perder su imperio y cuyos fundamentos están desintegrándose. Y como de costumbre, la autora se enfoca sobre todo en las consecuencias para la mitad femenina de la población.[10]

Al igual que *Celestina*, *Juventud* representa una sociedad en transición, cuyas condiciones sociales e históricas están cambiándose rápidamente, y lo mismo vale para sus valores morales. No obstante, y como muestran las indicaciones escénicas, esta sociedad sigue siendo altamente compartimentada. El modesto patio de la casa de Bernardo—que ni siquiera les pertenece a sus inquilinos—connota la pobreza y el duro trabajo de sus habitantes femeninas mediante el pilón lavadero y las cuerdas extendidas que las mujeres utilizan para lavar el ajuar de alguna iglesia. El frondoso huerto de Inés, al contrario, indica el bienestar económico que se supone que tenga su propietaria. Las torres de la catedral, que se ven desde todos los ángulos, sugieren la influencia de la religión y la tradición en sus habitantes. La división entre los espacios y las esferas sociales que connotan, viene representada mediante una tapia. El que la tapia pone obstáculo a los deseos de los personajes de moverse de una esfera a otra viene ilustrado, entre otras, por las palabras de Bernardo, quien ve la tapia como la imagen de su destino: "Para llegar hasta lo que ansío tengo que *salvar algo muy alto*; tengo que volar ... ¡Si pudiese pisar

Capítulo seis

ese jardín, tocar esos arboles que le dan sombra!" (*TC* 313; I.6; la cursiva es mía). En realidad el acceso de un espacio a otro es posible mediante una pequeña puerta que es practicable pero sólo para los que se encuentren en posesión de la llave.

La llave, que hasta el final de la pieza se queda del lado de Inés, se convierte por ende en un objeto que simboliza el deseo de los personajes de transgredir los límites de la autoridad, sexualidad e identidad individual para experimentar con los nuevos estilos y costumbres que poco a poco estaban transformando la imaginación colectiva en el fin-de-siglo. Es una época en la cual las apariencias engañan. La Iglesia sigue siendo omnipresente en el engranaje de la sociedad, pero la misa ya no sirve para rezar sino para ligar y chismorrear … La casa de Inés parece protegida por un frondoso jardín y una alta tapia, pero en realidad es un espacio vulnerable cuya privacidad e intimidad son frecuentemente violadas por varias personas, entre otras por Bernardo, que se inmiscuye en un lugar donde por su clase social no pertenece, y las beatas que desaprueban hipócritamente de la conducta de la propietaria cuyo dinero sí aceptan. De la misma manera, los amigos estudiantes de Bernardo no son tales amigos, y el catedrático no se dedica a la enseñanza sino a la política.

Las manifestaciones de deseo que parten de los distintos personajes no siempre quedan reflejadas directamente en sus palabras. En la obra, estos deseos oscilan desde impulsos básicos y realistas hasta elaboradas sublimaciones de ambiciones sociales y sexuales. Todos los personajes, masculinos y femeninos, anhelan el cumplimiento de sus ambiciones, el amor, el estatus, el bienestar económico. Si bien el habla desempeña un papel fundamental en las expresiones de este deseo, sabemos desde Freud que el lenguaje puede tanto revelar como ocultar las intenciones de los personajes hablantes. Así es que con frecuencia, los personajes revelan sus más profundas y hasta inconscientes intenciones no mediante el lenguaje sino a través del cuerpo, en gestos, a través de la vista y del oído. Los deseos pueden representarse también mediante la posición del personaje en el espacio físico. El teatro es por ende un medio muy adecuado para expresar este deseo. Mejor que en sus palabras, las frustraciones de Bernardo se revelan mediante su posición ante la tapia que le separa de Inés, y la mirada horrorizada de Socorro cuando ve a la viuda entrando en el patio, delata su profundo amor por Bernardo.

La teoría psicoanalítica afirma además que todo deseo es por naturaleza propia imposible de satisfacer. Si para Freud el lenguaje y las representaciones no son sino vehículos para revelar y expresar los deseos ocultos, según Lacan, el sujeto humano nunca conoce la índole de su deseo ni tampoco puede alcanzarlo.[11] Así es que en *Juventud* los personajes buscan constantemente expresar los objetos de sus deseos, a los que suelen fallar en identificar—hablan simplemente de "otra cosa"—y que siempre quedan fuera de su alcance. Desear es empezar un camino en el que el personaje es empujado hacia un final desconsolador, en el que lo único que queda es una pura materialidad sin transcendencia. Los objetivos inalcanzables (lo que no puede ser conocido o conscientemente recobrado) a veces son sustituidos por otros, pero al final no queda sino la desesperación, la alienación o una simbólica muerte. El deseo en *Juventud* trasciende el mundo ficticio y envuelve también a la autora, quien en su poco ocultado afán de alcanzar fama y estrenar una obra al mismo tiempo innovadora y representable, introduce repetidos cambios en el título y el contenido de la pieza, sin verla jamás llevada a las tablas.

Todos los personajes en la obra vienen representados como sujetos con deseos, pero es el (ibseniano) anhelo del inconformista Bernardo de defender a toda costa su particular modo de ser frente al convencionalismo que le rodea, el que pone en marcha la acción. Bernardo, que es pobre y el sobrino de una criada, habla abundantemente de su deseo de sacar "más" de la vida, si bien le faltan las palabras exactas para expresar en qué exactamente consisten sus aspiraciones. Se limita a decir que anhela simplemente "otra cosa" (*TC* 326; II.5). Cuando se le pregunta qué forma o qué nombre tiene esa otra cosa, Bernardo responde "¡Mil nombres, mil formas vagas …!" (*TC* 326; II.5). El deseo de Bernardo es inefable y proteico: "Piense usted en lo que quiera; pregúnteme si es eso lo que quiero … y le responderé invariablemente: ¡no es eso! ¡Es más! ¡Es infinitamente más!" (*TC* 324; II.4). El joven aspira a algo metafísico, a un objeto irrealizable, más allá del deseo mismo: "lo más hermoso […] es lo que no se entiende" (*TC* 311; I.4).

En su afán ilimitado de afirmar su soberanía individual Bernardo se distingue de los demás estudiantes. No se encuentra a gusto en un sistema académico que le pone límites y le hace estudiar "lo impuesto, lo insípido, el texto, la letra …" (*TC* 308; I.3). Le inspira un deseo de conocer tan fuerte que quiere estudiar lo

Capítulo seis

que libremente le pide su cerebro: "yo doy a beber a mi espíritu el agua de que tiene sed" (*TC* 308; I.3). Frente a sus ruidosos amigos, que le admiran por su coraje de enmendarles la plana a los catedráticos, lo que le costará la licenciatura, Bernardo se comporta de modo arrogante y endiosado: "Ni soy vuestro guía, ni vuestro jefe, ni vuestro compañero, ni casi soy vuestro amigo [...] Si fuese vuestro compañero, ¡diez carreras habría terminado, como las termináis vosotros, para ejercerlas como las ejercéis!" (*TC* 307–08; I.3). Las palabras de Bernardo, en las que se notan ecos de las polémicas universitarias de los años sesenta y setenta del siglo XIX (Ribao Pereira, "Ejercicio" 199), incluyen una crítica explícita a un sistema de enseñanza autoritario y anticuado, y aluden a unos cambios y mejoras que, inspirados por la filosofía krausista, serán introducidos en la enseñanza española por la Institución Libre de Enseñanza.

Las veleidades y manías de Bernardo y su oposición al orden establecido suelen ser caracterizadas como "locura" por los demás personajes y sobre todo por los personajes femeninos, mucho más prácticas que el soñador. El quijotesco Bernardo vive—como Alonso Quijano con su ama y sobrina—con dos mujeres, su tía Misia Fidela, y otra hospiciana, Socorro. Misia Fidela observa que su sobrino "todo lo hace al revés que todos" (*TC* 305; I.2) y que "[m]ás vale un entendimiento como el de todo el mundo [...] los bienaventurados deben estar en los altares y los locos en ese asilo que el señor Arzobispo fundó para ellos; y que Bernardo allí acabará" (*TC* 304–05; I.1, I.2). Cuando Inés le ruega a su pretendiente "[d]éjate un momento de locuras" (*TC* 324; II.5), el joven le corrige: "Lo que llamas locura es razón y lo que llamas cordura tontería. [...] Acaso tu locura no era sino disfraz carnavalesco de tu cordura; calaverada breve y romántica de un espíritu sensato, burgués" (*TC* 325; I.5). Bernardo es en efecto reminiscente no solamente de Don Quijote sino también de ciertos personajes galdosianos que han sido considerados como "locos" por los demás por su incapacidad de conformarse con las estructuras altamente codificadas de la sociedad burguesa. La sociedad a su vez, se defiende contra este tipo de "amenazas" excluyendo a los inconformistas.[12]

Si las rarezas de Bernardo lo hacen en cierto sentido hasta simpático como personaje, no es así con sus desmesuradas aspiraciones que incluso hacen traslucir un aspecto mesiánico: "Guía, quisiera ser, pero de muchos, de muchos, y para conducirles a alguna parte ... *Yo guiaría a un pueblo*; yo no llevaría rebaños a pacer ..." (*TC* 307–308, I.3, la cursiva es mía). Bernardo Sálvora (nótese el elocuente apellido) pretende salvar a la humanidad y no conoce la humildad—"la humildad es virtud de siervos. No la conozco" (*TC* 324; III.3)—ni tampoco la sumisión—"mira mi cuello, no tiene esguince de yugo; mira mis manos, no tiene huella de esposas" (*TC* 309; I.3). El joven quiere "ir por fuera, por encima de todos. No lucho: vuelo" (*TC* 327; II.5), y se considera infinitamente superior a los demás: "yo siento el vigor y el arranque del águila; siento que tengo garras y unas alas muy grandes ..." (*TC* 312; I.5). De ninguna manera está dispuesto a sacrificarse: "Si me echáis en el puchero comeréis de mí: yo dejaré de ser y vosotros seréis" (*TC* 312; I.5). La comparación con el ave cazador no solamente implica una referencia a *Celestina*— recordemos el halcón de Calisto—sino que es también una manera para Pardo Bazán de inscribir el imperio en la obra. Para Lacan, es en la narración de los sueños, el uso de los significantes para narrarlo, es decir en la retórica, donde encontramos la índole del deseo. Las gigantescas pretensiones de Bernardo, a las que el joven considera como su destino divino, refieren por la comparación con el águila (imperial ibérica) a la ilusión que España sea todavía un poder mundial. Las garras grandes denotan la violencia, y el deseo de Bernardo de volar alto y expandir sus horizontes remite a la posterior afirmación de Hannah Arendt que la expansión por la expansión es el rasgo principal del imperialismo (125).[13]

La conexión entre las locas ambiciones y el pasado colonial español ha sido establecido por Pérez Galdós (Coffey 39), y también por Unamuno. En los ensayos de su *En torno al casticismo* (1895) Unamuno hace morir a Don Quijote porque con la muerte del caballero de la Mancha muere la locura guerrera y se acaba el pasado colonial (244). Matando a Don Quijote, escribe Javier Krauel, Unamuno pretende hacer olvidar a sus contemporáneos los valores del imperialismo y sanar su apego emocional a dichos valores como paso necesario para que adquieran una actitud normal y sana hacia la vida (93, 94). En *Amor y pedagogía* de 1902 Unamuno rectifica su opinión. A partir de entonces, precisa Rafael Alarcón Sierra, el autor sustituirá la salvación a través de la cordura

Capítulo seis

de Alonso Quijano por la redención mediante la locura de Don Quijote. En *Vida de Don Quijote y Sancho* Unamuno representa a Don Quijote como un espíritu heroico.

El debate sobre la relevancia del *Quijote* fue contemporáneo con la gestación de *Juventud* y no sólo por la conmemoración del tercer centenario de la novela de Cervantes en 1905. Escritores como Ganivet, Unamuno y Maeztu, escribe Christopher Britt Arredondo, recontextualizaron la figura de Don Quijote dentro del marco de un moderno discurso nacionalista, transformándolo en un héroe que por su autocontrol ascético y liderazgo abnegado pudiera regenerar España (13). Al oponer en su crítica moral de la decadencia nacional española los elites regeneradoras y las masas decadentes, estos autores se comportan ellos mismos como Quijotes en potencia (52, 53). Pardo Bazán por su parte castiga "al Bernardo Sálvora verdadero, al loquito, al que aprisiono entre rejas de hierro a fin de que no haga de las suyas" (*TC* 344; III.9) y le da una muerte en vida. Así pretende acabar con el ilusorio pensamiento colonial que impide el progreso de la nación. Al mismo tiempo, sin embargo, la autora critica a sus contemporáneos masculinos y sus falsas pretensiones de liderazgo abnegado porque dividen—como Bernardo—la sociedad en dos grupos: por un lado ellos mismos como representantes de las elites masculinas y por otro las masas decadentes. Y en esta última categoría incluyen a toda la población femenina.[14]

Si Bernardo merece morir—aunque sólo metafóricamente—por representar el apego emocional a unos anticuados impulsos coloniales, otro motivo para acabar con él es su falta total de consideración con las mujeres en su entorno. Y no sólo esto. El joven, que es todo menos abnegado, bloquea la realización de cualquier deseo que ellas puedan tener. A la vieja Misia Fidela la licenciatura de Bernardo le hubiera asegurado el legado del Deán y una vejez tranquila (con una casa propia). La hospiciana Socorro, que ama en secreto a Bernardo y le mantiene con su trabajo, es constantemente humillada por el joven, cuyo "amor" por Inés sólo dura mientras la viuda esté dispuesta a hacer lo que quiere él.[15]

Por su proclamación de la autonomía individual, el personaje de Bernardo tiene claros ecos ibsenianos y es reminiscente del personaje de Stockmann de *Un enemigo del pueblo*. Como escribe José Yxart, Ibsen proponía la defensa de "la independencia y firmeza de carácter, la más absoluta sinceridad y energía en las convicciones, la libérrima elección en todos los actos de la conducta humana, 'el proponerse ser lo que se es, con todas las fuerzas del ánimo y no otra cosa'" (251). Y efectivamente, el lema de Bernardo es "ser yo mismo; no aceptar lo que los otros establecen con arreglo a su modo de ver" (*TC* 311; I.4) y en otro lugar el joven afirma que "las cosas son lo que las hacemos ser nosotros" (*TC* 310; I.4) y "la fuerza se sostiene ignorando lo que dicen de nosotros los demás y escuchando, en cambio, atentamente, lo que nos decimos a nosotros mismo" (*TC* 312; I.5). En la reivindicación de su autonomía Bernardo resulta completamente sordo para los ruegos de las mujeres en su entorno. El modelo ibseniano le permite a Pardo Bazán advertir contra el abuso del ejercicio "libérrimo" de la voluntad individual por parte de la población masculina y sus consecuencias altamente dañinas para las mujeres.

Por iconoclasta que sea, Bernardo resulta un varón chocantemente convencional en su actitud hacia las mujeres. Su inalcanzable deseo metafísico de poseer siempre más encuentra un sustituto en su deseo por la aristocrática Inés. Desde el Libro de Génesis con su invocación del árbol de la ciencia, el deseo humano de comprender el mundo y su microcosmos, el cuerpo humano, ha sido asociado con la sexualidad (Gerli 64). La caza de amor, por parte del águila Bernardo que como Calisto y su halcón en *Celestina* entra una noche en el huerto de su amada, es en realidad un atrevido deseo transgresor, ya que en cuanto a su posición social Inés se encuentra muy por encima del protagonista. Más que un deseo de conocimiento, el "enamoramiento" del joven estudiante de la guapa viuda revela aspiraciones de ascendencia social y dominación masculina.

Bernardo busca en Inés la ilusoria mujer romántica que sugieren tanto su nombre—un guiño a la amante del Tenorio—como la ubicación del encuentro nocturno en el frondoso huerto, una variante del tradicional *locus amoenus* del amor cortés. El apego de Bernardo a la tradición consta de las palabras que dirige a la viuda: "Bocas como la tuya solo deben murmurar desfalleciendo un ¡te amo!" (*TC* 326; II.5). En su ensayo "La mujer española," Pardo Bazán escribió famosamente que lejos de aspirar el hombre español que su esposa piense y siente como él, quiere que ella viva una vida psíquica y cerebral inferior y enteramente diversa: "[m]ientras exteriormente alardean de innovadores y hasta demoledores, en su hogar doméstico levantan altares a la tradición" (*Mujer española*

Capítulo seis

89–90). El tradicional menosprecio para la mujer se cambia en misoginia en el caso de la hospiciana Socorro, a la que Bernardo califica cruelmente como "nadie." Es una calificación altamente irónica porque Socorro, enamorada del protagonista, es una pobre huérfana cuyos orígenes son tan humildes como las del propio Bernardo: "A ti, Socorro, te hablo sin reparo, porque tú … no eres nadie [...] No puedo recomendarte que creas en ti misma; esa es la fe de los fuertes … Cree en mí …; es la fe de los menores, creer en los otros" (*TC* 312–13; I.5). La cita alude una vez más a la megalomanía de Bernardo, cuyo nombre bien puede contener una referencia a San Bernardo de Claraval, inculpado de misógino por dudar de la virginidad de María (Forcadas 16).

El deseo siempre excede la capacidad de sus objetos de satisfacerlo, y en *Juventud* Pardo Bazán se esfuerza para que Bernardo no tarde en darse cuenta de que la Inés que desea no existe. La dramaturga deja bien claro que la viuda no es una heroína romántica sino una mujer moderna cuyas frustraciones con su vida personal vienen escenificadas en la obra. En sucesivas escenas la dramaturga muestra a los espectadores cómo tanto los hombres (su fallecido marido, su amante, su hermano) como las mujeres (las beatas) ponen obstáculos a la plena realización personal de la protagonista. En el drama se le atribuye a Inés un papel activo en mantener a flote su noble pero decaído linaje. El carácter enérgico de la mujer viene confirmado por los rumores que Inés apoyaba a los suyos trabajando fuera de casa, algo que se consideraba indecente para una señorita de la clase alta (Pardo Bazán, *Mujer española* 101). Además, ha sido la misma Inés (y no su hermano) que en el casamiento con un viejo pariente lejano, que volvió de Cuba millonario, encontró el remedio para salvar a su familia cuando su difunto padre les dejó a sus hijos con la casa hipotecada y el gran escudo sobre la puerta escondiendo el hambre dentro.

Conviene detenernos un momento en el matrimonio de Inés con el indiano. En los textos decimonónicos, escribe Eva Maria Copeland, el estereotipo del indiano revela ansiedades sobre la identidad nacional y el menguante imperio español (225). Los indianos solían ser hombres nacidos en España, frecuentemente en familias pobres y en la periferia, que cuando jóvenes se fueron a las colonias para volver a la metrópolis una vez que habían alcanzado la edad madura (223). La re-incorporación social del "otro" que es el indiano se debe a que éste aporta unas cualidades que faltan en la sociedad metropolitana (240). La riqueza que el indiano se ha ganado en las colonias mediante su duro trabajo posibilita su movilidad social: casándose con un miembro de una familia aristocrática cuya fortuna se ha disminuido, el indiano transgrede las rígidas fronteras sociales y adquiere el prestigio y el capital social. Esta unión debe asegurarle al indiano hijos y una herencia y a la empobrecida familia su futuro bienestar económico y sobrevivencia (J. Fernández, "América" 35).[16] Con la crisis colonial terminó, sin embargo, la posibilidad de que el imperio pudiera re-generar a la nación. El drama enfatiza este punto porque el marido indiano de Inés no tardó en pasarse al otro mundo, legando a su viuda su riqueza pero ninguna descendencia.

Pardo Bazán escribió *Juventud* en una época en la que se empezaron a cambiar los papeles de género y la percepción de lo que significaba ser mujer. La dramaturga insiste en la complejidad de la posición de la mujer y desafía las limitaciones genéricas que hacen invisibles el deseo femenino. Es Inés la que propicia (y anhela) un encuentro con Bernardo, mirándole durante la misa y facilitándole indirectamente el acceso a su huerto, pero cuando Bernardo entra efectivamente en el jardín, ella le pregunta "¿Qué es esto?" a lo que Bernardo responde "¡Esto es amor!" (*TC* 314; I.6). El gusto de Inés por Bernardo, que por su originalidad resulta tan "otro" como el difunto marido, viene subrayado por el catedrático cuando apunta que "Inés ya posee fortuna y nombre, nada de eso tiene que buscar. La halagarán ... *otras cosas*" (*TC* 317; II.1, la cursiva es mía). El indiano, que dejó a la mujer sus millones, no le dejó ningún hijo y es de suponer que habrá descuidado la sexualidad femenina, aspecto que Pardo Bazán consideró como esencial para la plena realización de la mujer (Walter, "After" 100).

En una sociedad marcada por la vigilancia como fue la del fin-de-siglo (simbolizada por la [fálica] torre de la catedral que vela por la ciudad), la mujer, incluso si es viuda, es una persona estrictamente vigilada y su libertad viene coartada por todo tipo de convenciones sociales. La casa de Inés, decorada con la herencia del indiano, es el objeto de las fantasías de los demás. Misia Fidela fantasea sobre su lujo "asiático" y Socorro incluso se pregunta si es verdad que hasta los tiestos de flores tienen allí corbatines de seda (*TC* 302; I.1). También en el cuerpo de la viuda—objeto de significación tanto sexual como social—se proyectan tensiones de clase y normas sociales. Doña Traspasa (nótese el nombre) y Dalinda se

Capítulo seis

burlan de la lujosa y en sus ojos poco decente manera de vestir de la viuda—";A eso llama vestirse! ¡Los brazos al aire, el cuello descubierto ...! [...] ¡Y qué olor tan fuerte! Una esencia que trastorna" (*TC* 320; II.2)—y censuran su estilo de vida—"no madruga; lleva otro método de vida" (*TC* 319; II.2). La hipocresía de las dos mujeres viene subrayada por el propósito de su visita: anunciarle a Inés que por sus relaciones con Bernardo no puede formar parte de su Cofradía si bien ésta no suele vacilar en pedirle auxilios cada vez que se encuentra en apuros.

Es por supuesto altamente irónico que las dos beatas, contrastando su propio comportamiento con el de Inés, adopten el mismo doble estándar que adoptan los hombres con respecto a las mujeres, y que ellas respalden las ideas patriarcales que representan a la mujer como la posesión sucesivamente de su padre, hermanos o marido, algo que Pardo Bazán comenta con tanta frecuencia en sus ensayos.

> Jacobo. — [...] Dalinda, ¿no se ha casado usted?
> Dalinda. — (*Escandalizada*). ¡Casarme! [...] Para vivir honradamente no es preciso ser casada ni monja. Y yo vivo como es debido. No todos pueden alabarse de otro tanto.
> Doña Traspaso. —[...] a la que ampara un padre o un hermano nadie se le atreve.
> Jacobo. —(*Aparte*). Con maligno retintín parece que lo ha dicho ... [...]
> Inés. —Y a ustedes, que no tienen hermano ni padre, ¿se les atreven, sin duda?
> Doña Traspaso. — ¡Qué cosas dice! ¡Cuando una es formal ...!
> Inés. —Según eso, ¿las demás no lo somos? Yo soy dueña de mí; no necesito que me amparen ... [...] (*TC* 320; II.2)

Si bien Jacobo comparte la indignación de Inés sobre los comentarios impertinentes de las dos beatas, la solidaridad del hermano es muy limitada. Adoptando una posición patriarcal, el hermano desaprueba la relación entre Inés y el estudiante y regaña a su hermana por haber entablado unas "misteriosas relaciones" con un hombre de baja condición social: "se trata de un hombre socialmente inferior a ti, sin oficio, ni beneficio, sobrino de una criada; porque tú percibes el mal gusto, la inconveniencia de tales relaciones, y el misterio da a tu inclinación color de ilícita y así, a mansalva, las víboras te muerden" (*TC* 322; I.3). La intervención de Jacobo no solamente ilustra la ya comentada afirmación que en el fin-de-siglo las mujeres españolas fueron la posesión y sufrieron de la vigilancia de sus padres, hermanos y maridos, sino que revela también los motivos menos nobles del hermano a quien le preocupa mucho que el dinero de "la ilustre casa de Montemor" que Inés ha recuperado mediante su boda con el indiano, llegue a manos del pobre Bernardo en vez de a los miembros de su propia estirpe, en este caso a sus hijos. Jacobo necesita el dinero para poder tener una vida tranquila y retirada en su aldea donde cultiva su tierra y cuida de su familia. El hermano, que reivindica su voluntad individual y pasa por alto tanto las aspiraciones de su hermana como los ruegos del catedrático que pretende reclutarlo para su campaña política, no es menos egocéntrico que Bernardo.

Pardo Bazán advierte cuan lejos va la influencia de los hombres decimonónicos sobre las mujeres al mostrar que Inés, por poco convencional que sea (con Bernardo nunca habla de matrimonio), cede finalmente a la presión de su hermano. Bajo la influencia de Jacobo la viuda intenta moldear a Bernardo y le pide avenirse a la realidad. Contrariamente a Inés, sin embargo, Bernardo resulta inflexible y se niega inicialmente a abandonar sus sueños: "yo desprecio eso que llamas posición. Hacia otra cosa me dirijo ..." (*TC* 326; II.5). El joven, que se comporta francamente mal, hiere a la viuda con su amarga ironía: "La fórmula del amor es como la del genio. ¡Más, siempre más! Y sobre tu corazón leo yo ahora claramente ... el signo menos (*Lo dibuja en el aire con la mano*) [...] lo que exiges es que me aminore, que entierre mi ideal en el barro que los pies pisan" (*TC* 327; II.5). El arrogante joven que reprocha a Inés su "vanidad de linaje" y "orgullo de patricia" se siente menospreciado por la viuda y su hermano y decide romper la relación. Incluso inculpa a Inés por haber "matado a aquel Bernardo Sálvora en quien yo creía. Ella me ha escrito en la frente el signo menos, la cifra de la nada. Por ella dejé de ser" (*TC* 336; III.4).

Después de haber fracasado la relación con Inés, se desplaza el deseo de Bernardo, algo demasiado brusco, hay que decirlo. Bernardo cambia de un hombre que desea a un hombre que desea no desear.[17] En cuanto a la viuda, ella vuelve arrepentida de su aldea, y hasta se rebaja al entrar en el patio de Misia Fidela donde intenta ganarse la simpatía de la vieja con la misma filantropía interesada de que tanto desaprueba cuando la emplean las beatas. En una de las últimas escenas de la obra, Inés ofrece a Bernardo su amor incondicional con un celestinesco "Tuya soy, tuya mi

Capítulo seis

voluntad, tuya mi mano" (*TC* 343; III.9).[18] No obstante, en vez de aceptar su redención de Inés (algo que sugiere el nombre del personaje), Bernardo ya ha tomado la decisión de cambiar de rumbo. Y de nuevo se muestra inflexible. Con la aceptación del puesto de director de un periódico se ha rendido a un mundo crudo y materialista. El soñador, el poeta, que amó a Inés cuando amarla era una forma de transgredir las normas sociales establecidas, ha cambiado a un hombre que sabe mentir para avanzar y que de ninguna manera se aprovecha del gran potencial que lleva dentro. Para este cínico explotador de la realidad una boda con Inés sería ahora un acto de provecho social y la negación de Bernardo muestra un último resto de respeto para la viuda, antes de que el joven se entregue por completo a una vida de pura materialidad. "Ese Bernardo que muere ... era el único digno de suscitar algún entusiasmo. El que queda ... es un hombre adaptado a las circunstancias ... ¡Un cualquiera!" (*TC* 331; III.2).

Las decisiones vitales de Bernardo resultan incompatibles con las ambiciones de Misia Fidela que son mucho más banales que las de su sobrino. La licenciatura de Bernardo (un ascenso por esfuerzos propios) o una boda con la rica Inés (un ascenso mediante un matrimonio aprovechable) hubieran podido garantizar una existencia confortable tanto para Bernardo como para la vieja tía, que ha trabajado toda su vida para mantener a los huérfanos Bernardo y Socorro pero que ahora es media tullida. A Misia Fidela le mortifica su falta de dinero y la idea de tener que pedir limosna en la calle. La chismosa vieja, que habla en proverbios, recuerda a Celestina porque entrevé los deseos de todos los demás, y resulta altamente manipuladora. Sacrificando a su protegida Socorro, a quien sabe enamorada de Bernardo, Misia Fidela, en un último esfuerzo, hace todo lo que puede para facilitar la relación entre su sobrino y la rica viuda a la que llama lisonjeramente "protectora" y "ángel" (*TC* 342; III.8), porque piensa aprovecharse personalmente de tal unión. En presencia de Socorro, que odia a Inés, comenta que era "un bien muy grande que se nos entraba por las puertas ... Tú me entiendes de sobra ... tenemos la casa hipotecada y de la hipoteca comemos ... Pero hay que pagar réditos ... Nos pondrán en la calle" (*TC* 339; III.5). De tal manera Misia Fidela hace obvio que su "salvación" y la de los suyos se encuentra en las manos de Bernardo Sálvora.

Socorro es quizás el personaje que con más coherencia se desarrolla durante la obra y que va a retar las convenciones

Juventud

sociales incluso cuando Bernardo ya las ha aceptado (Bretz 44). Al principio de la obra es una abnegada criada enamorada del joven que la trata despóticamente e incluso le pregunta—¡tras haber roto con Inés!—si la hospiciana les quiere servir de criada después de su matrimonio con la viuda (*TC* 338; III.4). Socorro apoya a Bernardo económicamente mediante su trabajo—"El trabajo es mío. Ojalá hubiese más, hubiese doble" (*TC* 336; III.4)—y también emocionalmente mediante el amor ciego que le profesa. En la última escena, la hospiciana no sólo reta a Inés sino que se enfrenta con las distinciones de clases y las presiones económicas que la viuda ha llegado a representar (Bretz 44). Con un gesto desafiante Socorro arroja la llave de Inés que Bernardo le ha dado por la tapia del huerto y proclama su autonomía.

En *Juventud* Pardo Bazán escenifica los penosos y difíciles ajustes que se exigen de la sociedad española finisecular en el proceso de aceptación de la pérdida definitiva de sus últimos vestigios coloniales. El principal ajuste es la aceptación de las mujeres. La dramaturga pretende mostrar y hacer sentir a sus espectadores que en vez de regodearse melancólicamente en los trasnochados ideales de grandeza imperial más vale aceptar que el imperio ha muerto irrevocablemente e iniciar la fase del duelo. En vez de soñar conviene aceptar la pérdida y dedicarse al trabajo disciplinado.

Utilizando un trasfondo de crudo realismo que la autora toma de *Celestina*, Pardo Bazán escenifica una comedia humana trágica en la que ninguno de los personajes obtiene lo que desea. La trama de la obra vincula la aristocrática protagonista femenina con dos hombres. El primero es su marido indiano, un *self-made man* que se ha enriquecido en las colonias gracias a su espíritu emprendedor y su duro trabajo. La riqueza de este explotador moderno le permite al indiano ascender socialmente y mediante la boda con la hija de una familia noble venida a menos fusionarse con la hidalguía. No obstante y para que quede bien claro que las colonias ya no aportan a la regeneración de la nación, este marido ha muerto desde hace mucho tiempo—ni siquiera lo vemos en el escenario—sin dejar a su esposa descendientes. El segundo hombre relacionado con la viuda es también asociado al imperio, pero no por sus aportaciones desde las colonias. En su caso esta vinculación se establece por su "locura": por sus sueños y su afán de expandir sus horizontes y su comparación con el águila, el ave imperial por antonomasia. Por sus rasgos quijotescos, Bernardo

Capítulo seis

evoca la que Pardo Bazán, en la conferencia que dio en París con el título *La España de ayer y la de hoy*, llamó la "leyenda de oro." Si la "leyenda negra" desacreditaba a la conquista, aun más nociva fue la evocación idealista del glorioso pasado imperialista español ya que impedía afrontar con rigor la crisis económica y cultural que enfrentaba la nación. Para que los espectadores/lectores de la obra comprendan y sientan el peligro de los sueños de hombres como Bernardo, la dramaturga recurre al tema ibseniano del derecho del individuo a reivindicar su plena realización, cuyas consecuencias Pardo Bazán lleva hasta el extremo. A diferencia del indiano, a Bernardo le falta todo espíritu emprendedor. El joven no gana para vivir y debe toda su existencia al apoyo incondicional y al trabajo disciplinado de unas mujeres de las que abusa sistemáticamente y cuya propia realización personal obstaculiza constantemente. Bernardo Sálvora, que se ve a sí mismo como un águila, es en realidad un predador, cuyas actitudes e ideales trasnochadas no salvarán a la sociedad española. Pardo Bazán no sólo no le permite fusionarse con la hidalguía sino que le corta las alas para hacerlo morir metafóricamente.

Con *Juventud* Pardo Bazán anticipa en cierto modo a Ortega y Gasset que, en *Meditaciones del Quijote* (1914), escribe su famosa expresión: "Yo soy yo y mi circunstancia, y si no la salvo a ella no me salvo yo" (77). El filósofo arguye que la filosofía debe superar las limitaciones tanto del idealismo como del realismo para enfocarse en la única realidad verdadera: la vida de cada individuo. Pero esta vida no es sólo el ser humano sino todo lo que le rodea, ya que la realidad circundante "forma *la otra mitad* de mi persona" (76, la cursiva es mía).[19] Esta realidad implica tanto lo inmediato como lo remoto, tanto lo físico como lo espiritual. El mundo es la suma de todas estas cosas, un escenario hecho por el ser humano. Si Rojas escribe *Celestina* "to restore direction and reason to a confused and dissolute youth held captive by desire and exploited by flattering and evil servants and false witches" (Gerli 28), Pardo Bazán se compromete con *Juventud* a otro acto de responsabilidad civil, ya que la dramaturga alerta contra las locas ambiciones de los hombres que pasan por alto a todo lo que les rodee, y especialmente a su *otra mitad*, las mujeres.[20]

Capítulo siete

Imperio, darwinismo y responsabilidad moral en *Las raíces* (1909)

Las raíces, una "comedia dramática en tres actos, en prosa," nunca logró a estrenarse. Tampoco conocemos la fecha de redacción de esta obra que debe ser anterior a 1909 cuando Pardo Bazán la incluyó en el tomo 35 de sus *Obras completas*.[1] Los pocos críticos que se han ocupado de la pieza han llamado la atención a la estructura equilibrada de la obra (Prado Mas 70), a la que han considerado como un buen ejemplo de la alta comedia (García Castañeda, "El teatro" 134). También han indicado la influencia de Ibsen en la pieza.[2] López Quintáns, por ejemplo, ha señalado las semejanzas entre *Las raíces* y *Casa de muñecas* ("¿Resignación?" 99),[3] si bien es más destacado el parecido con *El pato salvaje* y el título evoca una observación de *Un enemigo del pueblo*: "He descubierto que las raíces de nuestra vida moral están completamente podridas, que la base de nuestra sociedad está corrompida por la mentira."[4]

Es cierto que *Las raíces* presenta varias características de la alta comedia, tales como la consideración seria de los temas de la realidad del momento que preocuparon a los miembros de la alta burguesía, cuyos principios morales se critican con un énfasis en la realidad psicológica de los personajes y una obvia intención didáctica.[5] La pieza podría interpretarse como una advertencia moral contra la degeneración de la estructura familiar, y así lo han hecho varios críticos (García Castañeda, Wilcox, López Quintáns). En *Las raíces* el declive se produce porque el jefe de la familia no acepta sus responsabilidades y su esposa se busca, fuera del hogar, los recursos para salvaguardar el bienestar familiar mediante una relación adúltera, una trasgresión por la que le perdonará su marido pero que expiará mediante la muerte de una de sus hijas.[6] Las posibilidades interpretativas de *Las raíces* son, sin embargo, considerablemente más ricas. La degeneración y pérdida

Capítulo siete

escenificadas en la pieza no quedan limitadas a la esfera familiar sino que se refieren también a la nación y al imperio, así como a las artes, la literatura y las ciencias, y tienen sus raíces en las cuestiones de género.

En su estudio *Fictions of Loss in the Victorian Fin de Siècle*, Stephen Arata señala que la literatura inglesa de los últimos años del siglo XIX fue marcada por una verdadera obsesión con la degeneración de los organismos, tanto al nivel individual como al nivel colectivo. Por lo tanto, las preocupaciones con la descomposición del cuerpo individual fueron inseparables de las ansiedades sobre el declive del cuerpo colectivo entendido en términos nacionales o raciales (6). Y no sólo proliferaron las representaciones literarias de degeneración en el ámbito nacional, biológico y estético, sino que estas representaciones solían implicarse mutuamente. Toda discusión sobre la degeneración de la nación, del cuerpo o de las artes conllevaba casi automáticamente la consideración de las otras dos, y bajo estos encabezados generales se escondieron numerosas ansiedades, tales como la retirada del imperio, el auge del arte decadente y las cuestiones de género. La convicción que hubo alguna conexión profunda entre unos fenómenos aparentemente dispares inspiró, según Arata, gran parte de la ficción de la época (2). En este contexto no es de sorprender que Pardo Bazán, en *Las raíces*, da forma a un conjunto interrelacionado de cuestiones contemporáneas. Para demostrar que existe un vínculo entre los diferentes problemas recurre a una serie de metáforas orgánicas frecuentemente utilizadas en la época.

Pardo Bazán establece en *Las raíces* una marcada correlación entre la trama ficticia y el contexto histórico de la política nacional. Mediante el uso de representaciones metafóricas basadas en la familia, el árbol, el cuerpo y la lucha, a las que se añaden imágenes acuáticas, la autora inserta su obra en un discurso sobre nación e imperio. La familia, para los críticos el tema principal de la obra teatral pardobazaniana, es una de las metáforas más empleadas para representar la nación y el imperio, y la disfuncionalidad de la misma es por ende altamente apropiada para una representación alegórica de un imperio en declive. *Las raíces* contiene obvias referencias al Desastre, sobre todo a la pérdida de las últimas colonias y a la ceguera colectiva en la que viven sumidos los españoles como consecuencia de la por Pardo Bazán llamada "leyenda aurea" o "leyenda dorada" (*La España*). La autora, que escenifica en la obra una relación de idolatría entre el pater familias y su hija enferma, muestra además que gran parte del discurso imperialista se basa en una misoginia fetichista. Una idéntica misoginia fetichista volveremos a encontrar en el arte decadentista finisecular con sus representaciones frecuentes del cuerpo femenino enfermo o muerto (Bronfen). Al igual que hace en otros textos, Pardo Bazán sugiere en esta obra teatral que las representaciones de la situación colonial como patología son inextricables de las ansiedades sobre el género sexual (Tolliver, "Over" 285).[7]

Las mismas metáforas que permiten leer *Las raíces* como una representación alegórica del moribundo imperio español, vinculan la obra con los discursos de la biología evolutiva y la literatura naturalista, en los que fueron por aquel entonces ampliamente utilizadas. Así es que Darwin recurrió repetidamente en su obra a las metáforas orgánicas del árbol, la familia, y la lucha (Drogosz). Pardo Bazán estuvo bien informada de las teorías del naturalista inglés, si bien se opuso siempre tajantemente al determinismo/ fatalismo que inspiró sus ideas porque no dejaba sitio a la responsabilidad moral. Es precisamente a esta falta de responsabilidad moral que Pardo Bazán achaca los males de la sociedad de su tiempo. Son sobre todo los hombres que actúan de manera irresponsable y bajo ningún pretexto la autora quiere brindarles una excusa para disculparse.

Al determinismo naturalista, la autora prefirió un modelo agustiniano cuya interpretación del pecado original enfatizó la habilidad humana de redimirse combatiendo los instintos inmorales mediante el uso de la voluntad y la razón (Goldin 37–38). En *Las raíces* el fin del idilio matrimonial e imperial es descrito en términos que aluden intertextualmente a la expulsión del paraíso narrada en el libro de Génesis. Pero el intertexto bíblico sirve también para destacar el doble estándar como una de las raíces de la misoginia (Walter, "After" 92). No es por instinto que Susana ha comido del árbol prohibido (Casarrobles), sino para remediar una penosa situación que su mismo marido ha creado por no cumplir con las expectativas de la sociedad patriarcal. A pesar de que la mujer ha aplicado su voluntad a redimir a su familia de una situación poco confortable, se ve culpabilizada por parte de su esposo, una culpa que ella incluso parece aceptar. Contrariamente a la narración naturalista que atribuye todo a la fatalidad y las circunstancias, el intertexto bíblico le permite a

Capítulo siete

Pardo Bazán contrastar la ponderada iniciativa femenina con la ausencia de responsabilidad masculina. Es una comparación de la cual los hombres salen muy mal parados. El único personaje masculino que sí asume sus responsabilidades recibe la gracia de la autora (en la forma de una novia, Gracia). Al nivel metaliterario, por su crítica tanto al determinismo como al arte decadente, la obra puede leerse como un alegato a favor de un arte y una literatura que encuentre su expresión "dentro de los confines de la estructura ética que impone la colectividad" (Kronik 169).

La trama de *Las raíces*, cuyos tres actos se dividen respectivamente en siete, siete y ocho escenas, se enfoca en la familia Alarcón, miembros de la alta burguesía madrileña. Aurelio Alarcón tiene una vida extremadamente feliz y despreocupada que comparte con su esposa Susana y sus hijas Gracia, en edad casadera, y Fifí, de doce años. La relación sentimental entre Aurelio y su esposa es excelente, y Aurelio tiene un gran cariño por sus hijas, sobre todo por la pequeña Fifí, que es inválida y muy débil de salud. Cuando la familia está a punto de celebrar las Navidades, una visita sorpresa del primo de Aurelio, Vicente, y del hijo de éste, José, interrumpe el idilio hogareño. Vicente le avisa a Aurelio sobre la bancarrota del banquero Casarrobles, que afectará a todos. Cuando el primo cuenta además que según los rumores Casarrobles mantiene desde hace años una relación con una mujer casada a cuya familia cuida económicamente el banquero, Aurelio cae en un profundo ensimismamiento, y con esto termina el primer acto. En el segundo acto, la fortuna de la familia Alarcón no resulta dañada por la quiebra del banquero porque Susana se ha encargado muy bien de proteger la riqueza familiar. Aurelio, sin embargo, parece otro hombre, infeliz y escéptico, en un estado de abulia. Acaba de enterarse de que es precisamente Susana la amante del banquero. El esposo se desahoga ante Sofía, amiga de la familia, que confirma sus sospechas y dice amarlo en secreto. Aurelio promete escaparse con ella. Susana se justifica ante su marido contándole que ha mantenido la relación con el banquero sólo para procurar a su familia una vida holgada, algo de lo que es incapaz su marido, al que ama. La discusión conyugal se interrumpe al final del segundo acto porque la salud de Fifí se ha deteriorado dramáticamente. El tercer acto se centra en la muerte de la hija enferma. Aprendemos que ésta, que ha significado tanto para Aurelio, no ha sido hija suya. Aurelio, dispuesto a irse con Sofía, se deja convencer por su

Imperio, darwinismo y responsabilidad moral

amiga para no abandonar el hogar familiar, y perdona finalmente a su mujer. Triunfan las raíces familiares y Gracia se casará con su primo José.

En general, la obra está bien construida, y su relativa brevedad y equilibrado diseño se prestan al planteamiento eficaz del tema y la presentación de los personajes (Prado Mas 70), que vienen dotados de cierta complejidad psicológica. Cada escena termina con un momento de especial intensidad: el fin del acto primero muestra a Aurelio profundamente perturbado tras haber recibido la noticia del posible adulterio de su esposa; el acto segundo cierra con la promesa de Aurelio de escaparse con Sofía y el empeoramiento de la salud de Fifí, que muere al final de la obra que termina con el marido perdonando a su esposa. Como "defectos" se podrían señalar el cambio algo rápido que se produce en Aurelio, y la convivencia de Sofía con la familia, que resulta poco verosímil visto el odio del que hace gala al final.

La familia y el árbol, al que se alude incluso en el mismo título de *Las raíces*, son dos metáforas interrelacionadas que Birk y Neumann (64) identifican como características del "discurso colonial," es decir, la serie de códigos y el sistema de argumentos utilizados para apoyar y construir un proyecto imperial (Spurr 1-2). En el siglo XIX, tanto en la retórica popular como en la literatura, se solía recurrir a un número relativamente reducido de metáforas para construir discursivamente la relación entre el poder colonial y sus colonias. La popularidad de las metáforas imperiales se debe no sólo a que conceptualizaron algo que desafiaba la observación y experiencia directa sino también a la eficacia con la que representaron al imperio como una unidad casi natural cuando esta unidad fue todo menos que natural (Nünning y Rupp 255, 259).

La construcción metafórica del imperio español como familia crea, como todas las metáforas de parentesco, una analogía entre la esfera privada de la familia y la esfera pública de las relaciones internacionales al proyectar la estructura familiar sobre el conjunto imperial. Es una metáfora ideológicamente muy cargada ya que no sólo implica las afinidades de parentesco entre por un lado España como la madre-patria y por otro las colonias como sus hijos, sino porque esta imagen conlleva también nociones jerárquicas de orden, ascendencia y linaje al sugerir que las colonias originan de esta madre-patria, dependen de la autoridad paterna y necesitan

Capítulo siete

su continua vigilancia (Nünning y Rupp 262–63).[8] Los valores y normas de la familia burguesa decimonónica se transfieren al dominio imperial y este intento de presentar las relaciones imperiales como un idilio doméstico basado en lazos emocionales sirvió obviamente el propósito de evitar cualquier conflicto que pudiera surgir (263–64). Las metáforas, explican Ansgar Nünning y Jann Rupp, influyen en la percepción tanto del campo meta cuanto del campo fuente. Así es que por un lado, la metáfora de la familia fijó el modo en el que se conceptualizó el imperio. Por otro, esta misma metáfora afectó la manera en la que se percibió la familia decimonónica. Como una especie de doble filtro las metáforas de parentesco sirvieron para apoyar—y presentar como "natural"— un modelo patriarcal de relaciones familiares y para inculcar ciertos valores burgueses (269).

La metáfora del árbol, que es relacionada con la de la familia porque el término para indicar la base del tronco, *stirps*, evoca la palabra "estirpe" que sugiere el linaje (Lafollette Miller 276), sirve igualmente para proyectar las nociones de unidad natural y crecimiento orgánico sobre determinados acontecimientos históricos y relaciones políticas (Nünning y Rupp 260–61). Esta construcción metafórica enfatiza que, al igual que los hijos dependen de los padres, las ramas y hojas coloniales dependen del tronco del árbol imperial (Birk y Neumann 66–76), y una rama, una vez rota, no puede ser atada de nuevo (Nünning y Rupp 260). Además, la metáfora representa discursivamente a las colonias como fuente de la vida de la nación. Esta vida, como la de un árbol, reside en sus extremidades ya que las hojas son los pulmones por los que respira el árbol (Froude en Nünning y Rupp 261). Similar es la construcción metafórica del cuerpo, que asimismo vincula el imperio con los organismos naturales. En el caso del cuerpo se suele insistir en la importancia de las extremidades (las colonias), así como en la sangre que el corazón (la metrópolis) propulsa por todas las partes corporales, y por último en el cerebro (la ideología) que las une en el imperio (Gladstone en Nünning y Rupp 262).

Estas metáforas orgánicas, que aparecen en un contexto histórico y cultural específico, son maleables y pueden adaptarse a situaciones cambiantes. De la misma manera que pueden servir para crear unas "mentalidades imperialistas" (Nünning y Rupp 265), también pueden ser utilizadas, en los años alrededor del Desastre, para representar el declive del imperio. Pardo

Imperio, darwinismo y responsabilidad moral

Bazán, que como muchos de sus contemporáneos consideró a los países coloniales como parte de la familia (Freire López, "Hispanoamérica"), encontró sobre todo en la metáfora del imperio como familia una herramienta muy grata. La autora, que en su ensayística había denunciado tantas veces los fundamentos de la familia patriarcal, vio en el malfuncionamiento de ella una imagen apropiada para representar alegóricamente al imperio agonizante. Y viceversa, la degeneración del imperio le sirvió también para señalar una vez más que la ideología patriarcal había llegado a su fin.

La destacada presencia de las metáforas interrelacionadas del árbol y de la familia en *Las raíces* invita, pues, a leer la obra como una alegoría de las ansiedades finiseculares relacionadas con las palpables amenazas al menguante poder imperial español, ansiedades que se manifestaron por aquel entonces ampliamente tanto en la prensa como en otros dominios de la esfera pública (Tolliver, "Over" 285). Las mencionadas metáforas se encuentran ya en la primera escena en la que vemos a algunos miembros de la familia ocupados en las preparaciones de una celebración navideña. Acaban de decorar un árbol de Navidad, pero este pino, al igual que la situación del imperio español a finales del siglo, es "desguarnecido y feo" (*TC* 350; I.1).[9] En comparación con otros años "[f]altan estrellitas" (*TC* 349; I.1). Las preparaciones tampoco ocurren en un ambiente armónico, ya que entre la hija Fifí y la amiga de la casa Sofía se inicia una discusión sobre quien es o no es de la casa (*TC* 350; I.1), aludiendo así a la otredad y a quienes tienen derecho o no a considerarse como sujetos imperiales. Aurelio intenta apaciguar a las dos mujeres, de las que ninguna resultará pertenecer por parte entera a la familia. Ante la seriedad de la situación familiar/imperial, el pater familias demuestra un estado de negación que Derek Hook, basándose en Bhabha, asocia en el contexto imperial con el fetiche colonial, un mecanismo discursivo que asegura al colonizador que su poder no viene amenazado. Se trata de un intento defectuoso de adaptación a un estado de cosas amenazador (14), que se manifiesta mediante un estado conflictivo de ambivalencia. Si bien Aurelio conoce "moralmente" el peligro que le achaca, prefiere cerrar los ojos y presumir de felicidad, ensalzando—hipócritamente ya que no cuida en absoluto de los suyos—la institución familiar decimonónica: "Lo único bueno es la familia, el hogarcito abrigado para la vejez. Desde que me casé sólo he vivido para los míos ... y tan dichoso" (*TC* 353; I.3). Sin darse cuenta, el mismo Aurelio revela sin embargo el estado precario de su dicha que sólo dura: "mientras no pierda a las amadas mujeres que han labrado mi felicidad en este mundo ... Susana, a quien quiero como el primer día; no, ¡más! Gracia, que ya sabe usted si vale, si no es la más encantadora de las criaturas, y ... mi pobre Fifí ..." (*TC* 353; I.3). Previamente Aurelio ya había comentado que el caso de la agonizante Fifí, la "única desgracia" de la familia, es sin esperanzas de alivio (*TC* 351; I.2). Al igual que hace en el cuento "La exangüe," Pardo Bazán presenta en *Las raíces* una especie de estudio de los efectos perniciosos de esta actitud de negación. En el caso de Aurelio, su ambivalente postura de felicidad y miedo con respeto a su familia, ilustra la fantasía simultanea de control imperial y del miedo de perder el imperio, una fantasía que se asocia aquí explícitamente con el género femenino. Es obvio que la representación de la situación colonial como patología es inextricable de las ansiedades sobre el género (Tolliver, "Over" 290).

Las raíces insiste en las consecuencias dañinas de la actitud de negación de Aurelio, o lo que en términos ibsenianos se llamaría su "mentira vital." En *El pato salvaje* Ibsen afirma que "[s]i quita usted la mentira vital a un hombre vulgar, le quita al mismo tiempo la felicidad." Aurelio es tan sólo feliz porque ignora (sí o no conscientemente) todo lo que pasa a su alrededor. El mismo nombre, Aurelio ("el dorado"), ya es un indicio que el hombre se asemeja a tantos otros españoles que en los años antes del Desastre se hicieron cegar por la que Pardo Bazán, en una conferencia que dio en París en 1899, llamó la "leyenda dorada," y que causó, según la autora, que los españoles vivieron sumergidos en un sueño idealizado del que no quisieron despertarse (*La España*). Tanto la amiga Sofía, como el primo Vicente y la esposa Susana, le darán a Aurelio repetidas señales de que es hora para despertarse de esta leyenda fundada en la grandeza española del Siglo de Oro que ha falseado sus sentimientos y juicio. Es por algo que Vicente compara a su primo con Don Quijote (*TC* 364; II.2). Sofía introduce además el concepto darwiniano de la lucha por la existencia (al que volveré más adelante) y la obligación moral de vigilar los intereses propios, anticipando así un desenlace poco favorable tanto para la familia de Aurelio como para el imperio español:

Imperio, darwinismo y responsabilidad moral

> yo no creo que se formen los hogares, como usted dice, para la felicidad ... Todo el que forma un hogar me parece a mí que es como si aceptase una lucha. Tiene que vigilar ese hogar, tiene que defenderlo, tiene a su cargo el destino de otras personas y hasta su honor ... El hogar es una cosa muy seria. Para descansar y vivir libre de cuidados comprendo el claustro, pero no la familia. (*TC* 353-54; I.3)

Vicente comparte la opinión de Sofía que "No hay nadie dichoso de verdad." El primo de Aurelio no cree en la bondad innata del individuo y adopta una postura fatalista cuando afirma que "el hombre es malo, porque es malo el mundo en que nace y vive" (*TC* 355; I.4).[10] Escépticamente y con una referencia al juicio final, Vicente advierte a Aurelio que irremediablemente un día saldrá de su error: "la vida te presentará la cuenta ... Habrás de pagar ... y ¡ay de ese día!" (*TC* 355; I.4), anticipando, al igual que Sofía, un próximo derrumbamiento de la felicidad familiar e imperial.

La llegada de Vicente y su hijo, los familiares más próximos de Aurelio, supone un repliegue a las bases de la familia y la nación. Los dos negociantes vuelven como indianos a la metrópolis, después de haberse dedicado a la explotación comercial tanto en la España periférica (Barcelona, Bilbao) como en las colonias. Es significativo que Vicente considera el cigarro como su "único goce" (*TC* 355; I.4) y que José ha sido educado "para el combate y la conquista, en países duros, donde se gana el pan con el puño cerrado" (*TC* 358; I.5). Esta vuelta a la familia nuclear (y a una España desprovista de imperio) viene subrayada por Aurelio cuando invita a Vicente y su hijo a quedarse, y por Vicente cuando éste afirma que "nadie es de casa sino los de casa" (*TC* 357; I.5). Los lazos familiares se reforzarán más tarde en la obra con la sugerencia de una posible boda entre Gracia y su primo José.

En el ambiente de crisis en el que se desarrolla la acción de la pieza sorprende el holgado estado en el que vive la familia de Aurelio. Por su improductividad económica Aurelio resulta fuera de lugar en una sociedad cuya modernidad viene subrayada por frecuentes menciones del teléfono y en la que todo se basa en el dinero. El dinero es, según la fría mentalidad capitalista del negociante Vicente, "lo más apreciable del mundo; lo único que hace llevaderas sus amarguras" (*TC* 356; I.4). Más tarde aprendemos que el bienestar de Aurelio no ha sido creado con dinero

183

Capítulo siete

ganado en la actualidad. Es un legado de la perseverancia de las generaciones anteriores porque proviene del padre de Susana y ésta supo salvaguardarlo colocándolo con el banquero Casarrobles. El nombre "Casarrobles" alude a la supuesta robustez de la empresa del banquero, que como el roble con su porte majestuoso, sugiere un símbolo de fortaleza física y moral, capaz de sostener y proteger fortunas. Por su altura y la dureza de su madera, el roble es también un símbolo fálico (Acereda 26). La quiebra del banquero sugiere la pérdida de uno de los pilares del imperio, al mismo tiempo que es una advertencia contra el inminente derrumbamiento de la estructura patriarcal.[11] Casarrobles se ha buscado en casa ajena lo que debería tener en la propia, y las especulaciones arriesgadas y las jugadas locas le han llevado "el agua al cuello" y han resultado en la inminencia de su "naufragio" (*TC* 358–59; I.5). Apelando a la solidaridad familiar, Vicente le pide a su primo que le ayude para "salir a flote" (*TC* 364; II.2). Las metáforas acuáticas (que ya hemos visto en *Cuesta abajo* y otras piezas de Pardo Bazán) ofrecen por supuesto una imagen adecuada para representar la (próxima) pérdida de un imperio trasatlántico, una pérdida que en la obra viene simbolizada por el fin del idilio matrimonial de Aurelio y Susana y la muerte de la hija Fifí.

Al igual que Sofía y Vicente, Susana le reprocha a Aurelio su carencia de autoridad patriarcal. Es debido a la pasividad de su marido y la falta de lucha por lo que es suyo, que ella (significativamente algo mayor en edad de su marido) ha tenido que tomar ciertas iniciativas:

> quise traer al hogar el bienestar, un poco de lujo, la poesía de un ambiente elegante y delicado ... *y gestioné mi fortuna como la gestionaría un hombre* ... Te correspondía a ti hacerlo, pero no estaba en tu carácter. Con iniciativas, luchando ... Pero te adormeciste en el blando refugio de tu interior ... Tu viviste descuidado, tranquilo ... y encantado ... No lo niegues ... Lo repetías a cada instante, ¡nadie mas feliz que tu! (*TC* 372; II.5; la cursiva es mía)[12]

Poco a poco, a Aurelio se le cae la venda de los ojos y entonando la *mea culpa* de la Generación de 1898, el hombre admite su debilidad: "Adormecido en una ventura que creí inagotable y que me parecía sagrada y bendita, no me he ocupado sino en saborearla. He sido débil" (*TC* 371; II.5). Ángel Ganivet califica la condición de que padece Aurelio como abulia (*Epistolario* 26–27), un término que Ganivet utiliza también para diagnosticar metafóricamente la condición de España.[13]

La relación entre Aurelio y Fifí no está desprovista de ambivalencia. Por un lado, padre e hija se desviven el uno para el otro. Las metáforas imperiales de parentesco suelen presentar el arreglo entre colonias y madre-patria como beneficioso para ambas: la madre-patria protege a las colonias mientras que éstas son una fuente de vida para la nación (Birk y Neumann 72). Gracia comenta el amor compartido por su padre y hermana de la siguiente manera: "¿tú sabes, primo, lo que es para papá esta niña y lo que es para la niña su papá? Fifí nos echaría de casa a todos con tal que papá se quedase ... Y él a mimarla, a tenerla entre algodones" (*TC* 379; III.1).[14] Por otro lado, sin embargo, la relación entre padre e hija tiene un carácter abusivo y patológico, y raya incluso en lo incestuoso, con lo que Pardo Bazán critica la falsa ideología de amor y protección. El mismo Aurelio admite la motivación egoísta de su idolatría fetichista por la "pobre Fifí" que se debe en parte a la fragilidad física y al estado agonizante de la criatura: "me parece que la adoro doble que a su hermana y a su madre. Es que por ella sufro" (*TC* 353; I.3). La dependencia de Fifí, a la que Aurelio llama "la enfermita," "la enferma," "mi pobre enferma" (además de "amor mío," "ángel mío," "mi vida, mi tesoro, mi cielo"), le produce al padre una especie de "deleite refinado":

> Lo mejor de mis sentires lo habré puesto en la criatura enferma. Ella, con sus sufrimientos, era la poesía dolorosa del hogar; era la *espina*, era el *clavo santo* que hace la herida hermosa ... A todas horas mi pensamiento murmuraba: ¿y la enfermita? ¿cómo estará? ... ¿Qué la llevaré? ¿Un juguete, dulces, un ramo de flores, una sorpresa en broma? Y discurría niñadas y entre escaramuzas de cariño reíamos los dos ... ¡Era un género de *dicha divina* aquella pena constante! (*TC* 379; III.1; la cursiva es mía)

Aparte del ideario cristiano de sacrificio ("espina," "clavo," "divina," al que volveré más adelante), se nota en este fragmento una especie de romanticismo trasnochado y decadente (la alusión mística al deleite refinado y la dicha divina). Fifí viene representada como una enfermiza heroína romántica, una "flor casi arrancada," en cuya falta de sangre se insiste repetidas veces.[15]

Capítulo siete

Su representación estilizada—pálida, fatigada, demacrada, y tan floja que la deben sostener Teodora (¿una alusión a Roosevelt?) y Mademoiselle (¿el imperialismo francés?), con el pelo rizado en tirabuzones, vestida en encajes blancos o rosas y los pies en chinelas que le calza su padre—sugiere el decadentismo romántico. Si es cierto que la relación es explotada por Aurelio, también lo es por la niña. La anémica joven tiene un aspecto angelical, pero también es manipuladora y tiene rasgos de vampiresa porque no sólo subordina emocionalmente a Aurelio sino que se alimenta de la esencia vital del hombre (que no respira sino para la enferma). Fifí origina en su padre el deseo repetidas veces reiterado de darle su sangre ("la regalaría mi sangre, mis piernas"). El regalo del objeto romántico del medallón con rubíes puede considerarse como un símbolo de esta transferencia sanguinaria. Lo irónico es que la chica, como hija ilegítima de Susana, no es el producto de la sangre de Aurelia, lo que subraya la falsedad del entramado ideológico.

Fifí ha sido desahogada por los médicos, entre ellos Sánchez del Abrojo, el madrileño doctor de moda que figura en diversos otros textos de Pardo Bazán. En la escenificación de la muerte de la chica se combinan varias metáforas. En una de las últimas escenas Fifí se dirige a la ventana abierta, quejándose de que se sofoca (no puede respirar—supuestamente porque Aurelio la ha repudiado como bastarda) y que se ahoga (imagen náutica). La figura de la mujer enmarcada por el bastidor de la ventana, un motivo iconográfico favorito del romanticismo, representa tanto un deseo de liberarse de los lazos terrenales e huir hacia un espacio exterior sin límites, como la condición de la mujer como atrapada dentro de estrechos límites (Bastida de la Calle 298, 302, 309). Lamentándose del desamor de su padre, Fifí cae primero inanimada al sofá y después al suelo. Exclamando que su muerte es una suerte para todos, la chica presenta su muerte como un sacrificio.

La escena final de *Las raíces* ofrece a los potenciales espectadores metropolitanos de la obra la oportunidad de deleitarse, entre el rechazo y el reconocimiento, con el colapso y la postración de una hermosa mujer en una piel de oso blanco. La joven se ha convertido en una representación estilizada en la cual la piel del oso la unifica con la metrópolis (Madrid es la ciudad del oso y madroño), mientras que lo exótico y la blancura de esta piel aluden al carácter anémico del imperio, y su próxima pérdida.[16] Numerosas acotaciones—a veces provisto de un toque lírico—deben guiar la representación de esta muerte escénica.[17] Con esta escena final, que permite a los espectadores reflexionar sobre la abstracta muerte del imperio sin preocuparse por el moribundo personaje femenino, Pardo Bazán critica determinadas representaciones "simbólicas" y "decadentistas" que reducen a mujeres de carne y hueso a íconos que sirven para representar a la familia, la nación, o simplemente para el deleite artístico. La autora fue muy receptiva hacia el decadentismo, pero condenó las dimensiones de esta corriente artística que ofendieron su sentido de decencia y decoro (Kronik 168).[18] Según los criterios de la autora, el artista tenía el deber de respetar siempre los límites éticos. En la cultura del fin-de-siglo, los cuerpos femeninos se habían convertido en los principales objetos de representación.[19] Es bien sabido que Edgar Allen Poe incluso consideró la muerte de una mujer hermosa el tema más poético del mundo (en Bronfen 59). Elisabeth Bronfen considera esta disociación del cuerpo material moribundo de la representación como una forma de fetichismo (algo que subraya también la piel blanca del oso). Mediante un acto de violencia metafórica, el sufrimiento y el dolor del personaje femenino, la realidad de la muerte individual, han sido remplazados por una imagen artística icónica que combina la feminidad con la nacionalidad (50–51). En la escena final, Fifí se une con la metrópolis, pero como sujeto deja de existir. Tolliver, en su análisis del cuento "La exangüe" que relata un fenómeno similar, concluye que la autora nos quiere advertir que detrás de cada representación incorpórea de una mujer que sirve como fetiche nacionalista hay la cara de una mujer de carne y hueso ("Over" 298).[20]

Las metáforas orgánicas que Pardo Bazán emplea en *Las raíces* para representar la pérdida del imperio, fueron ampliamente utilizadas a finales del siglo XIX tanto en los discursos de la biología evolutiva (Drogosz), como en la literatura naturalista. Émile Zola, por ejemplo, estableció un meticuloso árbol genealógico para los personajes de sus novelas de la serie de los Rougon-Macquart. Pardo Bazán conoció bien las teorías de Darwin. En sus *Reflexiones científicos contra el darwinismo* (1876) la autora rechazó la selección natural y la teoría evolutiva como explicación para los orígenes comunes de todos los seres vivientes. Su crítica de las ideas darwinianas se dirigió sobre todo contra el determinismo inherente en éstas, al que ella opuso, en concordancia con sus creencias católicas, la voluntad humana. En la misma vena criticó

Capítulo siete

a Zola por su negación del libre albedrío y, como consecuencia, toda forma de responsabilidad y moralidad individual: "la inmoralidad que entraña el naturalismo procede de su carácter fatalista, o sea del fondo de determinismo que contiene" (*Cuestión palpitante* 71). El naturalista francés admitió no comprender la postura de la escritora española. ¿Cómo era posible ser naturalista y al mismo tiempo defender el libre albedrío? (en Goldin 37).

David Goldin y otros han señalado que para abordar la cuestión del determinismo Pardo Bazán utiliza paradójicamente el concepto católico de pecado original como un puente entre los instintos biológicos y el individuo soberano (37). En *La cuestión palpitante* la autora alaba explícitamente a San Agustín por haber conciliado el libre albedrío y la gracia mediante el dogma católico del pecado original. "Solo la caída de una naturaleza originariamente pura y libre puede dar la clave de esta mezcla de nobles aspiraciones y bajos instintos, de necesidades intelectuales y apetitos sensuales" (*Cuestión palpitante* 15). Según Agustín, el pecado original reside en todo ser humano desde su nacimiento, pero éste puede poner freno a sus instintos inmorales y redimirse cuando es consciente de sus defectos y recurre al uso de la razón (Goldin 37–38). Si bien la defensa, por parte de Pardo Bazán, de la agencia individual del hombre fue consistente con su catolicismo, la autora reconoció sin embargo la presencia de influencias tanto sociales como biológicas que la alejan menos de Darwin de lo que pretende (Landry 18). Así es que Pardo Bazán consideró la selección sexual como "una clave esencial para la vida" (*Reflexiones* 553) y aceptó en los seres humanos cierta habilidad humana para adaptarse a las influencias ambientales (551) que asocia con la lucha por la existencia (545).

En *Las raíces*, el intertexto bíblico de la expulsión del paraíso narrada en Génesis no sólo denota alegóricamente el fin del idilio matrimonial/imperial, sino también la falta de viabilidad de las mismas estructuras de la familia patriarcal decimonónica. Pardo Bazán traduce las experiencias de Adán pero sobre todo las de Eva a contextos decimonónicos muy realistas. La expulsión del paraíso, el fin del idilio matrimonial, viene representado en la obra en los términos materiales de unas circunstancias muy poco atractivas. Pardo Bazán se distancia aquí del dramaturgo Eugenio Sellés que en *El nudo gordiano* (1878) recurrió también al imaginario bíblico para insistir en la necesidad femenina de probar del fruto prohibido.[21] No es seducida por la serpiente que Susana consume del árbol prohibido (Casarrobles). Al contrario, la mujer come el fruto de su propia voluntad y para remediar una fea realidad por la cual su esposo es responsable. No obstante sus nobles intenciones de redimir a su familia, el castigo que recibirá la mujer por su trasgresión es, como en el relato bíblico, un parto doloroso (con "terribles convulsiones") (*TC* 376; II.7) y la subordinación a su marido. Éste no se siente del todo responsable y por eso la autora lo critica y castiga.

En su ensayo "Una opinión sobre la mujer," Pardo Bazán enfatiza que el deseo carnal (la selección sexual) forma parte inherente de todos los seres humanos, tanto de los hombres como de las mujeres: "La atracción sexual, fuente de la unión conyugal, y el instinto reproductor, ley de la naturaleza que impone la filogenitura en beneficio de las generaciones nuevas, han sido, son y serán móvil poderosísimo de las acciones humanas, humanas, entiéndase bien, de varones y hembras, que forman la humanidad" (*Mujer española* 195). También la relación entre Aurelio y Susana ha sido el resultado del instinto sexual de ambos y el idilio les ha durado hasta el descubrimiento del adulterio. Por lo tanto Susana le ruega a su esposo no echar a perderlo por "una quisquillosidad de punto de honra imaginaria" (*TC* 371; II.5):

> Consulta tus recuerdos, reconstruye nuestra historia. [...] ¿Se finge el entusiasmo, se finge la alegría, se finge la caricia constante? ¿Se finge una dicha que hemos gozado tú y yo? [...] ¡Piérdase cien veces ese dinero que te estorba antes que tú te apartes de estos brazos en que te he tenido y he de tenerte hasta que muera! Pero Aurelio, si tú me quieres, si te quiero yo, si todavía ha cuarenta y ocho horas éramos ... ¡acuérdate!, ¿no te acuerdas, loquito?, dos enamorados ... [...] Bien puedo jurarte sin perjurio que solo a ti te adoré. (*TC* 370–72; II. 5)

Si bien Pardo Bazán, al igual que Darwin, concedió gran importancia a la selección sexual (*Reflexiones* 553), no consideró, sin embargo, los instintos sexuales como los únicos impulsos ni tampoco pudo aceptar que estos instintos suplantaran la autonomía del individuo. Por excelente que fuera la relación matrimonial entre Aurelio y Susana al nivel sentimental, económicamente ha resultado un fracaso, ya que el soñador Aurelio es totalmente incapaz de mantener a su familia. Frente a la penosa situación económica, Susana toma una decisión con implicaciones morales en los

Capítulo siete

dos sentidos de la palabra. Intenta corregir el error cometido—un matrimonio irresponsable—al empezar *motu propio* una relación ilegítima pero económicamente favorable con el banquero que le permite gestionar su fortuna "como la gestionaría un hombre" (*TC* 372; II.5). En términos darwinianos se podría decir que la mujer se adapta a las circunstancias para no sucumbir en la lucha por la existencia. Es importante notar que ha sido Susana la que ha salvado la fortuna familiar, y no el banquero que según los (falsos) rumores generados por los hombres cuidaba de la familia de su *maîtresse*. La agencia de Susana, por limitada que sea, contradice también la postura androcéntrica de los miembros de la Generación de 1898 que vieron al hombre como defensor activo de la nación y a la mujer como repositorio pasivo para el espíritu nacional (Hooper, "Death" 176–77; Johnson, *Gender* 133). La decisión de Susana ilustra que la voluntad y la razón permiten al ser humano reparar las consecuencias de sus acciones. Como la sexualidad y el deseo son aspectos inherentes a la naturaleza humana, la virtud no consiste en mantenerse alejado del pecado, sino en enfrentar las exigencias conflictivas de la sociedad y del instinto humano (el determinismo ambiental y biológico) y reconciliarlas (Goldin 41).[22]

Mientras que Susana acepta la responsabilidad moral de sus acciones, Aurelio se deja guiar exclusivamente por sus instintos, sin pensar en las repercusiones. Así consta de su relación casi incestuosa con Fifí, con la que el hombre trasgrede un tabú muy poderoso. Y después de enterarse del adulterio de Susana, el esposo está incluso dispuesto a cometer una segunda trasgresión con Sofía, también basada en sentimientos más allá de los límites del deseo autorizado. El que Aurelio insiste en ver a la amiga de la casa como miembro de la familia sugiere de nuevo el carácter incestuoso de estos deseos. Y no sólo Aurelio está enfocado en que todo se quedará en casa. El primo Vicente manifiesta también creer exclusivamente en los lazos familiares y pretende incluso casar a su hijo con su prima Gracia. El incesto, explica Labanyi, es un epifenómeno de una sociedad semi-feudal que resiste la modernización (es por algo que son los hombres los que quieren mantenerlo todo en la familia). El adulterio, al contrario, es un fenómeno moderno y mucho más amenazador para el patriarcado, porque viene inspirado por el consumo y el capitalismo de mercado ("Adultery" 106–07). Es para mantener a flote la economía doméstica que

Imperio, darwinismo y responsabilidad moral

Susana ha cometido adulterio y ha dejado el hogar para la esfera pública. Al firmar el contrato matrimonial (el único que le está permito firmar), la mujer renuncia voluntariamente a sus derechos y queda subordinado a su marido (es por eso que gran parte de la fortuna heredada de Susana le pertenece a Aurelio). Como esposa queda confinada a la esfera privada de la familia ("Adultery" 100–01), pero como mujer adúltera, esposa y amante a la vez, Susana se mueve tanto dentro como fuera de la esfera pública. La participación femenina en la esfera pública es vista como una amenaza para la autoridad masculina. Recordamos que Aurelio se considera feliz "mientras no pierda a las amadas mujeres ..." (*TC* 353; I.3). Pardo Bazán representa el inminente fin de la separación de esferas al no establecer una tajante oposición entre el matrimonio como transacción comercial y el adulterio como relación amorosa. Al contrario, la relación matrimonial entre Susana y Aurelio es más bien instintiva y basada en el deseo, mientras que la relación de Susana con el banquero nos viene presentada como un simple contrato económico para sobrevivir (nunca se nos informa sobre el lado emocional de esta relación), al igual que la institución matrimonial decimonónica, cuyas bases vienen socavadas en la obra.

Las raíces contiene una obvia crítica del doble estándar que rigió la sociedad finisecular española. Cuando Aurelio se entera de la infidelidad de su esposa con Casarrobles (por lo cual el marido es moralmente responsable al no proveer a su familia con el necesario bienestar), el hombre reacciona de la misma manera que Adán después de que Eva ha comido del árbol: la adoración para su pareja se convierte en no escondida misoginia y su apreciación de la esposa cambia de ángel a monstruo. Los estudiosos han considerado el relato fundacional de Adán y Eva como una de las raíces de la misoginia, ya que este relato ha proyectado una imagen maligna de la relación entre hombres y mujeres y de la "naturaleza" de la mujer que hasta nuestros días se encuentra incrustada en la psiquis moderna (Walter, "'After'" 98). Pardo Bazán muestra que tanto la adoración como el repudio de la esposa—un repudio fundado en los rumores, como en el caso de la Susana bíblica—se basan en una representación unilateral de la realidad al darle en la obra la palabra a Aurelio mucho antes de que Susana salga al escenario. Mediante lo que puede considerarse como una usurpación de autoridad patriarcal (Landry 232), los espectadores de la pieza

Capítulo siete

quedan informados exclusivamente de la perspectiva masculina de las cosas mientras que el punto de vista de Susana no se comunica sino mucho más tarde. Al mostrar en la última parte de la obra que la esposa no es tan angelical como lo pretende el esposo ni tampoco tan demoníaca, Pardo Bazán socava la dicotomía de ángel y monstruo que regía las representaciones de mujeres en el fin-de-siglo.

Susana es, al igual que Sofía, una mujer compleja. Por amor a su marido resulta capaz de mantener durante años una relación con otro hombre para sostener la economía familiar. Igualmente compleja es la representación de Sofía. La amiga viene representada como una mujer abnegada que lleva años amando en silencio a Aurelio. Está enterada de todo lo que ocurre en la casa (su nombre significa "sabiduría"), pero se calla por discreción. Sin embargo, cuando se presenta la ocasión de escaparse con el hombre a quien ama, Sofía sabe anteponer su razón a sus instintos. Toma una decisión moral de responsabilidad altruista y le indica a Aurelio su pertenencia a la familia, porque "[s]u lugar es esta casa" (*TC* 384; III.4):

> el verdadero Aurelio aquí se quedaría, sujeto por todas las raíces largas y profundas que echa el árbol en la tierra […] el árbol, donde arraiga, allí se queda. Le cortan los brazos; le hieren el tronco; llora por la herida de su savia, que es su sangre …, pero no se arranca a sí mismo porque no puede; no anda porque lo sujeta la tierra con su dulce pesadumbre …" (*TC* 385; III.4)

Sofía, adhiriendo a un modelo de conducta burgués y con la abnegación propia de un ángel del hogar decimonónico (simbolizada por la mantilla que lleva), se sacrifica.[23] Para evitar posibles rumores se trasladará a Sevilla. Como rama seca, la solterona se declara fácil de arrancar. Le incita a Aurelio a perdonar a Susana y de resignarse ante una situación que en muchos casos suele ser la fea realidad de la tan alabada institución matrimonial decimonónica:

> de resignación oculta están formadas muchas que parecen felicidades, en muchos lugares que parecen tan unidos, tan íntimos, tan cariñosos … Créalo usted, Aurelio: la vida no es eso que usted disfruto muchos años. […] Desde ayer a hoy ha expiado usted sobradamente su … su *soñolencia* agradable … en un *paraíso* de familia …" (*TC* 385; III.4, la cursiva es mía)

Imperio, darwinismo y responsabilidad moral

Sin embargo, cuando Sofía y Susana se enfrentan, ambas se muestran al público bajo un aspecto previamente desconocida. Sofía, que hasta aquel momento ha sido tan angelical, expresa todo su odio hacia Susana, mientras que Susana, la adúltera que gestionó su fortuna "como la gestionaría un hombre," se muestra vulnerable y hasta indefensa. Las dos mujeres se inculpan recíprocamente y en sus recriminaciones destacan las imágenes serpentinas. Sofía llama a Susana un monstruo con una tortuosa conciencia (*TC* 376; II.7) mientras que para Susana Sofía es una serpiente que desahoga su veneno (*TC* 372–74; II.5). Aurelio, sin embargo, cuyos ojos se abren sólo después de las trágicas experiencias, es incapaz de asumir ni la más mínima responsabilidad moral por lo ocurrido: "¿Qué he hecho yo de malo? ¿Es culpa mía lo que sucede?" (*TC* 383; III.4).

Si bien Pardo Bazán critica la naturaleza problemática del matrimonio burgués en que las mujeres se encontraron atrapadas, la autora, tal y como explica en su ensayo "La mujer española," entendió la búsqueda del marido por parte de las mujeres de clase media como "la única forma de *lucha por la existencia* permitida a la mujer" (*Mujer española* 37, la cursiva es mía). La autora conoció muy bien la situación poco atractiva que se escondía detrás de la ideología de amor familiar. Es esta fea realidad que hace que Susana, después de ser perdonada por su marido, se sacrifica por sus dos hijas. Contrariamente a Nora, la protagonista de *Casa de muñecas* de Ibsen, con la que tiene ciertas semejanzas (López Quintáns, "¿Resignación" 99), no deja a su familia. Capitula al patriarcado y coloca el deber familiar antes de su propia felicidad:

> De mí no hablemos; yo no importo. Pero si me obligas a renunciar a mi fortuna la escasez matará a Fifí y dejará a Gracia sin marido, sin establecimiento posible, trabajando para comer, con los dedos picados de la aguja y la cara marcada por las privaciones. ¿Concibes a tu hija sin trajes de seda?[24] ¿Concibes a tu hija subiendo piso para cobrar tres pesetas? ¿La concibes casándose con un hombre tosco y grosero, que la mantenga y la maltrate? (*TC* 373; II.5)

En las palabras de Susana destaca la importancia que su hija obtenga un buen marido. Se rechazan tanto la posibilidad del trabajo femenino cuanto la de una boda fuera de la propia clase social.[25]

Capítulo siete

Las raíces—al igual que el relato de Adán y Eva—atribuye gran importancia a la responsabilidad moral. A la hora de tener que tomar decisiones moralmente responsables, el ser humano se ve confrontado con numerosas tentaciones que con frecuencia lo colocan en situaciones difíciles. Pero la pieza presenta también elementos que sugieren que este ser humano pueda ser redimido. Contiene una serie de palabras que apuntan a la idea cristiana del dolor con un valor redentor, tales como clavo, espino, cruz, roble, que aluden a la crucifixión, y por ende al sacrificio que hizo Cristo por la humanidad. El que en la obra estas palabras se encuentran entretejidas en el discurso masculino, es por supuesto altamente irónico, porque no son los hombres los que se sacrifican por las mujeres, sino al revés. Por mucho que Aurelio pretende no vivir sino por los suyos, el egocéntrico esposo no protege a sus mujeres, mientras que ellas, cada una a su manera, se sacrifican por familia y nación. Igualmente irónico es que el perdón para la adúltera deba venir del esposo, mientras que éste es a fin de cuentas el culpable, porque sigue ciegamente sus instintos que nunca corrige mediante el uso de la razón.

El único personaje masculino "razonable" en la obra parece ser José, un hombre de su tiempo, bien educado y con mucho sentido práctico, para quien el matrimonio es tan sólo uno de los fines de su vida. José sabe luchar y vigilar por lo suyo, pero también es cariñoso y como su antecedente bíblico capaz de frustrar los malos impulsos humanos y dirigirlos pacientemente para hacerlos cumplir, en última instancia, con los planes y objetivos del diseño divino, lo cual resulta conforme con el catolicismo de la autora. Por eso obtiene a Gracia en un matrimonio que se basará en el respeto mutuo y no en el sacrificio de la mujer.

En *Las raíces* Pardo Bazán se esfuerza mucho para mostrar a su público la conexión profunda entre unos fenómenos aparentemente dispares. El nexo de esta conexión profunda es nadie menos que el varón finisecular a cuya irresponsabilidad moral la autora atribuye todos los males que achacan a la sociedad, tanto el declive del imperio colonial español, como el malfuncionamiento de la estructura familiar patriarcal. La tan encomiada familia finisecular—única meta existencial de la mujer decimonónica—encubre en muchos casos una fea realidad, en la que las mujeres se encuentran atrapadas. A causa del doble estándar que rige (ya desde el relato bíblico del pecado original) las normas para los géneros sexuales, se les permite a las mujeres nada y a los hombres todo. Si éstos gozan de una buena vida en la que se dejan guiar sólo por sus instintos sin vigilar ni por su familia ni por el imperio, por lo que ambos se encuentran en tan deplorable situación, el determinismo naturalista les brinda una excusa para sustraerse a sus responsabilidades. Pardo Bazán, sin embargo, no vacila en contestar la pregunta fatalista de los hombres: "¿Es culpa mía lo que sucede?" (*TC* 383; III.4) con un rotundo "¡sí!" Según la autora, el comportamiento instintivo del ser humano puede ser corregido mediante el uso de la voluntad y la razón. Si los hombres—hipócritamente—se niegan a utilizarlas, se merecen un castigo ejemplar, como el que recibe Aurelio cuando pierde sucesivamente a todas "sus" mujeres que le habían labrado la felicidad.

Así como hombres y mujeres deben asumir sus responsabilidades, la literatura en todos sus sentidos debe ser moralmente responsable. Al nivel metaliterario *Las raíces* contiene un replanteamiento sobre el aspecto ético del discurso literario (algo sorprendentemente en una obra de teatro, eso sí). Así es que la autora ataca el romanticismo trasnochado (simbolizado por Fifí) que ha dado lugar a un decadentismo éticamente repudiable. El idealismo ha pasado de moda y Alarcón—el apellido de los protagonistas—ya no escribe (*Cuestión palpitante* 81).[26] El naturalismo, con su visión determinista/fatalista/materialista del hombre (simbolizada por el primo Vicente) le resulta a la escritora inmoral. Lo que Pardo Bazán defiende en su obra teatral es una reivindicación del realismo español, ese realismo cervantino que tiene largas y profundas raíces en la literatura española tales como las que vinculan a Aurelio (llamado "Quijote" por su primo) a su casa. Pero es sólo el realismo práctico representado por José, que abarca cuerpo y alma, no contiene exageraciones y aporta lo mejor de las influencias extranjeras, que recibe G/gracia en los ojos de la autora y es invitado a revitalizar ética y estéticamente la familia literaria española.

Epílogo

La Malinche (esbozo de un drama)

La crisis colonial de los años noventa del siglo XIX tuvo en Emilia Pardo Bazán un fuerte impacto emocional. La autora consideró los países hispanoamericanos como "parte de la familia," con una misma raza, lengua y religión, y se esforzó toda su vida en promover los lazos culturales entre ambos lados del Atlántico. La catástrofe de 1898 resucitó en ella sentimientos de dolor y amargura. Se cuenta que tras enterarse de la pérdida de Cuba, Pardo Bazán se emocionó tanto que llegó con los ojos enrojecidos. Cuando le preguntaron si le había muerto algún familiar, contestó: "se me ha muerto el mismo pariente que a todos ustedes" (citado en Freire López, "Hispanoamérica"). En las páginas que preceden hemos visto que ya bastante antes de la derrota militar, los acontecimientos finiseculares habían generado un afán de introspección muy noventayochista en la autora. Reivindicando como mujer su derecho a discutir cuestiones relacionadas con la identidad nacional y los males que afectaban a la patria, Pardo Bazán coincidió con los intelectuales finiseculares tanto en el diagnóstico pesimista del "problema de España" como en ver una posible solución a la crisis en un mayor autoconocimiento por parte de los españoles. Al igual que Unamuno, Ganivet, Maeztu y otros escritores, pero desde una perspectiva innegablemente femenina, la autora manifestó su disconformidad con la España constituida y el discurso oficial propagado por los gobernantes de la Restauración.[1]

El germen de la obra que pretendo analizar en este epílogo recicla elocuentemente las preocupaciones de la autora que hemos visto surgir tantas veces a lo largo de este estudio. En este embrión de un drama—seis cuartillas mecanografiadas—la autora expone con gran claridad sus ideas acerca de la crisis finisecular, reflexiona sobre el lugar de España en la arena internacional (enfatizando su misión civilizadora), critica el poder embriagador de la que llama

Epílogo

la leyenda dorada (el glorioso pasado español) y ve la causa de los problemas de la patria en la falta de educación ("en la postración de la enseñanza está el secreto de nuestros males:" *Discurso inaugural*) y en la desigualdad entre hombres y mujeres. Si bien discrepa por el destacado feminismo que inspira sus ideas, por sus aspiraciones regeneracionistas Pardo Bazán se alinea con los intelectuales regeneracionistas noventayochistas en que los acontecimientos finiseculares provocan también en ella una reacción altamente emocional, que la autora busca traducir en un renovador proyecto teatral que hace pensar y sentir.

La Malinche (esbozo de un drama) es un intento dramático de fecha desconocida en el que la autora revisa el mito de las proezas de Hernán Cortés tal y como circulaba en la época de la Restauración. La obra nos ha llegado de forma fragmentaria. Las seis cuartillas que se conservan mecanografiadas en la Real Academia Galega, contienen el esbozo de un proyectado drama en tres actos cuya acción se desarrolla en Cholula, México, en tiempos de la conquista (1521–28). Aunque la fascinación de Pardo Bazán con Hernán Cortés remonta a la niñez de la autora, en vista de su conciencia femenina no resulta nada sorprendente que Pardo Bazán escogiera a la Malinche y no a Cortés como protagonista de una creación teatral sobre la conquista.[2] Lástima que la obra de teatro sobre esta enigmática mujer indígena que ha sido instrumental para Hernán Cortés, nunca viera la luz. En 1914, sin embargo, Pardo Bazán volvió otra vez al pasado colonial español para publicar *Hernán Cortés y sus hazañas*, en el cual la autora se centra en el personaje del conquistador extremeño.

Sorprendentemente, en este libro para jóvenes Pardo Bazán no sólo glorifica a Cortés sino que también parece descartar casi por completo a su compañera indígena. Tanto *La Malinche* como *Hernán Cortés y sus hazañas* hacen gala de la "conciencia imperial" que críticos como Blanco, siguiendo a Said y Stuart Hall, han observado en la cultura finisecular española, ya que la compleja problemática del imperio se encuentra claramente inscrita en estas obras ("El fin" 3). Mediante el análisis de *La Malinche*, texto que luego contrastaré brevemente con *Hernán Cortés y sus hazañas*, pretendo mostrar que Pardo Bazán se apropia de la figura del conquistador para reflexionar sobre el lugar de España en la arena internacional en un momento histórico en el que el fin del imperio español coincide con la contienda entre las naciones europeas modernas para crear sus propios imperios. Veremos que frente a la identidad imperial española, la autora adopta una postura no sólo emocional sino también ambivalente que la alinea con los intelectuales regeneracionistas finiseculares. Si bien Pardo Bazán revisó importantes aspectos de la historiografía nacional (sobre todo los que tienen que ver con los géneros sexuales), la autora no cuestionó el imperialismo español ni su supuesta misión civilizadora.[3]

La historia oficial impuesta por el régimen de la Restauración idealizó la conquista y la colonización en una ficción imperial que buscaba, en las palabras de Antonio Feros, servir el proceso de formación de la nación sacando a la luz todos los momentos, experiencias y teorías que evidenciaran la existencia de una identidad española única y compartida por todos los grupos raciales, sociales y políticas que formaron parte del imperio durante los siglos XVI hasta XIX (111). Se trataba, pues, de integrar la experiencia imperial en la idea de la nación (Blanco, *Cultura* 16, 17). La representación idealizada de la conquista y colonización propagada por el régimen de la Restauración se repitió *ad nauseam* durante las conmemoraciones del IV Centenario (1892), que el Estado español organizó para dar a los españoles lo que Ernest Renan consideró como uno de los integrantes esenciales de una nación: la posesión de un legado de memorias gloriosas (19). Con las actividades conmemorativas del "Descubrimiento" se buscaba inculcar en los españoles de 1892 el orgullo de descender de sus heroicos antepasados de 1492 (J. Krauel 19). Emilia Pardo Bazán participó activamente en los eventos. Los festejos le dieron a la autora motivo para reflexionar sobre la (falta de) modernidad de la nación española. En las crónicas de su revista *Nuevo Teatro Crítico*, Pardo Bazán comenta el atraso de España en comparación con otras naciones como Francia e Inglaterra (Charques Gámez 361), y en su intervención en el Congreso Pedagógico hispano-portugués-americano declara que respecto al tema de la educación España está regazada si la cotejamos con otros países europeos. Pero no es solamente la educación que está en juego en la conferencia sobre "La educación del hombre y la de la mujer." Basándose en el lema de los Reyes Católicos "Tanto monta, monta tanto, Isabel como Fernando," Pardo Bazán examina una de las estructuras fundamentales de la Restauración: la falta de igualdad entre el hombre y la mujer (*Mujer española* 149–77).

Epílogo

Si en su conferencia para el Congreso Pedagógico, Pardo Bazán reflexiona críticamente sobre la sociedad de su tiempo, apenas un año más tarde, y ante una situación "que los pensadores llaman decadencia y los industriales crisis" ("Despedida." *NTC* 3.30 [1893]: 302), la autora manifiesta explícitamente sus dudas sobre la retórica de la supuesta grandeza nacional propagada por el régimen de la Restauración: "¿Quién no leyó, en verso o en prosa, todo aquello de que hemos sido señores del mundo, con lo otro de que el sol no se ponía en nuestros dominios, y por contera lo de nuestro leonino valor y nuestro heroísmo que al orbe asombra?" (*NTC* 3.30 [1893]: 304). Adelantándose a la famosa conferencia que en 1899 dará en París, y los artículos en *La Ilustración Artística* de Barcelona que coleccionará en el tomo *De siglo a siglo*, la autora expresa su discordancia con la historiografía nacional y, por extensión, las mismas bases ideológicas del régimen.[4]

La discrepancia con la historia hegemónica y el anhelo de romper con los mitos imperiales propagados por el régimen de la Restauración comparte Pardo Bazán con los intelectuales regeneracionistas (Unamuno, Maeztu, Ganivet…) cuyas respuestas emocionales a los acontecimientos finiseculares han sido analizadas recientemente por Javier Krauel en su libro *Imperial Emotions*. Krauel atribuye la ambivalencia que caracteriza estas respuestas emocionales al estatus contradictorio y sobredeterminado que tuvo el imperio en el escenario cultural finisecular (21). Por un lado, tanto Pardo Bazán como los regeneracionistas quisieron acabar con la por ellos tan odiada retórica imperial de la Restauración y la ilusión de grandeza nacional que contrastaba con la realidad empírica. Por otro, conviene subrayar una vez más que en la época finisecular el concepto de imperio no se consideró ni como inmoral ni como causa de abyección. Al contrario, fue más bien un componente crucial en el imaginario nacional de los países capitalistas y un importante motivo de fricciones y competencia entre los poderes europeos. En las palabras de José Álvarez Junco, esta noción fue "el criterio supremo para valorar, no ya a un Estado, sino a la nación a la que representaba" (*Mater dolorosa* 503). Los intelectuales españoles eran sumamente conscientes que la amputación simbólica de la pérdida del imperio apartó a España de la modernidad, de "Europa," y del "Occidente" (Iarocci, *Properties* 8). Pardo Bazán resumió en 1899 su desilusión cuando escribió: "Esta nación […] parece cabalmente predestinada […] a tomar parte activísima en la marcha y adelantos de la civilización del mundo [pero] al finalizar nuestro siglo se discut[e]n seriamente sus derechos a figurar entre los pueblos cultos" (*La España* 64).

En la emocional conferencia que Pardo Bazán da en París en 1899, en plena resaca de la pérdida de las últimas colonias ultramarinas, la autora reanuda con sus observaciones de 1893. Su propósito es "restituir la verdad" al destruir tanto la "leyenda negra," ese "espantajo para uso de los que especialmente cultivan nuestra entera decadencia" (*La España* 62), como su reverso, la por ella llamada "leyenda dorada." Más tarde volveré a la leyenda negra. Ahora quiero enfocarme brevemente en algunos aspectos de la leyenda dorada, por ser ésta a la que Pardo Bazán atribuye la situación de decadencia en que se encuentra España a finales del siglo. Las consecuencias funestas de la leyenda dorada forman también el contexto de *La Malinche*.

Pardo Bazán define el concepto de la leyenda dorada como el poder embriagador del pasado español: "Esa funesta leyenda ha desorganizado nuestro cerebro, ha preparado nuestros desastres y nuestras humillaciones [...] El ayer nos ha subido a la cabeza; hemos creído que bastaba evocar las blancas carabelas de los conquistadores para conservar las conquistas" (*La España* 62–63). Como consecuencia de la leyenda dorada muchos españoles creen erróneamente que "España es, no solo la más valerosa, sino la más religiosa, galante y caballeresca de las naciones. Según la leyenda, nos preciamos de ardientes patriotas, desdeñamos los intereses materiales y nos hincamos de rodillas ante la mujer" (72). Un aspecto de la leyenda dorada que Pardo Bazán combate con especial insistencia en su conferencia parisina es la supuesta galantería española y el culto de la mujer—"¡leyenda y más leyenda!" (79). Al igual que había hecho durante el Congreso Pedagógico de 1892, donde defendió el destino propio y no relacional de la mujer, Pardo Bazán insiste en la falta de igualdad entre los géneros, la que fue para ella uno de los mayores obstáculos a la regeneración de su país. Se trata, en las palabras de la autora, de un "[e]rror profundo, imaginar que adelantará la raza mientras la mujer se estacione" (80).

Según Pardo Bazán, la leyenda dorada ha falseado el juicio de los españoles, por lo que ahora se muestran incapaces de tomar conciencia de los verdaderos problemas que atormentan a una España "de empobrecida sangre, de agotados nervios, de mal

Epílogo

cultivada inteligencia" (*La España* 89).⁵ Le resulta altamente preocupante que sus compatriotas actúen conforme a esta leyenda, la cual, según la autora, es una "creación colectiva de los españoles" que éstos han "comunicado a los extranjeros" (61). El *performance* que dan sus compatriotas de la identidad española como algo fundamentalmente no moderna, *performance* que favorece grandemente a los países del norte de Europa deseosos de repartirse el mundo y expulsar discursivamente a España de la modernidad (Iarocci, *Properties* 23–26), le aflige a Pardo Bazán profundamente. En los últimos párrafos de la versión publicada de la conferencia de París, la autora respalda por ende explícitamente a la exigua minoría de intelectuales (Mallada, Picavea, Maeztu, Unamuno, Costa) que aspiran a despertar a los españoles y "reemplazar el ideal legendista [sic] por el ideal de la renovación, del trabajo y del esfuerzo" (*La España* 89, 91–97).⁶ Pardo Bazán, que en otro lugar había dado su opinión sobre el tipo de literatura que necesitan los españoles: "de acción, estimulante y tónica, despertadora de energías y fuerzas, remediadora de daños" ("Asfixia." *De siglo* 162–63), busca sobre todo con su teatro inculcar el sentimiento patriótico: "Nuestro público necesita que el arte le inculque ciertos *sentimientos* y ciertas memorias, que por el camino de la ciencia no aprenderá nunca" ("Crónica literaria." *NTC* 2.23 [1892]: 101–02, la cursiva es mía).

El esbozo teatral *La Malinche* puede leerse como emblemático de las aspiraciones regeneracionistas de la autora y sus esfuerzos por combatir las consecuencias de la leyenda dorada. Si bien el texto de *La Malinche* es de fecha desconocida, parece probable que haya sido escrito en la época finisecular, tanto por su temática como por la influencia de las ideas de Juan Valera y sobre todo Concepción Gimeno de Flaquer que se notan en el texto (y a las que volveré más abajo). Pardo Bazán ofrece una alternativa regeneracionista y femenina a las apropiaciones nacionalistas y masculinistas de uno de los mitos de la conquista prevalecientes en 1892. Los dirigentes de la Restauración buscaban transmitir su mensaje de grandeza histórica centrándose en figuras masculinas, tales como Cristóbal Colón, Hernán Cortés, y en menor medida, Francisco Pizarro que, extraídas del pasado, fueron moldeados a imagen de las necesidades. Estos personajes históricos debían recordar y recrear el pasado pero sobre todo transmitir a los ciudadanos una serie de valores y cualidades (Bernabéu Albert 108).

La Malinche

Si Colón sirvió para reforzar los lazos entre España y Hispanoamérica (Schmidt-Nowara 62), Hernán Cortés fue el símbolo por excelencia de la conquista. Las cualidades del conquistador fueron alabadas por políticos y representantes del ejército, que pasaron por alto a las crueldades de la conquista a las que consideraron como inevitables. Así es que el general José Gómez de Arteche destacó en 1892 tanto el arrojo y la audacia como los dotes de mando y la peripecia táctica de Cortés, al mismo tiempo que calificó a su compañera, la Malinche, como simple "razón de estado" (Bernabéu Albert 117). El personaje del conquistador apareció también en numerosas óperas y zarzuelas y alcanzó una popularidad sólo comparable a la de Don Quijote y El Cid.

En *La Malinche*, Pardo Bazán procede a una revisión radical del mito hegemónico que ensalza a Hernán Cortés y le dota de todo tipo de cualidades heroicas para que los españoles del siglo XIX se crearan hechos a su imagen. La autora, que estuvo de la opinión que no se debía "identificar el ideal apetecible con la realidad concreta" (*La España* 22), no sólo representa a Cortés desprovisto del halo del héroe, sino que también le relega al segundo plano. En vez de otorgarle el papel de protagonista en la obra, Pardo Bazán se enfoca en la Malinche, la mujer indígena que había sido la intérprete, guía, concubina y confidente del conquistador.[7] Al enfatizar en su proyecto dramático la decisiva participación de la Malinche en los acontecimientos alrededor de la conquista de México, Pardo Bazán va en contra del discurso oficial del "Descubrimiento" para afirmar 1) que la conquista no hubiera sido posible sin la ayuda indígena y 2) que no fuera exclusivamente un "asunto de hombre."

Es aquí donde se notan las influencias tanto de Juan Valera como del ideario feminista de Concepción Gimeno de Flaquer. Juan Valera, cuya obra Pardo Bazán decía consultar siempre cuando de asuntos americanos se tratara (Freire López "Hispanoamérica"), fue uno de los pocos que pusieron en duda el valor sobrehumano de Cortés al notar el apoyo que éste recibió de los indios, lo que por otra parte incrementó, según Valera, la habilidad política del conquistador (Bernabéu Albert 113–18).[8] Gimeno de Flaquer (1850–1919) por su parte, destacó la influencia femenina de la Malinche en la conquista. Como la segunda mujer a recibir en 1890 una invitación para dar dos conferencias en el Ateneo de Madrid (la primera fue, cómo no, Emilia Pardo Bazán), Gimeno de Flaquer presentó una visión original de las culturas indígenas

Epílogo

de México, donde llevó ya más de diez años como residente, por lo cual tenía unos conocimientos de la realidad mexicana muy por encima de la mayoría de sus contemporáneos (Ramos Escandón 366–68). En la conferencia que pronunció el 17 de junio de 1890 Gimeno de Flaquer, que fue una gran defensora de la igualdad de los sexos, representó a la Malinche como una mujer ejemplar, si bien tanto los cronistas mexicanos como los europeos "le han negado en la historia la brillante página que merece" (Gimeno de Flaquer 79). Siguiendo a Valera y sobre todo Gimeno de Flaquer, Pardo Bazán busca "corregir memorias" y reescribir a la Malinche y la mujer en general en la nación y en el imperio.

El esbozo dramático *La Malinche* se basa en una serie de simetrías y oposiciones que implican tanto la estructura y los personajes como la temática de la obra. Dos actos multitudinarios situados en Cholula flanquean un acto central que escenifica un diálogo entre Hernán Cortés y su compañera indígena. Este núcleo del drama presenta el problema que Pardo Bazán consideró como fundamental en la sociedad de su tiempo: la falta de igualdad entre el hombre y la mujer. En *The Writing of History*, Michel de Certeau nos recuerda que cada versión del pasado no es sino una proyección del presente en el pasado (11). También Pardo Bazán se toma la libertad de reconstruir la historia de Hernán Cortés y la Malinche según su propia agenda política. La autora, para quien las colonias fueron una parte integral de España (la "España ultramarina" o "España remota"), contesta en *La Malinche* la autoridad masculina sobre la mujer colonial, no tanto para refutar el régimen imperial español sino para rechazar la autoridad patriarcal sobre las mujeres en la metrópolis. Para conseguir su propósito, Pardo Bazán funde en su obra las nociones de "dominar" y "doméstico." McClintock ha insistido en la raíz etimológica común de estos dos términos (35). Refiriéndose al contexto victoriano, la crítica norteamericana subraya además las obvias semejanzas entre la representación de las mujeres indígenas en las colonias y las mujeres europeas que trabajan como sirvientes (42, 103). Otras simetrías y oposiciones en el esbozo teatral hacen obvio que Pardo Bazán pretende desestabilizar el binario civilización/barbarie para demostrar que la oposición salvaje/civilizado no corresponde por definición a la oposición indígena/español. Para la autora, el sacrificio de corazones y seres humanos es un rasgo de "salvajismo," y no importa si viene producido por hombres o mujeres o se esconde bajo una capa de apatía o fanatismo religioso. La civilización, en cambio, se caracteriza por la capacidad de otorgar el perdón cristiano, independientemente de la nacionalidad o del género sexual de los que perdonan.

En su libro *Orientalism* Said nos enseña que los imperios se construyen como un edificio de representación. Esto significa que el poder de una cultura sobre otra viene legitimado discursivamente como un acto de la imaginación. La metrópolis (post)imperial mira con condescendencia a la cultura (post)colonial que es el objeto de la curiosidad de una mirada paternalista y despreciativo. El orientalismo establece una oposición entre "nosotros" (lo europeo, lo occidental) y "los otros" (lo oriental). Teóricos postcoloniales tales como Frantz Fanon y Bhabha han estudiado cómo los discursos orientalistas se basan en estereotipos que representan a un otro exótico, incivilizado, femenino o amenazador para legitimar su estado o necesidad de subyugación (Miguélez-Carballeira 87). En *La Malinche* Pardo Bazán recurre también al discurso orientalista, si bien dándole una vuelta de tuerca y apropiándole para sus propias metas.

En el siglo XIX, comenta Iarocci, la mirada orientalizadora de los países del norte de Europa encontró en España lo exótico dentro de lo familiar (*Properties* 21). En *La Malinche*, sin embargo, Pardo Bazán presenta a sus lectores/espectadores lo familiar dentro de lo exótico. Cuando la autora, en el primer acto de su proyectado drama, recrea el encuentro emblemático de la conquista/invasión y hace a los espectadores penetrar un lugar sagrado en el contexto mexicano—el interior de la gran pirámide de Cholula—, el escenario no les habrá resultado exótico sino extrañamente familiar. Utilizando un tropo que David Spurr en *The Rhetoric of Empire* ha llamado la "apropiación" (28–42), Pardo Bazán redefine la situación dramática en términos decimonónicos. Las autoridades de la ciudad, los sacerdotes y los "bravos guerreros emisarios de Moctezuma" parecen incapaces de lastimar ni a una mosca. Esperan cortésmente su turno para tomar la palabra, van honesta y elegantemente vestidos y "no hay nada de salvaje desnudez" (*TC* 595). El orientalismo de Said atribuye la división entre "nosotros" y "los otros" al pensamiento de los griegos sobre los pueblos bárbaros (*Culture* xxv). Es significativo que Pardo Bazán inscriba

Epílogo

a los indígenas en la categoría de "nosotros" cuando precisa que recuerdan por su vestimenta a los héroes griegos de la Antigüedad (lo cual subraya por otra parte su "trágica" situación).

Cuando los indígenas avanzan ideas para hacer frente al avance victorioso de los españoles después del "vergonzoso" pacto entre los tlaxcaltecas y los invasores, sus sugerencias vienen anihiladas por el derrotismo del cacique de Tezolán, "gran sacrificador" de "palpitantes corazones," que se encuentra absorto por una apatía típicamente finisecular (*TC* 596). Pardo Bazán enfatiza de este modo que la victoria española se debe sobre todo a una serie de circunstancias externas a los españoles y no al supuesto heroísmo de Cortés. La autora crea también un paralelo entre el cacique azteca y el conquistador, puesto que en ambos casos se esconde, como veremos, un hombre salvaje por debajo de su aspecto "civilizado."

Igualmente familiar a los lectores/espectadores debe de haber parecido el personaje de la histérica Guatamal, una "vejezuela seca y apergaminada," cuya extremada religiosidad encubre un alma salvaje. El fanatismo religioso de la beata presenta ciertas semejanzas con el de los confesores decimonónicos, a los que Pardo Bazán consideró como adláteres del patriarcado y enemigos de las mujeres. En oposición a la apatía de los hombres, Guatamal quiere resistir hasta la muerte. Sus estrategias para exterminar a los invasores no son nada civilizadas ya que la vieja se muestra preparada a animar a hombres y mujeres para luchar "[c]on nuestros dientes, con nuestras uñas" (*TC* 597). Esta mujer "salvaje" no tiene reparos en sacrificar a la Malinche, para tender una emboscada a los españoles.

En el segundo acto de la obra, la acción se desplaza de Cholula al campamento invasor de Cortés. Como ya queda dicho, este acto forma el núcleo del drama y presenta el problema que Pardo Bazán considera ser el fundamento de todos los demás: la desigualdad entre el hombre y la mujer, que en este caso no es sólo de género sino también de raza, al tratarse de la relación entre el conquistador español y su concubina indígena. El choque entre las culturas de los dos amantes ha resultado en cierta fusión cultural que se presenta visualmente en el decorado. Los tenderetes del campamento de Cortés, cuya falta de lujo subraya la austeridad española, han sido decorados con paños de algodón de pintorescos colores que revelan la innegable presencia de una mano femenina indígena—al mismo tiempo que sugieren, en otro nivel temporal, las actividades domésticas de ese ángel del hogar que fue la mujer española decimonónica. La fusión racial, escribe Schmidt-Nowara siguiendo a Joshua Goode, ha sido un objetivo esencial de la colonización española porque reprodujo el proceso que anteriormente había resultado en la formación de la nación española (38).

Pardo Bazán nos muestra a los dos personajes en una situación doméstica que debe haber sido altamente familiar para los espectadores de su tiempo: mientras que Cortés descansa, la Malinche trabaja; aviva la lumbre y prepara la comida, un plato de pollo y frijoles (es de notar que tanto en la decoración como en la cocina, es la mujer indígena la responsable de la fusión). Pardo Bazán recurre en este acto a una interesante inversión del modelo habitual de las representaciones orientalistas de su tiempo para insistir en la desigualdad genérica y la dominación del hombre blanco sobre la mujer indígena. En vez de representar a la mujer exótica como a una odalisca, acostada lánguida y voluptuosamente en un diván, y tratada como a una reina por su amante, Pardo Bazán la representa como una esclava que sirve a su amo.[9] En la posición de la odalisca coloca la autora al conquistador tumbado como un pachá oriental. Si hay un personaje orientalizado en la obra es sin duda Cortés, que no es representado en una situación heroica, sino durmiendo la siesta. Además de ser una alusión a las representaciones orientalistas de los nuevos imperios "modernos" del norte de Europa que se esforzaron por expulsar discursivamente a España de la modernidad (Iarocci, *Properties* 21), la representación de Cortés ilustra los funestos efectos de la leyenda dorada que ha resultado en la "completa parálisis" de la sociedad española, cuyo "ideal consiste en no moverse" (Pardo Bazán, *La España* 63). Somos la Turquía de Occidente, escribió Vicente Blasco Ibáñez en 1896, para expresar la ambigua relación entre España y la Europa moderna (268). La misma Pardo Bazán atribuyó a la "levadura semítica, fe musulmana" la falta de disciplina del hombre español (*La España* 64) y constató que su patria era "cada vez más africana" (82, 86). Pero más que nada, el retrato orientalista de Cortés sugiere la índole amenazadora del personaje (y por extensión de todo varón español) y su necesidad de subyugación.

La Malinche por su parte viene construida con todas las cualidades de la esposa española decimonónica, especie de criada de su marido, nacida tan sólo para cuidar de los suyos. Esta imitación en la obra del modelo metropolitano del ángel del hogar, por

Epílogo

parte de una mujer colonial, sugiere el concepto del mimetismo (*mimicry*), teorizado por Bhabha. La repetición exagerada de las normas culturales metropolitanas no sólo crea una diferencia ("casi lo mismo pero no exactamente") entre el sujeto colonizado y el colonizador, sino también—y más importante para nuestro análisis—cuestiona por su misma repetición imperfecta inevitablemente la ideología dominante que trata de reafirmar (*Location* 85–92). Confrontados con el exagerado recato de la Malinche, la que incluso rehúsa comer con Cortés (si bien éste, "sonriendo," le otorga el permiso para sentarse con él) (Pardo Bazán, *TC* 598), los espectadores finiseculares habrán intuido la ridículez de la falta de igualdad entre el hombre y la mujer.

El que la Malinche, a pesar de su esclavitud doméstica, desempeña sin embargo un papel activo y vital en la relación—al igual que las mujeres decimonónicas—consta cuando la situación dramática le permite informar a Hernán Cortés sobre la emboscada que se prepara en Cholula, y "lo que será preciso hacer para evitar el desastre y la matanza de los españoles" (Pardo Bazán, *TC* 598). En vez de gratitud, las palabras de la indígena provocan en Cortés una reacción violenta que tampoco les habrá sorprendido a los espectadores. El hombre al que vimos dormir tan pacíficamente en la escena anterior, se muestra ahora sumamente autoritario hacia la mujer a la que considera como su posesión. La maltrata no sólo física sino también psicológicamente (*TC* 598). Es ilustrativo que la Malinche se encuentre prostrada ante su amo (en vez de que él se arrodilla ante ella, como pretende falsamente la leyenda dorada). A pesar de ser maltratada por Cortés como ser doblemente inferior como mujer e indígena, la Malinche es la que debe confirmar y autorizar los actos del conquistador. Para este Cortés, incierto y poco viril, la importancia estratégica y militar de la Malinche excede obviamente su significancia emocional. Es sólo gracias a las informes de la indígena que el conquistador se atreve a afrontar la situación y dar órdenes a sus capitanes.

En el tercer y último acto, otra vez multitudinario, la acción se desplaza de nuevo hacia la ciudad indígena, pero esta vez su monumento sagrado, la gran pirámide, ha sido relegado al fondo del escenario. Para anunciar la inminente tragedia de los indígenas cuya civilización pronto va a ser eclipsada por los españoles, la escena es sola y oscura. El público queda informado sobre el acercamiento de los conquistadores y la presencia de la celada mediante un breve diálogo entre Guatamal y la Malinche. Guatamal, sospechando de la Malinche, somete a la indígena a un idéntico maltrato psicológico y físico al que le había sometido Cortés en el acto anterior. La beata, que por su religiosidad debería ser un compendio de civilización, describe a la Malinche los horribles suplicios a que se le condenará si traiciona a su pueblo y le predice la repudiación por parte del conquistador. Además, la vieja se arroja en todo su salvajismo sobre la indígena y le habría abierto el pecho con un cuchillo si Cortés no lo hubiera evitado. Es una escena que visualiza bien la compleja posición que la Malinche ocupa como víctima de los intereses opuestos de los indios (Guatamal) y los españoles (Cortés), y a otro nivel la situación de la mujer española entre su confesor y su marido. El carácter melodramático de la escena debe despertar las emociones de los espectadores.

Pardo Bazán hace patente que el conquistador no es menos "salvaje" que Guatamal ya que tampoco tiene escrúpulos a la hora de sacrificar a su compañera como razón de estado. Ni siquiera sabe perdonar. Si bien Cortés se vanagloria de sus hazañas personales, las alabanzas que dirige a sus aliados de Tlaxcala revelan lo infundado de sus pretensiones. Y el contraste que el conquistador establece entre por un lado el engaño que le han preparado los indígenas y por otro la bondad y el buen trato que él les ha otorgado, es altamente irónico si pensamos en el tratamiento que le ha dado a su compañera india. En vez de perdonar a los aztecas como hubiera prescrita la fe religiosa que la leyenda dorada atribuye a los españoles, Cortés les anuncia el "exterminio" (Pardo Bazán, *TC* 599). Con la falta de todo sentimiento religioso, el conquistador hace gala de la misma indiferencia hacia la religión que los miembros masculinos de la clase media decimonónica. Es obvio que para Pardo Bazán tal hombre es un modelo totalmente inapropiado para los españoles del fin-de-siglo.

La que se distingue aquí es la Malinche, una mujer excepcional que practica el catolicismo al que se ha convertido sentido y rectamente. Las nobles orígenes de la indígena habrán apelado a Pardo Bazán, quien heredó un título nobiliario en 1908. Al pedir perdón por la vejezuela, la Malinche es el ejemplo vivo de la fuerza regeneradora que Pardo Bazán, como convencida católica y defensora de la misión civilizadora del imperio, atribuyó al catolicismo (*La España* 11). La autora contrasta a la mujer indígena con el

Epílogo

conquistador español que en vez de contribuir a la civilización del futuro e incorporar al Otro colonial en el imperio—rasgo que, según los españoles, siempre distinguió al imperio español de los poderes coloniales posteriores—se niega a conformarse con la narración de la fusión colonial. Cortés repudia a su compañera indígena, al igual que los hombres españoles se oponen a inscribir a la mujer en la nación. La repudiación de la Malinche por parte del conquistador señala una doble pérdida, la de la amante indígena y la del imperio. Y la obra termina con la Malinche llorando como la *Mater dolorosa* del imaginario católico las ruinas de Cholula, que por supuesto escenifican también las ruinas del esplendor anterior del imperio español (Pardo Bazán, *TC* 548).

En su versión del mito Pardo Bazán se junta a los pocos escritores finiseculares que se atrevieron a revisar a los historiadores de la Restauración. En vez de representar a Cortés como "uno de nuestros más esclarecidos varones" tal y como hizo Patricio de la Escosura en 1845 (Bernabéu Albert 116), un héroe comparable a los de la Antigüedad clásica, Pardo Bazán nos introduce al Cortés antihéroe y contemporáneo del 98. La autora precisa que los méritos de la conquista no son exclusivamente los de Cortés, y que la empresa tampoco fue un *all male affair*. Si Cánovas consideró en 1891 al español Pinzón, capitán de la Niña, como esencial para el genovés Colón (J. Krauel 60), Pardo Bazán considera la Malinche (¡nombre que significa también "capitán"!) como esencial para Hernán Cortés. Sacrificándola como razón de estado, el conquistador ha sido muy injusto con su compañera indígena, y las crueldades que comete—"romper el corazón" de su amada—no son menos feroces que los sacrificios de corazones practicados por los indígenas.

La autora critica el discurso americanista de la Restauración, que siempre excluyó la perspectiva indígena, pero sobre todo el discurso "doméstico" de esta sociedad que excluyó a la mujer. Pardo Bazán comparte la opinión de Gimeno de Flaquer que la consideración concedida a la mujer es buen termómetro para graduar la cultura de los pueblos (64), y vio en la fundamental falta de igualdad una de las causas de la crisis finisecular y del retraso y la falta de modernidad de España. ¿No hubieron sido los Reyes Católicos los que con su "tanto monta, monta tanto" contribuyeron a la fundación del imperio al que debió España en el siglo XVI su entrada en la modernidad? A pesar de su actitud crítica

La Malinche

hacia las hazañas de Cortés y los suyos, Pardo Bazán no abandona su fe en la misión civilizadora del imperio ya que sugiere que ha sido gracias a los conquistadores que la nación mexicana conociese los beneficios del cristianismo (Bernabéu Albert 121), religión que según la autora dignificó particularmente a la mujer.

Pardo Bazán no elaborará su esbozo sobre la Malinche y el drama no se estrenará nunca. La autora no olvida, sin embargo, el tema y en 1914 vuelve al pasado colonial. *Hernán Cortés y sus hazañas* es un libro para jóvenes que intenta vulgarizar "en forma sencilla, *sin tomar en cuenta discusiones y puntos críticos*, una figura excelsa y un aspecto magnífico de nuestra historia" (7, la cursiva es mía). En *Hernán Cortés* Pardo Bazán abandona por completo la postura crítica hacia Cortés que había adoptado en *La Malinche* para escribir una especie de hagiografía en la que apoya incondicionalmente al conquistador extremeño. ¿Cómo podemos explicar este cambio de actitud tan radical? ¿Cuáles habrán sido los motivos de la autora? Ahora bien, al igual que hicieron todos los autores precedentes y posteriores, Pardo Bazán moldea la figura del conquistador según sus necesidades. *Hernán Cortés* es simplemente la proyección de otro presente que *La Malinche*. Si en *La Malinche* la autora se opuso a los historiadores de la Restauración que ensalzaron a Cortés para imponer su propia agenda política, en *Hernán Cortés y sus hazañas* Pardo Bazán critica a los historiadores europeos que forjaron la leyenda negra para desprestigiar el papel de España durante la conquista y la colonización, y de tal modo se esforzaron por distanciar discursivamente a la nación de la modernidad.

El periodista e historiador español Julián Juderías describió el concepto "leyenda negra" en un ensayo homónimo (1914) y altamente nacionalista contra los detractores del imperio español. Dirigiéndose a los que "aman el pasado, creen en el presente y confían en el porvenir glorioso de la Madre España" (Juderías 16; J. Krauel 177), Juderías definió el concepto en referencia a la propaganda anti-española a partir del siglo XVI. Se trata, en las palabras del periodista, de "la leyenda de la España inquisitorial, ignorante, fanática, incapaz de figurar entre los pueblos cultos lo mismo ahora que antes, dispuesta siempre a las represiones violentas; enemiga del progreso y de las innovaciones" (Juderías 20). La leyenda se funda en dos elementos principales: la omisión de lo que puede favorecer a los españoles y la exageración de cuanto

Epílogo

puede perjudicarles (21). Empezó a difundirse en el siglo XVI a raíz de la Reforma, y surgió de nuevo en momentos cruciales de la historia española, tales como el Desastre de 1898. Pardo Bazán atribuyó la leyenda negra principalmente al hecho de que España se había convertido, en las palabras de Iarocci, de agente enunciadora en objeto de enunciación (*Properties* 12): la historia de España no la habían escrito los españoles sino los extranjeros, los cuales procuraron distorsionarla lo más posible. No sólo los países europeos sino también los Estados Unidos cargaron según Pardo Bazán con la culpa de la campaña antiespañola, porque ésta había sido "divulgada por esa asquerosa prensa amarilla, mancha e ignominia de la civilización en los Estados Unidos" (*La España* 90).

El estallido, en 1914, de la Primera Guerra Mundial, durante la cual dos países modernos y altamente "civilizados" se masacraron mutuamente, le brindó a Pardo Bazán una oportunidad perfecta para contrarrestar la leyenda negra al representar las atrocidades de Francia y Alemania como no menos crueles que las cometidas por España durante la conquista. A fin de revalorar la imagen histórica y actual de España, la autora reivindicó los valores hispánicos y revitalizó de nuevo a la figura del conquistador.

Hernán Cortés y sus hazañas es un retrato teatralizado y muy poco imparcial de las proezas del conquistador. Siguiendo explícitamente a Bernal Díaz del Castillo (*Hernán Cortés* 127), Pardo Bazán relata la vida del conquistador desde su briosa juventud hasta su muerte en España, y su entierro en México, víctima del olvido y la ingratitud de sus contemporáneos y del emperador Carlos V. Los doce capítulos del libro consisten en una serie de bocetos rápidos que exaltan en términos superlativos las cualidades del extremeño y su "increíble empresa" (28). Leemos que Cortés es el conquistador por excelencia (154), capaz de hazañas épicas (36), un coloso comparable a Napoleón y acaso superior a los héroes antiguos de más alto renombre (155). En su carácter se combinan la virilidad, un instinto genial y una astucia "ulisiaca" (15).

Para mostrar que Cortés y los conquistadores españoles no fueron peores que los poderes coloniales modernos, abundan en el texto las referencias a la actualidad bélica. La autora insiste también en los motivos económicos de los contendientes actuales: "A pesar de todo el progreso y humanidad que en nuestra época se supone, estamos presenciando una guerra colosal, nunca vista, y terriblemente destructora, y sus causas son del orden económico. Oro, en una forma o en otra, oro" (*Hernán Cortés* 15). Mediante el rechazo de una expansión basada en mercados y ganancias Pardo Bazán defiende la supuesta misión civilizadora de la expansión colonial española (Schmidt-Nowara 4). La autora, que dota a Cortés de una "fe cristiana" (*Hernán Cortés* 88), precisa que el conquistador "traía frailes que enseñasen y catequizasen a los indios, a quienes ni un momento pensó destruir, como han hecho con la población indígena otras naciones que pasan por más cultas que nosotros" (138). Pardo Bazán pone un énfasis muy plástico en las atrocidades de los indios, cuyo Dios "se mantiene de corazones humeantes, sacados por los pechos, y necesita el riego de la sangre" (27), mientras que resta importancia a los actos de crueldad y avaricia de los conquistadores. La autora compara la "espantosa carnicería" (68) de Cholula con la situación actual: "Los procedimientos de la represión de Cholula son sin duda terribles para nuestra sensibilidad; y sin embargo, al curso de los siglos, no parece que hayan variado mucho en casos análogos, como lo prueban recientes sucesos, no solo en el propio México, sino en toda Europa" (68).

En *Hernán Cortés* el papel de la Malinche resulta minimizada. La mujer queda reducida a una extensión objetivada de la voluntad del conquistador. La autora admite que la indígena ha sido "el más eficaz auxiliar" (*Hernán Cortés* 43) y que los españoles "en crítica ocasión fueron por ella salvados" (44). Pero ella resta importancia a la hermosura de la mujer al decir que "la hermosura de las indias es relativa a su raza" (43) y a sus amores con Cortés al afirmar que "[n]ació el amor de Cortés y doña Marina al influjo de las circunstancias y de la necesidad" (45). Contrariamente a lo que hace en *La Malinche,* representa a Cortés como "incondicional en su cariño" hacia la indígena a la cual "[s]iempre la otorgó honores y distinciones muy altas" (46). Pardo Bazán, que parece ahora aceptar la falta de igualdad de género, insiste en la virilidad del conquistador, precisando que éste "la sentó a su lado, pero manteniéndola en su lugar, no sumiso a ella con baja sumisión, como Marco Antonio a Cleopatra: que no era para la índole de hombre tan entero, tan por encima de las decadencias, ser guiado por favoritas" (46). Y la autora insiste una vez más en la misión civilizadora de la colonización al referirse a la conversión de la Malinche: "fue doña Marina la que, siguiendo la fe de su señor

Epílogo

y conquistador, encabezó la serie de las mujeres cristianas en el Imperio mexica" (46).

¿Significa esto que Pardo Bazán pone ahora los intereses nacionales e imperialistas por encima de los de su género sexual? ¿Y que abandona las ideas que había expuesto anteriormente en *La Malinche*? En algunos aspectos sí. En 1905, durante una conferencia dedicada a la memoria del escritor Gabriel y Galán, la autora se quejó de que las observaciones de su conferencia parisiense habían sido mal entendidas: "supusieron que yo había negado la realidad objetiva de nuestros timbres y blasones nacionales" mientras que sólo lamentaba "que esa magnificencia del pasado, mal conocida, reducida a enumeración de combates, fuese venda de nuestros ojos, excusa de nuestra inercia y arrullo de nuestra galbana" (*Discurso en la velada* 15). Por considerar la tradición como una esencia vital la autora se vuelve otra vez al pasado: "tanto como caminar hacia delante, necesitamos volver la vista atrás, reanudar el hilo roto" (8). En su nueva rendición del mito de Cortés, tan diferente de la anterior, Pardo Bazán incorpora sin embargo, un aspecto que revela la pervivencia de su conciencia femenina. Consecuentemente, la autora llama a Cortés "El Malinche," por ser éste el nombre de guerra que los aztecas le dieron al conquistador. Siguiendo a Todorov podemos interpretar este título como la materialización de la indígena en la figura de conquistador. El crítico franco-búlgaro comentó que por una vez no es la mujer que adopta el nombre del hombre, sino al revés (*Conquest* 101). Sin la Malinche Cortés nunca hubiera realizado lo que hizo. En "El Malinche" la fusión se ha producido.

Al igual que la selecta minoría de intelectuales de la época, Pardo Bazán propuso en su producción teatral un implacable examen de conciencia como solución al "problema de España." La autora, que opinó que "los errores colectivos conviene denunciarlos sin miedo" ("Asfixia." *De siglo* 165), disintió del discurso autosatisfecho de los políticos de la Restauración que se basaron en la leyenda dorada de un pasado hipertrofiado para hacer circular una serie de mitos. Estos paralizaron a los españoles porque les hicieron creer que ya fueron el cúmulo de perfecciones e impidieron que aprendiesen con el ejemplo de otras naciones más activas y prósperas (*La España* 80). Consciente del poder de la literatura, la autora elabora una visión antagónica. En el

La Malinche

esbozo teatral *La Malinche* Pardo Bazán se niega a presentarles a sus contemporáneos masculinos a un Cortés provisto de todas las cualidades del héroe romántico para que aquellos se crearan erróneamente hechos a su modelo. Para desmitificar, la autora no elige un romanticismo trasnochado, sino que conforme a las exigencias de su tiempo opta por un enfoque realista, si bien provista de algunos rasgos melodramáticos para trasmitir mejor su mensaje y afectar emocionalmente a su público. Su propósito fue un teatro que haga no sólo pensar sino también sentir. La autora busca provocar al complaciente público teatral y suscitar en él ese amalgama de sentimientos y pensamientos que son las emociones (Labanyi, "Doing" 224). Fundiendo la sensibilidad y la inteligencia aspira a "despertar las energías españolas" (*La España* 89): "Trátenme como quieran mis compatriotas, pero sientan el aguijón, aviven el seso y despierten" escribe en 1899 (10). Sólo cuando los españoles se conocen a sí mismos, y no confunden el ideal con la vulgar realidad, pueden empezar a regenerarse. Este camino de la perfección pasa por la educación, la cultura, el trabajo disciplinado, la apertura a las corrientes europeas, la religión, y por cierto el respeto hacia la mujer.

Como hemos visto al analizar su producción teatral, Pardo Bazán se permitió una postura sumamente crítica cuando manifiesta su disconformidad con la España constituida y la política nacional, pero cuando se trata de defender a su país de los ataques que sufre por parte del extranjero, la escritora adopta una actitud radicalmente diferente. Por mucho que se esforzara por insistir en la muerte de la leyenda dorada que determinó de manera funesta el comportamiento de los españoles (y cegó por contagio la vista de los extranjeros), la autora no podía aceptar las consecuencias de la leyenda negra y el menosprecio con que fue tratada España en la arena internacional después de haber perdido su imperio. Si bien ambas leyendas subrayan el distanciamiento de España de la modernidad, el hecho de que este alejamiento fuera subrayado por los extranjeros fue obviamente mucho más penoso y vergonzoso. Según Pardo Bazán, ningún país tiene el derecho de menospreciar a España, y las atrocidades cometidas en la Primera Guerra Mundial por naciones altamente civilizadas como Francia y Alemania prueban la falta de fundamento para la leyenda negra. Lo que Pardo Bazán busca tanto en *Hernán Cortés*

Epílogo

como en *La Malinche* es incluir a España en la comunidad imaginada de naciones civilizadas (Shkatulo 13, 14). Si los españoles han sido "colonizadores inhábiles" no han sido ni peores que los contendientes actuales, "ni más crueles ni tan rapaces como esos anglo-sajones" (*La España* 90). Enfrontada con el desprecio de los países del norte de Europa, la ambivalencia de Pardo Bazán hacia el pasado colonial se disipa ante una sola emoción: un rotundo orgullo.

Apéndice uno

Artículos escritos por Emilia Pardo Bazán y consultados en este estudio

ABC
"Los conquistadores." *ABC,* 30 de diciembre de 1918; en Sotelo Vázquez 65–68.[1]
"De aquellos tiempos." *ABC,* 25 de febrero de 1920; en Sotelo Vázquez 141–44.
"Kronprinz Guatimozin." *ABC,* 3 de noviembre de 1920; en Sotelo Vázquez 181–84.

La Ilustración Artística de Barcelona
"La vida contemporánea. De ayer a hoy." *IA* 789, 8 de febrero de 1897; en Dorado 74.[2]
"La vida contemporánea." *IA* 901, 3 de abril de 1899; en Dorado 128.
"La vida contemporánea. Pinceladas de literatura." *IA* 1.053, 3 de marzo de 1902; en Dorado 206.
"La vida contemporánea." *IA* 1.080, 8 de septiembre 1902; en Dorado 219.
"La vida contemporánea." *IA* 1.150, 11 de enero 1904; en Dorado 251.
"La vida contemporánea." *IA* 1.160, 21 de marzo 1904; en Dorado 256.
"La vida contemporánea." *IA* 1.261, 26 de febrero de 1906; en Dorado 307.
"La vida contemporánea." *IA* 1.275, 4 de junio de 1906; en Dorado 314.
"La vida contemporánea." *IA* 1.305, 1 de enero de 1907; en Dorado 330.
"La vida contemporánea." *IA* 1.522, 27 de febrero de 1911; en Dorado 436.

"La vida contemporánea." *IA* 1.585, 13 de mayo 1892; en Dorado 468.
"La vida contemporánea." *IA* 1.678, 23 de febrero 1914; en Dorado 515.
"La vida contemporánea." *IA* 1.682, 23 de marzo 1914; en Dorado 517.
"La vida contemporánea." *IA* 1.755, 23 de agosto de 1915; en Dorado 567.
"La vida contemporánea." *IA* 1.776, 10 de enero de 1916; en Dorado 579.
"La vida contemporánea." *IA* 1.824, (11 diciembre 1916); en Dorado 613.

La Nación de Buenos Aires
"La moda con arte." *La Nación*, 25 de diciembre de 1889; en Sinovas 149–55.[3]
"Crónica Teatros y público." *La Nación*, 6 de junio de 1909; en Sinovas 262–66.
"Crónica de España." *La Nación*, 29 de abril de 1911; en Sinovas 520–25.
"Crónicas de Europa. La indumentaria femenina." *La Nación*, 25 de agosto de 1912; en Sinovas 687–91.
"Crónicas de Madrid." *La Nación*, 8 de diciembre de 1912; en Sinovas 722–26.
"Crónicas de España." *La Nación,* 30 de noviembre de 1915; 1064–67.
"Crónicas de España." *La Nación,* 2 de abril de 1916; en Sinovas 1100–04.
"Crónicas de España. Un ave de paso: Metterlinck [Maeterlinck]." *La Nación,* 26 de marzo de 1917; en Sinovas 1178–81.
"Crónicas de España." *La Nación,* 26 de abril de 1917; en Sinovas 1191–93.

Nuevo Teatro Crítico
"El estreno de Echegaray." *NTC* 1.1 (1891): 75–84.
"Ángel Guerra." *NTC* 1.8 (1891): 19–64.
"Revista de teatros." *NTC* 1.12 (1891): 52–79.
"Revista de teatros." *NTC* 2.13 (1892): 86–97.
"Los estrenos." *NTC* 2.15 (1892): 98–110.

"Realidad. Drama de Benito Pérez Galdós." *NTC* 2.16 (1892): 19–69.
"Crónica literaria y teatral." *NTC* 2.17 (1892): 91–107.
"Revista dramática." *NTC* 2.18 (1892): 75–105.
"Crónica literaria." *NTC* 2.23 (1892): 96–103.
"El estreno de 'Mariana' de Echegaray o cuando Lope quiere… quiere" *NTC* 2.24 (1892): 49–84.
"Concepción Arenal y sus ideas acerca de la mujer." *NTC* 3.26 (1893): 269–304.
"La Dolores. (Estreno de Feliú y Codina)." *NTC* 3.27 (1893): 104–111.
"Un ibseniano español. —La huelga de hijos." *NTC* 3.30 (1893): 252
"Despedida." *NTC* 3.30 (1893): 299–310.

De siglo a siglo (1896–1901)
[los artículos de esta colección proceden principalmente de la *Ilustración Artística* de Barcelona, pero la mayoría de ellos fueron reelaborados y algunos nunca han sido publicados en la *IA*.]

"Clausura." Enero 1896. *De siglo a siglo* 5–10. En Pérez Bernardo[4] 71–76.
"Columnas de humo." Julio 1896. *De siglo a siglo* 31–36. En Pérez Bernardo 94–99.
"A la rusa." Diciembre 1896. *De siglo a siglo* 42–47. En Pérez Bernardo 105–11.
"Días nublados." Diciembre 1896. *De siglo a siglo* 53–58. En Pérez Bernardo 117–22.
"Las subastas." Febrero 1897. *De siglo a siglo* 58–63. En Pérez Bernardo 122–28.
"Recuerdos de un destripador." Noviembre 1897. *De siglo a siglo* 84–91. En Pérez Bernardo 150–57.
"Siempre la guerra." Junio 1898. *De siglo a siglo* 116–21. En Pérez Bernardo 184–89.
"Esperando." Julio 1898. *De siglo a siglo* 121–126. En Pérez Bernardo 189–94.
"Asfixia." Abril 1899. *De siglo a siglo* 162–167. En Pérez Bernardo 232–38.

"Viuda de marino." Septiembre 1899. *De siglo a siglo* 180–183. En Pérez Bernardo 251–54.

"En los días santos." Abril 1900. *De siglo a siglo* 192–198. En Pérez Bernardo 263–70.

"Temis." Mayo 1900. *De siglo a siglo* 199–204. En Pérez Bernardo 270–276.

[Sin título]. Junio 1900. *De siglo a siglo* 204–208. En Pérez Bernardo con el título "El mundo marcha." 276–80.

"Más clínica." Agosto 1901. *De siglo a siglo* 232–243. En Pérez Bernardo 305–17.

"Vistas." Octubre 1901. *De siglo a siglo* 249–252. En Pérez Bernardo 323–27.

Diversos

"Literatura y otras hierbas," *Revista de España* (Julio 1887): 133–145.

"La muerte de la Quimera." *La Época*, suplemento al numero 19.711 (9 de mayo de 1905): 3.

"La nueva generación de novelistas y cuentistas en España." *Helios*, II, XII (1904): 257–70.

Apéndice dos

Las obras teatrales de Emilia Pardo Bazán comentadas en este libro

Teatro completo. **Estudio preliminar, edición y notas de Montserrat Ribao Pereira.**
Adriana Lecouvreur [traducción no publicada por la autora] 499–523
Ángela [obra no publicada por la autora] 471–76
Asunto de un drama [Los senores de Morcuende] [asunto] 601–05
El becerro de metal 249–97
La Canonesa [traducción no publicada por la autora] 525–81
Cuesta abajo 169–246
Un drama [obra no publicada por la autora] 627–49
Fragmento de un drama [Soleá] [fragmento] 585–90
Juventud 299–345
La Malinche [asunto] 595–99
El Mariscal Pedro Pardo [obra no publicada por la autora] 411–470
La muerte de la Quimera 393–406
Plan de un drama [En Extremadura] [asunto] 607–10
Los peregrinos [asunto] 591–94
La suerte 89–100
Las raíces 347–89
El sacrificio [obra de atribución dudosa] 611–25
Tempestad de invierno [obra no publicada por la autora] 477–96
Verdad 103–67
El vestido de boda 79–87

El teatro de Emilia Pardo Bazán. Datos para su historia escénica y para su recepción crítica **editada por Patricia Carballal Miñán.**
Perder y salir ganando 428–79

Notas

Introducción. El teatro de Emilia Pardo Bazán

1. *Realidad* se estrenó el 15 de marzo de 1892 en el Teatro de la Comedia de Madrid. Para un análisis de la obra ver Wadda Ríos-Font, *Rewriting* (136–48).

2. A menos que se indique lo contrario, todas las obras teatrales de Pardo Bazán comentadas en este libro proceden de *Teatro completo* editado por Montserrat Ribao Pereira.

3. *Verdad* se estrenó en el Teatro Español de Madrid, el 9 de enero de 1906. Para un estudio de la obra, ver el capítulo 3. Mayer explica convincentemente que la nación fue construida como proyecto patriarcal-masculino e imaginada como fraternidad varonil (6). En su prosa periodística Pardo Bazán denuncia el feminicidio como un fenómeno real y una causa principal de muerte para las mujeres. Ver, por ejemplo, los artículos "Temis" y "Más clínica" en *De siglo a siglo* (199–204; 232–43).

4. Ver B. Anderson (*Imagined*) y Hobsbawm ("The Nation"). Para la situación española ver José-Carlos Mainer ("La invención de la literatura española"); Jon Juaristi ("La invención de la nación") y E. Inman Fox (*La invención de España*), estudios donde la mujer brilla por su ausencia. George Mosse ha sido uno de los pioneros en considerar la noción de género sexual en relación con la nación (*Nationalism and Sexuality* 1985). Sobre (la exclusión de) las contribuciones de la mujer al proceso de formación de la nación, ver, por ejemplo, los volúmenes *Nationalisms and Sexualities* (Parker 1992); *Mapping the Nation* (Balakrishnan 1996) y *Gender Ironies of Nationalism. Sexing the Nation* (Mayer 2000). Para el contexto español ver Arkinstall (*Histories* 13); Hooper (*Stranger* 8) y Johnson (*Gender* 13). En su edición crítica *Nationalism*, Philip Spencer y Howard Wollman definen el nacionalismo y la identidad nacional de la manera siguiente: "*Nationalism* is an ideology which imagines the community in a particular way (as national), asserts the primacy of this collective identity over others, and seeks political power in its name, ideally (if not exclusively or everywhere) in the form of a state for the nation (or a nation-state) [...] nationalism is also of crucial import in the genesis and reproduction of *national identity*, a less directly political and more fluid concept than that of nationalism itself. National identity involves a process of identifying oneself and others as a member of a nation, although there may be profound differences in the salience which each attaches to the national as opposed to other identifications" (2–3). Es llamativo que en uno de los principales estudios sobre el nacionalismo cultural decimonónico, *Mater Dolorosa. La idea de España en el siglo XIX* de José Álvarez Junco no se menciona a ninguna mujer (a pesar del título).

5. Según Max Weber, la "misión cultural" de la elite intelectual es precisamente dar prestigio internacional a la nación (24–25). En el caso de Pardo Bazán, su actuación (*performance*) como figura intelectual pública le permite situarse como sujeto central en una cultura española de actuación.

Notas a las páginas 3–4

Ver Gabilondo ("Subaltern"). Pardo Bazán era muy consciente de que en su actuación pública estaba reuniendo formaciones discursivas aparentemente incompatibles como la feminidad y la alta cultura nacional (Pereira-Muro, *Género* 8). Sobre su candidatura a la Real Academia escribió la autora: "[E] stoy en el deber de declararme candidato perpetuo a la Academia […] y mi candidatura representará para los derechos femeninos lo que el pleito que los duques de Medinaceli ponían a la Corona cuando vacaba el trono […]; no aguardaré sentada: ocuparé las manos y el tiempo en escribir quince o veinte tomos de historia de las letras castellanas … y lo que salte" ("La cuestión académica" 82). Sorprende la ausencia de Pardo Bazán del libro de Thomas Harrington, *Public Intellectuals and Nation Building in the Iberian Peninsula, 1900–1925*.

6. Labanyi precisa que la nación como construcción ideológica coincidió con el debate sobre la nación y que los autores admitidos al canon se esforzaron por indicar a la población española lo que constituía la buena literatura y por consecuente lo que uno debía leer si quería ser considerado como digno miembro de la sociedad española ("Relocating" 169–71). Labanyi enfatiza también que el proyecto de formación de la nación es un proceso de modernización empujado por fuerzas económicas, políticas y culturales internacionales. Al construir una "nación española" los políticos e intelectuales finiseculares españoles aplicaron a la situación española proyectos políticos y culturales derivados de otros países cuya modernización se había producido antes y al aparecer con más éxito (174). Además, en las últimas décadas del siglo XIX, para la mayoría de los liberales progresistas y hasta conservadores ser español no fue considerado como incompatible con ser cosmopolita (180). Si bien España se quedaba a la zaga de los países del norte de Europa con respeto a la modernización capitalista, la vida intelectual de la nación fue dominada por los mismos debates que en aquella época fueron corrientes en otros países europeos (180–81).

7. "Algunos autores, pocos todavía—pero ya serán muchos—, sintiéndose llenos de fuerzas adecuadas, han emprendido la meritoria empresa de remover y conmover la conciencia nacional, y hablando a la fantasía de nuestro pueblo con poderosas imágenes, llenas de frescura, originalidad y *saber de patria*, despiertan en él los dormidos gérmenes del pensamiento reflexivo de un sueño de siglos (Alas, *Teoría* 92; cursiva en el original).

8. Historiadores como José María Jover Zamora, Raymond Carr (*Spain*), José Álvarez Junco ("Nation-Building Process"), Javier Corcuera ("Nacionalismo y clases"), Juan Pablo Fusi Aizpurúa (*España*), Borja de Riquer I Permanyer ("Débil nacionalización"); A. Bahamonde y Jesús A. Martínez (*Historia de España. Siglo XIX*) y otros han explicado ampliamente que en España el esfuerzo de formar una comunidad nacional es la obra de una minoría educada y que el concepto de nación resulta difícil de aplicar a la sociedad española decimonónica por ser ésta una sociedad en gran medida rural y analfabeta, plagada por las guerras carlistas, con una población que no tiene confianza en las instituciones estatales. Contrariamente a otros países europeos España carece de una política de nacionalización (basada en la educación cívica, los monumentos públicos ...). Además, se desmorona el imperio y en la periferia surgen los movimientos nacionalistas. No se produce la que Ernest Gellner siguiendo a Otto Bauer llama la "gran transformación" que en el siglo XIX cambia sociedades agrícolas tradicionales en sociedades capitalistas industriales (B. Anderson, "Introduction" 3). Por otra parte, como apunta Adrian Shubert, la historia de España no es una historia excepcional; es una historia particular, como lo es la historia de cualquier país (2). Homi Bhabha, Benedict Anderson y Doris Sommer privilegian la novela como forma de literatura nacional (la nación como narración o la narración de la nación). En el prólogo de su novela *Un viaje de novios* (1881), Pardo Bazán afirma que si la novela española pretende estar a la altura de la novela europea debe ser un síntesis de la tradición realista del Siglo de Oro y la modernidad positivista y dar expresión a la realidad del momento. En *La Revolución de la novela en Rusia* (1887) la autora manifiesta su entusiasmo ante la idea de "encarnar en nuestra novela no sólo trozos de realidad fragmentaria, individualismos artísticos, sino el espíritu, el corazón y la sangre de nuestra patria, lo que se elabora, lo que late en todos nosotros, en el conjunto ..., a fe que sería bueno, muy bueno" (878–79). Sobre la autonomía del campo literario español ver Jesús Martínez Martín.

9. Para John Hutchinson, el objetivo del nacionalismo cultural es restaurar el prestigio anterior de la nación, basando la construcción de una cultura moderna, científica en los vestigios étnicos del pueblo ("Cultural" 127–29). Es precisamente esta tarea que incumbe según Max Weber a los intelectuales (24–25). George Mosse en *Nationalism and Sexuality* afirma que en el siglo XIX todo proceso nacionalista implica un proceso de masculinización en el que se adopta el ideal de la masculinidad como valor nacional por antonomasia (10). Para el contexto español, Stephanie Sieburth (*Inventing High and Low*), Íñigo Sánchez-Llama ("'Varonil' realismo"), Catherine Jagoe ("Disinheriting") y Alda Blanco ("Gender") han descrito el modelo de la alta cultura en la España de la Restauración como masculino. También Andrés Zamora ("Secreto incesto") y Michael Iarocci ("Virile Nation") han explorado el proceso de virilización de la literatura española de la segunda mitad del siglo XIX, mientras que Lou Charnon-Deutsch, Susan Kirkpatrick, Maryellen Bieder y Jo Labanyi han insistido cada una en varios estudios en el difícil papel de la mujer en la construcción cultural de la nación española.

10. Pardo Bazán consiguió ser admitida como primera mujer socio en el Ateneo de Madrid (1895), donde más tarde preside la sección de literatura (1906). La autora fue Consejero de Instrucción Pública (1910), socio de número de la Sociedad Económica Matritense de Amigos del País (1912), y en 1916 fue nombrada como catedrático de literaturas neolatinas de la Universidad Central de Madrid.

11. Si bien Pardo Bazán "clearly positioned herself within the tradition of the realist novel as practiced by male novelists" (Bieder, "Female Voice" 103) y abraza el modelo patriarcal de la novela realista, la autora no deja de subvertir este discurso desde dentro (Pereira-Muro, *Género* 10).

12. Para el feminismo de Pardo Bazán ver Scanlon y Ayala.

13. La novela realista se convierte entonces en una compensatoria construcción metonímica de una patria textual (Pereira-Muro, *Género* 25). La autora compartió la frustración de los otros miembros de su generación ante la ausencia de un referente real en el que anclar su ficción, y se dio cuenta de estar creando una literatura nacional para una nación inexistente. Es esta misma frustración que expresa Pérez Galdós en su discurso de ingreso en la Real Academia Española, "La sociedad presente como materia novelable" (1897), texto que tanto discrepa de su ensayo anterior y esperanzador "Observaciones sobre la novela contemporánea en España" de 1870.

14. El por otra parte excelente libro de Javier Krauel es otro ejemplo de un estudio en el que no se dedica atención al género femenino.

15. En uno de los cuentos de Pardo Bazán titulado "La armadura" encontramos al duque de Lanzafuerte que decide asistir a un baile de sociedad disfrazado en la armadura de su abuelo. A medida que pasan las horas, el duque experimenta la sensación de asfixiarse, pero le resulta imposible quitarse la armadura. Un amigo le comenta: "España está como tú ..., metida en los moldes del pasado, y muriéndose, porque ni cabe en ellos ni los puede soltar ..." (273). Sebastian Balfour comenta perspicazmente que el cuento condensa una serie de imágenes de una España vencida que fueron corrientes en la época: la locura quijotesca de lucharse con los EEUU, el retraso tecnológico del ejército, el peso de la tradición y la claustrofobia de una sociedad estancada (64).

16. También James D. Fernández señala que España es, en buena medida, el producto de la experiencia imperial y colonial (*Brevísima relación* 47). Fernández se refiere también a Mary Louise Pratt que observa en *Imperial Eyes* que la pregunta "¿De qué manera se reciben y asimilan los modos de representación metropolitanos en la colonia?" engendra otra, a saber "¿cómo hablamos de transculturación desde las colonias a la metrópolis?" Los frutos del imperio, escribe Pratt, afectaron profunda y extensamente la formación de la sociedad, la cultura y la historia europea doméstica (6).

17. Entre las aparentes contradicciones en las ideas de Pardo Bazán destaca su conservadurismo político que tanto contrasta con su apertura intelectual y sus avanzadas ideas sobre la mujer.

18. Según escribe Tamar Mayer, "[t]he nation's self-representation always involves myths about the nation's creation and about its members [...] myth is such a crucial element in the life of the nation that without it the nation cannot survive" (9).

19. La autora se queja que son sólo autores menos conocidos que han tomado la pluma mientras que los literatos más famosos del país no han abierto la boca: "Me duele ver que las letras conservan actitud de impasibilidad en presencia de tan terribles golpes" ("Asfixia." *De siglo* 163).

20. "¿No es cierto que los sucesos graves modifican nuestro criterio, o por lo menos lo colocan en tela de juicio ante el tribunal de nuestra conciencia? [...] Tratando de hacer mi composición de lugar, tendencia natural en un espíritu ecléctico, saco en limpio que según la situación de los pueblos debe ser la literatura. Un pueblo próspero, feliz, con amplios horizontes, es natural que tenga una literatura que volando por esfera superior, no aspire a más fin que realizar y expresar la hermosura objetiva o la verdad íntima, el lirismo. Un pueblo como el español, tan decaído, necesitaría más bien una literatura de acción estimulante y tónica, despertadora de energías y fuerzas, remediadora de daños" ("Asfixia." *De siglo* 163).

21. Ya en 1891 Pardo Bazán había escrito que "nuestro público es muy escaso. Constituye una minoría social insignificante, y por la misma razón descontentadiza. [...] La novela ni ha entrado en nuestras costumbres, ni forma parte de nuestras necesidades, ni casi de nuestros lujos" ("Ángel Guerra." *NTC* 1.8 [1891]: 21, 25). Y una década más tarde repite que "aquí no se lee, o se lee cada día menos" ("La vida contemporánea." *IA* 1053, 3 de marzo de 1902). Si bien en la segunda mitad del siglo XIX el público lector urbano había crecido considerablemente, el analfabetismo fue alto. La misma Pardo Bazán se queja en 1899 de que en España se registran "12 millones de súbditos españoles enteramente analfabetos" (*La España* 83).

22. José Manuel González Herrán precisa que en los años alrededor del Desastre de 1898 la producción cultural de la autora servía como vehículo para "reflexiones acerca de esa crisis que sintetizamos en el [D]esastre de 98" y resulta en unas propuestas hacia la revitalización del país ("Emilia Pardo Bazán ante el 98" 140). Como señala Dolores Thion Soriano-Mollá, el tema de las guerras en las que estuvo implicada España durante la vida de la autora constituye una constante en su obra periodística ("Emilia Pardo Bazán ante las guerras").

23. No se puede excluir que los tanteos teatrales de la autora hubieran brotado de un conjunto de motivaciones, entre las que podemos aventurar el atractivo de comunicarse con el gran público, el deseo de seguir las huellas de sus contemporáneos Pérez Galdós y "Clarín" y aportar alternativas a la languidecente escena de su tiempo, así como su afán de totalizar las letras contemporáneas y ganarse un lugar en otro espacio tradicionalmente vedado a la mujer, por no decir nada de la atrayente posibilidad de conseguir éxitos rápidos, beneficios económicos y celebridad. Para los motivos de Pardo Bazán ver Emilia Pardo Bazán, "Realidad." *NTC* 2.16 [1892]: 19-69; Cristina Patiño Eirín, "La experiencia" 97; Dolores Thion Soriano-Mollá, "Las mujeres."

24. B. Anderson, por ejemplo, sólo se refiere a la importancia del periodismo y la novela, sin apenas mencionar el teatro.

25. Es bien sabido que para Renan el olvido histórico es un componente esencial de la formación de una nación. A Pardo Bazán le importaba obviamente que no se olvidase la contribución de las mujeres a la formación de la nación.

26. Para una crítica de esta noción de Renan ver Spencer y Wollman, 102–03.

27. La lista se basa en las obras mencionadas en el tomo *Teatro completo* preparado por Ribao Pereira, y por Carballal Miñán en su tesis doctoral. Posteriormente a su publicación en el tomo 35 de las *Obras completas* de la autora (1909), las obras de teatro de Pardo Bazán han sido editadas por Sainz

Notas a las páginas 13–16

de Robles (1947) y Ribao Pereira (2010). Carballal Miñán menciona además el proyecto *Finafrol* destinado, en torno a 1904, a los actores Enrique Borrás y Rosario Pino que actuaron en el Teatro de la Comedia. La obra, basada en el cuento "Siglo XVIII" nunca llegó a representarse (269–71). En cuanto a la obra *Nada*, en la que Pardo Bazán estaría supuestamente trabajando en 1906, sólo se conserva una alusión por Mariano Miguel del Val que Carballal Miñán descarta como una broma jocosa de este autor (3).

28. Sobre el gran interés de Pardo Bazán por el teatro ver Alba Urban Baños, Ángeles Quesada Novás, Cristina Patiño Eirín ("La experiencia") y Leda Schiavo.

29. La prensa periódica contribuyó a la información del público y la crítica teatral ganó cierto respeto en manos de Clarín, Manuel de la Revilla, José Yxart, Benito Pérez Galdós (Gies, *The Theatre* 292–93) y también la misma Pardo Bazán.

30. En su libro *The Theatre in Nineteenth-Century Spain* David Gies dedica un capítulo a la producción de las dramaturgas femeninas. Significativamente, el título del capítulo es "'This woman is quite a man!': women and the theatre (1838–1900)." Gies enfoca particularmente en Gertrudis Gómez de Avellaneda, Rosario de Acuña, Adelaida Muñiz y Mas y Enriqueta Lozano de Vilchez. El mismo crítico precisa que a lo largo del siglo XIX español, las mujeres escribieron, anunciaron, publicaron o estrenaron más de 300 obras dramáticas del número total de 10.000 obras dramáticas publicadas en el siglo XIX español ("Mujer" s.p.). Según Gies, es precisamente en el teatro decimonónico donde se pueden detectar los cambios sutiles en la cultura de género de la época: "Much of the politics of 'gender production' [...] is located in the theatre, a widely understudied area that can help us understand with more clarity the negotiation of power, the anxiety of change, and the contestation of models that marked the cultural production of nineteenth-century Spain" ("Genderama" 109). Para un repaso de las contribuciones de las autoras de una época ligeramente posterior, ver el estudio de John Wilcox.

31. Para un estudio de las características del melodrama ver Peter Brooks. Para Echegaray y el paradigma melodramático ver Ríos-Font (*Rewriting*).

32. Fue Pardo Bazán la que animó a Pérez Galdós a llevar *Realidad* a las tablas y lo puso en contacto con los actores que llevaron la obra al escenario. La autora, que se sentía muy identificada con el personaje de Augusta, quien había sido infiel a su marido y había sido perdonado por él (es bien sabido que Pérez Galdós le perdonó a Pardo Bazán una infidelidad con Lázaro Galdiano), escribió: "Me he reconocido en aquella señora más amada por infiel que por trapacera" (en Clemessy 1999: 138, n.7). Pardo Bazán comentó la gestación de *Realidad* extensamente en su *Nuevo Teatro Crítico* ("Realidad." *NTC* 2.16 [1892]: 19–69). Probablemente debido al involucramiento de Pardo Bazán con *Realidad* los rumores sobre los planes teatrales de la autora empezaron a circular ya en 1892. En la *Gaceta de Galicia* (Santiago) del 15 de marzo de 1892 se lee: "En los círculos literarios de Madrid se dice que la novelista Emilia Pardo Bazán está escribiendo una obra dramática" (en Carballal Miñán 151), pero estos fueron negados por la misma Pardo

Bazán quien afirma que le parecía "sumamente difícil y meritorio hacer algo pasadero, tolerable, para el teatro" ("Revista dramática." *NTC* 2.18 [1892]: 104). Con indignación—sincera o fingida—la autora protesta: "¿De dónde habrán sacado los noticieros que yo estoy escribiendo un drama con destino a no sé qué teatro? [...] La verdad es que soy cobarde para eso de las tablas y las candilejas, y que precisamente la resolución de Pérez Galdós de hacer teatro será parte a que yo reflexione mucho más de lo que siempre reflexionaría antes de lanzarme a empresa tal. Hoy menos que nunca—hasta por falta de tiempo—puedo yo pensar en semejantes aventuras" ("Crónica literaria y teatral." *NTC* 2.17 [1892]: 103–04). Dos años más tarde, en 1894, resurgieron los rumores. *El Correo de Madrid* del 3 de septiembre de 1894 publicó una supuesta entrevista con Pardo Bazán en la que la autora declaraba estar planeando "un drama" en tres actos para ser representado en Madrid. La noticia (falsa) provocó una serie de respuestas que fluctuaron desde la extrañeza hasta la mordacidad. Pardo Bazán rectificó la noticia en una carta al director de *El Correo* (6 de septiembre de 1894), pero durante varios meses los periódicos no dejaron de publicar noticias sobre un posible estreno de la destacada novelista (Carballal Miñán 152–63).

33. Para las ideas de Pérez Galdós sobre el teatro ver "Viejos y nuevos moldes" (1893) y los prólogos a *El Abuelo* (1897) y *Casandra* (1905) en Rubio Jiménez, *La renovación teatral española de 1900* (84–90, 94–97).

34. Para una discusión de las implicaciones que tuvo el proyecto de Pérez Galdós para el campo de producción cultural ver Ríos-Font, *Canon*.

35. Otro escritor que sigue el ejemplo de Pérez Galdós y se aventura en el mundo del teatro es Miguel de Unamuno. Unamuno es el autor de un ensayo "La regeneración del teatro español" (1896) y de varias obras de teatro que en su tiempo tuvieron muy poco éxito. Son piezas esquemáticas centradas en temas filosóficos. Las obras de madurez de Unamuno son posteriores a las de Pardo Bazán.

36. "Es inútil representar una ficción cultísima y delicada para un público sin preparación, sin antecedentes [...] tiene el espectador que colaborar [...] con el auxilio de algo que no se compra en la taquilla: un depósito de sensibilidad y una suma de ideal artístico, imposible de crear en el espacio de una noche" ("La vida contemporánea." *IA* 901, 3 de abril de 1899).

37. A pesar de sus quejas Pardo Bazán y Pérez Galdós tuvieron todavía alguna esperanza de poder educar al público. En 1915, otro dramaturgo, Ramón del Valle-Inclán, consideró al publico como "cosa perdida": "El autor dramático con capacidad y honradez literaria hoy lucha con dificultades insuperables, y la mayor de todas es el mal gusto del público. Fíjese usted que digo el mal gusto y no la incultura. Un público inculto tiene la posibilidad de educarse, y ésa es la misión del artista. Pero un público corrompido con el melodrama y la comedia ñoña es cosa perdida" (en Ríos-Font, *Rewriting* 174).

38. "[E]l único placer extraordinario para el cual yo ambicionaría ser rey o archimillonario Fúcar, sería poseer y costear un teatro como el del suicida de Baviera, pero donde se rindiese culto, no a la música, sino a la declamación; un teatro donde los mejores actores, pagados a peso de oro, representasen los mejores dramas conocidos en el mundo, desde el repertorio de Esquilo y Sófocles, hasta el de Tamayo y Echegaray. Las dos columnas del edificio serían naturalmente Shakespeare y nuestros clásicos, Lope, Tirso, Calderón" ("Revista dramática." *NTC* 2.18 [1892]: 97, 98).

39. Pardo Bazán no sigue el procedimiento galdosiano de adaptar sus novelas para el escenario, aunque algunas de sus piezas tienen cierta conexión con sus cuentos.

40. Para Renan, la nación es un alma, un principio espiritual, una conciencia moral (Mayer 2), y para Durkheim el patriotismo consiste precisamente en el conjunto de ideas y sentimientos que relacionan al individuo a cierta nación (Durkheim citado por Spencer y Wollman 18). Marta Nussbaum aborda el tema del amor patriótico en su libro *Political Emotions* (208–11).

41. Las emociones implican el pensamiento porque son reflexivos: tener miedo implica ser capaz de conectar la palabra "miedo" con lo que uno siente. El hecho de que las emociones no pueden ser separadas de su expresión indica su carácter performativo: cumplen una función, comunican un mensaje, piden una respuesta (Delgado, Fernández y Labanyi, *Engaging* 3).

42. "Theatre stimulates our affect system, copies our brain function, and, in so doing, allows us to move out of our ontological isolation, to connect with what and who is around us. In these ways, theatre is bound up with feeling in the most elemental way. In addition, it meets one of our most basic needs— that of connection or belonging" (Hurley 35).

43. Para una discusión de la terminología utilizada ver Delgado, Fernández y Labanyi, *Engaging* 6.

44. En *La cuestión palpitante* la autora cita a Hegel quien afirma que "el objeto del arte es manifestar la verdad bajo formas *sensibles*" (en Ordóñez, "Passing Notes" 147, la cursiva es mía).

45. Recordamos que Pardo Bazán ya había publicado *La tribuna* (1882); *El cisne de Vilamorta* (1884); *Los pazos de Ulloa* (1886); *La madre naturaleza* (1887); *Insolación* (1888); *Morriña* (1888); *De mi tierra* (1888). En 1880 dirige y publica artículos en *La Revista de Galicia*. También organiza y preside en 1884 la asociación "El folklore gallego."

46. Ver Carballal Miñán para un informe detallado de los coliseos y teatros particulares que frecuentaba la acomodada familia Pardo Bazán así como las obras a las que Pardo Bazán asistió y las que pudiera haber visto (30–57).

47. Según los datos de Carballal Miñán, *Perder y salir ganando* se encontró entre los fondos de Pardo Bazán que se conservan en la Fundación Lázaro Galdiano, mientras que las demás obras se conservan en el Archivo de la Real Academia Galega (58, 62).

48. Es la primera vez que aparece en esta obra un personaje judío, el médico Eliezer. En *El becerro de metal* encontraremos más tarde a los Leyva.

49. Ver Ribao Pereira ("Estudio preliminar" 50, n.67) para una enumeración de estas traducciones.

50. Si bien Pardo Bazán afirmó en 1886 que hasta aquella fecha no se había atrevido a traducir nada (en Carballal Miñán 95), Ana María Freire López sitúa el inicio de las actividades de traducción de Pardo Bazán en 1870

("Emilia Pardo Bazán, traductora") y también Carballal Miñán, fiándose del criterio del archivero Ricardo Axeitos Valiño (quien se basa en la caligrafía y el tipo de folios) sitúa la traducción en la década de 1870 (96–97).

51. En otra cita Pardo Bazán subraya la importancia de la técnica teatral "¿Conseguirá subyugarle [al público] desde el primer momento la fuerza, la originalidad de una idea que no nació sujeta a las férreas imposiciones de lo que se llama *óptica teatral*, sino revestida de toda la libertad y vigor que da la amplitud del género novelesco?" ("Revista de teatros." *NTC* 2.13 [1892]: 95–99, cursiva en el original).

52. "La indignación que produjo el sepelio de Adriana, las protestas y quejas de los filósofos y de los escritores, influyen, después de tantos años, para que el gobierno francés dé alta y pública señal de respeto y de agrado a la profesión que ejerció Adriana, y la pongan en su propia esfera, al nivel de la virtud heroica, del valor militar, de los descubrimientos y trabajos científicos, de los servicios prestados a la patria en cualquier orden de la actividad humana. Más que recompensa a Sara Bernhardt, significa reparación a la memoria de Adriana Lecouvreur." ("La vida contemporánea." *IA* 789, 8 de febrero de 1897). El mismo artículo contiene también un comentario de Pardo Bazán sobre la trágica vida de la actriz francesa.

Capítulo uno. *El vestido de boda* (1898). Mujer y nación en un monólogo teatral

1. En un artículo reciente, Isaac García Guerrero señala la comunión de temas mas allá de la coincidencia en publicaciones de la autora pertenecientes a géneros diferentes pero con fechas de publicación próximas (446).

2. *El vestido de boda* encabezó el tomo 35 de las *Obras completas* de la autora (1909). La obra se publicó también, como precisa Patiño Eirín ("La experiencia" 94), en forma de folleto (Madrid, Imprenta de Idamor Moreno, 1899). Además fue recogida en *Teatro (1897–1909)*, en *Obras completas*, ed. Sainz de Robles, Tomo II, Madrid: Aguilar, 1973. 1604–1720 y en la edición moderna del teatro de la autora preparada por Ribao Pereira.

3. Anton Chejov, *Sobre el daño que hace el tabaco* (1886–1902) y August Strindberg, *La más fuerte* (1889), para dar tan sólo dos ejemplos.

4. María de los Ángeles Ayala sitúa el mayor compromiso personal de Pardo Bazán con el feminismo entre 1889 y 1913 (183), época que engloba los años de su producción teatral que tiene lugar, sobre todo, entre 1898 y 1906.

5. *El vestido de boda* se estrenó durante una velada que se compuso—además de la obra de Pardo Bazán—del juguete cómico *La enredadera* de Joaquim Abati, la comedia en un acto *El bigote rubio* de Miguel Ramos Carrión, y de la comedia en dos actos *Mimo*, de Miguel Echegaray (Carballal Miñán 184). La pieza siguió representándose en el teatro de Lara los días 2, 3, 4, 5, 6 y 7 de febrero en sesiones habituales de abono (189). Pocos días después, *El Imparcial* anunció la edición impresa de la obra (189). En mayo, se anunció que *El vestido de boda* iba a ser llevado a las tablas nuevamente y el 22 de julio la obra se representó en el teatro de Novedades en Barcelona (190).

6. Espín Templado llama al teatro de Lara, en el que se estableció también el sistema de funciones por horas, la "sede del juguete cómico" (177). En el juguete cómico en un acto, la acción se basa en un enredo amoroso, motivado por algún equívoco (recurso típico del vodevil francés), y termina normalmente en boda (178). Entre los motivos de comicidad destaca Espín Templado las dificultades económicas y las presunciones de una posición social y económica superior a la que se posee (179). El número de personajes es escaso (181), su lenguaje oscila entre culto y popular (182), los decorados son realistas y presentan un interior de vivienda o bien modesta o bien de cierto lujo burgués (180).

7. Al comparar la descripción del público de Lara que da José Deleito y Piñuela con la de los lectores de la narrativa de Pardo Bazán que proporciona Clemessy, se nota que el de Lara es quizás algo más modesto: "el verdadero público de la Pardo Bazán, en su gran mayoría, estaba compuesto en realidad por miembros de la media y alta burguesía provinciana y más aún madrileña. Reunía representantes de las profesiones liberales, altos funcionarios, propietarios que vivían de rentas más o menos sustanciosas, personajes políticos... y, naturalmente, un pequeño grupo de intelectuales, de hombres de letras unidos a estas distintas clases o nacidas en ellas. Finalmente, entre este público, al que hay que añadir una minoría aristocrática, conviene no olvidarse de la importancia del elemento femenino" (Clemessy 172).

8. Según el anónimo periodista de *La Época*, Balbina Valverde había pedido el texto a Pardo Bazán un año antes. Además de en Madrid, Pardo Bazán podría haber visto actuar a la Valverde en A Coruña, donde la compañía del teatro de Lara actuó en el verano de 1886 (Carballal Miñán 165). Años más tarde, Pardo Bazán añoraría "la deliciosa Balbina Valverde" ("La vida contemporánea." *IA* 1755, 23 de agosto 1915). Deleito y Piñuela escribió sobre la Valverde: "[E]s de justicia elemental poner a la cabeza de todos [los cómicos del teatro de Lara] a doña Balbina Valverde, que fue personificación, alma y símbolo vivo de aquel coliseo. Ella le inauguró, y fue su primera figura inconmovible hasta que la rindió el peso de los años en 1908. La Valverde fue la característica por excelencia, la característica siempre, desde su primera juventud. Cursaba en el Conservatorio de Madrid, cuando su maestro, el notable actor Arjona, descubrió en ella excepcionales aptitudes para ese género de papeles, y la aconsejó que le cultivara, renunciando a ser dama joven. Y así lo hizo ella, que 'tras algunos lloriqueos y varias protestas, y pensar dedicarse a cualquiera otra cosa que no fuera el teatro, se decidió por fin a hacer viejas, siendo tan joven, a ponerse arrugas en su guapa fisonomía y polvos blancos en el pelo y mellas en su fresca boca' [...] La Valverde tenía una gracia *sui generis*, que emanaba de toda ella: de su gesto, de su modo de hablar, de la naturalidad desusada con que se mostraba al público. Estaba en la escena como en su casa..., pero estando en su casa en bata y zapatillas" (325).

9. El mismo tema de la mujer que, instigada por la necesidad, se dedica a la costura con éxito encontramos en un cuento de Pardo Bazán titulado "Casi artista" (1908), cuento que tiene, sin embargo, un final completamente distinto. El protagonismo de la mujer ya viene anunciado en el teatro juvenil de la autora (ver la Introducción). *El vestido de boda* tiene alguna semejanza con la obra fragmentaria *Ángela*.

10. *La Época* fue el primer periódico en anunciar con escasa antelación, el 31 de enero de 1898, la primera incursión teatral de Emilia Pardo Bazán: "mañana, martes, en Lara, y en la función a beneficio de la Sra. Valverde, estrenará esta notable actriz un monólogo titulado *El vestido de boda*, original de la Sra. Pardo Bazán. Sabido es que la ilustre escritora sentía desde hacia tiempo vivos deseos de dar una obra al teatro. Hasta se dijo en cierta ocasión que había concluido una comedia o drama en tres actos. Este monólogo, sin embargo, apenas tiene relación formal con aquellos propósitos. Responde tan sólo a un compromiso y es fruto de la improvisación" (en Carballal Miñán 183). Varios otros periódicos anunciaron el estreno, que presenciaron las hijas de la dramaturga (185). Las críticas de la obra, reunidas por Carballal Miñán en el Anexo III de su tesis doctoral, fluctúan entre halagadoras (el ingenio de la obra, la actuación de la Valverde con sus "primores de gracia y naturalidad") y críticas (la falta de teatralidad) (185). Carballal Miñán destaca la reseña (negativa) que un joven Martínez Ruiz (el futuro Azorín) escribió para *El Progreso*: "El monólogo de la señora Pardo Bazán tiene algo … de *scie* (lo diré en francés para escandalizar menos). Falta en él ligereza, flexibilidad de espíritu, *esprit* en una palabra; es pesado, digresivo; no hay, contra los propósitos del autor, notas intensas de ternura, ni relampagueos de humorismo" (en Carballal Miñán 187). El estreno de *El vestido de boda* tuvo repercusión en la prensa gallega que condensó las criticas positivas y negativas que recibió la obra (188).

11. En un artículo sobre el Teatro Real, Pardo Bazán escribió en 1896: "las altas clases, lejos de usufructuar el espectáculo, en realidad forman parte de él" ("Clausura." *De siglo* 6).

12. El texto de la canción reza: "Pobre chica / la que tiene que servir. / Más valiera / que se llegase a morir. / Porque si es que no sabe / por las mañanas brujulear, / aunque mil años viva / su paradero es el hospital."

13. Un ejemplo de la influencia nefasta de este tipo de costurera nos da Pérez Galdós en *La desheredada*: la célebre modista Mme Eponina, "una habilidosa francesa de mucha labia y trastienda, que en pocos años había hecho gran clientela" (Pérez Galdós, *La desheredada* 399), seduce a Isidora con lisonjas cuando la joven está en camino a mejorar su vida.

14. A pesar del antagonismo entre España y Francia, agudizado por la invasión napoleónica, el país vecino fue durante todo el siglo XIX un punto de referencia para los intelectuales buscando un modelo de progreso (Balfour 65). En *Al pie de la torre Eiffel*, Pardo Bazán resume esta admiración española por Francia: "Quien nunca vio a París, sueña con la metrópoli moderna por excelencia, a la cual ni catástrofes militares y políticas, ni la decadencia general de los Estados latinos, han conseguido robar el prestigio y la mágica aureola que atrae al viajero como canto misterioso de sirenas. Para el mozo sano y fuerte, París es el placer y el goce vedado y picante; para el valetudinario, la salud conseguida por el directorio del gran médico especialista; para la dama elegante, la consulta al oráculo de la moda; para los que amamos las letras y el arte, el alambique donde se refina y destila la quinta esencia del pensamiento moderno, la Meca donde habitan los santones de la novela y del drama, el horno donde se cuecen las reputaciones ..." (27–28). Ver también Vallejo y Shkatulo.

15. Dorota Heneghan va más allá de la interpretación del afán femenino de la moda como síntoma de ambición social y declive de la nación. En *Striking Their Modern Pose*, Heneghan explora cómo los autores decimonónicos establecieron una conexión entre sus protagonistas seguidoras de la moda y los límites de la feminidad convencional, para insistir en la reformulación del ideal femenino acostumbrado como condición necesaria para la modernización de España. Para una discusión del papel de la moda femenina en el siglo XVIII (con sorprendentes semejanzas con los argumentos de Pardo Bazán) ver Rebecca Haidt, *Women*.

16. "Con ningún estado de Europa realiza España mayor cantidad de transacciones que con el francés; con ninguno está en más inmediato contacto, ni tiene mayor interés en conocer sus medios de adelanto y perfeccionamiento industrial para establecer hasta donde quepa una competencia lícita, que nos emancipe de muchas tutelas y redima en parte el formidable censo de cerca de trescientos millones de pesetas anuales que pagamos a la nación vecina por importación de artículos que aquí no sabemos aún fabricar, o a los cuales no hemos acertado a imprimir sello propio y gracia moderna. Nosotros que dominábamos en mejores tiempos el arte de la cerámica, prescindimos de nuestra loza y encargamos vajillas a Limoges y a Sèvres; nosotros, que poseímos el secreto de las más ricas sederías, despreciamos el damasco de Valencia por el paño de Lyon; nosotros, que en forjar y cincelar el hierro eclipsábamos a los florentinos adornamos nuestras casas con bronces y níqueles franceses; nosotros, que cebamos en Galicia los más orondos capones y en Granada el más suculento pavo, dejamos salir de España todos los años ¡cuatro millones de pesetas! gastados en *pulardas* del Mans, en patos gordos gansos y faisanes" (*Al pie* 31–32). Sobre la dependencia española de Francia ver también Carr, 217.

17. Algo similar expone la autora en su cuento "El encaje roto." En cuanto a la caja de Pandora, otra alusión en la obra, Pandora recibió como regalo de bodas una caja con las instrucciones de no abrirla bajo ninguna circunstancia. La curiosidad de Pandora pudo más, y decidió abrir la caja para ver qué había dentro. Al abrirla, se escaparon del interior de la caja todos los males del mundo. Según Ribao Pereira en *El vestido* el secreto que contiene la caja se escapa cuando la protagonista inicia su monólogo ("Estudio preliminar" 21).

Capítulo dos. Destino y muerte en *La Suerte* (1904) y *La muerte de la Quimera* (1905)

1. "[P]arce que ce tragique essentiel n'est pas simplement matériel ou psychologique. Il ne s'agit plus ici de la lutte déterminée d'un être contre un être, de la lutte d'un désir contre un autre désir ou de l'éternel combat de la passion et du devoir. Il s'agit plutôt de faire voir ce qu'il y a d'étonnant dans le fait seul de vivre" (161).

2. Para un informe detallado sobre la introducción de Maeterlinck en España ver Pérez de la Dehesa.

3. A Pardo Bazán los procedimientos simbolistas, que aplica como siempre de manera ecléctica (porque no renuncia a cierta dimensión causalista y psicológica), le ofrecieron un molde para dar forma a unas preocupaciones que impregnaron toda su producción literaria. Joan Oleza ha señalado que existe en la obra de Pardo Bazán un eje unitario constituido por la lucha del hombre con las fuerzas elementales. Esta perspectiva del hombre luchando no con la sociedad sino con la Naturaleza le dio a su realismo-naturalismo un toque particular y fue, para la escritora aristocrática, una manera de guardar cierta distancia con respecto a la sociedad burguesa. Más tarde, al entrarse en plena crisis la misma sociedad burguesa, las corrientes decadentes le ofrecieron a Pardo Bazán la posibilidad de intensificar esta perspectiva bajo la forma de la lucha del hombre con la Muerte o la Belleza, y así *alejarse de todo lo que olía a burgués* (Oleza 86–87, la cursiva es mía).

4. No sólo los poetas modernistas extranjeros (como, por ejemplo, Rubén Darío, a quien recibió en su casa) pudieron alegrarse de su interés. En un artículo que publicó en 1904 en la revista modernista *Helios* Pardo Bazán dedicó palabras de admiración a la nueva generación de novelistas y cuentistas españoles: "los nuevos escritores no son inferiores a los antiguos ni en talento ni en sensibilidad. Acaso tienen hasta percepción más fina de las relaciones y significación de cuanto les rodea." Es una generación, prosigue Pardo Bazán, imbuida de pesimismo, y sus obras transparentan las influencias mentales de Nietzsche, Schopenhauer y Maeterlinck, autores, que en España circulan traducidos. Clasificando a los nuevos escritores españoles según su procedencia regional, observa que si los del Mediodía permanecen fieles al casticismo y a la tradición, los del Norte—¿y no lo era Pardo Bazán también?—buscan una estética nueva. La autora dedica un párrafo a Valle-Inclán, de quien elogia la prosa sugestiva, rítmica y musical, y la raigambre gallega, el haber sabido captar el sentimiento rural, el alma oscura y oprimida de la tierra, la pasión y altivez de la raza ... ("La nueva generación" 258–59, 264).

5. En *De mi tierra* Pardo Bazán afirma la importancia que el pueblo tiene para ella: "la gente campesina, en quien no ha ejercido su efecto desastroso y desflorador la media cultura, la instrucción barata, la lectura de periódicos [...] Un paisano de cerebro fresco o un *burgués* de cerebro afinado: esto es el poeta popular o el poeta culto" (157, cursiva en el original). En el mismo texto leímos: "Galicia no es sino la *tierra*, algo íntimo y dulce, algo quizá más caro al corazón, más necesario para la vida que la misma patria: pero la patria representa una idea más alta aun, y la patria, para los españoles todos [...] es España, inviolable en su unidad, santa en sus derechos" (58, cursiva en el original).

6. En sus "Apuntes autobiográficos," Pardo Bazán escribe en 1886: "El campo me gusta tanto, que mi aspiración sería escribir una novela donde sólo figurasen labriegos; pero tropiezo con la dificultad del diálogo, tan inmensa,

que Zola, el novelista de los atrevimientos, no osa arrostrarla, según acabo de leer en un periódico, y a los campesinos que describe en su obra actual *La Tierra*, no les hace hablar en *patois*, sino en francés. Todo lo puede el genio, y Zola orillará la dificultad; pero yo siento que las cosas gráficas, oportunas y maliciosas que dicen nuestros labriegos, son inseparables del añejo latín romanzado en que las pronuncian, y que un libro arlequín, mitad gallego y mitad castellano, seria feísimo engendro, tan feo como lindas las poesías, gallegas todas, en que resalta la frase campesina" (81, cursiva en el original).
7. Ver también "Rivas de Sil" en *De mi tierra* (275–95).
8. Ver también el ensayo "La gallega."
9. Pardo Bazán se mostró muy consciente del impacto que tuvo la guerra en las vidas gallegas: "Este rincón de Galicia donde me encuentro ha pagado pródigamente su diezmo de sangre a la patria. De las parroquias vecinas, ribereñas, marineras y pescadoras; de toda esta costa del mar Cantábrico, cuyas azules olas se amansan en la ría del Ferrol, ha salido buena parte de las víctimas de Cavite, y muchas pobres familias, en este instante, acaso rezan, lloran y recuerdan al que desapareció para siempre. Las quintas, llevándose a los mozos; los impuestos y gabelas, obligando a emigrar a los hombres ya maduros [...] En nuestra tierra gallega, donde las mujeres son tan laboriosas, desde hace años se han resignado a trabajar la tierra, y ellas siembran, ellas cavan, ellas siegan, ellas atan y *medan* el trigo, ellas abren los canales de riego para el maíz, ellas cortan la hierba y el escajo, y pronto, si Dios no lo remedia, las veremos encargadas de las únicas faenas de que se eximieron hasta hoy: conducir el arado y descargar el *mallo* en las majas. Si no aparecen hombres, no por eso quedarán en barbecho nuestros verdes campos" ("Siempre la guerra." *De siglo* 120–21, cursiva en el original).
10. Conviene recordar además que Pardo Bazán, en *La cuestión palpitante* (1882–83), se había opuesto explícitamente al determinismo naturalista en la literatura, prefiriendo un realismo ecléctico. Tampoco para la creación teatral, la autora gallega pareció propugnar un naturalismo *strictu sensu*, sino que defendió el mismo sincretismo que reclamó para el conjunto de su obra (Patiño Eirín, "La experiencia" 101). Además, y como hace notar la misma Pardo Bazán, en 1904, año del estreno de *La suerte*, el naturalismo ya había pasado de moda ("La nueva generación" 258).
11. El nombre de Payo puede ser una referencia al Puente de San Payo (Pontevedra) en cuya defensa, el 7 y 8 de junio de 1809, las tropas españolas causaron numerosas bajas al ejército francés, pese a su inferioridad numérica. Este combate estimuló supuestamente el sentimiento nacional español en Galicia durante la Guerra de la Independencia (Pardo Bazán, *Obra crítica* 193, n.110).
12. Patiño Eirín señala la admiración de Pardo Bazán por Barbey d'Aurevilly, autor de *Le rideau cramoisie*, obra en la que destaca el afán por el color ("El horizonte modernista" s.p.).
13. Pardo Bazán admiraba en la obra de Ibsen la incorporación de un personaje femenino fuerte, no exclusivamente sacrificado o víctima. La introducción de Ibsen en España tuvo lugar con algún retraso, y por ende se

produjo más o menos al mismo tiempo que la de Maeterlinck, en la última década del siglo XIX. Los simbolistas coincidieron con Ibsen en su rechazo de la hipocresía burguesa.

14. Lisardo Barreiro, en *Esbozos y siluetas de un viaje por Galicia* (1890) describe detalladamente el procedimiento de extracción del oro por la aureana a la que llama "Venus rural" (261). Ya el historiador griego Estrabón había señalado esa actividad aureanera de las mujeres del norte de Hispania (Carballal Miñán 238).

15. Destacan notamente las semejanzas de *La suerte* con *La figlia di Iorio*. La exactitud descriptiva de D'Annunzio debe de haber sido muy del gusto de Pardo Bazán, quien no había perdido ni las dotes de observación ni la capacidad descriptiva con las que escribió anteriormente sus obras naturalistas, y que consideró el estudio del medio como una de las conquistas permanentes de esta corriente literaria. También el ambiente amenazador del día del santo que sale mal por el excesivo consumo de vino de los jóvenes locales, el conflicto entre los rivales amorosos, el clima de violencia, amor y muerte, la superstición de Payo, parecen haber salido directamente de *La figlia di Iorio* (Kibler 178–87).

16. El ambiente sugiere el goticismo lunar de Maeterlinck.

17. Aunque el discurso de la anciana tenga un toque realista por la imitación del lenguaje gallego, la forma del monólogo no corresponde a los preceptos realistas-naturalistas, por ser considerado como sumamente inverosímil, y así lo consideró Manuel Bueno en 1904.

18. Algo similar ocurre en *El becerro de metal* donde el dinero sustituye también los afectos (ver capítulo 5).

19. La palabra "rapiña" es una clara referencia a la novelita de Carlos Reyles, "El sueño de Rapiña."

20. Para una discusión de la mujer como signo en la literatura prerrafaelita, ver Cherry y Pollock.

21. Con respecto al nombre de Ña Bárbara viene al caso la observación de García Castañeda que *La suerte* revela un fondo de violencia y barbarie. Los aldeanos gallegos solían emigrar para huir del hambre, de la justicia o de la guerra y dejar la tierra en manos de las mujeres. Temas como el de los tesoros hallados, robados o perdidos; el de la muerte violenta causada por los celos y el del asesinato pasional, con un cadáver que se hace desaparecer, se encuentran también en diversos cuentos pardobazanianos, así como "El legajo," "So tierra" y "En silencio" ("El teatro" 139). El nombre de Bárbara se asocia no solamente con la barbarie; Santa Bárbara es la santa patrona de los mineros (y por extensión de las aureanas). El dicho "Nadie se acuerda de Santa Bárbara hasta que truena" refiere a los que se olvidan de sus benefactores una vez que hayan recibido un beneficio.

22. Joyce Tolliver ha observado similares representaciones de una masculinidad contra corriente en los cuentos de Pardo Bazán que se refieren al imperio ("Framing").

23. Cuando el novio Cristobo tuvo que servir al rey, el oro resultó insuficiente para comprarle un sustituto por lo que el chico—como un

Cristo inocente—se murió (poco honrosamente) en la guerra: "Vino el arriero y contó que un soldado viera a Cristobo con dos tiros que le pasaban el pecho" (*TC* 93; 1). Tal y como Cristobo estaba enamorado de Ña Bárbara, Payo adora también a una aureana: "flores del Mayo le colgaría, y una corona del oro del río le pusiera en la frente. Cuando el querere se mete dentro, no lo saca de allí ni el cura con el caldero y el hisopo. Querer he a Margarida la moreniña, entramientras la vida me durare" (*TC* 97; 2), lo que no será mucho tiempo.

24. Javier Krauel, discutiendo *Hacia otra España*, indica cómo el joven Ramiro de Maeztu (a quien Pardo Bazán había leído) alude a la noción nietscheana de la historia crítica que tiene "the strength to break up and dissolve a part of the past [...] by bringing it before the tribunal, scrupulously examining it and finally condemning it; every past, however, is worthy to be condemned—for that is the nature of human things: human violence and weakness have always played a mighty role in them" (139).

25. Por otra parte, la autora reescribe la narración común del gallego que se va pero es incapaz de volver a casa mediante la representación de Payo flotando muerto en el río Sil. Incluso el oro acumulado por Ña Bárbara no puede cambiar su destino ("suerte"). Estableciendo una galleguidad a la que uno no puede escapar, la dramaturga critica las propuestas para una identidad gallega cerrada y endógena.

26. Sobre María Tubau escribió Pardo Bazán en 1891: "Yo he oído muy poco a María Tubau: cuando la vea interpretar una serie de obras que me permitan juzgar sus facultades de actriz, tal vez la estudie detenidamente, pues en la escasez de buenas comediantas que padecemos, ella se destaca con indiscutible supremacía, ayudada por una figura muy gentil y una voz pura y fresca, que sabe no derrochar" ("Revista de teatros." *NTC* 1.12 [1891]: 58). Posteriormente a *La suerte*, la Tubau protagonizó otra pieza de Pardo Bazán, la comedia dramática *Cuesta abajo*, que se estrenó en el Gran Teatro, el 22 de enero de 1906. En la necrología de la actriz que Pardo Bazán publicó en *La Ilustración Artística* la autora destacó, además de la magnífica cabellera de la actriz, el hecho de que ésta, que fue tan discreta y hasta pacata en su vida privada, tocó temas atrevidos en su repertorio de alta comedia ("La vida contemporánea." *IA* 1.682; 23 de marzo de 1914).

27. Carballal Miñán recoge las críticas de la obra en el Anexo IV de su disertación.

28. *La suerte* se representó en octubre de 1910 en Lugo, y el 4 de diciembre de 1910 en Pontevedra. El 22 y 23 febrero de 1911 se representó en El Ferrol (Carballal Miñán 263).

29. Es lo que hacen por ejemplo Cristina Patiño Eirín ("*La Quimera*" 34), Darío Villanueva y José Manuel González Herrán (xiii) y Daniel Whitaker (61).

30. Pardo Bazán comienza a publicar *La Quimera* por entregas en la revista *La Lectura* desde mediados de 1903 hasta finales de 1905, sin prólogo. Este prólogo fue publicado por la autora en el diario madrileño *La Época*, el 21 de septiembre de 1903. A mediados de abril de 1905, *La Quimera* aparece en libro como el tomo 29 de sus *Obras completas*, acompañado de un prólogo y de *La muerte de la Quimera*. Pocas semanas después de salir las *Obras completas*, la tragicomedia fue editada nuevamente en *La Época* del 9 de mayo de 1905, probablemente como estrategia publicitaria para promocionar la novela (Carballal Miñán 214–16). En la misma *Época*, la obra vuelve a ser serializada en 1906–07 (Sánchez-Llama "El mito" 446). En un artículo publicado en *La Ilustración Artística* Pardo Bazán sugiere que la idea para escribir la novela le vino precisamente al escribir la pieza teatral: "Me sugirió el pensamiento de esta novela un incidente bien insignificante. Me pidieron una obra para un teatro de marionetas y se me ocurrió glosar el mito de la Quimera" ("La vida contemporánea." *IA* 1.585, 13 de mayo de 1892). La pieza teatral sería entonces bien anterior a la gestación de la novela.

31. Por la reteatralización se entiende "una vuelta a sus orígenes, a la ilusión escénica y a sus recursos más espectaculares y fantásticos, que la tradición del teatro realista había eliminado" (Trouillhet Manso). Ver también Rubio Jiménez, *El teatro poético en España*.

32. Para una discusión de las ideas modernistas de Pardo Bazán, ver Kronik.

33. En 1894 Maeterlinck estrenó los dramas simbolistas y estáticos para marionetas *Aladino y Palomides* (*Alladine et Palomides*), *Interior* (*Intérieur*) y *La muerte de Tintagiles* (*La mort de Tintagiles*).

34. Si bien faltan las indicaciones escénicas, se supone que al recitar el Rapsoda "cuando Apolo su disco de oro y luz sobre las aguas reclina para hundirse lentamente," se apaga lentamente la luz del escenario, porque la reacción de Casandra es: "estoy ahora triste del todo y mi alma es como una estancia bañada por la luna" (*TC* 396; I.1). Más tarde, delante de la cueva, Belerofonte señala que "Un traqueteo horrible estremece la cueva. Ya se siente cerca el ruido … ¡Qué bocanada ardiente! Me abrasa … Mi sangre se incendia … ¡Ya asoma …, dioses! ¡El cielo se oscurece!" (*TC* 406, II.5).

35. Para una discusión de las características de la prosa poética de Maeterlinck y las traducciones de sus obras al español, ver Salaün, "Les premiers traducteurs."

36. *La muerte de la Quimera* va precedida por una lista de dramatis personae que presenta a los "personajes" (que recordémoslo son marionetas) y sus edades. Además de la monstruosa Quimera, que no habla, actúan en la obra Belerofonte (de 30 años), el rey Yobates (60) y su hija Casandra (19), un rapsoda (40), un pastor (20), así como Minerva, la diosa de la razón.

37. Después de su victoria Belerofonte se considera más fuerte que Zeus (Diel 67).

38. Debería ser Palas Atenea, según la mitología griega.

39. Sánchez-Llama apunta que Pardo Bazán, en su obra póstuma *El lirismo en la poesía francesa*, establece una asociación llamativa—y según Sánchez-Llama no gratuita—entre el lirismo romántico y moderno y las empresas quiméricas: "Otra alma lírica de la antigüedad y aún de la fábula es Belerofonte, tan parecido a los futuros caballeros andantes, en su lucha con el monstruo de la Quimera" (Pardo Bazán, *El lirismo* 33; Sánchez-Llama "El mito" 457).

40. Es obvio que la doma de la quimera no se ve como un hecho positivo en esta obra teatral. En *De siglo a siglo*, Pardo Bazán se refiere a Pegaso en los siguientes términos: "nuestro Pegaso latino, que es caballo y luce alas, o como la Esfinge, latina también—porque todos los mitos hermosos son latinos—que ostenta cabeza y seno de mujer sobre ancas de fiera ..." ([Sin título] *De siglo* 207).

41. Para un análisis de la evolución del término "quimera" ver Sánchez-Llama, "El mito" 449.

42. En el nombre de Minia, los críticos han visto una combinación de Minerva y Emilia. Otra posibilidad es que el nombre sea una alusión a Mina Harker, una de las protagonistas de *Dracula* de Bram Stoker (1897). Su apellido Umbría puede referir a la colección *Jardín umbrío* de Valle-Inclán, que contiene sus piezas simbolistas "Comedia de ensueño" y "Tragedia de ensueño."

43. Pardo Bazán se desvía aquí claramente de la cosmovisión simbolista de un universo estático regido por principios unificadores. Esta cosmovisión implica que el artista sólo puede percibir esta unidad y totalidad si abandona todo motivo ulterior. El desinterés es un prerrequisito esencial de la contemplación artística (Lyon 14), conforme a la opinión de Nietzsche que el artista subjetivo es simplemente un mal artista, y que el arte de todo género exige el triunfo sobre la subjetividad, la liberación del yo, y el silenciar de todo deseo y voluntad personal (Lyon 14, 17).

44. La crítica no carece de fundamentos. En su artículo sobre marionetas en *La Ilustración Artística*, en la que abundan las referencias a Cervantes, la autora de *La Quimera* se coloca a la altura de Goethe, al afirmar que el autor alemán encontró en una farsa para marionetas la idea de *Fausto* ("La vida contemporánea." *IA* 1.150, 11 de enero de 1904).

45. Es posible que Pardo Bazán refiera al posible fracaso de sus obras en el teatro comercial sujeto a las leyes de la oferta y la demanda.

46. "Dedicatoria. Al Duque de Valencia, Marqués de Espeja y Vizconde de Aliatar, gran señor por los cuatro costados, artista por ley de naturaleza y por continua adquisición de refinada cultura; uno de los últimos representantes de aquella antigua nobleza española, conservadora de su clara tradición y su alto estado, dedica este diálogo, escrito a instancias suyas, y que debiera ser drama de Shakespeare o comedia de Calderón para significar como valor de obsequio lo que significa como señal de invariable afecto. La Autora" (*TC* 89).

Capítulo tres. Violencia, perversidad y horror en *Verdad* (1906)

1. En la traducción española de su colección de ensayos *Femicide. The Politics of Woman Killing* (*Feminicidio. La política del asesinato de las mujeres* [México: UNAM 2006]), Jill Radford y Diana E. Russell emplean ex profeso el término "feminicidio" para evitar la palabra "femicidio" que conduzca a considerar el concepto sólo como la feminización de la palabra "homicidio" (17).

2. En 1901, por ejemplo, Pardo Bazán se lamentaba de que "[e]l mujercidio es plato diario: ya no se lee, por monótona y aburrida, la sección periodística

donde se refieren las fazañas [sic] de los Antonys, Otelos, Tenorios de plazuela y *médicos de su honra* baratos, que con la faca o el revólver suprimen a la que se les resiste o les tortura el corazón" ("Más clínica." *De siglo* 235, cursiva en el original).
3. Para estudios sobre los cuentos con esta temática, véase Good, Santana, J. Smith, Patiño Eirín ("Prólogo") y Versteeg. Ruiz-Ocaña Dueñas ("Emilia Pardo Bazán y los asesinatos") se ocupa de la violencia doméstica en las crónicas y en dos novelas ligeramente anteriores: *La piedra angular* (1891) y *Doña Milagros* (1894). Leslie Kaiura y Erika Sutherland han investigado el tema en el contexto de la literatura finisecular español. Pardo Bazán consideraba el teatro como una excelente palanca de reforma social, porque le permitía la comunicación más directa con el público.
4. Como apunta Ángel Albuín, *Verdad* debió de haber sido para la escritora una obra importante, porque la pieza encabeza el tomo 35 de sus *Obras completas*, dedicadas íntegramente a su teatro, a pesar de ser la tercera pieza de la autora (59). Según el crítico Luis Morote, la autora consideró *Verdad* superior a *Cuesta abajo*, obra cuyo estreno tuvo mayor éxito (en Nunemaker 163–64). *Verdad* va dedicada "A la Sociedad Reunión de Artesanos de La Coruña, testimonio de cariño y reconocimiento" (Pardo Bazán, *TC* 103).
5. Para un repaso de las reseñas en la prensa de la época ver Carballal Miñán (280–98). Carballal Miñán recoge todas las críticas de *Verdad* en el Anexo V de su investigación. Existe de la obra una traducción francesa titulada *Vérité*, descubierta y analizada por Thion Soriano-Mollá ("*Verdad-Vérité*").
6. Carballal Miñán señala que la familia Pardo Bazán dio una recepción a María Guerrero y Fernando Díaz de Mendoza cuando estos visitaron La Coruña durante una gira en 1902. También menciona el frustrado intento por parte de Pardo Bazán para que la compañía Guerrero-Mendoza llevase la pieza *Un drama* al escenario en 1904 (Carballal Miñán 272). Para la correspondencia entre la autora y el dúo de actores, ver Schiavo y Mañueco Ruiz.
7. Si los críticos que hablaron sobre la obra antes del estreno se habían mostrado sumamente cautos en cuanto al posible éxito de la obra, después del estreno hablaron de su fría acogida. Alejandro Miquis señaló en el *Diario Universal* del 9 de enero de 1906 la falta de preparación del público ("ciertas cosas no conviene verlas sin preparación, y el acto primero de *Verdad* es una de ellas") y Manuel Bueno advierte el excesivo número de muertes, sugiriendo soluciones alternativas (*Heraldo de Madrid*, 9 de enero de 1906). *Gedeón* habla de "las tremebundas e injustificadas escenas" (14 de enero de 1906). El crítico de *El Universo* afirmó que nunca "hemos presenciado fracaso más franco, más indiscutible, más aplastante" (10 de enero de 1906). Ángel Guerra, por su parte, consideró que el público había dado prueba de "poca mentalidad y de carencia de sensibilidad artística, amén de escaso gusto literario" (*El Globo*, 9 de enero de 1906). Varios críticos insistieron en la falta de verosimilitud del personaje de Martín. Así es que Fernán Sol escribe desde *El Día* que Martín "más bien que en la escena debiera estar en un manicomio desde antes de cometer su crimen del primer acto; y

Notas a la página 90

si no en un manicomio, en otro peor sitio, porque si no es un loco es un hipócrita redomado y falso, un criminal de los de peor especie" (10 de enero de 1906). Es una opinión que Pardo Bazán habrá compartido. Zeda establece también el vínculo con la realidad, pero considera el personaje—"un salvaje antipático"—como poco teatral: "Que un hombre mate a una mujer por celos más o menos fundados, cosa es que estamos viéndola todos los días; pero en el teatro hace falta, para que este hecho tenga fuerza dramática, que el espectador se penetre de los móviles que ocasionan el crimen, que se los explique; y tratándose del personaje al que se quiere hacer simpático, que se le disculpan" (*La Época*, 10 de enero de 1906). Los críticos solían quejarse de la violencia y exagerar el número de muertos en la obra "más muertes violentas y más acontecimientos espeluznantes que en todo un año entero en la capital de España" (Zeda). Entre los aciertos de la obra destacó Caramanchel el paso del presidiario (acto II); la trágica situación del acto III y la "magistral escena" del marido con la mujer en el acto cuarto" (*La Correspondencia*, 10 de enero de 1906). Federico de Onís escribió el 2 de febrero de 1906 en una crónica en *El Adelanto* de Salamanca que "creo firmemente que si *Verdad* se hubiera anunciado como drama de Ibsen, traducido por la señora Pardo Bazán hubiera sido aplaudido a rabiar" (en Carballal Miñán 340).

8. Escribiendo sobre *La malquerida* Pardo Bazán se quejaría de que Benavente "pudo, sin que se le echasen encima, matar a un personaje en el primer acto, y a otro en el último; poner en escena asesinos y mostrar cómo, naturalmente, la pasión es el camino del crimen ... Otro dramaturgo hubiese sido 'meneado' quizás, porque se piden ahora platitos más ligeros, manjares más abuñolados" ("La vida contemporánea." *IA* 1.678, 23 de febrero de 1914).

9. A partir 1895 el Teatro Español fue la sede de la Compañía Guerrero-Díaz de Mendoza. El padre de la actriz, Ramón Guerrero, había reconstruido el teatro que se encontraba destruido por una serie de incendios.

10. En cuanto a la puesta en escena, meticulosamente indicada por Pardo Bazán en las extensas acotaciones, se elogió como excelente la decoración del acto primero ("Teatro Español." *La Época*, 9 de enero de 1906). Alejandro Miquis, sin embargo, piensa que esta decoración (de la que se conserva una fotografía publicada en el *ABC* del 10 de enero de 1906 y *Blanco y Negro* del 13 de enero de 1906) no coincide con lo que los personajes dicen de ella (*Diario Universal*, 10 de enero de 1906). Se alabó la interpretación de María Guerrero, mientras que con respecto a su marido y el resto del reparto las críticas fueron dispares (Carballal Miñán 290). La escritora no acudió al estreno y la obra no volvió a reponerse (291). También en la prensa gallega se comentó el fracaso de la obra (296–97).

11. Esto consta en los términos similares en los cuales Pardo Bazán opina sobre *Realidad* y sobre su propia creación teatral. *Realidad* es "algo nuevo, sí, aunque no sin precedentes en la escena española, en la francesa y particularmente en el extraño teatro de Ibsen" ("Realidad." *NTC* 2.16 [1892]: 62). Respecto a *Verdad* escribe: "la obra me parecía, como se dice en *argot* teatral,

peligrosa, amén de extraña y nueva, que es otro peligro" ("La vida contemporánea." *IA* 1.261, 26 de febrero de 1906, cursiva en el original).
12. Ver Introducción nota 32.
13. Otros críticos que siguen las huellas de González Herrán cuando relacionan a Pardo Bazán con la Generación del 98 y sus esfuerzos por regenerar la sociedad española, son David Henn y Elizabeth Ordóñez ("Mapping").
14. En los primeros años del siglo XX María Guerrero estrenó de Echegaray *Malas herencias* (1902), *La escalinata de un trono* (1903), *La desequilibrada* (1903) y *A fuerza de arrastrarse* (1905) (M. Delgado, "The Actress" 376).
15. Laserna en *El Imparcial* (10 de enero de 1906) insiste en la ovación "entusiasta, prolongada, calurosísima" que el público dio a María Guerrero, e Ismael Sánchez Estevan, en su libro sobre la actriz recarga las tintas al comentar el ruidoso fracaso de la "extraordinaria equivocación" de Pardo Bazán, que no puede ser salvada por la "genial actriz que había puesto su alma entera al servicio del drama" y a la que fueron dedicados los únicos aplausos de la representación: "María Guerrero, que, como queda apuntado, derrochó todos los recursos de su talento defendiendo la doble personalidad de la mujer asesinada y de su hermana, quedaba sola en el proscenio, caída en el suelo, exhausta, ante la revelación de los tremendos sucesos, aguardando ansiosa a su marido, a quien amaba, y a quien, aun sabiéndolo todo, quería a toda costa salvar. Y en aquel trágico momento la actitud del público se desbordó, hasta el punto de dificultar la representación. La actriz, vejada por la agresiva protesta, e incapaz ya de sujetar los nervios, mantenidos en violentísima tensión durante cuatro actos, rompió a llorar, verdadera y desconsoladamente. Entonces, ante sus lágrimas, hombres y mujeres, con súbita reacción, puestos en pie, prorrumpieron en una ovación formidable..." (212–13).
16. María Prado Mas nota la semejanza entre las opiniones de Pardo Bazán y las que treinta años más tarde tendrá Federico García Lorca (32).
17. Peter Brooks da las siguientes connotaciones del término melodrama: "the indulgence of strong emotionalism; moral polarization and schematization; extreme states of being, situations, actions; overt villainy, persecution of the good, and final reward of virtue; inflated and extravagant expression; dark plottings, suspense, breathtaking peripety" (11–12).
18. En 1881 se había celebrado el Segundo Centenario de Calderón con discursos de entre otros Menéndez Pelayo, que durante un brindis en el Retiro madrileño ensalzaba la eterna España católica cuyo mejor representante era Calderón, contra la perniciosa influencia francesa: "brindo por todas las ideas, por todos los sentimientos que Calderón ha traído al arte; sentimientos e ideas que son los nuestros, que aceptamos por propios, con los cuales nos enorgullecemos y vanagloriamos. Nosotros, los que sentimos como él, los únicos que con razón y justicia y derecho podemos enaltecer su memoria, la memoria del poeta español y católico por excelencia, del poeta de todas las intolerancias e intransigencias católicas, del poeta teólogo, del poeta inquisitorial a quien nosotros aplaudimos y festejamos y bendecimos, y a

quien de ninguna suerte pueden contar por suyo los partidos más o menos liberales que, en nombre de la unidad centralista a la francesa, han estragado y destruido la antigua libertad municipal y foral de la Península, asesinada primero por la casa de Borbón y luego por los gobiernos revolucionarios de este siglo" (en Hibbs-Lisorgues). Pardo Bazán tuvo una complicada relación con Menéndez y Pelayo, que siempre insistió derogatoriamente en la feminidad de la escritora (Pereira-Muro, *Género* 59). En una carta poco favorable, Menéndez Pelayo escribió en 1881 sobre la autora: "A propósito de la tal doña Emilia, te diré que en los pocos días que la vi en Madrid me pareció algo demasiadamente *bas-bleu*, aunque mujer de indisputable talento y de mucha ciencia. También me pareció muy inclinada a los krausistas, ateneístas y demás gente dañina y levantisca, por lo cual he llegado a temer que *dé el salto* y se haga librepensadora al modo de doña Concha Arenal. Además, es fea, con lo cual tiene mucho adelantado para ser krausista" (en González Herrán, "Emilia Pardo Bazán en el epistolario"). Sobre el tema del honor en el teatro de finales del siglo XIX y principios del XX, ver Podol.

19. Unamuno, en *En torno al casticismo*, se distancia también del teatro de Calderón que contrasta con el de Shakespeare: "El argumento es casi siempre de una sencillez y pobreza grandes, los episodios pegadizos y antes estorban que ayudan a la acción principal. No se combinan, como en Shakespeare, dos o más acciones. Una intriga enredosa a las veces, pero superficial, caleidoscópica, y sobre todo enorme monotonía en caracteres, en recursos dramáticos, en todo" (186). Shakespeare, al contrario, sabe "sumirse en el fondo eterno y universal de la humanidad" (190).

20. A veces ni siquiera dedican atención a los feminicidios. Es ilustrativo que para el cura, Sangre Negra es "célebre" por haber dado tormento a un párroco para robarlo (35), y no por su reputación de haber degollado a su esposa. En *De siglo a siglo* Pardo Bazán escribe: "el gallego teme más a la justicia que a los malhechores, y procede, antes que a denunciar, a encubrir" ("Recuerdos de un destripador." *De siglo* 85). En *La España de ayer y la de hoy* leemos: "En España se teme más a la justicia que a los malhechores" (65), lo que prueba hasta qué punto se produce en la autora una conflación de los problemas españoles y gallegos.

21. La obra se ubica tampoco en el campo como espacio puro, donde un Feliú y Codina situaba su *Dolores* (1892), cuya acción viene situada—en las palabras de Pardo Bazán—"a orillas del río más nacional, del Ebro Sacrosanto" ("La Dolores." *NTC* 3.27 [1893]: 105).

22. Es allí donde Pardo Bazán dio en 1885 su conflictivo discurso sobre Rosalía de Castro.

23. Para una interesante discusión de la relación entre arquitectura y nación en la obra de Pardo Bazán, ver Heneghan "Before 1898."

24. Esta misma deterioración fue notada también por Rubén Darío que, en su visita a España en 1899, notó que hubo "en la atmósfera una exhalación de organismo descompuesto" ("Madrid" en *España Contemporánea*).

25. Compárese *Los pazos de Ulloa*, cuyos aspectos góticos han sido estudiados por Hart.

26. En la literatura gallega del *Rexurdimento*, escribe Danny Barreto, hay una obsesión con las relaciones violentas entre amantes y miembros de una misma familia (181). Barreto atribuye la ausencia de historias amorosas que terminan bien, a la ausencia de una estado-nación que sancionara estas relaciones (78, 183).
27. "Saltar sola" es otra referencia a Menéndez Pelayo que utilizó esta expresión para la misma Pardo Bazán. Ver nota 18.
28. La película de Hitchcock a la que se refiere Nieva puede ser *Suspicion* (1941), protagonizada por Cary Grant y Joan Fontaine.
29. Según las acotaciones, Martín avanza, luego vuelve hacia el balcón y se inclina sobre el cuerpo de Irene (*TC* 120; I.6). Ribao Pereira comenta que este movimiento de avance-retroceso-caída, codificado desde el teatro romántico para el ámbito femenino, caracteriza a Martín como un hombre débil. Irene, asfixiada a manos de su amante, ocupa el lugar tradicional del héroe en el escenario (la parte central del foro, perspectiva privilegiada desde cualquier punto de la sala) ("Doña Emilia" 257).
30. Otros cuentos conocidos relacionados al tema son "Véra" de Villiers de l'Isle-Adam, y "Ligeia" del mismo Poe.
31. "Han aprendido los criminales que eso de la 'pasión' es una gran defensa prevenida, y que por 'la pasión' se sale a la calle libre y en paz de Dios, y no se descuidan en revestir de colores pasionales sus desahogos mujericidas […] ¿Pasión? No; codicia, vileza y barbarie, como casi siempre […] La pasión, aunque sea excusa, debe ser excusa rarísima, lo más excepcional. La pasión es noble, y estos criminales mujericidas obedecen a los impulsos más innobles y bajos" ("Más clínica." *De siglo* 240–41).
32. El teatro de Ibsen fue recibido positivamente por críticos como Clarín, Fernández Villegas (Zeda), Yxart, Ganivet, Coromines (Gregersen 88–117). Véase Rubio Jiménez y David George. Según Clemessy, Pardo Bazán nunca fue enteramente favorable al dramaturgo noruego (189).
33. La dimensión filosófica del teatro de Ibsen conecta también con el teatro de Pérez Galdós. Escribe Pardo Bazán: "La verdadera novedad del drama de Pérez Galdós consiste pues en abrir puertas al realismo en la forma, y al pensamiento filosófico en el fondo, uniendo a mayor suma de verdad ese sentido de la vida humana que se revela en un momento supremo y la marca para siempre con un trazo de luz o un estigma de miseria y pequeñez" ("Realidad." *NTC* 2.16 [1892]: 63). En *Realidad*, Sobejano nota el posible parentesco entre Tomás Orozco y Stockmann, el protagonista de *Un enemigo del pueblo* (106 n.11).
34. José Carlos Tenreiro sostiene que Pardo Bazán recurre al discurso gótico en combinación con lo ominoso y la iconografía sublime (elementos de la naturaleza, apariciones espectrales, arquitectura en ruinas …) para dar una representación realista de Galicia (oscura, violenta, vasta, supersticiosa …) despertando al mismo tiempo poderosas emociones en su público (21). Si los procedimientos góticos señalan el retraso de Galicia, también significan un intento de dignificar Galicia ya que defienden la *Volksgeist* gallega, la virtud de la galleguidad en oposición al casticismo castellano y español. El

uso de lo sublime (categoría estética vinculada a la Europa del norte) sugiere según Tenreiro un esfuerzo regeneracionista por parte de Pardo Bazán para aproximar Galicia a Europa y a la modernización (28).

Capítulo cuatro. *Cuesta abajo* (1906) y el problema de España

1. Hay ciertas semejanzas entre *Cuesta abajo* y *La familia a la moda* (1804) de María Rosa Gálvez de Cabrera, en la que una viuda asturiana se dirige a Madrid para determinar cuál de sus dos herederos es más idóneo para heredar su fortuna, y encuentra a su familia devorada por la corrupción (ver Gies, "Genderama" 113–14, para un breve análisis de la obra).
2. En *Por la Europa católica* Pardo Bazán contrasta Galicia positivamente con Castilla.
3. Carballal Miñán refuta esta lectura positiva del final de la obra. "Las tres aristócratas, la Condesa, su nieta y su nuera, frente a un presente arruinado por los hombres de su familia, solo pueden buscar opciones que las mantienen fuera de la sociedad, porque su clase está muriendo. Gerarda no podría vivir en alta sociedad madrileña porque su marido la ha abandonado y, además, ha coqueteado con el adulterio; la Condesa solo puede volver a su refugio gallego y Celina, que reniega del matrimonio elige trabajar en una de las pocas ocupaciones que se le permiten a una mujer, pero lo hace a sabiendas de que eso la alejará de los suyos. Parece que Pardo Bazán, en esta obra, está reflexionando sobre el futuro de las mujeres hidalgas en una sociedad que no les da alternativa su pérdida económica y social" [sic] (335–36).
4. La obra fue dedicada a la Sociedad Centro Gallego de Madrid.
5. Federico de Onís menciona además que al día siguiente al estreno Pardo Bazán fue objeto de un homenaje en el Ateneo de Madrid, donde se le tributó "una ovación cariñosa y entusiasta, que significaba algo así como una protesta, de la juventud literaria principalmente, contra el pobre espíritu de crítica de la ramplonería que aquí manda y gobierna" (*El Adelanto*, 26 de enero de 1906; en Carballal Miñán 328). También la prensa gallega señaló la hostilidad de los gacetilleros madrileños hacia la "insigne paisana" (en Carballal Miñán 329–31).
6. Ver para un repaso de las reseñas Carballal Miñán (314–21). Carballal Miñán recoge todas las reseñas de la obra en el Anexo VI de su investigación. A raíz del estreno de *Cuesta abajo* Mariano Miguel del Val publicó en la revista *Ateneo* un artículo titulado *Los novelistas en el teatro* en el que reflexiona sobre el fracaso de los novelistas vueltos dramaturgos. Pardo Bazán le contestó a Val en la misma revista con otro artículo del mismo título, defendiendo "que no hay nada tan funesto y falso en literatura y arte cómo las restricciones y los límites. El arte vive de libertad; es inquieto y rebuscador; siempre hay para el artista tierras ignoradas que descubrir" (*Los novelistas en el teatro* 183). Además, la autora hace constar que para ella la pieza había sido un éxito: "He estrenado cuatro veces en Madrid. Un monólogo, aplaudido. Un diálogo dramático, aplaudido. Un drama, rechazado. Una

comedia dramática, aplaudida" (183). Val contestó con otro ensayo titulado "Tentativas dramáticas de doña Emilia Pardo Bazán," en el que se enfoca en la producción teatral de la autora para demostrar que Pardo Bazán no había acertado en el teatro. *Cuesto abajo* no volvió a representarse durante la vida de Pardo Bazán. Sin embargo, un año después de la muerte de la dramaturga un grupo de aficionados dirigido por Ceferino Palencia llevó el primer acto de la pieza al escenario. Los ingresos obtenidos por la representación fueron destinados a la construcción de un monumento en honor a la escritora (Carballal Miñán 333). En Berlín y Christianía (hoy Oslo) *Cuesta abajo* se tradujo con el fin de llevar la obra a la escena (Freire López, "Las traducciones" 33).

7. En *El abuelo* (1904) el Conde de Albrit cambia radicalmente sus ideas sobre el honor después de haber verificado que la más devota y afable de sus dos nietas es en realidad la nieta ilegítima: "si del honor pudiéramos hacer cosa material, sería muy buena para abonar las tierras" (en Podol 59).

8. García Castañeda señala el parecido con el cuento "El gemelo" de la misma autora, de 1903 ("El teatro" 126). Destacan también las semejanzas entre *Cuesta abajo* y *Las hijas de Don Juan* (1907) de Blanca de los Ríos, amiga de Pardo Bazán.

9. Para la relación entre Pardo Bazán y su admirador Unamuno ver Rubia Barcia y DuPont, "Challenging." En la bibliografía al final de *La España de ayer y la de hoy*, Pardo Bazán menciona *En torno al casticismo* de Unamuno.

10. Esta escena es reminiscente del capítulo IV de la segunda parte de la novela *La gaviota* de Fernán Caballero en la que un grupo de contertulios discuten sobre la nueva novela de costumbres, apropiada para representar a los españoles tal y como son.

11. La impotencia de las mujeres ante el Desastre es presentada por la Condesa en una metáfora: "… me comparaba a las mujeres de los pescadores, que los ven embarcarse y se quedan en los muelles, temblando … Y no pueden hacer por ellos nada … Si el mar se los traga, a veces hasta lo presencian. Y las infelices, entonces, vuelven la cabeza, ven un crucero de piedra y, al arrodillarse al pie, parece que aquella piedra fría y ruda les dice: 'Confía. Yo mando en las tempestades …'" Celina.—Mientras tú rezabas, ellos se arruinaban … (*TC* 208; III.4).

12. López Quintáns señala cómo el apego de la Condesa de Castro Real a las posesiones simbólicas de la estirpe refleja las ideas de la misma Pardo Bazán, para quien la conservación de estas posesiones tenía gran importancia porque las consideraba como expresión del prestigio de la nobleza. En un artículo publicado el 30 de noviembre de 1915 en *La Nación*, de Buenos Aires, escribe Pardo Bazán: "Lo más funesto para mí misma que puede hacer la aristocracia, como clase, es lo que viene haciendo: dejar caer en ruinas sus mansiones históricas, tirar por la ventana los recuerdos del pasado, comer raíz de loto, que produce el olvido … Nadie ignora lo que este entumecimiento de la nobleza española ha contribuido, no sólo a aminorarla en representación, como fuerza directiva, sino a malrotar nuestro tesoro artístico" (en López Quintáns "Pardo Bazán" 314).

13. En cuanto a la religión escribe la autora: "Ya no somos un pueblo religioso, ni siquiera un pueblo que practica [...] hallaremos en la burguesía más bien la indiferencia" (*La España* 73).
14. Para una discusión de la importancia del mantón de Manila y su relación con el pasado colonial español, ver Tolliver "Colonialism."
15. En *La España de ayer y la de hoy* Pardo Bazán se queja de la "apatía industrial" de sus compatriotas: "el español no desdeña los bienes materiales, sino los medios de adquirirlos, si requieren asiduo esfuerzo. Siempre la improvisación, siempre el escopetazo: por eso prospera tanto la lotería. [...] El español sucumbe como los demás hombres a la tentación de enriquecerse pronto y sin gran molestia" (78). Pardo Bazán por su parte propaga el trabajo disciplinado.
16. Álvarez Junco señala la circulación, después del Desastre de 1898, del concepto de *afeminamiento* como manifestación de la preocupación ante el carácter afeminado de la nación española. En lenguaje político este concepto se refería a "la pérdida tanto de fuerza física como de equilibrio o control moral" (*Mater dolorosa* 217). Más de un siglo antes de que resurgiera este concepto de afeminamiento, sin embargo, los ilustrados españoles denunciaron el influjo extranjero y la pérdida de los valores nacionales, algo que ejemplificaron simbólicamente en la figura del petimetre cuya preocupación por su imagen exterior y por la moda (preocupación propia de las clases pudientes y urbanas) representó para los ilustrados una perversión de la verdadera virilidad y simbolizó el afeminamiento de la sociedad (Haidt, *Embodying* 107–13).
17. En *Por la Europa católica* (1902) Pardo Bazán denuncia la absurdidad de los toros y sugiere que tanto la corrida como la abulia que resulta del espectáculo previene al país de crecer tanto moral como artísticamente: "Acuso á los toros de que agotan toda nuestra sensibilidad nerviosa de que disponen los españoles, y devorando su sangre, como la devora y abrasa un vicio, un hábito desordenado les deja fríos é inertes para todo lo demás, no sólo para lo conveniente, sino también y en primer término para lo bello para los goces de la imaginación y de los sentidos mismos, en lo que pueden tener de escogido y de intenso. Pueblo que se entrega á los toros completamente, no volverá á enriquecer las artes como las enriquecimos nosotros en los siglos que pasaron" (12–13). Ver también Tenreiro (111).
18. Para una discusión del así llamado "flamenquismo" ver Paredes-Méndez.
19. La muerte (el suicidio) de Javier es probablemente también una alusión a Unamuno que observa que en Galicia los hombres pueden ser arrullados hasta que se duerman. Según Unamuno la tasa de suicidio era más baja en Galicia debido a la fuerza de las mujeres.
20. Para las ideas de Pardo Bazán sobre la violencia de género, ver el capítulo 3 dedicado a *Verdad*.
21. Es bien conocido el lema del regeneracionista Joaquín Costa "Escuela, despensa y doble llave al sepulcro del Cid" con la que el aragonés exhortaba a sus compatriotas a mirar al futuro y abandonar la gran ficción triunfal que empieza con El Cid. En cuanto al "alma" es con toda probabilidad una

alusión al alma nacional española (el "alma castellana" en la terminología de Martínez Ruiz [Azorín]).

22. En su novela *El niño de Guzmán* de 1899, Pardo Bazán transcribe una conversación entre el protagonista y un pariente suyo, que formula juicios críticos sobre la sociedad madrileña y añade una opinión con la que Pardo Bazán estaría de acuerdo: "A España hay que buscarla […] en otro lado […] internándose bien, penetrando en los lugares, en las aldeas, huyendo de la parte fabril e industrial, de todo lo que la manoseada civilización y el ordinariote e infernal progreso han contaminado." Y el protagonista concluye: "es preciso que nos acerquemos al pueblo, que lo estudiemos" (en González Herrán, "Emilia Pardo Bazán ante el 98" 147).

23. Una excepción es Ramiro de Maeztu que en *Hacia otra España* opone el litoral ("rico, populoso, joven y fuerte") con Castilla ("un páramo horrible") (169–70).

24. Contrariamente a las madrileñas que creen lo que leen en los folletines de procedencia francesa, la Condesa toma las manifestaciones de brujería de la tía Sabedora por lo que son: nada más que cuentos.

25. Balfour escribe al respecto de esta evocación de la vida rural: "Thus turning away from the brief illusions of the post-Disaster period, many writers and intellectuals resorted to traditional myths that gave them a sense of permanence in a changing society. Many of these images they shared with traditional Spanish conservatism. Indeed, there is a strong vein of Carlism in Costa and Unamuno; for example, the evocation of rural life in early twentieth-century Spanish writing is dominated by a typically Carlist theme, nostalgia for a way of life threatened by industrialization" (Balfour 90). Es bien sabido que Pardo Bazán, cuando joven, tuvo simpatías carlistas.

26. Para una interesante discusión de la vida gallega como "premoderna" y algo ominosa (La Condesa tiene cierto "candor gótico" [*TC* 175; I.3]) que encontramos también en *Verdad*, ver Gabilondo ("Towards").

27. "En las actuales circunstancias, nada mejor que ponernos en contacto con Europa," escribe Pardo Bazán en *Por la Europa católica* (19). El viaje le permitirá a la autora mandar a su patria "soplos de aire exterior,—el aire vivaz de alta mar, tónico y excitante" (20). Este aire vivaz hace pensar en el aire estimulante que Unamuno atribuyó a las visitas a Europa.

28. La oposición entre Gerarda (que imita) y Celina (que se forma para poder crear) no es gratuita. Como explica Blanco, los críticos finiseculares reorganizaron el canon literario español como institución nacionalista al exiliar a las mujeres escritoras y al equiparar la influencia extranjera con el consumo femenino. Según estos críticos, las escritoras no hicieron sino copiar, contrariamente a los autores masculinos que "crearon" la literatura nacional ("Gender" 125).

29. Es bien sabido que Pardo Bazán, a pesar de sus ideas progresistas en cuanto a la mujer, hacía gala de una actitud clasista en cuanto a lo referente a las relaciones de clases.

30. Cf. Don Cayetano en *Doña Perfecta* y el apartado IV de "La tradición eterna" en *En torno al casticismo*, donde Unamuno denuncia la búsqueda de

los que "compulsan datos y archivos, recolectando papeles, resucitando cosas muertas en buena hora ..." (149).
31. John Beverley ha destacado similares preferencias en *El abuelo* de Pérez Galdós.

Capítulo cinco. De/Regeneración en *El becerro de metal* (1906)

1. Según una noticia en el diario *El Noroeste* (5 de enero de 1906), *El becerro de metal* (inicialmente *El becerro de oro*) estuvo destinado a la compañía Guerrero-Mendoza. La obra no fue del gusto de los actores, algo que Pardo Bazán comenta en una carta a Fernando Díaz de Mendoza del 6 de mayo de 1906: "mi impresión ha sido que Vds. no pensaban en llevarse una obra mía a América" (en Schiavo y Mañueco Ruiz 71). Díaz de Mendoza explica su rechazo tanto de *El becerro* como de *Juventud* en otra carta: "Tanto deseaba tener una obra de usted que me desconcertó el que no me gustasen ninguna de las dos. Tengo muchos deseos de que usted escriba una obra que [ilegible] de ir yo también por el desquite—pero no lo hubiéramos tenido ni con *Juventud* ni con *El becerro*" (en Schiavo y Mañueco Ruiz 72). Pardo Bazán incluyó *El becerro* en el tomo 35 de sus *Obras completas*. De la obra se conservan en la Real Academia Galega tres borradores: un manuscrito incompleto (falta la primera hoja del segundo acto); una serie de cuartillas manuscritas con el título "El becerro de metal" y otra serie de cuartillas mecanografiadas (Carballal Miñán 351). La obra se representó por primera vez el 22 de diciembre de 1922 en el Teatro Calderón de Valladolid por un grupo de aficionados, como homenaje a Emilia Pardo Bazán que había fallecido un año antes. Posteriormente, en 1998, se hizo una lectura dramatizada bajo la dirección de Ángel Fernández Montesinos en el Teatro María Guerrero de Madrid.

2. Según Pardo Bazán, la educación (que tanto hace falta en España) contribuye considerablemente al imperialismo moderno: "Aprendiendo y educando se proponen absorber gran parte del mundo los Estados Unidos, Inglaterra y Alemania. Aprendiendo y educando aspira Francia a constituirse de un modo estable, y a vencer el mal sino actual de las naciones latinas" (*Cuarenta días* 128).

3. Conforme a la convicción de la autora que asumir la modernidad literaria requería, en las palabras de Sánchez-Llama, "establecer diálogos fructíferos entre las propuestas renovadoras foráneas y ejemplos autóctonos de probada solvencia artística" ("Introducción" 13), Pardo Bazán entra con su obra teatral en diálogo con gran número de escritores e intelectuales de su época, entre los cuales Pérez Galdós no es por cierto el único. Entre los demás autores con los que entra en diálogo se encuentran Maurice Donnay, autor de la obra teatral *Le retour de Jérusalem* (1904) y los autores mencionados en la nota 16.

4. Carr escribe: "That so much of the energy of expansion had come from Paris meant that Spain was in danger of becoming an economic dependency of France; the Péreire brothers and the Rothschilds looked as if they might accomplish with their capital what Napoleon I had failed to accomplish by his arms" (271).

5. Susana es también el nombre de la esposa del dramaturgo Henrik Ibsen, por el que Pardo Bazán tuvo gran admiración.

6. Se nota aquí el ideario krausista de civilizar por la cultura, que es el dominio de la mujer.

7. Pulido Fernández, un médico y antropólogo, fue uno de los primeros en introducir las ideas raciales en España, y según Goode, los motivos para ejecutar su proyecto fueron no sólo de índole política sino también de carácter racial (183). Pulido Fernández quería rejuvenecer el país al reintroducir un elemento que había sido inherente en la constitución de su fusión racial, y cuya eliminación, con la expulsión de los judíos en 1492, había causado la decadencia de la nación española. Los esfuerzos de Pulido Fernández para repatriar a los sefarditas empezaron seriamente en 1903 cuando el autor, en una serie de artículos periodísticos, intentó familiarizar a sus compatriotas con la existencia de más de 2 millones de sefarditas. Lo que más le sorprendió a Pulido Fernández era que a pesar de un exilio de cuatro siglos los sefarditas habían conservado el dominio de la lengua española. Para Pulido Fernández, este uso persistente del idioma indicaba una profunda conexión con España. El autor consideró a los judíos de origen español como un repositorio de los atributos culturales españoles, y un símbolo de la tolerancia que dominaba en la época de mayor éxito nacional. La expulsión de los judíos españoles fue para él como una escisión desastrosa del cuerpo nacional (Goode 193), que constituyó el origen de la leyenda negra, es decir, la reputación de ignorancia y fanatismo que tenía España con las naciones más avanzadas (195), leyenda por otra parte refutada por Pardo Bazán en 1899 en una conferencia titulada *La España de ayer y la de hoy*. Pulido Fernández recibió apoyo para sus ideas de varios intelectuales españoles, entre ellos Pérez Galdós, Pardo Bazán, Unamuno y otros (González 186). Ciertos cambios en las leyes de naturalización resultaron en que algunos sefarditas pidieron y obtuvieron la ciudadanía española (196). En cuanto a Castelar, en un discurso de 1869, éste defendió apasionadamente la libertad de cultos (legalizada por primera vez en la Constitución del mismo año) y vinculó a los sefarditas a una época de supremacía mundial española (Goode 189–90).

8. En *La España de ayer y la de hoy* escribe Pardo Bazán: "Asómbranse los historiadores viendo una nación que empieza a decaer con rapidez vertiginosa cabalmente cuando llega a la cúspide de sus destinos, y descubre un nuevo mundo y lo conquista; tratan de explicarlo de mil modos, y quizás cada explicación encierra partículas de verdad. Unos hablan de anemia debida a tanto desangrarnos en el titánico esfuerzo de ganar a América después de señorear a Europa; otros, de errores políticos, *de moriscos y judíos expulsados, que se llevaron consigo el comercio y la riqueza*" (67, la cursiva es mía).

9. Francia se había esforzado por extender su influencia cultural sobre los judíos sefardíes mediante el establecimiento, a finales del siglo XIX, de las escuelas de la Alliance Israélite Universelle (más de 100, desde Marruecos hasta Irán). Como resultado de la educación que recibieron de la AIU, los sefarditas que hablaban ladino en casa, se inclinaban a identificarse culturalmente con Francia y preferían utilizar el francés para sus transacciones comerciales (Rohr 378–79). En cuanto a la lucha por el poder en el Mediterráneo escribe Balfour: "The impending break-up of the Spanish colonies had sent ripples of interest and anxiety through the European Powers, who feared that the precarious balance of power in the Mediterranean might be altered as a result. Russia was reported to be interested in acquiring the Spanish African enclave of Ceuta in the Mediterranean. The Italian ambassador to Spain had divulged to his British counterpart his fear that France might gain some territorial advantage from Spain" (48).

10. Un detalle es que la construcción de los ferrocarriles españoles fue co-financiada por banqueros judíos: los Rothschild financiaron la compañía de los ferrocarriles de Madrid a Zaragoza y Alicante, y los hermanos Péreire, sefarditas y rivales de los anteriores, intervinieron en el desarrollo de los caminos de hierro del Norte de España (Rohr 374). Pardo Bazán estaba muy entusiasta en cuanto al tren como manera de conectar con la modernidad. En *Por la Europa católica* el tren la lleva a la autora desde la barbarie y la superstición (Galicia) hasta la modernidad (Europa). En *El becerro* el viaje ocurre significativamente en otra dirección. Para los comentarios de Pardo Bazán sobre la modernidad del Sud-Express (más aparente que real), ver Nunley (208). La autora escribió también un cuento cuyo título refiere a este tren.

11. Yolanda Latorre Ceresuela señala que Emilia Pardo Bazán criticó duramente el ataque que hicieron los coleccionistas individuales al patrimonio artístico nacional, defendiendo la configuración de España como nación-museo, más que Italia, considerada como el país del arte por excelencia (404). En un artículo publicado en *La Ilustración Artística* Pardo Bazán había mostrado su ambivalencia en cuanto a la actitud de los adinerados judíos franceses hacia España. Por un lado Pardo Bazán alabó a los Rothschild y a Gustavo Bauer por sus obras de beneficencia y la protección del arte ("millonarios así me agradan"), pero por otro, esta arte solía formar parte del patrimonio cultural español, y como tal debería quedarse en manos españolas. Es posible que las últimas palabras del artículo de Pardo Bazán—¡"Gracias, oh inteligentes e ilustrados judíos!"—fueran ligeramente irónicas ("La vida contemporánea." *IA* 1.080, 8 de septiembre de 1902). Ver también "La vida contemporánea." *IA* 1.824, 11 de diciembre de 1916.

12. Tradicionalmente, el ideario cristiano ha condenado el préstamo a interés o la usura, tal como la practica Benjamín. El judaísmo ha relativizado esta prohibición al prohibir la usura únicamente entre "hermanos." En *El mercader de Venecia* (obra que tiene varios aspectos en común con *El becerro*) Shakespeare recoge esta oposición cuando el cristiano Antonio recomienda al judío Shylock, cuyo personaje se encuentra en la base de tantos usureros literarios del siglo XIX, prestar tan sólo a los enemigos. Es exactamente lo que hace Benjamín, cuyo propósito es obtener la dominación sobre los españoles.

13. Ver Charnon-Deutsch, "Hatred alone warms the heart" para una discusión de los estereotipos antisemitas en el siglo XIX. Charnon-Deutsch

escribe: "[the interchangeability of the stereotypes of the Jew, Freemason, and Jesuit] prompts me to argue [...] that they cannot be divorced from discussion of the changing economic landscape of nineteenth-century Europe written on the bodies of the imaginary abject sinners who dominated the popular fiction of the nineteenth century" (108).

14. Contrario a Pérez Galdós, quien casó a Torquemada con Fidela del Águila, una representante de la nobleza empobrecida, la condesa de Pardo Bazán estuvo demasiado consciente de su clase para retratar a los Altacruz como nobles arruinados. Si bien Lucy Silva observa que Gracia Altacruz "se ha colgado cuanto le queda" (*TC* 267; II.1), Pedro Torrellas la corrige: "la casa de Altacruz se sostiene, conserva su brillo" (*TC* 275; II.8), "[l]os Altacruz son de lo más encumbrado" (*TC* 279; II.10).

15. El 25 de julio de 1593, Enrique IV abjuró definitivamente el protestantismo, supuestamente con las palabras "París bien vale una misa," porque esta conversión al catolicismo le permitió ser coronado como rey de Francia.

16. El becerro de oro o de metal es el ídolo que los israelitas fundieron durante la ausencia de Moisés en el Sinaí. Simboliza la idolatría y la veneración de los bienes materiales. A su vuelta, Moisés destruyó al becerro, convirtiéndolo en polvo, que esparció en agua. Como castigo hizo a los israelitas beber de esa agua con el oro flotando. La identificación entre el nuevo rico y el becerro de oro la encontramos en varios textos de la época, tales como las novelas de la serie *Torquemada, Lo prohibido* (1885) y *La loca de la casa* (1892) de Pérez Galdós. La alianza entre la nobleza (decadente) y la nueva riqueza es aludida con la expresión "tomar estiércol" o "estiercolar" en el sentido de revitalizar. El tema surge también en *La espuma* (1890) de Armando Palacio Valdés. Carmen Servén nos recuerda la identificación que establece Freud entre el dinero (oro) y la inmundicia (estiércol) (495–501). Otros textos que retoman el tema del becerro son: Larra, *El becerro de oro: comedia en tres actos y en verso* (1869); Pilar Sinués de Marco, *El becerro de oro* (1875); Joaquín Lorenzo Luaces (1826–67), *El becerro de oro* (inédito hasta 1964).

17. Pardo Bazán tuvo gran admiración por Santa Teresa cuyo misticismo reflejaba la hostilidad de la autora hacia la vacuidad de una vida basada en las formas exteriores de religión a favor de una existencia impregnada de unos valores cristianos más sentidos y evangélicos. Al igual que Santa Teresa, Pardo Bazán opuso al hueco formalismo de sus contemporáneos, una religión más auténtica, es decir un catolicismo más altruista y espiritualista (Hemingway 247). Pardo Bazán consideró el misticismo como antídoto para los ataques de los krausistas dirigidos a su catolicismo. Los krausistas, considerados por la autora como un club sólo para hombres del cual la escritora se sentía excluida (DuPont, *Writing* 99), tenían la esperanza de una religión universal (Schyfter 12), mientras que Pardo Bazán fue toda su vida una convencida católica (Hemingway 241).

18. En *De siglo a siglo* la autora critica la "noción de que todo en el mundo tiene un precio hecho—todo hasta el Arte, el cual, para los idealistas, vale tanto que no vale nada" ("Las subastas." *De siglo* 63).

19. El nombre de Torellas puede contener una referencia a una composición de Max Enríquez Ureña en *Aforas* titulada "La catedral sin torre." Enríquez Ureña se refiere a la isla *Hispaniola* donde los españoles alzaron un templo y lo dejaron sin torre. Esta alusión a la labor imperfecta de civilización despertó un sentimiento profundo en Pardo Bazán: "Nosotros fuimos los civilizadores, al estilo europeo más adelantado que entonces se conocía, de ese país y de muchos más. La raza que allí existe de nosotros procede casi toda. El habla es nuestra. Nuestra la religión. La catedral tiene torre. Y esa torre es de arquitectura hispánica" (en Freire López, "Hispanoamérica"). La isla de Mallorca contiene también una referencia al político Antonio Maura, procedente de la isla. Maura fue varias veces presidente del gobierno, y uno de los más destacados representantes del regeneracionismo. Maura promovió el acercamiento a Francia y Gran Bretaña. Además, fue Académico de la Real Academia Española y más tarde su director. Para la correspondencia entre Pardo Bazán y Maura, ver Simón Palmer, "Correspondencia."
20. La falta de civilización de los Leyva varones es reminiscente de la del personaje de Primitivo de *Los pazos de Ulloa*.
21. Pardo Bazán que se designó como "católica de arraigado catolicismo" (*Discurso pronunciado en los juegos florales de Orense* en *Obra crítica* 320), alaba en *La España de ayer y la de hoy* "nuestra hermosa fe de antaño" (73). En *Por la Europa católica* la autora afirma "que los males de España no deben achacarse al catolicismo, sino a la manera que tuvimos siempre de entender y practicar esta religión de paz y dulzura" (21). La autora muestra su admiración para Bélgica, país con un "militante y *civilizador* catolicismo" (83, la cursiva es mía).
22. Si bien Dendle ha señalado el antisemitismo como una constante en la obra de Pardo Bazán, otros críticos como Bieder ("Negotiating"; "Racial Identity") han matizado sus observaciones. En *El becerro de metal* el retrato altamente estereotipado (y negativo) de los Leyva varones contrasta tajantemente con la dignificación del personaje de Susana.
23. David Henn comenta que el recorrido de Susana es una especie de peregrinaje (un deseo para confirmar su fe en la herencia nacional y cultural ["Looking" 57]). El mismo autor comenta que las últimas novelas de Pardo Bazán se centran en la redención y regeneración personal del protagonista en el descubrimiento de Cristo. De este modo Pardo Bazán sugiere, según Henn, que el catolicismo pueda ser una religión regeneradora (60).

Capítulo seis. *Juventud* o las (des)ilusiones del deseo (1909)

1. Ver por ejemplo el estudio de Valis sobre la cursilería.
2. Farlow considera *Juventud* la obra menos seria de Pardo Bazán y destaca la comicidad de los personajes y situaciones (144). Según Bretz, *Juventud* combina el tema social de *Cuesta abajo* y la orientación psicológico-filosófica de *Verdad*. Bretz ve una división en los personajes entre los que representan la madurez y los que encarnan la juventud (44). García Castañeda señala que

si bien la juventud parece triunfar en este conflicto, la dramaturga deja sin resolver algunas ambigüedades ("El teatro" 132).
3. Santiago de Compostela es también el escenario de la novela *Pascual López. Autobiografía de un estudiante de medicina* (1879).
4. Es bien sabido que Unamuno, por ejemplo, desarrolla la noción de la identidad esencial española en base a una relación dialéctica entre Castilla y España, donde Unamuno afirma que "[s]i Castilla ha hecho la nación española, ésta ha ido españolizándose cada vez más" (en Britt Arredondo 216).
5. Según precisa Carballal Miñán, en el Fondo Emilia Pardo Bazán del Archivo de la Real Academia Galega se encuentran dos manuscritos que refieren a dos estadios de redacción de la obra: una del que se conservan tan sólo el primer acto y dos cuartillas más y que se llama *El águila* (probablemente la primera versión de la obra) y otro, también incompleto (falta el primer acto) titulado *Más. Comedia dramática en tres actos* y cuya gestación debe haber comenzado hacia mayo de 1905 (Carballal Miñán 337–38).
6. En julio de 1905, el empresario del Teatro de la Comedia, Tirso García Escudero, y el actor Enrique Borrás dieron lectura del nuevo proyecto teatral de Pardo Bazán. En la sección "Chismes y cuentos" de la revista *Madrid Cómico* (7 de julio de 1905) se comenta esta lectura: "no se pueden hacer profecías. Precisamente los que vieron *La Suerte* de la Pardo Bazán opinaban que sería su última obra teatral. Y que no escribiría *Más*" (en Carballal Miñán 338). En una carta a Giner de los Ríos del 16 de septiembre de 1905 Pardo Bazán comenta haber "terminado y corregido *Más*, comedia dramática, leída a Borrás y que encuentra también muy bien (excepto el título que no les parece de cartel)" (en Varela 503–04).
7. "[C]on entera sinceridad le digo que he leído *Juventud* y no me gusta. Me parece el esbozo de un drama; el esqueleto de una obra más bien que la obra definitiva. La mayor parte de los personajes y algunos tan importantes como Isabel [sic], los vemos moverse sin que sepamos nada de ellos, sin poder presumir el móvil de las acciones que realizan. Hay en todo el drama algo de indeterminado, de impreciso que quita interés y no deja producirse la emoción. Y sin interés ni emoción no hay obra dramática posible [...] Yo quiero para usted, en las circunstancias actuales, un triunfo completo, indiscutible, definitivo; un triunfo que nos satisfaga plenamente a los amigos y haga enmudecer a los malintencionados o envidiosos. Y para conseguirlo es necesaria una obra fuerte, robusta, que llegue hasta el alma del público y la sacuda, y la domine. Esta obra puede usted hacerla con solo querer: tenemos todo el verano por delante; si con la asombrosa facilidad de trabajo que usted tiene puede acabarla pronto y me la envía a Buenos Aires, allí la estrenaremos; si no a nuestra vuelta en octubre, al desembarcar en La Coruña nos la lee usted para estrenarla en Madrid" (en Schiavo y Mañueco Ruiz 71).
8. A la ocasión de la muerte de Ibsen escribe Pardo Bazán (y sus observaciones tendrán por cierto que ver con su propia situación): "¿Qué hubiese escrito si nace aquí? ¡Ay! Tal vez nada; tal vez dos o tres ensayos, que el público acogería con hostilidad feroz; tal vez—y esto es lo más frecuente—veinte o treinta

obras de ficción y engaño, de taquilla, como dicen, de concesiones bastardas, de adaptación miserable al gusto general, obra de escritor domado y humillado por la muchedumbre. Pero la briosa protesta individualista que engrandece el teatro d e Ibsen no hubiese podido brotar. Y por consiguiente, Ibsen no sería lo que fue, sino algo anodino, falso, convencional, para escuchado de puertas adentro ... Por algo no todos los países producen dramaturgos universales" ("La vida contemporánea." *LA* 1.275, 4 de junio de 1906).

9. *Un enemigo del pueblo* gira en torno a la lucha del individuo contra la sociedad corrompida. Es una defensa de la libertad de expresión y la honestidad frente a los intereses económicos. En una pequeña ciudad, que debe su prosperidad a un balneario, el doctor Stockmann descubre que el agua del balneario ha sido contaminada. Cuando informa a las autoridades, éstas declaran a Stockmann un enemigo del pueblo.

10. Como apunta Alan Smith, *Celestina* informa también varias novelas de Pérez Galdós (127).

11. Según Lacan, el deseo es esencialmente un deseo de reconocimiento por el Otro (359), y por ende por la cosa que suponemos que el Otro desee, es decir, la cosa que le falta al Otro. Este "otro" puede ser una persona, o bien un "Otro" con mayúscula cuando se trata de las virtudes, las normas, los ideales, etc., de nuestra cultura. Como nuestro deseo es mediado por el Otro, es imposible saber exactamente lo que deseamos (148). Además, el deseo no existe para ser satisfecho, sino para mantenerse vivo. Lacan, inspirándose en la teoría lingüística, vincula el deseo con la metonimia (519). En la metonimia un significante se refiere constantemente a otro, en una perpetua posposición del sentido. El deseo se caracteriza precisamente por el mismo proceso de diferimiento. Una vez "alcanzado" el deseo ya no es deseable y el deseo del personaje se fija en otra cosa. Para Lacan, es en la narración de los sueños, el uso de los significantes para narrarlo, es decir en la retórica, donde encontramos la índole del deseo (315). Para una explicación de los escritos de Lacan sobre el deseo ver también lacanonline.com.

12. Como resume Ricardo Krauel, Foucault, en su *Historia de la locura en la época clásica,* ha explorado cómo, con la llegada de la modernidad, la locura se inscribe en el espacio de la "sinrazón," junto con las transgresiones de la moral sexual familiar, la profanación de lo sagrado, el libertinaje y la prodigalidad. El orden burgués se defiende de estas amenazas contra su integridad, prohibiéndolas. En el mundo finisecular español seguimos encontrando dos aspectos del concepto de la locura vigente en los dos siglos anteriores: por un lado, la exclusión del sujeto alienado, y por otro la confusión de la locura con ciertas conductas que atentan contra los principios ideológico-morales de la burguesía (R. Krauel 13, 14).

13. Nótese que el águila calva es el ave nacional de los Estados Unidos, enemigo de España y una nación que vio como su "destino manifiesto" (o destino *divino*) la expansión de sus territorios, lo que resultó para España en la pérdida de Cuba, Puerto Rico e Filipinas. El águila Bernardo puede también ser una alusión a Vicente Halconero, personaje galdosiano de los

Episodios nacionales, representante de la juventud burguesa revolucionaria de 1868.

14. Britt Arredondo distingue entre "quijotismo" y "regeneracionismo": "The aims of Quixotism [...] were distinct from those of Regenerationism in that, rather than effect some measure of political and economic reform, Quixotism sought to encourage the spiritual and moral transformation of the decadent Spanish nation" (18).

15. Para una discusión del personaje del Quijote en la obra de los escritores modernistas (hombres y mujeres) ver Johnson, *Gender* (69–110).

16. Sobre el indiano, ver también Surwillo.

17. Para Lacan, desear y desear no desear son esencialmente lo mismo. Ver lacanonline.com. Bretz comenta que Bernardo evoca en los espectadores unas emociones contradictorias. Si la sinceridad inicial resulta atractiva, su posterior egoísmo rechaza (44).

18. Cf. Calisto en el primer acto de la *Celestina*: "Melibeo soy y a Melibea adoro, y en Melibea creo y a Melibea amo." Es significativo que en *Juventud* es una mujer (y no como en *Celestina* un hombre) que manifiesta su amor incondicional.

19. También Sánchez-Llama establece cierta aproximación entre Emilia Pardo Bazán y Ortega y Gasset cuando señala como "llamativas las afinidades existentes entre su definición (moderna) del Arte, arte con mayúsculas, como 'vida intensa, hirviente, libre' y la poderosa reformulación filosófica desarrollada por Ortega y Gasset durante la década de 1920" ("Introducción" 137).

20. Según el íncipit, *Celestina* fue "compuesta en reprehensión de los locos enamorados, que, vencidos en su desordenado apetito, a sus amigas llaman y dizen ser su dios" (44).

Capítulo siete. Imperio, darwinismo y responsabilidad moral en *Las raíces* (1909)

1. En el Archivo de la Real Academia Galega se conservan tres documentos incompletos (respectivamente un documento autógrafo, un mecanoscrito con correcciones autógrafas y un texto mecanografiado) que corresponden a estadios diferentes de la gestación de *Las raíces* (Carballal Miñán 354), obra que Ribao Pereira considera como una reescritura de *El desertor* ("Estudio preliminar" 44). Si bien no se sabe de ningún estreno, consta en el epistolario entre Pardo Bazán y Giner de los Ríos que la autora escribió este drama para el actor Francisco Fuentes, señalando que "[l]o estrenará en La Habana o Méjico" (Varela 503–04; Ribao Pereira "Estudio preliminar" 44, n.59). No se conoce la fecha de la obra, pero la pieza tiene una serie de coincidencias temáticas con el cuento "La exangüe" (1899) y con la conferencia que Pardo Bazán dio en París (*La España de ayer y la de hoy*, 1899). Tanto en la obra de teatro como en la conferencia la autora alude a la "leyenda dorada."

2. Una vez más, Pardo Bazán utiliza el nombre de la esposa del dramaturgo noruego para su protagonista femenina.

3. Susana se parece a las nuevas heroínas ibsenianas y ambas obras transcurren durante la Navidad (Carballal Miñán 356).

4. *El pato salvaje* es la historia de una familia que vive feliz y tranquila, pero cuya existencia está basada en la mentira (la famosa "mentira vital"). Elemento catalizador es el regreso de Gregers Werle a su ciudad natal donde toma habitación en la casa del modesto fotógrafo Ekdal, hombre que deja lo más duro de su trabajo en manos de su esposa Gina. Ekdal y su familia han sido extrañamente favorecidos por el capricho del rico cónsul Håkon Werle. Gina Ekdal resulta haber sido ama de llaves del cónsul Werle y también su amante. La hija de Gina, Hedwig, enferma de la vista, no resulta la hija de Ekdal sino del cónsul. Cuando Hedwig se entera se suicida.

5. Para las características de la alta comedia, ver Javier Huerta Calvo, *Historia del teatro español*, vol. 2, 1943–75.

6. Otras obras teatrales en las que el esposo perdona a la mujer adúltera son *La huelga de hijos* de Enrique Gaspar (1893) y *Realidad* de Benito Pérez Galdós (1892).

7. Alba del Pozo analiza la relación entre género y enfermedad en su artículo "Degeneración, tienes nombre de mujer: género y enfermedad en la cultura del fin-de-siglo XIX–XX."

8. Benedict Anderson, que señala que la ideología nacionalista recurre con frecuencia al vocabulario de la familia, insiste en que tradicionalmente la familia se ha considerado el dominio del amor desinteresado y de la solidaridad: "precisely because such ties are not chosen they have about them a halo of disinterestedness" (*Imagined* 131). Como apunta Labanyi, también Ganivet refiere a la nación como "familia" (Labanyi, "Nation" 146).

9. El árbol de navidad tiene una larga historia y un rico simbolismo. Uno de los supuestos orígenes del árbol de navidad es el árbol del paraíso de ciertas obras teatrales medievales en las que se representaba durante la nochebuena y con gran éxito popular el episodio del pecado original de Adán y Eva (http://www.primeroscristianos.com/el-arbol-de-navidad-sus-origenes-y-sentido-cristiano-1/) En el contexto imperial es de notar que desde el Puerto de la Navidad en el actual estado de Jalisco, México, salió la expedición española que resultaría en el primer asentamiento español en las islas filipinas. La representación de la familia alrededor del árbol de navidad tiene sorprendentes semejanzas con una ilustración de la revista inglesa *Punch* (1884) titulada "John Bull's Christmas Family Party," indicando cómo los ciudadanos británicos deberían ver a la familia imperial (Nünning y Rupp 263).

10. Vemos aquí una variante de la famosa afirmación de Rousseau que el hombre es bueno por naturaleza, porque la naturaleza es buena, pero es la sociedad que lo corrompe.

11. Pardo Bazán incorpora aquí a su Galicia natal en la obra. Rosalía de Castro consideró en su poesía al roble cortado como un símbolo del paisaje gallego en destrucción y del pueblo gallego desahuciado, pidiendo desesperadamente el regreso de este árbol protector de la patria gallega (Acereda 13–14). El roble ya estaba presente en la tradición druida y celta. En la

mitología greco-romana fue asociado al culto del dios Júpiter y luego lo recogerá el cristianismo como emblema de Cristo (26).
12. Las acotaciones describen este bienestar del que goza la familia Alarcón y señalan que se ve la mano de Susana en todos los elementos de la vida burguesa, presentes en la obra. En la escenografía se nota la prosperidad económica de la familia (presencia del piano, plantas, etc.).
13. Para una discusión de las ideas de Ganivet al respeto, ver Del Mastro y Jurkevich.
14. El algodón es un producto colonial.
15. El nombre de Fifí alude por su forma y sonido a Cuba y Filipinas. También puede ser una alusión a Mimí, la protagonista tísica de la romántica ópera *La Bohème* (1897) de Puccini, que muere en escena y cuya muerte simboliza la muerte de las ilusiones. La terminología médica fue muy popular entre los escritores de la Generación del 98.
16. Esta representación de la moribunda joven en su piel de oso blanco contrasta vivamente con la conocida representación del imperio británico como una matrona vigorosa con su león feroz. En un discurso que dio en Londres, Lord Salisbury, el primer ministro británico, habló en 1898 de "las naciones moribundas" que debían ceder ante los poderes más vigorosos en expansión. Ver Torre del Río. La sofocación previa de Fifí evoca el ensayo "Asfixia" en *De siglo a siglo* (162–67).
17. Según reza la acotación: "*Fifí no contesta, dobla la cabeza hacia atrás y se lleva las manos al corazón. [Aurelio] Quiere extender a Fifí en la meridiana, pero el cuerpo resbala y viene a caer suavemente al pie sobre la piel del oso*" etc. Aurelio mirando a su hija muerta evoca la imagen de King Lear que mece el cadáver de Cordelia. Tanto en *Las raíces* como en la obra shakespeariana hay una alusión al incesto.
18. Perceptivamente, la autora atribuyó las raíces del decadentismo francés a la estela de la derrota de Francia en la guerra Franco-Prusiana (Kronik 167).
19. Charnon-Deutsch escribe en *Fictions of the Feminine*: "The 1898 defeat [...] marked the end of Spain's colonial power in America and Asia, but only an intensified continuation of the long debate about the collapse of Spain's imperial empire, which would rage in Spanish periodicals for decades to come. The sick, dying, or dead women, who abound in the periodicals of the late century collectively offer a metaphor for this beautiful Spanish empire, recovering, infirm, or just now dead, while its bereft or curious menfolk gathered about to contemplate what they have already lost, could lose, or perhaps, through great sacrifice and determination, could save" (260). Ver también Dijkstra, *Idols of Perversity*.
20. Pardo Bazán no se identifica aquí con el sujeto colonial sino que se aprovecha de las representaciones de este sujeto para su propia agenda feminista.
21. En *El nudo gordiano* leemos: "¿Recordáis ya a los galanes / del bíblico paraíso? [...] Vaya, en este Edén naciente / sólo hay papel para dos; / Eva y Adán. Con que ¡adiós! (I.V)." Ver Ríos-Font para una discusión de la obra (*Rewriting* 90–98).

22. Landry cita a Darwin, quien afirma en *The Descent of Man*: "It is obvious that every one may with an easy conscience gratify his own desires, if they do not interfere with his social instincts, that is with the good of others; but in order to be quite free from self-reproach, or at least of anxiety, it is almost necessary for him to avoid the disapprobation, whether reasonable or not, of his fellow men" (250).
23. Es posible que la decisión de Sofía sea mucho menos altruista de lo que parece. Tanto Sofía como Susana compiten por Aurelio (de ahí que se menciona repetidas veces que Susana está engalanándose para la fiesta de navidad). No se puede excluir que Sofía deja la competición porque se da cuenta que Aurelio no vale como protector. Por la misma razón se puede argumentar que Susana ha elegido al banquero por su dinero.
24. Nótese la mención de la seda como artículo colonial.
25. Landry relaciona las preocupaciones de Pardo Bazán con el contrato matrimonial a las teorías de Darwin sobre la selección sexual. En *El origen del hombre* Darwin presta atención al papel dominante de la mujer en la elección de su pareja. Según Darwin, en las naciones civilizadas la elección de pareja por parte de las mujeres era libre o casi libre. Así es que Vicente dice a Aurelio que siempre "son ellas las que nos imponen su voluntad" (*TC* 365; II.2). Pero Darwin admitió también que la elección femenina era en gran medida determinada por la posición social y la riqueza de los hombres (Landry 242).
26. Sobre sus discrepancias con el escritor Pedro Antonio de Alarcón escribió Pardo Bazán en 1886 en sus "Apuntes autobiográficos": "Sostuvo Alarcón una especie de polémica epistolar conmigo acerca del naturalismo, poco antes de su desapacible diatriba en la Academia, donde llamó a esta escuela literaria 'mano sucia' de la literatura sin el menor *distingo* caritativo; y a pesar de que yo no dejé de mostrarle ni en cartas ni en la misma *Cuestión palpitante* toda la consideración que merece su ingenio, se ha enojado y puesto la venda siendo otros los descalabrados; en recientes escritos suyos se queja de que los naturalistas le niegan el agua y el fuego ... cuando él niega al prójimo el agua y jabón" (66, cursiva en el original). Para un estudio de la atención crítica que Pardo Bazán le dedica a Alarcón ver Pérez Romero.

Epílogo. *La Malinche* (esbozo de un drama)

1. Recordamos que el lado noventayochentista de Pardo Bazán ha sido comentado por José Manuel González Herrán, David Henn, Ana María Freire López, Marisa Sotelo Vázquez, Guadalupe Gómez-Ferrer, María Luisa Pérez Bernardo y Susana Bardavío Estevan.
2. La figura de Hernán Cortés ejerció una especial fascinación sobre Pardo Bazán desde que era niña. En sus "Apuntes autobiográficos" (1886) confiesa que leyó muchas veces la *Historia de la conquista de Nueva España* (1684) de Antonio de Solís y Rivadeneyra (17). Ver también Pérez Bernardo, "Hernán Cortés."
3. Así lo prueban los artículos que Pardo Bazán publica entre 1918 y 1921 en el periódico *ABC* y que han sido recogidos por Marisa Sotelo Vázquez en

su edición *Un poco de crítica*: "Los conquistadores," "De aquellos tiempos," y "Kronprinz Guatimozin." Pardo Bazán publicó también *Francisco Pizarro o la Historia de la conquista del Perú*. Madrid: Editorial Voluntad, 1917. Para un examen minucioso de la evolución del pensamiento de Pardo Bazán relativo al descubrimiento, la conquista y la colonización española, ver Tassende.
4. Entre el legado noventayochista de la autora se encuentran también las crónicas de viaje *Por la España pintoresca* (1896), *Cuarenta días en la Exposición* (1901), *Por la Europa católica* (1902), los discursos del Ateneo de Valencia (1899), de los Juegos Florales de Orense (1901) y el dedicado a la memoria de Gabriel y Galán (1905). En la época finisecular la escritora escribió sus *Cuentos de la patria* (1902) y la novela *El niño de Guzmán* (1899).
5. En sus artículos periodísticos, Pardo Bazán ya había discutido gran número de los problemas generados por la creencia colectiva en la leyenda dorada: la mala ética laboral, la deplorable situación de la industria y la agricultura, el caciquismo, y otras deficiencias como la disminución de la fe religiosa, la pereza y apatía de muchos españoles, su falta de patriotismo… Para una representación de cómo la autora ve "la completa parálisis de España" causada por la leyenda dorada (*La España* 63), ver el cuento "La armadura" de la colección *Cuentos de la patria* (1902), (*Cuentos completos* II, 273).
6. Para el ideario que Pardo Bazán comparte con Unamuno, Maeztu, Ganivet y Pi y Margall, ver J. Krauel.
7. Para una discusión de diferentes representaciones de la Malinche, ver Messinger Cypess. La representación del Marqués de Bradomín y la Niña Chole en *Sonata de estío* (1903) de Valle-Inclán, también puede ser considerada como una representación de Cortés y la Malinche. Ver Amanda Nolacea Harris.
8. Para la correspondencia de Juan Valera y Pardo Bazán, ver Olga Guadalupe Mella.
9. Para una discusión de representaciones visuales decimonónicas de mujeres orientalizadas ver Charnon-Deutsch (*Fictions of the Feminine*) y Dijkstra. Al igual que las representaciones orientalistas invitaron a cotizarlas con la mujer española del siglo XIX (218), es obvio que la representación orientalista de Hernán Cortés echa luz sobre la índole del varón español decimonónico.

Apéndice uno. Artículos escritos por Emilia Pardo Bazán y consultados en este estudio

1. Cf. la edición de Marisa Sotelo Vázquez. *Emilia Pardo Bazán. Un poco de crítica. Artículos en el* ABC *de Madrid* (1918–1921).
2. Cf. la edición de Carlos Dorado. *Emilia Pardo Bazán. La vida contemporánea*.
3. Cf. la edición de Juliana Sinovas Maté. *Emilia Pardo Bazán. La obra periodística completa en* La Nación *de Buenos Aires* (1879–1921).
4. Cf. la edición de María Luisa Pérez Bernardo. *De siglo a siglo (1896–1901). Crónicas periodísticas de Emilia Pardo Bazán.*

Obras citadas

Acereda, Alberto. "Rosalía de Castro y la visión poética de Galicia." *Revista de literaturas modernas* 37 (2007): 7–30.

Acosta, Eva. *Emilia Pardo Bazán: La luz en la batalla*. Barcelona: Lumen, 2007.

Ahmed, Sara. *The Cultural Politics of Emotion*. New York: Routledge, 2004.

Alarcón, Justo S. *Técnicas narrativas en "Jardín umbrío" de Valle-Inclán*. Alicante: Biblioteca Virtual Miguel de Cervantes, 2004.

Alarcón Sierra, Rafael. "Don Quijote y el modernismo." *Journal of Hispanic Modernism* 11 (2009).

Alas, Leopoldo. *Teoría y crítica de la novela española*. Ed. Sergio Beser. Barcelona: Laia, 1972.

Albuín, Ángel. "*La culpa busca la pena*: el héroe melodramático en *Verdad*, de Emilia Pardo Bazán." *Actas del II. Congreso Internacional de Teoría del Teatro, Vigo 7–8 de mayo de 1998*. Vigo: Servicio de Publicación de la Universidade de Vigo, 1998. 59–76.

Aldaraca, Bridget A. *El Ángel del Hogar: Galdós and the Ideology of Domesticity in Spain*. Chapel Hill: North Carolina Studies in the Romance Languages and Literatures, 1991.

Álvarez Junco, José. *Mater dolorosa*. Madrid: Taurus, 2001.

———. "The Nation-Building Process in Nineteenth-Century Spain." *Nationalism and the Nation in the Iberian Peninsula: Competing and Conflicting Identities*. Ed. Clare Mar-Molinero y Angel Smith. Oxford: Berg, 1996. 89–106.

Anderson, Benedict. *Imagined Communities*. New York: Verso, 1993.

———. "Introduction." *Mapping the Nation*. Ed. Gopal Balakrishnan. London: Verso, 1996. 1–16.

Anderson, Lara. "The Fabricated Shopper: Trade Deficit as Allegory in Late-Nineteenth-Century Spain." *Letras Hispanas* 8.1 (2012): 100–08.

Andrenio [Eduardo Gómez de Baquero]. *Novelas y novelistas*. Madrid: Calleja, 1923.

Anthias, Floya y Nira Yuval-Davis. "Women and the Nation-State." *Nationalism*. Ed. John Hutchinson y Anthony D. Smith. Oxford: Oxford UP, 1994. 312–15.

Arata, Stephen. *Fictions of Loss in the Victorian Fin de Siècle*. Cambridge: Cambridge UP, 2009.

Arendt, Hannah. *The Origens of Totalitarism*. San Diego: Harcourt Brace, 1973.

Obras citadas

Arkinstall, Christine. *Histories, Cultures and National Identities: Women Writing Spain, 1877–1984*. Lewisburg: Bucknell UP, 2009.

Axeitos, Ricardo y Patricia Carballal Miñán. "Galicia ante el teatro de Emilia Pardo Bazán: el estreno de *La Suerte*." *La literatura de Emilia Pardo Bazán*. Ed. José Manuel González Herrán, Cristina Patiño Eirín, Ermitas Penas Varela. A Coruña: Fundación Caixa Galicia, 2009. 155–66.

Ayala, María de los Ángeles. "Emilia Pardo Bazán y la educación femenina." *Salina* 15 (2001): 183–90.

Bahamonde, Ángel y Martínez, Jesús A. *Historia de España Siglo XIX*. Madrid: Cátedra, 1994.

Balakrishnan, Gopal, ed. *Mapping the Nation*. London: Verso, 1996.

Balfour, Sebastian. *The End of the Spanish Empire, 1898–1923*. Oxford: Clarendon P, 1993.

Ballestra-Puech, Sylvie. "'Tragique quotidien' et 'théâtre de la répétition.'" *Loxias* 11 (2006).

Bardavío Estevan, Susana. "'¡España es también aquí!' Nación e imaginario colonial en los cuentos de Emilia Pardo Bazán." *Castilla. Estudios de literatura* 9 (2018): 176–203.

Barja, César. *Libros y autores modernos*. Madrid: Sucesores de Rivadeneyra, 1924.

Barreiro, Lisardo. *Esbozos y siluetas de un viaje por Galicia*. La Coruña: A. Martínez, 1890.

Barreto, Danny. *A Home Divided: A Post-National Approach to Family, Gender and Region in Modern Galician Narrative*. Diss. SUNY Stony Brook, 2010.

Bastida de la Calle, María Dolores. "La mujer en la ventana, una iconografía del XIX en pintura e ilustración." *Espacio, tiempo y forma*. Serie VII. Historia del arte 9 (1996): 297–316.

Bauer, Beth Wietelmann. "Catholicism, Feminism, and Anti-Semitism in Pardo Bazán's *Una cristiana-La prueba*." *Letras peninsulares* 8.2 (1995): 295–309.

———. "For Love and Money: Narrative Economies in *Misericordia*." *MLN* 107.2 (1992): 235–49.

Behiels, Lieve. "Claves belgas para la lectura de *Por la Europa católica* de Emilia Pardo Bazán." *Revista de Literatura* 75.149 (1993): 139–62.

Benjamin, Walter. *The Arcades Project*. Cambridge: Harvard UP, 1999.

Bernabéu Albert, Salvador. "La conquista después del desastre. *Guatimozín y Hernán Cortés. Diálogo (1899)*, de Francisco Pi y Margall." *Estudios de historia novohispana* 21 (1999): 107–44.

Obras citadas

Beverley, John. "'Seeing History:' Reflections on Galdós' *El abuelo*." *Anales galdosianos* 10 (1975): 55–60.

Bhabha, Homi K. *The Location of Culture*. London: Routledge, 2007.

———. "Narrating the Nation." *Nationalism*. Ed. John Hutchinson y Anthony D. Smith. Oxford: Oxford UP, 1994. 306–12.

———. *Nation and Narration*. London: Routledge, 1990.

Bieder, Maryellen. "The Female Voice: Gender and Genre in *La madre naturaleza*." *Anales galdosianos* 19 (1987): 103–15.

———. "Negotiating Modernity in Multicultural Spain: Emilia Pardo Bazán's *Una cristiana* and *La prueba*." *Siglo diecinueve* 16 (2010): 137–69.

———. "Racial Identity, Social Critique, and Class Dynamics in Pardo Bazán's *Una Cristiana-La Prueba* and *El becerro de metal*." *Intersections of Race, Class, Gender, and Nation in Fin-de-Siècle Spanish Literature and Culture*. Ed. Jennifer Smith y Lisa Nalbone. London: Routledge, 2017. 91–107.

———. "El teatro de Benito Pérez Galdós y Emilia Pardo Bazán. Estructura y visión dramática en 'Mariucha' y 'Cuesta abajo.'" *Actas del IX Congreso de la AIH*. Frankfort am Main, 1989. 17–24.

———. "Women, Literature and Society: The Essays of Emilia Pardo Bazán." *Spanish Women Writers and the Essay*. Ed. Kathleen M. Glenn y Mercedes Mazquiarán de Rodríguez. Columbia (MO): U of Missouri P, 1998. 25–54.

Birk, Hanne y Birgit Neumann. "The Tree and the Family: Metaphors as Discursive Supports of British Imperial Culture in Froude's *Oceana*." *Arbeiten aus Anglistik und Amerikanistik* 31.1 (2006): 63–79.

Blanco, Alda. *Cultura y conciencia imperial en la España del siglo XIX*. Valencia: PUV, 2012.

———. "El fin del imperio español y la generación del 98: nuevas aproximaciones." *Hispanic Research Journal* 4.1 (2003): 3–18.

———. "Gender and National Identity: The Novel in Nineteenth-Century Spanish Literary History." *Culture and Gender in Nineteenth-Century Spain*. Ed. Lou Charnon-Deutsch y Jo Labanyi. Oxford: Clarendon P 1995. 120–36.

———. "Spain at the Crossroads: Imperial Nostalgia or Modern Colonialism?" *A Contracorriente*. 5.1 (2007): 1–11.

Blanco Sanmartín, Francisco y Xaquín Núñez Sabarís, eds. *El Mariscal Pedro Pardo, obra inédita de Emilia Pardo Bazán*. Lugo: Diputación, 2001.

Obras citadas

Blasco Ibáñez, Vicente. *Artículos contra la Guerra de Cuba*. Prólogo y recopilacion J.L. León Roca. Valencia: León Roca, 1978.

Botrel, Jean-François. "Emilia Pardo Bazán, Mujer de letras." *Estudios sobre la obra de Emilia Pardo Bazán*. Ed. Ana María Freire López. A Coruña: Fundación Pedro Barrié de la Maza, 2003. 153–68.

Bourdieu, Pierre. *The Field of Cultural Production*. New York: Columbia UP, 1993.

Bravo Villasante, Carmen. "Introducción." *Emilia Pardo Bazán, Emilia. La Vida Contemporánea, 1896–1915*. Madrid: EMESA, 1972.

———. *Vida y obra de Emilia Pardo Bazán*. Madrid: Magisterio Español, 1973.

Bretz, Mary Lee. "The Theater of Emilia Pardo Bazán and Concha Espina." *Estreno. Cuadernos del teatro español contemporáneo* 10.2 (Otoño 1984): 43–53.

Britt Arredondo, Christopher. *Quixotism. The Imaginative Denial of Spain's Loss of Empire*. Albany: SUNY P, 2005.

Bronfen, Elisabeth. *Over Her Dead Body. Death, Femininity, and the Aesthetic*. Manchester: Manchester UP, 1992.

Brooks, Peter. *The Melodramatic Imagination. Balzac, Henry James, Melodrama, and the Mode of Excess*. New Haven: Yale UP, 1995.

Brown, Arthur A. "Death and Telling in Poe's 'The Imp of the Perverse.'" *Studies in Short Fiction* 31(1994): 197–205.

Bueno, Manuel. "El estreno de hoy. Teatro español. Una obra de la Pardo." *El Heraldo de Madrid*, año xvii, núm. 5.524, 9 de enero de 1906. 1–2.

Burton, Antoinette, ed. *After the Imperial Turn. Thinking With and Through the Nation*. Durham: Duke UP, 2003.

Butler, Judith. "Performative Acts and Gender Constitution: An Essay in Phenomenology and Feminist Theory." *Performing Feminism: Feminist Critical Theory and the Theatre*. Ed. Sue-Ellen Case. Baltimore: Johns Hopkins UP, 1990. 270–79.

Carballal Miñán, Patricia. *El teatro de Emilia Pardo Bazán. Datos para su historia escénica y para su recepción crítica*. Diss. Universidade Da Coruña, 2015.

Carlson, Marvin. *The Haunted Stage. The Theater as Memory Machine*. Ann Arbor: U Michigan P, 2008.

Carr, Raymond. *Spain 1808–1975*. New York: Oxford UP, 1982.

Casas Barbeito, Cristina. "De poeta de los gitanos a poeta de la saudade: los *Seis poemas gallegos* en la obra de Lorca." Unpublished paper.

Obras citadas

Cate-Arries, Francie. "Murderous Impulses and Moral Ambiguity: Emilia Pardo Bazán's Crime Stories." *Romance Quarterly* 39.2 (1992): 205–10.

Cejador y Frauca, Julio. *Historia de la Lengua y Literatura Castellana*. Vol. 8. Madrid: Gredos, 1918.

Certeau, Michel de. *The Writing of History*. Trans. Tom Conley. New York: Columbia UP, 1988.

Charnon-Deutsch, Lou. *Fictions of the Feminine in the Nineteenth-Century Spanish Press*. University Park: Penn State UP, 2000.

———. *Gender and Representation: Women in Spanish Realist Fiction*. Philadelphia: John Benjamin, 1990.

———. "'Hatred alone warms the heart.' Figures of Ill Repute in the Nineteenth-Century Spanish Novel." *Engaging the Emotions in Spanish Culture and History*. Ed. Elena Luisa Delgado, Pura Fernández y Jo Labanyi. Nashville: Vanderbilt UP, 2016. 95–110.

———. "Racial Theory and Atavism in Pardo Bazán´s Short Fiction." *La Tribuna* 9 (2912–13): 143–54.

Charques Gámez, Rocío. "El Descubrimiento de América en el *Nuevo Teatro Crítico* de Emilia Pardo Bazán." *Emilia Pardo Bazán, el periodismo: Actas do III Simposio*. Ed. José Manuel González Herrán, Cristina Patiño Eirín y Ermitas Penas Varela. A Coruña: Real Academia Galega, 2007. 349–66.

Cherry, Deborah y Griselda Pollock. "Woman as Sign in Pre-Raphaelite Literature: A Study of the Representation of Elizabeth Siddall." *Art History* 7.2 (1984): 206–27.

Clemessy, Nelly. *Emilia Pardo Bazán como novelista*. Trans. Irene Gambra. Madrid: Fundación Universitaria Española, 1981. 2 Vols.

Coffey, Mary. "Galdos's 'Locas aventuras' and the Madness of Spanish Colonialism." *Studies in Honor of Vernon Chamberlin*. Ed. Mark Harpring. Newark: Juan de la Cuesta, 2011. 37–48.

Condé, Lisa Pauline. "Galdós and his Leading Ladies." *Bulletin of Hispanic Studies*. LXXV.1 (1998): 79–91.

Connell, R. W. *Masculinities*. 2nd ed. Berkeley: U California P, 2005.

Copeland, Eva Maria. "Empire, Nation, and the Indiano in Galdós's *Tormento* and *La loca de la casa*." *Hispanic Review* 80.2 (2012): 221–42.

Corcuera, Javier. "Nacionalismo y clases en la España de la Restauración." *Estudios de Historia Social* 28–29 (1989): 249–82.

D'Annunzio, Gabriele. *The Daughter of Jorio. A Pastoral Tragedy*. Trans. Charlotte Porter e.a. Boston: Little, Brown, and Company, 1907.

Obras citadas

Darío, Rubén. *España contemporánea*. París: Garnier Hermanos, 1907.

Darwin, Charles. *The Descent of Man, and Selection in Relation to Sex*. 1871. Introduction by John Tyler Bonner y Robert M. May. Princeton: Princeton UP, 1981.

Davies, Catherine. *Spanish Women's Writing 1849–1996*. London: Athlone P, 1998.

Deleito y Piñuela, José. *Estampas del Madrid teatral fin de siglo. I. Teatros de declamación*. Madrid: Editorial Saturnino Calleja, s.a.

Delgado, Luisa Elena, Pura Fernández y Jo Labanyi. *Engaging the Emotions in Spanish Culture and History*. Nashville: Vanderbilt UP, 2016.

Delgado, María. "The Actress and the Playwright: Historiographical Models of Collaboration." *ALEC* 32.2 (2007): 365–94.

Del Mastro, Mark P. "Ganivet, Unamuno and Revindicating a '98 Precursor." *The South Carolina Modern Language Review*. 2.1 (2003).

Del Pino, José M. "La tradición permanente: apuntes sobre casticismo y europeísmo en los fines de siglo." *Nuevas perspectivas sobre el 98*. Ed. John P. Gabriele. Frankfurt: Iberoamericana, 1999. 161–70.

Dendle, Brian J. "The Racial Theories of Emilia Pardo Bazán." *Hispanic Review* 38 (1970): 17–31.

Diel, Paul. *Symbolism in Greek Mythology*. Trans. Vincent Stuart, Micheline Stuart y Rebecca Folkman. Boulder: Shambala, 1980.

Dijkstra, Bram. *Idols of Perversity. Fantasies of Feminine Evil in Fin-de-siècle Culture*. Oxford: Oxford UP, 1986.

Dolan, Jill. *Utopia in Performance. Finding Hope at the Theater*. Ann Arbor: U Michigan P, 2005.

Dougherty, Dru. "Theater and culture, 1868–1936." *The Cambridge Companion to Modern Spanish Culture*. Ed. David T. Gies. Cambridge: Cambridge UP, 1999. 211–21.

Drogosz, Anna. "Explicatory Power of Metaphors in Darwin." *Texts and Minds. Papers in Cognitive Poetics and Rhetoric*. Ed. Alina Kwiatkowska. Łódź Studies in Language 26, 2012; Frankfurt am Main: Peter Lang. 165–71.

DuPlessis, Rachel Blau. *Writing beyond the Ending: Narrative Strategies of Twentieth-Century Women Writers*. Bloomington: Indiana UP, 1985.

DuPont, Denise. "Challenging the *Quimera (Sirena) Negra*. Unamuno reads Pardo Bazán." *Romance Quarterly* 54.4 (2007): 263–70.

———. "Masculinity, Femininity, Solidarity: Emilia Pardo Bazán's Construction of Madame de Staël and George Sand." *Comparative Literature Studies* 40.4 (2003): 372–93.

Obras citadas

———. *Writing Teresa. The Saint from Avila at the fin-de-siglo.* Lewisburg: Bucknell UP, 2012.

Espín Templado, Pilar. *El teatro por horas en Madrid* (1870–1910). Madrid: Instituto de Estudios Madrileños, 1995.

Estrada, Isabel. "Subversión y conservadurismo: el discurso gótico femenino en *El caballero de las botas azules* de Rosalía de Castro." *Letras femeninas* 24.1/2 (1998): 81–94.

Fanon, Frantz. *The Wretched of the Earth.* New York: Grove Weidenfeld, 1963.

Farlow, Charlotte E. *Emilia Pardo Bazán and the Theater.* Diss. U of Wisconsin, 1977.

Faus, Pilar. *Emilia Pardo Bazán. Su época, su vida, su obra.* 2 vols. A Coruña: Fundación Pedro Barrié de la Maza, 2003.

Fernández, James D. "América Is in Spain: A Reading of Clarín's *Boroña*." *Bridging the Atlantic: Toward a Reassessment of Iberian and Latin American Cultural Ties.* Ed. Marina Pérez de Mendiola. Albany, NY: SUNY P, 1996.

———. *Brevísima relación de la construcción de España y otros ensayos transatlánticos (1991–2001).* Madrid: Ediciones Polifemo, 2013.

Fernández, Pura. "Emotional Reading for New Interpretative Communities in the Nineteenth Century. Agustín Pérez Zaragoza's *Galería fúnebre* (1831)." *Engaging the Emotions in Spanish Culture and History.* Ed. Elena Luisa Delgado, Pura Fernández y Jo Labanyi. Nashville: Vanderbilt UP, 2016. 56–76.

Fernández Cifuentes, Luis. "Signs for Sale in the City of Galdós." *Modern Language Notes* 103 (1988): 289–311.

Feros, Antonio. "Spain and America: All is One": Historiography of the Conquest and Colonization of the Americas and National Mythology in Spain c.1892–c.1992." *Interpreting Spanish Colonialism.* Ed. Christopher Schmidt-Nowara y John M. Nieto-Phillips. Albuquerque: U New Mexico P, 2005. 109–34.

Forcadas, Alberto M. "'Mira a Bernardo' es alusión con sospecha." *Celestinesca* 3.1 (1979): 11–18.

Fox, E. Inman. "En torno a *Mariucha*: Galdós en 1903." *Cuadernos Hispanoamericanos* 250–52 (1970–71): 608–22.

———. *La invención de España. Nacionalismo liberal e identidad nacional.* Madrid: Cátedra, 1997.

Fradera, Josep M. *Colonias para después de un imperio.* Barcelona: Bellaterra, 2005.

Obras citadas

Freire López, Ana María. "El desastre del 98 en la literatura de fin de siglo." *Actas del XIII Congreso de la Asociación Internacional de Hispanistas, Madrid 6–11 julio 1998*. Coord. Florencia Sevilla Arroyo, Carlos Alvar Ezquerra. 2 (2000): 187–94.

———. "Emilia Pardo Bazán, traductora: una visión de conjunto." Alicante: Biblioteca Virtual Miguel de Cervantes, 2012.

———. "Hispanoamérica en la visión de Emilia Pardo Bazán (un asunto de familia)." Alicante, Biblioteca Virtual Miguel de Cervantes, 2003.

———. "Las traducciones de la obra de Emilia Pardo Bazán en vida de la escritora." Alicante: Biblioteca Virtual Manuel de Cervantes, 2009.

Freud, Sigmund. "Mourning and Melancholia." *The Standard Edition of the Complete Psychological Works of Sigmund Freud*. Translated from the German under the general editorship of James Strachey. Volume 14 (1914–1916): *On the History of the Psycho-Analytic Movement, Papers on Metapsychology and Other Works*. London: Hogart Press, 1953–1974. 237–58.

———. *The Uncanny*. Trans. David McLintock. Intr. Hugh Haughton. New York: Penguin Books, 2003.

Fuentes Peris, Teresa. *Galdós's* Torquemada *Novels: Waste and Profit in Late Nineteenth-Century Spain*. Cardiff: U of Wales P, 2007.

Fusi Aizpurúa, Juan Pablo. *España: la evolución de la identidad*. Madrid: Ediciones Temas de Hoy, 2000.

Gabilondo, Joseba. "The Subaltern Cannot Speak But Performs: Women's Public and Literary Cultures in Nineteenth-Century Spain." *Hispanic Research Journal* 5.1 (2004): 73–95.

———. "Towards a Postnational History of Galician Literature: On Pardo Bazán's Transnational and Translational Position." *Bulletin of Hispanic Studies* 86 (2009): 269–49.

Ganivet, Ángel. *Epistolario. Obras completas*. 3rd ed. Vol 10. Madrid: Victoriano Suárez, 1944.

García Castañeda, Salvador. "Emilia Pardo Bazán: su teatro, sus críticos y su público." *Emilia Pardo Bazán y las artes del espectáculo*. Coord. José Manuel González Herrán. Coruña: Fundación Caixa Galicia, 2008. 133–54.

———. "El teatro de Emilia Pardo Bazán: Estado de la cuestión." *Estudios sobre Emilia Pardo Bazán: In memoriam Maurice Hemingway*. Santiago: Universidad de Santiago de Compostela, Consorcio de Santiago, 1997. 113–45.

García Guerrero, Isaac. "Exhibición de atrocidades: andalucismo y degeneración racial española en *Insolación* de Emilia Pardo Bazán." *Hispanic Review* (autumn 2017): 441–65.

Obras citadas

Gellner, Ernest. "The Coming of Nationalism and Its Interpretation: The Myths of Nation and Class." *Mapping the Nation*. Ed. Gopal Balakrishnan. London: Verso, 1996. 98–145.

George, David. *Theatre in Madrid and Barcelona, 1892–1936. Rivals or collaborators?* Cardiff: U of Wales P, 2002.

Gerli, E. Michael. *Celestina and the Ends of Desire*. Toronto: U Toronto P, 2011.

Gies, David. "Genderama: Performing Womanhood in Nineteenth-Century Spanish Theatre." *Hispanic Research Journal* 10.2 (2009): 108–21.

———. "Mujer y dramaturga: conflicto y resolución en el teatro español del siglo XIX." Alicante: Biblioteca Virtual Miguel de Cervantes, 2005.

———. *The Theatre in Nineteenth-Century Spain*. Cambridge: Cambridge UP, 1994.

Gimeno de Flaquer, Concepción. *Civilización de los antiguos pueblos mexicanos*. Disertación histórica leída por su autora en el Ateneo de Madrid en la Noche del 17 de Junio de 1890. Madrid: Imprenta de M. P. Montoya, 1890.

Glascock, C.C. "*La Quimera*, by Emilia Pardo Bazán." *Hispania* 9.2 (1926): 86–94.

Gold, Hazel. "Illustrated Histories: The National Subject and 'The Jew' in Nineteenth-Century Spanish Art." *Journal of Spanish Cultural Studies* 10.1 (2009): 89–109.

Goldin, David. "The Metaphor of Original Sin: A Key to Pardo Bazán's Catholic Naturalism." *Philological Quarterly* 64 (1985): 37–49.

Gómez-Ferrer, Guadalupe. "Emilia Pardo Bazán en el ocaso del siglo XIX." *Cuadernos de Historia Contemporánea*. 20 (1998): 129–50.

González, Isidro. *El retorno de los judíos*. Madrid: Nerea, 1991.

González Arias, Francisca. "Emilia Pardo Bazán and *La Tentation de saint Antoine*" or the Countess and the Chimera." *Hispania* 71.2 (1988): 212–16.

González Herrán, José Manuel. "Emilia Pardo Bazán ante el 98 (1896–1905)." *El camino hacia el 98 (los escritores de la Restauración y la crisis de fin de siglo)*. Ed. Leonardo Romero Tobar. Madrid: Visor, 1998. 139–53.

———. "Emilia Pardo Bazán en el epistolario de Marcelino Menéndez Pelayo." Alicante: Biblioteca Virtual Miguel de Cervantes, 2003.

———. "Emilia Pardo Bazan y las óperas de Wagner." *FerrolAnálisis* 28 (2013): 227–35.

Obras citadas

González Peña, María Luz, Javier Suárez-Pajares y Julio C. Arce Bueno, eds. *Mujeres de la escena 1900–1940*. Madrid: SGAE, 1996.

Good, Kate. "Women and *Huevos*: Matters of Food, Religion, and Gender in Emilia Pardo Bazán's 'Los huevos arrefalfados.'" *Decimonónica* 14.1 (2017): 1–15.

Goode, Joshua. *Impurity of Blood: Defining Race in Spain, 1870–1930*. Baton Rouge: Louisiana State UP, 2009.

Gregersen, Halfdan. *Ibsen and Spain. A Study in Comparative Drama*. Cambridge: Harvard UP, 1936.

Guadalupe Mella, Olga. *Epistolaridad y realismo: La correspondencia privada y literaria de Juan Valera, Emilia Pardo Bazán y Benito Pérez Galdós*. Santiago de Compostela: Universidade de Santiago de Compostela, 2016.

Haidt, Rebecca. *Embodying Enlightenment. Knowing the Body in Eighteenth-Century Spanish Literature and Culture*. New York: St Martin's Press, 1998.

———. *Women, Work and Clothing in Eighteenth-Century Spain*. Oxford: Voltaire Foundation, 2011.

Halberstam, Jack. *Skin Shows: Gothic Horror and the Technology of Monsters*. Durham: Duke UP, 1995.

Hall, Stuart. "When Was 'the Post-Colonial'? Thinking at the Limit." *The Post-Colonial Question: Common Skies, Divided Horizons*. Ed. Ian Chambers y Lidia Curti. London: Routledge, 1996.

Hanson, Helen. *Hollywood Heroines. Women in Film Noir and the Female Gothic Film*. New York: Palgrave MacMillan, 2007.

Harrington, Thomas S. *Public Intellectuals and Nation Building in the Iberian Peninsula, 1900–1925. The Alchemy of Identity*. Lewisburg: Bucknell UP, 2015.

Hart, Stephen. "The Gendered Gothic in Pardo Bazán's *Los Pazos de Ulloa. Culture and Gender in Nineteenth-Century Spain*. Ed. Lou Charnon-Deutsch y Jo Labanyi. Oxford: Clarendon P, 1995. 216–29.

Hemingway, Maurice. "Pardo Bazán and the Rival Claims of Religion and Art." *Bulletin of Hispanic Studies* 66 (1989): 214–50.

Hendershot, Cyndy. *The Animal Within: Masculinity and the Gothic*. Ann Arbor: U Michigan P, 1998.

Heneghan, Dorota. "Before 1898: Arquitecture and Nation in Emilia Pardo Bazán's *El tesoro de Gastón*." *Revista de Estudios Hispánicos* 52 (2018): 223–43.

—. *Striking Their Modern Pose. Fashion, Gender, and Modernity in Galdós, Pardo Bazán, and Picón*. West Lafayette: Purdue UP, 2015.

Henn, David. "Looking for Scapegoats. Pardo Bazán and the War of 1898." *A Further Range. Studies in Modern Spanish Literature from Galdós to Unamuno. In Memoriam Maurice Hemingway*. Ed. Anthony H. Clarke. Exeter: U Exeter P: 1999. 44–60.

—. "Reflections of the War of 1898 in Pardo Bazán's Fiction and Travel Chronicles." *The Modern Language Review* 94.2 (1999): 415–25.

Hernández, Librada. "Clarín, Galdós y Pardo Bazán frente al teatro de José Echegaray." *Anales de Literatura Española* 8 (1992): 95–108.

Hibbs-Lisorgues, Solange. "Los centenarios de Calderón de la Barca (1881) y Santa Teresa de Jesús (1882): un ejemplo de recuperación ideológica por el catolicismo integrista." Alicante: Biblioteca Virtual Miguel de Cervantes, 2010.

Higson, Andrew. "The Concept of National Cinema." *Film and Nationalism*. Ed. y Intro. Alan Williams. New Brunswick: Rutgers UP, 2002. 52–67.

Hobsbawm, Eric. *The Age of Empire*. London: George Weidenfeld, 1987.

—. "The Nation as Invented Tradition." *Nationalism*. Ed. John Hutchinson y Anthony D. Smith. Oxford: Oxford UP, 1994. 76–82.

Hook, Derek. "The Racial Stereotype, Colonial Discourse, Fetishism, and Racism." *Psychoanalytic Review* 92.5 (2005): 701–34.

Hooper, Kirsty. "Death and the Maiden: Gender, Nation, and the Imperial Compromise in Blanca de los Ríos's *Sangre española* (1899)." *Revista Hispánica Moderna* 60.2 (2007): 171–85.

—. *A Stranger in My Own Land. Sofía Casanova, a Spanish Writer in the European Fin de Siecle*. Nashville, Vanderbilt UP, 2008.

Huerta Calvo, Javier. *Historia del teatro español*. Vol. 2. Madrid: Gredos, 2003.

Huerta Calvo, Javier y Emilio Peral Vega y Héctor Urzáiz Tortajada. *Teatro español [de la A a la Z]*. Madrid: Espasa, 2005.

Hurley, Erin. *Theater and Feeling*. New York: Palgrave Macmillan, 2010.

Hutchinson, John. "Cultural Nationalism and Moral Regeneration." *Nationalism*. Ed. John Hutchinson y Anthony D. Smith. Oxford: Oxford UP, 1994. 122–31.

Hutchinson, John y Anthony D. Smith. *Nationalism*. Oxford: Oxford UP, 1994.

Hyde, Lewis. *The Gift. Imagination and the Erotic Life of Property*. New York: Vintage, 1983 (primera edición 1979).

Obras citadas

Iarocci, Michael. *Properties of Modernity; Romantic Spain, Modern Europe and the Legacies of Empire*. Nashville: Vanderbilt UP, 2005.

———. "Sovereign Births, Empire and War in Benito Pérez Galdós's First Series of *Episodios Nacionales*." *Vanderbilt e-Journal of Luso-Hispanic Studies* 5 (2009).

——— "Virile Nation: Figuring History in Galdós' *Trafalgar*." *Bulletin of Spanish Studies* 80.2 (2002): 183–202.

Ingelbien, Raphael. "Symbolism at the Periphery: Yeats, Maeterlinck, and Cultural Nationalism." *Comparative Literature Studies* 42.3 (2005): 183–204.

Irigaray, Luce. *Éthique de la différence sexuelle*. Paris: Éditions de Minuit, 1984.

Jagoe, Catherine. "Disinheriting the Feminine: Galdós and the Rise of the Realist Novel in Spain." *Revista de Estudios Hispánicos* 27 (1993): 225–48.

Johnson, Roberta. "The domestic agenda of the Generation of '98." *Nuevas Perspectivas sobre el 98*. Ed. John P. Gabriele. Madrid: Iberoamericana, 1999. 239–50.

———. *Gender and Nation in the Spanish Modernist Novel*. Nashville: Vanderbilt UP, 2003.

Jover Zamora, José María. "Prólogo." *La era isabelina y el sexenio democrático (1834–1874)*, vol. 34 de la *Historia de España* fundada por Ramón Menéndez Pidal. Ed. José María Jover Zamora. Madrid: Espasa-Calpe, 1981. VII–CLXII.

Juan Bolufer, Amparo de. *La técnica narrativa en Valle-Inclán*. Santiago de Compostela, Universidad, 2000.

Juaristi, Jon. "La invención de la nación." *Claves de Razón Práctica* 66 (1996): 2–7.

Juderías, Julián. *La leyenda negra. Estudios acerca del concepto de España en el extranjero*. Barcelona: Artiluce, 1930 (8ª ed.).

Jurkevich, Guyana. "Abulia, Nineteenth-Century Psychology and the Generation of 1898." *Hispanic Review*. 60 (1992): 181–94.

Kaiura, Leslie. *Battered Angels: Domestic Violence in Spanish Literature, 1850–1925*. Diss. U of Virginia, 2008.

Kibler, Louis. "Myth and Meaning in D'Annunzio's *La figlia di Iorio*." *Anali d'Italianistica* 5 (1987): 178–87.

Kirkpatrick, Susan. "From "Octavia Santino" to *El Yermo de las Almas*: Three Phases of Valle-Inclán." *Revista Hispánica Moderna* 37 (1972–3): 56–72.

———. *Mujer, modernismo y vanguardia en España (1898–1931)*. Madrid: Cátedra, 2003.

Kohlmann, Benjamin. "Awkward Moments: Melodrama, Modernism, and the Politics of Affect." *PMLA* 128.2 (2003): 337–52.

Krauel, Javier. *Imperial Emotions. Cultural Responses to Myths of Empire in fin-de-siècle Spain*. Liverpool: Liverpool UP, 2013.

Krauel, Ricardo. "La sinrazón de la razón: revisión de la cordura en *Fortunata y Jacinta*." *Anales galdosianos*. 31–32 (1996/97): 13–34.

Kronik, John W. "Entre la ética y la estética: Pardo Bazán ante el decadentismo francés." *Estudios sobre* Los Pazos de Ulloa. Coord. María Mayoral. Madrid: Cátedra, 1989. 163–174.

Kwon, Hyun-Jung. "Maeterlinck et le théâtre pour marionnettes: *Alladine et Palomides, Intérieur, La mort de Tintagiles*." *Nineteenth-Century French Studies* 40.1–2 (2011): 127–50.

Labanyi, Jo. "Adultery and the Exchange Economy." *Scarlet Letters. Fictions of Adultery from Antiquity to the 1900s*. Ed. Nicholas White y Naomi Segal. London: MacMillan, 1997. 98–108.

———. "Doing Things: Emotion, Affect, and Materiality." *Journal of Spanish Cultural Studies*. 11.3–4 (2010): 223–33.

———. *Gender and Modernization in the Spanish Realist Novel*. Oxford: Oxford UP, 2000.

———. "Nation, Narration, Naturalization: A Barthesian Critique of the 1898 Generation." *New Hispanisms: Literature, Culture, Theory*. Ed. Mark Millington y Paul Julian Smith. Ottawa: Dovehouse, 1994. 127–49.

———. "Relocating difference: Cultural History and Modernity in Late Nineteenth Century Spain." *Spain Beyond Spain: Modernity, Literary History and National Identity*. Ed. Bradley S. Epps y Luis Fernández Cifuentes. Lewisburg: Bucknell UP, 2005. 168–86.

Lacan, Jacques. *Écrits*. The First Complete Edition in English. Trans. Bruce Fink. In collaboration with Heloise Fink y Russell Grigg. New York: Norton, 2006.

LaFollette Miller, Martha. "Mythical Conceptualizations of Galicia in Murguía and Pardo Bazán: Aspects of Rosalian Context." *Actas do Segundo Congreso de Estudios Galegos*. Brown University, Novembro 10–12, 1988. Ed. Antonio Carreño. 267–76.

Landry, Travis. *Subversive Seduction: Darwin, Sexual Selection, and the Spanish Novel*. Seattle: U. Washington P, 2012.

Latorre Ceresuela, Yolanda. *Las artes en Emilia Pardo Bazán: cuentos y últimas novelas*. Diss. Universitat de Lleida, 1994.

Obras citadas

Lauzière, Carcle. *El monólogo en el teatro español desde los años setenta. Un estudio sobre las funciones del lenguaje en un "nuevo" género dramático.* Diss. McGill U, 1996.

Lavaud, Jean-Marie. *El teatro en prosa de Valle-Inclán (1899–1914).* Barcelona: PPU, 1992.

Lavaud, Jean-Marie y Éliane Lavaud-Fage. "Valle-Inclán y las marionetas entre la tradición y la vanguardia." *El teatro en España entre la tradición y la vanguardia 1918–1939.* Ed. Dru Dougherty y María Francisca Vilches. Madrid: CSIC-Fundación Federico García Lorca-Tabacalera, 1992. 361–72.

Lawless, Geraldine. *Modernity's Metonyms. Figuring Time in Nineteenth-Century Spanish Stories.* Lewisburg: Bucknell UP, 2011.

Lee Six, Abigail. *Gothic Terrors. Incarceration, Duplication, and Bloodlust in Spanish Narrative.* Lewisburg: Bucknell UP, 2010.

Lomnitz, Claudio. "Nationalism as a Practical System. Benedict Anderson's Theory of Nationalism from the Vantage Point of Spanish America." *The Other Mirror: Grand Theory Through the Lens of Latin America.* Ed. Miguel Ángel Centeno y Fernando López-Alves. Princeton: Princeton UP, 2001. 329–60.

López, Mariano. "Moral y estética fin de siglo en *La Quimera* de Pardo Bazán." *Hispania* 62.1 (1979): 62–70.

López Quintáns, Javier. "Brillo de candilejas: Emilia Pardo Bazán, Benito Pérez Galdós, Clarín y el teatro." *Estudios Humanisticos. Filología* 34 (2012): 169–86.

———. "Pardo Bazán y el teatro: el caso de *Cuesta abajo.*" *Moenia* 12 (2006): 305–17.

———"¿Resignación o rebeldía? Reflexiones sobre *Las raíces* de Emilia Pardo Bazán." *Revista de filología de la Universidad de La Laguna* 26 (2008): 95–102.

Lyon, John. *The Theatre of Valle-Inclán.* Cambridge: Cambridge UP, 2009.

Maeterlinck, Maurice. *Théâtre.* Présenté par Martine de Rougemont. Genève: Slatkine, 1979.

———. "Le tragique quotidien." *Le trésor des humbles.* Paris: Mercure de France, 1915. 161–80.

Maeztu, Ramiro de. *Hacia otra Espana.* Madrid: Biblioteca Nueva, 1997.

Mainer, José-Carlos. "La invención de la literatura española." *Literaturas regionales en España: Historia y critica.* Ed. José María Enguita y Jose-Carlos Mainer. Zaragoza: Institución "Fernando el Católico," 1994. 23–45.

———. *Modernidad y nacionalismo 1900–1939. Historia de la literatura española.* Vol. 6. Barcelona: 2010.

Obras citadas

Marrugo, Cecilia. "La figura del sacrificio como expresión nacionalista en las obras *Hatuey* y *La muerte de Placido.*" *Recovering the US Hispanic Heritage*. Ed. Ramón Gutiérrez y Genaro Padilla. Houston: Arte Público P, 1993. 203–16.

Martín, Annabel. "Melodrama: Modernity's Rebellious Genre." *A Companion to Spanish Cinema*. Ed. Jo Labanyi y Tatjana Pavlovic. Oxford: Wiley-Blackwell, 2013. 224–40.

Martínez Martín, Jesús. *Vivir de la pluma. La profesionalización del escritor, 1836–1936*. Madrid: Marcial Pons, 2009.

Mauss, Marcel. *The Gift: Forms and Functions of Exchange in Archaic Societies*. Trans. Ian Cunnison. New York: Norton, 1967.

Mayer, Tamar, ed. *Gender Ironies of Nationalism. Sexing the Nation*. London: Routledge, 2000.

McClintock, Anne. *Imperial Leather: Race, Gender, and Sexuality in the Colonial Contest*. New York: Routledge, 1995.

McKinney, Collin. *Mapping the Social Body. Urbanisation, the Gaze, and the Novels of Galdós*. Chapel Hill: U of North Carolina P, 2010.

Messinger Cypess, Sandra. *La Malinche in Mexican Literature. From History to Myth*. Austin: U Texas P, 1991.

Miguélez-Carballeira, Helena. "Teaching Pardo Bazán from a postcolonial and transatlantic perspective." *Approaches to Teaching Emilia Pardo Bazán*. Ed. Margot Versteeg and Susan Walter. New York: MLA, 2017. 86–92.

Morote, Luis. *Teatro y novela. (Artículos críticos 1903–1906)*. Madrid: Fernando Fe, 1906.

Mosse, George Lachman. *Fallen Soldiers*. Oxford: Oxford UP, 1991.

———. *Nationalism and Sexuality: Middle Class Morality and Sexual Norms in Modern Europe*. Madison: U of Wisconsin P, 1988.

Murguía, Manuel. "Cuentas ajustadas, medio cobradas." *La Voz de Galicia*, 20 de octubre a 27 de diciembre, 1896. A Coruña: Archivos de la Real Academia Galega, s. p.

Muse, John. "Performance and the Pace of Empathy." *Journal of Dramatic Theory and Criticism*. 26.2 (2012): 173–88.

Nieva, Francisco. "Una mirada sobre el teatro de Emilia Pardo Bazán." *Estudios sobre* Los Pazos de Ulloa. Coord. María Mayoral. Madrid: Cátedra, 1989. 189–201.

Nolacea Harris, Amanda. "Imperial and Postcolonial Desires: 'Sonata de Estío' and the Malinche Paradigm." *Discourse* 26.1/2 (Winter & Spring 2004): 235–57.

Obras citadas

Nunemaker, J. Horace. "Emilia Pardo Bazán as a Dramatist." *Modern Language Quarterly* VI.2 (1945): 161–66.

Nunley, Gayle R. "Pardo Bazán's *Cuarenta días en la exposición* (1901): Reading the World from Post-1898 Spain." *Vanderbilt e-Journal of Luso-Hispanic Studies* 5 (2009).

Nünning, Ansgar y Jann Rupp. "The Dissemination of Imperialist Values in Late Victorian Literature and Other Media." *Ethics in Culture: the Dissemination of Values through Literature and Other Media.* Ed. Astrid Erll, Herbert Grabes y Ansgar Nünning. Berlin: De Gruyter. 2008: 255–77.

Nussbaum, Marta C. *Political Emotions: Why Love Matters for Justice.* Cambridge, MA: Harvard UP, 2013.

O'Connor, Patricia. "El monólogo y la mujer: una minimeditación." *Art Teatral* 3 (1991): 91–92.

Oleza, Joan. "Emilia Pardo Bazán y la mitología de las fuerzas elementales." Alicante: Biblioteca Virtual Miguel de Cervantes, 2002.

Oliva, César. *El fondo del vaso. Imágenes de don Ramón M. Del Valle-Inclán.* Valencia: Universitat de Valencia, 2003.

Ordóñez, Elizabeth. "Mapping Modernity: The *Fin de Siècle* Travels of Emilia Pardo Bazán." *Hispanic Research Journal* 55.1 (2004): 15–25.

———. "Passing Notes: Theory and Self-Representation in Pardo Bazán's 'Apuntes autobiográficos.'" *Crítica Hispánica* 24 (2002): 145–56.

Ortega y Gasset, José. *Meditaciones del Quijote.* Ed. Julián Marías. Madrid: Cátedra, 1984.

Pallejá-López, Clara. "Writing in the Shadows: The Female Gothic in Spain." In *Studies in Philology: Linguistics, Literature and Cultural Studies in Modern Languages.* Ed. Gema Alcaraz Mármol y María Mar Jiménez-Cervantes Arnao. Newcastle upon Tyne: Cambridge Scholars, 2014. 283–94.

Pardo Bazán, Emilia. "Apuntes autobiográficos." *Los pazos de Ulloa.* Barcelona: Corteza y Cie Editores, 1886. 5–92.

———. "La armadura." *Cuentos completos.* Vol. 2. Ed. Juan Paredes Nuñez. La Coruña: Fundación Pedro Barrié de la Maza, 1990. 270–73.

———. "Conversación entre Emilia Pardo Bazán y el Caballero Audaz" [José María Carretero Novillo]. *La mujer española y otros escritos.* Ed. Guadalupe Gómez-Ferrer. Madrid: Cátedra, 1999. 330.

———. *Cuarenta días en la exposición. Obras Completas.* Vol. 21. Madrid: Administración San Bernardo, 1901.

———. "La cuestión académica." A Gertrudis Gómez de la Avellaneda (en los Campos Elíseos). *La España Moderna* 26–27 (1889): 173-84.

Obras citadas

———. *La cuestión palpitante; La revolución y la novela en Rusia; La nueva cuestión palpitante*. Ed. Carlos Dorado y Laura Silvestri. Madrid: Bercimuel, 2009.

———. *Discurso en la inauguración de su estatua en La Coruña*. Real Academia Galega. La Coruña, 1917.

———. *Discurso inaugural del Ateneo de Valencia, pronunciado en el Paraninfo de la Universidad de Valencia la noche del 29 de diciembre de 1899*, Madrid: s.n. http://mobiroderic.uv.es/handle/10550/50555.

———. "*Discurso pronunciado en los Juegos Florales de Orense la noche del 7 de junio de 1901.*" En *Obra Crítica*. Ed. Íñigo Sánchez-Llama. Madrid: Cátedra, 2010. 305–39.

———. *Discurso en la velada que la ciudad de Salamanca consagró a la memoria del poeta José María Gabriel y Galán el 26 de marzo de 1905*. Madrid: 1905.

———. *La España de ayer y la de hoy (conferencia de París)*. Madrid: Administración de San Bernardo, 1899.

———. "La gallega." *Las mujeres españolas, americanas y lusitanas pintadas por sí mismas*. Dir. Faustina Saez de Melgar; il. Eusebio Planas. 123–28. http://www.cervantesvirtual.com/obra-visor/las-mujeres-espanolas-americanas-y-lusitanas-pintadas-por-si-mismas--0/html/00b09a26-82b2-11df-acc7-002185ce6064_127.htm.

———. *Hernán Cortés y sus hazañas*. Ilustrado por A. Vivanco. Sevilla: Extramuros, 2010.

———. *El lirismo en la poesía francesa*. Madrid: Pueyo, 1900.

———. *La literatura francesa moderna*. III *Naturalismo. Obras Completas*, Vol. 41. Madrid: Renacimiento, 1911.

———. *La literatura francesa moderna. La transición*. Madrid: V. Prieto y Cía., 1911.

———. "Literatura y otras hierbas," *Revista de España* (Julio 1887): 133–45.

———. *De mi tierra. Obras Completas* Vol. 9. Madrid: Administración San Bernardo, 1891.

———. "La muerte de la Quimera." *La Época*, suplemento al numero 19.711, 9 de mayo de 1905. 3.

———. *La mujer española y otros escritos*. Ed. Guadalupe Gómez-Ferrer. Madrid: Cátedra, 1999.

———. "Los novelistas en el teatro." *Ateneo* (1906):181–84.

———. "La nueva generación de novelistas y cuentistas en España." *Helios*, II, XII (1904): 257–70.

———. *Nuevo Teatro Crítico*, 1891–1893. Alicante, Biblioteca Virtual Miguel de Cervantes, 2004.

Obras citadas

Pardo Bazán, Emilia. *Obras completas. Vol. 3*. Ed. Harry L. Kirby. Madrid: Aguilar, 1973.

———. *Obra crítica (1888–1908)*. Ed. Íñigo Sánchez-Llama. Madrid, Cátedra, 2010.

———. *La obra periodística completa en* La Nación *de Buenos Aires (1879–1921)*. Ed. Juliana Sinovas Maté. 2 Vols. A Coruña: Editorial Diputación Provincial, 1999.

———. *Al pie de la torre Eiffel* (Crónicas de la Exposición). Madrid: Estab. Tip. de Idemor Moreno, [1899?]. Alicante: Biblioteca Virtual Miguel de Cervantes, 2011.

———. *Un poco de crítica. Artículos en el* ABC *de Madrid (1918–1921)*. Ed. Marisa Sotelo Vázquez. San Vicente del Raspeig: Publicaciones de la Universidad de Valencia, 2006.

———. *Por la Europa católica. Obras Completas*, Vol. 26. Madrid: Administración San Bernardo [s.a.].

———. "Prólogo" a *El Cisne de Vilamorta*. Alicante: Biblioteca Virtual Miguel de Cervantes, 2002.

———. "Prólogo" a *La Quimera. Obras completas. V (Novelas)*. Madrid: Castro, 1999. 5–9.

———. "Prólogo" a *Un viaje de novios*. Alicante: Biblioteca Virtual Miguel de Cervantes, 2000.

———. *La Quimera. Conferencia con motivo de la clausura de la exposición regional de pintura celebrada en el Centro Gallego de esta Corte durante el mes de mayo de 1912*. Madrid: Imprenta de los hijos de M. G. Hernández, 1912.

———. *La Quimera. Obras completas. V (Novelas)*. Madrid: Castro, 1999.

———. *Reflexiones científicas contra el darwinismo. Obras completas*. Ed. Federico Sainz de Robles y Harry L. Kirby. Madrid, Aguilar, 1947–57. Vol. 3.

———. *Los resquemores de Pereda*. Aguilar. Vol. III, 1005.

———. *La revolución y la novela en Rusia. Obras Completas*, Vol. 33, 4ª ed. Madrid: R. Velasco, 1900.

———. *De siglo a siglo (1896–1901). Crónicas periodísticas de Emilia Pardo Bazán*. Ed. María Luisa Pérez Bernardo. Madrid: Pliegos, 2014.

———. *De siglo a siglo (1896–1901). Obras Completas* Vol. 24. Madrid: Administración San Bernardo, 1902.

———. *Teatro. Obras Completas*. Vol. 35, Madrid, s/a [1909].

———. *Teatro completo*. Estudio preliminar, edición y notas de Montserrat Ribao Pereira. Madrid, Akal, 2010.

———. *La vida contemporánea*. Introducción y edición de Carlos Dorado. Madrid: Hemeroteca municipal, 2005.

Paredes-Méndez, Francisca. "*Las hijas de Don Juan* de Blanca de los Ríos y otros textos: donjuanismo y flamenquismo vs. regeneración nacional." *Espéculo. Revista de estudios literarios* 35 (2007).

Parker, A. "Introduction." *Nationalisms and Sexualities*. Ed. Andrew Parker, Mary Russo, Doris Sommer y Patricia Yaeger. New York: Routledge, 1992. 1–18.

Patiño Eirín, Cristina. "Cervantes en la obra de Pardo Bazán." *Volver a Cervantes*. Actas del IV Congreso Internacional de la Asociación de Cervantistas. Lepanto, 1–8 de Octubre de 2000. Coord. Antonio Pablo Bernat Vistarini. Vol. 2. 1219–28.

———. "La experiencia de la frustración en el teatro: un drama, inédito textual y teatral de Pardo Bazán." *Siglo diecinueve* 5 (1999): 93–116.

———. "El horizonte modernista: *Femeninas* de Valle-Inclán y la estética pardobazaniana de Fin de Siglo." Alicante: Biblioteca Virtual Miguel de Cervantes, 2003.

———. "Prólogo." Emilia Pardo Bazán. *El encajo roto. Antología de cuentos de violencia contra las mujeres*. Zaragoza: Contraseña, 2018.

———. "*La Quimera*, de Emilia Pardo Bazán en dos ediciones recientes." *Archivum. Revista de la Facultad de Filología* 44–45.2 (1994–95): 29–42.

———. "Trashumancias de Talía: actores y actrices según Emilia Pardo Bazán." *Emilia Pardo Bazán y las artes del espectáculo*. IV Simposio. A Coruña 25–29 de Junio 2007. Ed. José Manuel González Herrán, Cristina Patiño Eirín, Ermitas Penas Varela. A Coruña: Fundación Caixa Galicia, 2008. 189–242.

Peral Vega, Emilio. *Formas del teatro breve español en el siglo XX (1892–1939)*. Madrid: Fundación Universitaria Española, 2001.

Peregrim, John. *A Dialogue of the Self: On the Nature of Theatrical Monologue and Self-Articulation*. Diss. UC Berkeley, 1993.

Pereira-Muro, Carmen. *Género, Nación y Literatura. Emilia Pardo Bazán en la literatura gallega y española*. West Lafayette: Purdue UP, 2013.

———. "Maravillosas supercherías: género sexual y nacionalismo en los 'Apuntes autobiográficos' de Pardo Bazán y *Trafalgar* de Galdós." *Hispanic Review* (Winter 2010): 71–100.

Pérez, Janet. "Naturalism and Gothic: Pardo Bazán's Transformations of the Genre in *Los Pazos de Ulloa*." *Studies in Honor of Donald W. Bleznick*. Ed. Delia V. Galván, Anita K. Stoll y Philippa Brown. Newark: Juan de la Cuesta 1995. 143–56.

Obras citadas

Pérez Bernardo, María Luisa. "Hernán Cortés en la obra periodística y literaria de Emilia Pardo Bazán." *Tejuelo* 8 (2010): 46–58.

Pérez de la Dehesa, Rafael. "Maeterlinck, en España." *Cuadernos hispanoamericanos* 255 (1971): 572–81.

Pérez Galdós, Benito. *El abuelo*. Ed. Rosa Amor del Olmo. Madrid: Catédra. 2013.

———. *La desheredada*. Ed. Germán Gullón. Madrid: Catedra, 2004.

———. "Observaciones sobre la novela contemporánea en España." *Revista de España* (Madrid), 15.15 (1870): 162–93.

———. *Realidad. Drama en cinco actos y en prosa. Arreglo de la novela del mismo titulo*. Madrid: La Guirnalda, 1892.

———. "La sociedad presente como materia novelable." *Ensayos de crítica literaria*. Ed. Laureano Bonet. Barcelona: Península, 1990. 121–49.

Pérez y González, Felipe. *La gran vía. Revista madrileña cómico-lírico-fantástico-callejera en un acto y cinco cuadros*. Música de los maestros Chueca y Valverde. Representada por primera vez en el T. Felipe de Madrid el día 2 de Julio de 1886. Madrid: R. Velasco Imp., 1886.

Pérez Ledesma, Manuel. "La sociedad española, la guerra y la derrota." *Más se perdió en Cuba. España y la crisis de fin de siglo*. Madrid: Alianza Editoeial, 1998. 91–149.

Pérez Romero, Emilia. "Alarcón en la obra crítica de Emilia Pardo Bazán." *La Tribuna: cuadernos de estudios da Casa Museo Emilia Pardo Bazán* 7 (2009): 223:41.

Phelan, Peggy. *Unmarked. The Politics of Performance*. New York: Routledge, 1993.

Picón, Jacinto Octavio. "Estreno de *Realidad*." *El Correo,* 16 mar. 1892. 22.

Podol, Peter. "The Evolution of the Honor Theme in Modern Spanish Drama." *Hispanic Review* 40.1 (1972): 53–72.

Poe, Edgar Allan. *Complete Poems and Stories by Edgar Allan Poe*. New York: Knopf: 1967.

Pozo, Alba del. "Degeneración, tienes nombre de mujer: género y enfermedad en la cultura del fin de siglo XIX–XX." *Lectora* 19 (2013): 137–51.

Prado Mas, María. "Introducción." *Emilia Pardo Bazán. Cuesta abajo. Las raíces*. Ed. María Prado Mas. Madrid: Publicaciones de la ADE, 2000. 9–98.

Pratt, Mary Louise. *Imperial Eyes: Travel Writing and Transculturation*. New York: Routledge, 1992.

Obras citadas

Presner, Todd. *Mobile Modernity. Germans, Jews, Trains*. New York: Columbia UP, 2007.

Prol Galiñanes, Teresa María. "Un encuentro teatral entre Pardo Bazán y Galdós: *Cuesta abajo* y *El abuelo*." *Actas del VII Congreso internacional galdosiano. Galdós y la escritura de la modernidad* (2005). Cabildo de Gran Canaria: 2013. 483–95.

Quesada Novás, Ángeles. "Una espectadora de teatro llamada Emilia Pardo Bazán." *Emilia Pardo Bazán y las artes del espectáculo*. IV Simposio. A Coruña 25–29 de Junio 2007. Ed. José Manuel González Herrán, Cristina Patiño Eirín, Ermitas Penas Varela. A Coruña: Fundación Caixagalicia, 2008. 155–87.

Rabaté, Jean-Claude. "Introducción." Unamuno, Miguel de. *En torno al casticismo*. Madrid: Cátedra, 2005.

Ramos Escandón, Carmen. "Concepción Gimeno de Flaquer: identidad nacional y femenina en México, 1880–1900." *Arenal* 8.2 (2001): 365–78.

Renan, Ernest. "What is a Nation?" *Nation and Narration*. Ed. Homi K. Bhabha. London: Routledge, 1990. 8–22.

Ribao Pereira, Montserrat. "De la corte trovadoresca a la urbe de las maravillas: la ciudad en el teatro de Emilia Pardo Bazán." *Anales* 24 (2012): 227–45.

———. "Doña Emilia también dramaturga: La literatura al servicio del texto teatral." *La Tribuna. Cadernos de Estudos da Casa Museo Emilia Pardo Bazán* 4 (2006): 253-270.

———. "Un ejercicio de autoafirmación estilística: los manuscritos teatrales del drama *Juventud*, de Emilia Pardo Bazán." *Desde la platea. Estudios sobre el teatro decimonónico*. Ed. Raquel Gutiérrez Sebastián y Borja Rodríguez Gutiérrez. Santander: Ediciones Universidad de Cantabria, 2010. 191–207.

———. "Estudio preliminar." Pardo Bazán, Emilia. *Teatro completo*. Ed. Montserrat Ribao Pereira. Madrid: Akal, 2010. 7–66.

———. "El Mariscal Pedro Pardo, drama inédito de Emilia Pardo Bazán." *Madrygal* 3 (2000): 75–92.

———. "Referencias mitológicas e iconografía dramática en *Verdad*, de Emilia Pardo Bazán." *La Literatura de Emilia Pardo Bazán*. Coord. José Manuel González Herrán. A Coruña: Real Academia Galega, 2009. 627–33.

Ríos, Xosé-Carlos. "Emilia Pardo Bazán ante el drama musical de Richard Wagner. Descubrimiento, admiración y pasión (1873–1921)." *La Tribuna. Cadernos de Estudos da Casa-Museo Emilia Pardo Bazán* 9 (2012): 155–212.

Obras citadas

Ríos-Font, Wadda. *The Canon and the Archive. Configuring Literature in Modern Spain.* Lewisburg: Bucknell UP, 2004.

———. *Rewriting Melodrama. The Hidden Paradigm in Modern Spanish Theater.* Lewisburg: Bucknell UP, 1997.

Riquer I Permanyer, Borja de. "La débil nacionalización española del siglo XIX." *Historia Social. Debates de Historia Social en España* 20 (1994): 97–114.

Rohr, Isabelle. "Philosephardism and Antisemitism in Turn-of-the-Century Spain." *Historical Reflections/Reflexions Historiques* 31.3 (2005): 373–92.

Rojas, Fernando de. *La Celestina. Tragicomedia de Calisto y Melibea.* Ed. Dorothy Severin. Madrid: Alianza, 1983.

Rozenberg, Danielle. "El 'Regreso' de los judíos a España. Una minoría en el proceso democrático." *Política y Sociedad* 12 (1993): 89–95.

Rubia Barcia, José. "La Pardo Bazán y Unamuno." *Cuadernos Americanos* 19.6 (1960): 240–63.

Rubio Jiménez, Jesús. "Estudio preliminar." *La renovación teatral española de 1900: Manifiestos y otros ensayos.* Madrid: Publicaciones de la Asociación de Autores de Escena de España, 1998. 21–52.

———. *Ideología y teatro en España: 1890–1900.* Zaragoza: Pórtico, 1982.

———. "Perspectivas críticas: horizontes infinitos. Modernismo y teatro de ensueño." *ALEC* 14 (1989): 199–222.

———. *El teatro en el siglo XIX.* Madrid: Playor, 1983.

———. *El teatro poético en España. Del modernismo a las vanguardias.* Murcia: Universidad, 1993.

Ruiz-Ocaña Dueñas, Eduardo. "Emilia Pardo Bazán y los asesinatos de mujeres." *Didáctica (Lengua y literatura)* 16 (2004): 177–88.

———. *La obra periodística de Emilia Pardo Bazán en La Ilustración Artística de Barcelona (1895–1916).* Madrid: Fundación Universitaria Española, 2004.

Said, Edward W. *Culture and Imperialism.* New York: Vintage, 1994.

———. *Orientalism.* London: Penguin, 2003.

Salaün, Serge. "Les premiers traducteurs espagnols de Maurice Maeterlinck: Pompeu Fabra, *Azorín*, Martínez Sierra et Valle-Inclán." *Traduire pour l'oreille. Versions espagnoles de la prose et du théâtre poétiques français (1890–1930).* Ed. Zoraida Carandell. Paris: Presses Sorbonne Nouvelle, 2014. 17–34.

Obras citadas

Salmon, Fabienne. "Le vêtement bourgeois dans l'oeuvre d'Emilia Pardo Bazán: Objet d'identification sociale." *Relations entre identités culturelles dans l'espace ibérique et ibéro-américain. II. Elites et masses.* Dir. Augustin Redondo. Paris: Presses de la Sorbonne Nouvelle, 1997. 275–84.

Sánchez Estevan, Ismael. *María Guerrero.* Barcelona: Iberia-Joaquín Gil, 1946.

Sánchez-Llama, Íñigo. "El mito de la Quimera como tropo genérico de la modernidad en Emilia Pardo Bazán." *Revista de Estudios Hispánicos* 39 (2005): 439–63.

———. "Introducción." Emilia Pardo Bazán. *Obra crítica (1888–1908).* Madrid, Cátedra, 2010. 9–139.

———. "El 'varonil realismo' y la cultura oficial de la Restauración en el fin de siglo peninsular: el caso de María del Pilar Sinués de Marco (1835–1893)." *Letras peninsulares* 12.1 (1999): 37–64.

Santana, Mario. "An Essay in Feminist Rhetoric: Emilia Pardo Bazán's 'El indulto.'" *MLN* 116.2 (2001): 250–65.

Scanlon, Geraldine M. "Gender and Journalism: Pardo Bazán's *Nuevo Teatro Crítico.*" *Culture and Gender in Nineteenth-Century Spain.* Ed. Lou Charnon-Deutsch y Jo Labanyi. Oxford: Clarendon P, 1995. 230–49.

Schiavo, Leda. "Vidas paralelas: D'Annunzio y Valle-Inclán." *Revista de Occidente* 59 (1986): 60–66.

Schiavo, Leda y Ángela Mañueco Ruiz. "El teatro de Emilia Pardo Bazán: documentos inéditos." *Homenaje a R. Martínez López.* Ed. K. L. March. Sada: Edicions do Castro, 1990: 55–72.

Schivelbush, Wolfgang. *The Railway Journey: The Industrialization of Time and Space in the Nineteenth Century.* Leamington Spa: Berg 1986 (1a edición 1977).

Schmidt-Nowara, Christopher. *The Conquest of History.* Pittsburgh: U. Pittsburgh P, 2006.

Schor, Naomi. "Blindness as Metaphor." *Differences: A Journal of Feminist Cultural Studies.* 11.2 (1999): 76–105.

Schyfter, Sara E. *The Jew in the Novels of Benito Pérez Galdós.* London: Tamesis, 1978.

Scoular, Bryan T. "Over Our Death Bodies: Emilia Pardo Bazán, Rosario Ferré, and the Feminine Fantastic." *Forum for Modern Language Studies* 44.4 (2008): 445–59.

Sellés, Eugenio. *El nudo gordiano. Drama en tres actos y en verso.* Alicante: Biblioteca Virtual Miguel de Cervantes, 2000.

Obras citadas

Servén, Carmen. "El becerro que estercola: de Palacio Valdés a Galdós." *Actas del V. Congreso Galdosiano* (1992). Vol. 1. Cabildo de Gran Canaria: 1995. 495–501.

Shakespeare, William. *El mercader de Venecia*. Trad., pról. y notas de Luis Astrana Marín. Madrid: Espasa-Calpe, 1982.

Shkatulo, Olena. "Spain, 'Others,' and European Modernity in Pardo Bazán's Parisian Travel Narratives." *Letras Femeninas* XXXVII.2 (2011): 9–24.

Shubert, Adrian. *A Social History of Modern Spain*. London: Unwin Hyman, 1990.

Sieburth, Stephanie. *Inventing High and Low. Literature, Mass Culture, and Uneven Modernity in Spain*. Durham: Duke UP, 1994.

Simón Palmer, María del Carmen. *Construcción y apertura de teatros madrileños en el siglo XIX*. Madrid: Instituto de estudios madrileños, 1975.

———. "Correspondencia de Antonio Maura con Emilia Pardo Bazán, Sofía Casanova y Concha Espina." *Revista de Literatura* 140 (2008): 625–52.

Sinclair, Allison. "Identifications, Abjects, and Objects: Myths of Gender and Nation in the Early 20th Century Spanish Novel. *Spanishness in the Spanish Novel and Cinema of the 20th–21st Century*. Ed. Cristina Sánchez-Conejero. Newcastle: Cambridge Scholars Publishing, 2007. 181–90.

Smith, Alan E. "La *Celestina* y Galdós: aspectos de la creación y recreación artística." *Rumbos del hispanismo en el umbral del cincuentenario de la AIH* 5 (2012): 127–32.

Smith, Jennifer. "La violencia de género en dos cuentos de Emilia Pardo Bazán." *La literatura de Emilia Pardo Bazán*. Ed. José Manuel González Herrán, et al. A Coruña: Real Academia Gallega, 2009. 697–706.

Sobejano, Gonzalo. "Forma literaria y sensibilidad social en *La incógnita* y *Realidad*, de Galdós." *Revista Hispánica Moderna* 30.2 (1964): 89–107.

Sommer, Doris. *Foundational Fictions. The National Romances of Latin America*. Oakland: U California P, 1993.

Sosa-Velasco, Alfredo J. *Médicos escritores en España 1885–1955: Santiago Ramón y Cajal, Pio Baroja, Gregoria Marañón y Antonio Vallejo Nájera*. Woodbridge: Tamesis, 2010.

Obras citadas

Sotelo Vázquez, Marisa. "Aproximación al pensamiento político de Emilia Pardo Bazán." Sociedad de Literatura Española del Siglo XIX, *III Coloquio: Lectora, heroína, autora (La mujer en la literatura española del siglo XIX) (Barcelona, 23–25 de octubre de 2002)*. Ed. V. Trueba, E. Rubio, P. Miret, L. F. Díaz Larios, J. F. Botrel y L. Bonet. Barcelona: Universitat de Barcelona, PPU, 2005. 357–67.

———. "Pardo Bazán y el folklore gallego." *Garoza: revista de la Sociedad Española de Estudios Literarios de Cultura Popular* 7 (2007).

Spencer, Philip y Howard Wollman. *Nationalism. A Critical Introduction*. London: Sage, 2002.

Spurr, David. *The Rhetoric of Empire. Colonial Discourse in Journalism, Travel Writing, and Imperial Administration*. Durham: Duke UP, 1993.

Stavans, Ilan. "Repatriating Spain's Jews." *New York Times*, 1 de abril de 2014.

Stead, Evanghélia. *Le Monstre, le singe et le foetus: Tératogonie et Décadence dans l'Europe fin-de-siècle*. Genève: Droz, 2004.

Surwillo, Lisa. *Monsters by Trade. Slave Traffickers in Modern Spanish Literature and Culture*. Stanford: Stanford UP, 2014.

Sutherland, Erika M. *"Consejos, limosna y algún palo": La novela decimonónica y la violencia doméstica*. Diss. U of Pennsylvania, 1993.

Tassende, Mercedes. "Entre la leyenda negra y la leyenda dorada: Emilia Pardo Bazan ante el descubrimiento, la conquista y la colonización española del nuevo mundo." *ALEC* 40.1 (2015): 425–51.

Tenreiro, José Carlos. *Gothic, Gender and Regenerationism in Emilia Pardo Bazán's Galicia*. Diss. U Exeter, 2013.

Thion Soriano-Mollá, Dolores. "Emilia Pardo Bazán ante las guerras: pensamiento y comunicación." *Crítica Hispánica* 38.2 (2016): 256–74.

———. "Las mujeres en el teatro de Emilia Pardo Bazán." Alicante: Biblioteca Virtual Miguel de Cervantes, 2003.

———. "*Verdad/Vérité*. Génesis y trayectorio de un manuscrito." *Iris* (2002): 233–48.

Thrift, N. "Intensities of Feeling: Towards a Spatial Politics of Affect." *Geografiska Annaler: Series B, Human Geography* 86 (2004): 57–78.

Todorov, Tzvetan. *The Conquest of America: The Question of the Other*. Norman: U. Oklahoma P., 1999.

———. *The Fantastic: A Structural Approach to a Literary Genre*. Ithaca: Cornell UP, 1973.

Obras citadas

Tolliver, Joyce. "Colonialism, Costumbrismo, and Collages: Pardo Bazán and the Rhetoric of Detail." *Imagined Truths.* Ed. Mary Coffey y Margot Versteeg. U Toronto P, 2019: 215–35.

———. "Framing Colonial Manliness, Domesticity, and Empire in 'Página suelta' and 'Oscuramente.'" *Revista de Estudios Hispánicos* 46 (2012): 3–24.

———. "Over Her Bloodless Body: Gender, Race, and the Spanish Colonial Fetish in Pardo Bazán." *Revista Canadiense de Estudios Hispánicos* 34.2 (2010): 285–301.

———. "Pardo Bazán and Spain's Late Modern Empire." *Approaches to Teaching Emilia Pardo Bazán.* Ed. Margot Versteeg y Susan Walter. New York: MLA, 2017. 93–98.

Torre del Río, Rosario de la. "La prensa madrileña y el discurso de Lord Salisbury sobre las 'naciones moribundas' (Londres, Albert Hall, 4 mayo 1898)." *Cuadernos de Historia Moderna y Contemporánea* VI (1985): 163–80.

Trouillhet Manso, Juan. "El teatro fantástico de comienzos del siglo XX: El caso de Valle-Inclán." *Ensayos sobre ciencia ficción y literatura fantástica: actas del Primer Congreso Internacional de literatura fantástica y ciencia ficción* (1, 2008, Madrid). Ed. Teresa López Pellisa y Fernando Ángel Moreno Serrano. Madrid: Asociación Cultural Xatafi: Universidad Carlos III de Madrid, 2009. 794–803.

Ubersfeld, Anne. *Semiótica teatral.* Trans. Francisco Torres Monreal. Madrid: Cátedra, 1993.

Unamuno, Miguel de. *En torno al casticismo.* Ed. Jean-Claude Rabaté. Madrid: Cátedra, 2005.

———. "*La Quimera* según Emilia Pardo Bazán." *La Lectura* 2 (1905): 424–32.

Urban Baños, Alba. "El teatro español bajo la mirada crítica de Emilia Pardo Bazán en 'La vida contemporánea.'" *Anagnórisis* 1 (2010): 145–81.

Vade, Yves. "Le Sphinx et la chimère." *Romantisme* 7.15 (1977): 2–17.

Val, Mariano Miguel del. *Los novelistas en el teatro. Tentativas dramáticas de Da Emilia Pardo Bazán.* Madrid: Impr. y litografía de B. Rodríguez, 1906.

Valis, Noël. *The Culture of Cursilería. Bad taste, Kitsch and Class in Modern Spain.* Durham: Duke UP, 2002.

———. *Sacred Realism. Religion and the Imagination in Modern Spanish Narrative.* New Haven: Yale UP, 2010.

Valle-Inclán, Ramón María de. *Entrevistas, conferencias y cartas*. Ed. Joaquín y Javier del Valle-Inclán. Valencia: Pretextos, 1995.

———. "Tragedia de ensueño." *Jardín umbrío. Opera omnia*, vol. 12. Barcelona, 1920, 37–50.

Vallejo, Catherine. "Emilia Pardo Bazán, gender, modernity and nationalism at the Paris World Exhibitions of 1889 and 1900." *Revista Canadiense de Estudios Hispánicos* 32.3 (2008): 453–73.

Varela, J. L. "E. Pardo Bazán: epistolario a Giner de los Ríos." *Boletín de la Academia de la Historia*, Vol. 198, 2001, cuaderno II, 327–90 y cuaderno III, 439–506.

Versteeg, Margot. "De coristas y divas en el primer teatro de Benavente." *Hecho Teatral* 12 (2012): 139:164.

———. "Destino y muerte en dos propuestas teatrales de principios del siglo XX: *La suerte* (1904) de Emilia Pardo Bazán y *Tragedia de ensueño* (1901) de Ramón del Valle-Inclán." *Bulletin of Spanish Studies* 86.1 (2009): 45–65.

———. "Gender-based Violence in the Short Fiction of Emilia Pardo Bazán." *Au Naturel. Re-reading Spanish Naturalism*. Ed. J.-P. Spicer-Escalante y Lara Anderson. Newcastle-upon-Tyne: Cambridge Scholars Publishers, 2010. 135–52.

Villanueva, Darío y José Manuel González Herrán. "Introducción." Emilia Pardo Bazán. *Obras completas, V (Novelas)*. Madrid: Castro, 1999. ix–xx.

Wallace, Dianne. "Uncanny Stories: The Ghost Story As Female Gothic." *Gothic Studies* 6.1 (2004): 57–68.

Walter, Susan. "'After the Apple:' Female Sexuality in the Writings of Emilia Pardo Bazán." *Decimonónica* 9.2 (2012): 88–105.

Weber, Max. "The Nation." *Nationalism*. Ed. John Hutchinson y Anthony D. Smith. Oxford: Oxford UP, 1994. 21–25.

Whitaker, Daniel S. *La Quimera de Pardo Bazán y la literatura finisecular*. Madrid: Pliegos, 1988.

Wilcox, John. "Women Playwrights in Early Twentieth-Century Spain (1898–1936): Gynocentric Perspectives on National Decline and Change." *ALEC* 30.1-2 (2005): 551–67.

Williams, Simon. "Ibsen and the theatre 1877–1900." *The Cambridge Companion to Ibsen*. Cambridge: Cambridge UP, 1994. 165–82.

Wilmer, S. E. *Theatre, Society, and the Nation: Staging American Identities*. Cambridge: Cambridge UP, 2004.

Obras citadas

Wolstenholme, Susan. *Gothic (Re)Visions: Writing Women as Readers*. Albany: SUNY P. 1993.

Yxart, José. *El arte escénico en España*. Barcelona: Alta Fulla, 1987.

Zamora, Andrés. "El secreto incesto de la novela realista." *Anales Galdosianos* 29–30 (1994–95): 129–46.

Zatlin, Phyllis. "Metatheatre and the Twentieth-Century Spanish Stage." *ALEC* 17 (1992): 55–74.

Índice alfabético

A fuerza de arrastrarse (Echegaray), 243n14
"A la rusa" (Pardo Bazán), 47, 219
Abati y Díaz, Joaquín, 231n5
ABC, 217, 242n10, 260n3
abuelo, El (Pérez Galdós), 119, 127, 133, 229n33, 247n7, 250n31
abulia, 124, 178, 185, 248n17
Acereda, Alberto, 184, 258n11
Acosta, Eva, 69
Acuña, Rosario de, 228n30
Adelanto, El (Salamanca), 118, 242n7, 246n5
Adriana Lecouvreur (Pardo Bazán), 11, 28, 31–33, 221
Adulterio, 92, 106, 179, 189–91, 246n3
afectos, 2, 19–21, 69, 133, 237n18
afeminamiento, 248n16
águila, El, 159, 255n5
Ahmed, Sara, 19
Al pie de la torre Eiffel (Pardo Bazán), 47, 233n14
Aladino y Palomides (*Alladine et Palomides*), 239n33
Alarcón, Pedro Antonio, 195, 260n26
Alarcón Sierra, Rafael, 165
Alas, Leopoldo, 3–4, 9, 15, 224n7, 227n23, 228n29, 245n32
Albrit, Conde de (personaje), 247n7
Albuín González, Anxo (Ángel), 11, 241n4
Aldaraca, Bridget, 39
Alemania, 6, 136, 212, 215, 250n2
anemia, 16, 128, 251n8
alta comedia, 14, 28, 33, 90, 175, 238n36, 258n5
Álvarez Junco, José, 65, 200, 223n4, 224n8, 248n16

Álvarez Tubau de Palencia, María, 12, 71, 74–75, 117–18, 238n26
Amorós y Planella, Manuel, 68
analfabetismo, 224n8, 227n21
Anderson, Benedict, 2, 3, 9, 25, 64, 223n4, 225n8, 227n24, 258n8
Anderson, Lara 49
Andrenio. *Ver* Gómez de Baquero, Eduardo
ángel del hogar, 39, 49, 172, 191, 192, 207
Ángela (Pardo Bazán), 11, 28, 33, 221, 232n9
Anthias, Floya, 65
apariencias, 41, 45, 48, 51–52, 54–55, 62, 78, 105, 126, 144, 162
"Apuntes autobiográficos" (Pardo Bazán), 13, 19, 28, 39, 53, 54, 235n6, 260n26, 260n2
Arata, Stephen, 176
árbol, 103, 176–77, 179–81, 189, 192, 258n11
ciencia, de la, 167, 191
geneológico, 187
navidad, de, 181, 258n9
Arenal, Concepción, 219, 243n18
Arendt, Hannah, 165
Arimón, 118
Arkinstall, Christine, 3, 223n4
"armadura, La" (Pardo Bazán), 226n15, 261n5
"Asfixia" (Pardo Bazán), 5, 8–9, 111, 202, 214, 219, 226n19, 227n20, 259n16
Asunto de un drama (*Los señores de Morcuende*) (Pardo Bazán), 11, 221
Ateneo, 4, 203, 225n10, 246n5, 261n4

291

Índice alfabético

Ateneo (Madrid), 246n6
audiencia, 10, 16, 40–41
Augier, Émile, 15
Axeitos Valiño, Ricardo, 25, 76, 231n50
Ayala, María de los Ángeles, 225n12, 231n4
Azorín. *Ver* Martínez Ruiz, José

Bahamonde, Ángel, 224n8
Balakrishnan, Gopal, 223n4
Balfour, Sebastian, 116, 130, 226n15, 233n14, 249n25, 252n9
Ballestra-Puech, Sylvie, 73
"Barba Azul," 94, 102
Barbarie, 47, 204, 237n21, 245n31
Barbey d'Aurevilly, Jules, 236n12
Barcia, Roque, 85
Bardavío Estevan, Susana, 260n1
Barja, César, 54
Baroja, Pío, 115
Barreiro, Lisardo, 237n14
Barreto, Danny, 24, 27–28, 69, 103–04, 112, 245n26
Barthes, Roland, 129
Bastida de la Calle, María Dolores, 186
Bauer, Beth Wietelmann, 148–49, 151
Bauer, Gustavo, 252n11
Bauer, Otto, 225n8
becerro de metal, El (Pardo Bazán), x, 11, 36, 135–153, 221, 230n48, 237n18, 250n1, 252n10, 252n12, 254n22
becerro de oro, El, 23, 139, 250n1, 253n16
Behiels, Lieve, 62
Bélgica, 62–63, 254n21
Benavente, Jacinto, 40–41, 55, 61, 78, 242n8
Benjamin, Walter, 48
Bernabéu Albert, Salvador, 202–03, 210–11
Bernhardt, Sara, 33, 231n52

Beverley, John, 127, 133, 250n31
Bhabha, Homi, 9, 26–28, 35, 69, 103, 108, 112, 181, 205, 208, 225n8
Bieder, Maryellen, x, 11, 39, 119, 121, 123, 225n9, 225n11, 254n22
Birk, Hanne, 179–80, 185
Blancas, Julio, 68
Blanco, Alda, 4, 6, 52, 116, 136, 198–99, 225n9, 249n28
Blanco Sanmartín, Francisco, 30
Blanco y negro (Madrid), 242n10
Blasco Ibáñez, Vicente, 207
Böhl de Faber, Cecilia, 247
Borrás, Enrique, 12, 159, 228n27, 255n6
Botrel, Jean-François, 53
Bourdieu, Pierre, 32, 53
Bradomín, Marqués de (personaje), 261n7
Bravo Villasante, Carmen, 12, 76, 89, 93, 118
Brecht, Bertold, 20
Bretz, Mary Lee, 11, 43, 65–66, 73, 101, 156, 173, 254n2, 257n17
Bringas, Rosalía de (personaje), 49
Britt Arredondo, Christopher, 166, 255n4, 257n14
Bronfen, Elisabeth, 177, 187
Brooks, Peter, 20, 228n30, 243n17
Brown, Arthur, 108
Bueno, Manuel, 75, 105, 118, 237n17, 241n7
Burton, Antoinette, 5, 136
Butler, Judith, 44

Caballero, P., 119
Calderón de la Barca, Pedro, 17, 18, 87, 97, 229n38, 240n46, 243n18, 244n19, 250n1
campo de producción cultural, 18, 32, 53, 225n8, 229n34
Cano, Leopoldo, 15
Canon, 224n6, 249n28

Índice alfabético

Canonesa, La (Pardo Bazán), 11, 221
Cánovas del Castillo, Antonio, 136, 210
Capitalismo, 23, 138, 140, 152, 190
Caramanchel, 242n7
Carballal Miñán, Patricia, *x*, 11, 42, 221, 227n27, 230n46, 237n14, 241n6, 246n3, 258n3
    recepción de *La suerte*, 25, 75–77, 238n8
    reseñas de la producción teatral de Pardo Bazán, 43, 68, 118, 228n32, 229n32, 231n5, 232n8, 233n10, 238n27, 239n30, 241n5, 242n7, 242n10, 246nn5–6
    sobre obras manuscritas de Pardo Bazán, 29–31, 33, 228n27, 230n47, 230–31n50, 255nn5–6, 257n1
Carlismo, 26, 29, 224n8, 249n25
Carlson, Marvin, 92–93, 110
Carr, Raymond, 224n8, 234n16, 250n4
Carré Aldao, Eugenio 76
Casa de muñecas (Ibsen), 110, 175, 193
Casandra (Pérez Galdós), 229n33
Casas Barbeito, Cristina, 158
"Casi artista" (Pardo Bazán), 232n9
Castelar, Emilio, 139, 251
Casticismo, 116, 165, 235n4, 244n19, 245n34, 247n9, 249n30
Castilla, 2, 27, 36, 115–17, 129–30, 157–58, 246n2, 249n23, 255n4
Castillo de Otranto, El (Walpole), 104
Castro, Guillén de, 18
Castro, Rosalía de, 25, 65, 244n22, 258n11
Cate-Arries, Francie, 109

Celestina (Rojas), 160–61, 165, 167, 173–74, 256n10, 257n18, 257n20
Celestina (personaje), 161, 172
Cejador y Frauca, Julio, 52
Certeau, Michel de, 204
Cervantes, Miguel de, 3, 78, 84, 160, 166, 240n44
Charnon-Deutsch, Lou, 153, 225n9, 252n13, 259n19, 261n9
Charques Gámez, Rocío, 199
Chejov, Anton, 40, 231n3
Cherry, Deborah, 237
"Chimère, La" (Gustav Moreau), 82, 85
Cid, El, 128, 203, 248n21,
ciegos, Los (Maeterlinck), 60
cine, 9, 14, 107
cisne de Vilamorta, El (Pardo Bazán), 24, 230n45
Clarín. *Ver* Alas, Leopoldo
"Clausura" (Pardo Bazán), 219, 233n11
Clemessy, Nelly, 228n32, 232n7, 245n32
Coffey, Mary, 165
Colón, Cristóbal, 202–03, 210
Colonialismo, 6, 136, 248n14
"Columnas de humo" (Pardo Bazán), 7, 219
comedia de capa y espada, 28–29
comunidad, 10, 27, 58, 74, 106, 129, 131, 153
    de países civilizados, 8
    femenina, matriarcal, 36, 115, 117
    gallega, 25, 129
    hebrea, 143
    imaginada, 64, 216
    masculina, 54, 147
    nacional, 10, 64, 224n8
    sentido de, 25, 36, 137, 149
    utópica, 26
comunidades emocionales (Weber), 20

293

Índice alfabético

Condé, Lisa Pauline, 95
Conferencia con motivo de la Clausura de la Exposición Regional de Pintura (1912), 85
Conferencia de París, la (Pardo Bazán). Ver *La España de ayer y la de hoy*
Congreso Pedagógico, 199–201
Connell, R. W., 124
Consuelo (López de Ayala), 14
consumo, 3, 34, 41, 48–49, 190, 237n15, 249n28
contrato social, 4
Conversación entre Emilia Pardo Bazán y el Caballero Audaz, 2
Copeland, Eva Maria, 168
Corcuera, Javier, 224n8
Correo, El [Madrid], 95, 229n32
Correspondencia de España, La (Madrid), 43, 242n7
Correspondencia Militar, La (Madrid), 118
Corinne (personaje) (Madame de Staël), 132
Cortés, Hernán, 38, 198, 202–04, 206–15, 260n2, 261n7, 261n9
Costa, Joaquín, 8, 130, 202, 248n21, 249n25
Crimen y castigo (Dostoievski), 109
Crónicas de España (Pardo Bazán), *v*, 13, 62, 74
Cuarenta días en la Exposición (Pardo Bazán), 27, 250n2, 261n4
Cuesta abajo (Pardo Bazán), *x*, 11, 26, 35, 113–34, 147, 184, 221, 238n26, 241n4, 246n1, 246n6, 247n8, 254n2
cuestión palpitante, La (Pardo Bazán), 94, 109, 188, 195, 230n44, 236n10, 260n26
cursilería, 48, 123, 254n1

D'Annunzio, Gabriele, 18, 57, 66, 68, 237n15
Darío, Rubén, 80, 235n4, 244n44
Darwin, Charles, 177, 187–89, 260n22, 260n25
Darwinismo, 175, 182, 187, 190, 257
Daudet, Alphonse, 17
Davies, Catherine, 65
De mi tierra (Pardo Bazán), 24, 104, 230n45, 235n5, 236n7
De siglo a siglo (Pardo Bazán), *v*, 200, 219, 220, 261n4
 "A la rusa," 47, 219
 "Asfixia," 5, 8–9, 111, 202, 214, 219, 226n19, 227n20, 259n16
 "Clausura," 219, 233n11
 "Columnas de humo," 7, 219
 "Días nublados," 72, 219
 "En los días santos," 153, 220
 "Esperando," 151, 219
 "Más clínica," 109, 220, 223n3, 241n2, 245n31
 "Recuerdos de un destripador," 219, 244n20
 "Siempre la guerra," 219, 236n9
 "Sin título," 220, 240n40
 "Las subastas," 219, 220, 253n18
 "Temis," 89, 220, 223n3
 "Vistas," 51, 220
Debacle colonial. *Ver* Desastre del 98
Decadencia, 16, 18, 114, 118–19, 121, 129, 166, 200–01, 213, 233n14, 251n7
Decadentismo, 61, 186, 195, 259n18
Deleito y Piñuela, José, 42, 232nn7–8
Delgado, Luisa Elena, 230n41
Delgado, María, 243n14
Dendle, Brian, 254n22
derelicción, 108

Índice alfabético

Desastre del 98, 2, 9, 23, 34, 37,
  41, 57, 65, 72, 87, 91,
  103–04, 111, 113, 116, 122,
  141, 152, 155–56, 176, 180,
  182, 212, 227n22, 247n11,
  248n16
desequilibrada, La (Echegaray),
  243n14
desertor, El (Pardo Bazán), 257n1
desheredada, La (Pérez Galdós),
  233n13
determinismo, 37, 177–78,
  187–88, 190, 195
Día, El (Madrid), 241n7
diálogo dramático, 11, 34, 57, 63,
  246n6
Diario Universal, El (Madrid), 75,
  118, 241n7, 242n10
"Días nublados" (Pardo Bazán), 72,
  219
Díaz de Mendoza, Fernando, 12,
  89, 90, 93, 155, 159–60,
  241n6, 242n9, 250n1
Díaz del Castillo, Bernal, 212
Dicenta, Joaquín, 15
Diel, Paul, 81, 239n37
Dijkstra, Bram, 81, 259n19,
  261n9
*Discurso en la inauguración de su
  estatua en La Coruña*, 12
*Discurso pronunciado en los juegos
  florales de Orense*, 5, 254n21,
  261n4
*Discurso en la velada que la ciudad
  de Salamanca consagró a la
  memoria del poeta José María
  Gabriel y Galán*, 214, 261n4
doble estándar, 21, 23, 33, 125–26,
  170, 177, 191, 194
dobles, 21, 27, 105
Dolan, Jill, 19, 20
Dolores, La (Feliú y Codina), 219,
  244n21
don, economía del, 36, 58, 137,
  149, 153

Don Juan, 124, 247n8
donjuanismo, 124
Don Quijote, 164–66, 182, 203,
  257n15
Doña Milagros (Pardo Bazán),
  241n3
Doña Perfecta (Pérez Galdós), 151,
  249n30
Donnay, Maurice, 250n3
Dorado, Carlos, 217–18, 261n2
Dostoievski, 109
Dougherty, Dru, 16
Dracula (Stoker), 240
Drama, Un (Pardo Bazán), 11, 221,
  241n6
drama de costumbre, 28
drama romántico, 14, 28, 30, 31
Drogosz, Anna, 177, 187
duelo, 37, 156, 173
Duero (río), 104
Dumas, Alexandre (hijo), 15
DuPlessis, Rachel Blau, 117
DuPont, Denise, x, 132, 147,
  247n9, 253n17
Durkheim, Émile, 230n40

Echegaray, José, 14–15, 18, 22, 40,
  73, 91, 93, 98, 103, 218–19,
  228n31, 230n38, 243n14
Echegaray, Miguel, 231n5
emigración, 25, 26, 117, 130
emociones (y emocional), 2, 19, 20,
  116, 215, 230n41
  de los espectadores, 2, 9, 19–21,
    67, 75, 96, 101, 156, 160,
    209, 215, 245n34, 255n7,
    257n17
  del melodrama, 14
  de Pardo Bazán, 5, 38, 115,
    197–99, 201, 216
  de los personajes, 56, 68, 70, 96,
    148, 173, 186, 191, 208
  respuestas emocionales a nación
    e imperio, 7, 54, 165–66,
    180, 200

295

Índice alfabético

"En los días santos" (Pardo Bazán), 153, 220
enemigo del pueblo, Un (Ibsen), 23, 160, 166, 175, 245n33, 256n9
Época, La (Madrid), 62, 75, 77, 118, 220, 232n8, 233n10, 238–39n30, 242n7
escalinata de un trono, La (Echegaray), 243n14
Escosura, Patricio de la, 210
España de ayer y la de hoy, La (*Conferencia de París,* la) (Pardo Bazán), 7, 35, 133, 209, 247n9
   crítica de la sociedad, 115, 127, 227n21, 244n20, 248n13, 248n15, 251n8, 254n21
   sobre la leyenda dorada, 7–8, 37, 174, 176, 182, 201–03, 207, 214–15, 257n1
   sobre la leyenda negra, 7, 201, 212, 216, 251n7, 261n4
   sobre la mujer, 87
España moderna, La (Madrid), 109
Espectros (Ibsen), 23, 110
"Esperando" (Pardo Bazán), 151, 219
Espín Templado, Pilar, 42, 232n6
Espuma, La (Palacio Valdés), 253n16
Esquilo, 230
Estados Unidos, los, 212, 250n2, 256n13
Estigia (río), 104, 106
Estrada, Isabel, 102
Europa, 6–8, 23, 47–48, 106, 110, 112, 117, 130, 136, 140, 200, 202, 205, 207, 213, 216, 218, 224n6, 234n16, 245–46n34, 246n2, 248n17, 249n27, 251n8, 252n10, 254n21, 261n4
europeizarse, 27, 112, 133,
"exangüe, La" (Pardo Bazán), 182, 187, 257n1

Familia a la moda, La (Gálvez de Cabrera), 246n1
Fanon, Frantz, 205
Farlow, Elaine, 11, 55, 95, 156, 254n2
Faus, Pilar, 62
Fausto (Goethe), 240n44
Feliú y Codina, José, 15, 219, 244n21
feminicidio, 1, 23, 89, 92, 97–98, 111, 223n3, 240n1, 244n20
feminismo, 55, 198, 225n12, 231n4, 259n20
Fernán Caballero.(*Ver* Böhl de Faber, Cecilia
Fernández, James D., 169, 226n16
Fernández, Pura, 21, 230n41, 230n43
Fernández Cifuentes, Luis, 48
Fernández Montesinos, Ángel, 250n1
Fernández Villegas, Francisco (Zeda), 75, 90, 245n32
Feros, Antonio, 199
fetiche, 69, 181, 187
fetichismo, 48, 187
fiebre del oro, La (Oller), 66
Figlia di Iorio, La (D'Annunzio), 68, 237n15
filantropía, 137, 142, 171
film noir, 107
Finafrol (Pardo Bazán), 228n27
flamenquismo, 63, 248n18
Flanders, 62
Flaubert, Gustave, 85
Folklore, 24–25, 30, 63, 68
"folklore gallego, El," 24, 230n45
folletines, 4, 52, 125, 139, 249n24
Fontaine, Joan, 245n28
Forcadas, Alberto, 168
Formación de la nación, *ix*, 3, 6, 10, 140, 199, 207, 223n4, 224n6, 227n25

296

Índice alfabético

"former present," 6
Foucault, Michel, 256n12
Fox, E. Inman, 2, 223n4
Fradera, Josep, 6, 7, 136
Fragmento de un drama (*Soleá*)
    (Pardo Bazán), 11, 221
Francia, 6, 50, 63, 138, 141, 143,
    145–46, 152, 253n15, 254n19
  como poder europeo y colonial,
    136, 140, 199, 212, 215,
    250n2, 251n9
  España como provincia cultura
    de, 24–25, 34, 41, 124,
    234n16
  prestigio cultural de, 43, 47,
    233n14
  productos de, 49, 50
  y literatura, 102, 259n18
  y moda, 47
fraternidad (varonil), 4, 23, 36, 58,
    64, 65, 70, 73, 74, 98, 100,
    123, 138, 223n3
Freire López, Ana María, 181,
    197, 203, 230n50, 247n7,
    254n19, 260n1
Freud, Sigmund, 73, 105, 125,
    146, 156, 162, 253n16
Froude, James Anthony, 180
Fuentes, Francisco, 257n1
Fuentes Peris, Teresa, 137, 142
Funciones por horas, 232n6
Fusi Aizpurúa, Juan Pablo, 224n8

Gabilondo, Joseba, 224n5, 249n26
Gabriel y Galán, José María, 214,
    261n4
Gaceta de Galicia, La (Santiago),
    228n31
Galdós. *Ver* Pérez Galdós, Benito
Galicia, 26–27, 36, 87, 128,
    228n32, 234n16, 258n11
  como lugar inhospitalario y
    retrasado, 25–26, 35, 67, 69,
    100, 103, 108, 112, 245n34,
    252n10

  como ubicación de la acción
    de las obras de Pardo Bazán
    2, 24–25, 27–28, 34, 57,
    67–68, 75, 77, 115, 117,
    129, 130, 157
  estrenos y recepción de las obras
    de Pardo Bazán en, 12,
    24–25, 69, 76
  y mujer, 27, 65, 91, 115, 158,
    248n19
  y nación española, 62–63,
    71, 74, 91, 130, 235n5,
    236nn9,11, 245n34, 246n2
  regionalismo, 24–25, 30, 76, 104
  temática de las obras de Pardo
    Bazán, 24, 230n45
"gallega, La" (Pardo Bazán), 26, 71,
    236n8
Gálvez de Cabrera, María Rosa,
    246n1
Ganivet, Ángel, 5, 137, 166, 184,
    197, 200, 245n32, 258n8,
    25913, 261n6
García Castañeda, Salvador, 11, 58,
    66, 76, 78, 90, 156, 158,
    175, 237n21, 247n8, 254n2
García Escudero, Tirso, 255n6
García Guerrero, Isaac, 231n1
García Lorca, Federico, 78, 243n16
Gaspar, Enrique, 22, 258n6
gaviota, La (Fernán Caballero),
    247n9
Gedeón, 241n7
Gellner, Ernest, 225n8
"gemelo, El" (Pardo Bazán), 247n8
Generación de 1868, 3–5, 9, 12,
    14, 113, 116
Generación del 98, 5, 111, 113–14,
    117, 119, 129–31, 133, 157,
    184, 190, 243n13, 259n15
Generación realista. *Ver* Generación
    de 1868
Género chico. *Ver* teatrillos por
    horas
Génesis, Libro de, 167, 177, 188

297

Índice alfabético

Gente conocida (Benavente), 41
George, David, 245n32
Gerli, Michael, 161, 167, 174
Gies, David, 14, 228nn29–30, 246n1
Gimeno de Flaquer, Concepción, 202–04, 210
Giner de los Ríos, Francisco, 255n6, 257n1
Glascock, C. C., 77
Globo, El (Madrid), 241n7
Goethe, Johann Wolfgang von, 240n44
Gold, Hazel, 140
Goldin, David, 177, 188, 190
Gómez de Arteche, José, 203
Gómez de Avellaneda, Gertrudis, 228n30
Gómez de Baquero, Eduardo, 84
Gómez-Ferrer, Guadalupe, 260
Goncourt, Edmond de, 11
Goncourt (hermanos), 15
González, Isidro, 135, 251n7
González Arias, Francisca, 85
González Herrán, José Manuel, 66, 91, 112, 114, 227n22, 238n29, 243n13, 244n18, 249n22, 260n1
González Peña, María Luz, 75
Good, Kate, 241n
Goode, Joshua, 139, 150, 153, 207, 251n7
goticismo, 237
gótico, 1, 18, 20–22, 27, 35, 90, 92, 100–03, 105, 112, 244n25, 245n34, 249n26
gótico feminino, 21, 90, 102
El Gráfico (Madrid), 75, 118
gran galeoto, El (Echegaray), 15
Gran Teatro (antes Teatro Lírico, Madrid), 12, 117–18, 238n26
Gran Vía, La, 46
Grant, Cary, 245n28
Gregersen, Halfdan, 110, 245n32
Guadalupe Mella, Olga, 261n8
Guerra, Ángel, 218, 227n21, 241n6

Guerrero, María, 1, 14–15, 89, 92–93, 159, 241n6, 242n9, 243nn14–15, 250n1
Guerrero, Ramón, 242n9

Hades, 104
Haidt, Rebecca, 234n15, 248n16
Halberstam, Jack, 27, 105
Hall, Stuart, 198
Hamlet (Shakespeare), 87
Hanson, Helen, 107
Harrington, Thomas, 224n5
Hart, Stephen, 244n25
Hegel, 94, 230n44
Helios, 220, 235n4
Hemingway, Maurice, 253n17
Hendershot, Cindy, 107
Heneghan, Dorota, 234n15, 244n23
Henn, David, 243n13, 254n23, 260n1
Heraldo de Madrid, El (Madrid), 118, 241n7
Hermandad prerrafaelita, 71
Hernán Cortes y sus hazañas (Pardo Bazán), 198, 211–12
Hernández, Librada, 9
Hibbs-Lisorgues, Solange, 244n18
Higson, Andrew, 10
Hitchcock, Alfred, 92, 245n28
Hobsbawm, Eric, 2, 6, 136, 223n4
honor, 1, 23, 29, 33–34, 40, 42, 92, 94, 111, 119, 122, 126–27, 136, 183, 213, 244n18, 246–47n6, 247n7
honra, 50, 82, 97, 99, 132, 150, 189, 241n2
Hook, Derek, 181
Hooper, Kirsty, 3, 114, 116, 130, 190, 223n4
huelga de hijos, La (Gaspar), 22, 219, 258n6
Huerta Calvo, Javier, 78, 258n5
Humor, 17, 41, 55, 94, 106, 123, 233n10

298

Índice alfabético

Hurley, Erin, 19–20, 230n42
Hutchinson, John, 225n9
Hyde, Lewis, 149

Iarocci, Michael, 7, 8, 140, 157, 200, 202, 205, 207, 212, 225n9
Ibsen, Henrik, 1, 18, 22–23, 40, 55, 66, 110, 160, 166, 182, 193, 251n5, 255n8, 256n8
  influencia, 15, 37, 57, 67, 90, 92, 97, 110, 160, 163, 166–67, 174–75, 219, 258n3
  teatro de, 15, 18, 22, 23, 35, 112, 236n13, 242n7, 242n11, 245nn32–33, 255–56n8
idealismo, 84, 174, 195
identidad, 27–28, 38, 44, 46, 50, 96, 102, 105, 108, 112, 147, 162, 199
  gallega, 24, 26, 104, 112, 238n25
  nacional, 5–11, 25, 115–16, 120, 123, 132, 155, 168, 197, 202, 223n4, 255n4
Ilustración artística, La (Barcelona), 10, 13, 33, 35, 43, 75, 78, 90, 109, 200, 217, 219, 238n26, 239n30, 240n44, 252n11
Ilustración Española y Americana, La (Madrid), 43
"imp of the Perverse, The," 108
Imparcial, El (Madrid), 42, 75, 118, 231n5, 243n15
imperialismo, 5–7, 23, 36–38, 124, 135–38, 165, 173–74, 177, 179–81, 186, 198–200, 205, 207, 214, 250n2, 258n9, 259n16
imperio (colonial) español, 2, 7, 165, 182, 198, 204–05, 211, 214, 237n22
  apego emocional a, 7, 156, 165, 166
  constitutivo de la identidad nacional, 5, 6, 37, 135–36, 156, 169, 176, 199–200, 226n16
  construcción metafórica, 179–81, 186, 258n9,
  declive y pérdida del, 7, 9, 23, 37–38, 115, 122, 133, 136, 156, 161, 168, 173, 176–77, 180–84, 187, 194, 200, 210, 215, 225n8, 259n16, 259n19
  emergentes imperios del norte de Europa, 7, 38, 136, 199, 207, 210, 259n16
  misión civilizadora, 209, 211
incesto, 190, 225n9, 259n17
indiano, 156–57, 168–69, 171, 173–74, 183, 257n16
Ingelbien, Raphael, 62
Inglaterra, 6, 136, 199, 250n2
Insolación (Pardo Bazán), 230n45
Institución Libre de Enseñanza, 164
intelectuales, 155, 225n9, 232n7, 233n14
  finiseculares, 3, 5, 7–8, 22, 36, 38–39, 115–17, 135, 197–200, 202, 214, 223n5, 250n3, 251n7
  provincianos, 25
  de la Restauración, 136
Interior (*Intérieur*) (Maeterlinck), 239n33
intrahistoria, 116, 132
Intrusa, La (*L'Intruse*) (Maeterlinck), 60
Irigaray, Luce, 108
ironía, 40, 51, 55, 141, 171, 223n4
Isherwood, Christopher, 20
Italia, 27, 117, 252n9

Jagoe, Catherine, 4, 225n9
Jardín umbrío (Valle-Inclán), 240n42
Johnson, Roberta, x, 3, 23, 115–17, 119, 124, 129–31, 133, 190, 223n4, 257n15

299

Índice alfabético

Jover Zamora, José María, 224n8
Juan Bolufer, Amparo de, 79
Juaristi, Jon, 2, 223n4
Juderías, Julián, 211
Judíos sefardíes. *Ver* sefarditas
Juguete cómico, 42, 231n5, 232n6
Jurkevich, Guyana, 259
Juventud (Pardo Bazán), 11, 26–27, 36, 155–74, 221, 250n1, 254n2, 255n7, 257n18

Kaiura, Leslie, 241n3
Kibler, Louis, 237n15
Kirkpatrick, Susan, 60, 71, 225n9
Kohlmann, Benjamin, 20–21
Krauel, Javier, 5, 115, 136–37, 165, 199–200, 210–11, 226n14, 238n24, 261n6
Krauel, Ricardo, 256n12
krausismo, 38, 164, 244n18, 251n5, 253n17
Kronik, John W., 61–62, 178, 187, 239n32, 259n18
Kwon, Hyun-Jung, 80

Labanyi, Jo, 3, 18–20, 25, 72, 116, 129, 190, 215, 224n6, 225n9, 230n41, 230n43, 258n8
Lacan, Jacques, 163, 165, 256n11, 257n17
Lafollette Miller, Martha, 180
Lamas Carvajal, Valentín, 30
Landry, Travis, 188, 191, 260n22, 260n25
Laserna, José de, 75, 118, 243n15
Latorre, Ceresuela, Yolanda, 252n11
Lauzière, Carcle, 44
Lavaud, Jean-Marie, 60, 78
Lavaud-Fage, Eliane, 78
Lawless, Geraldine, 140
Lázaro Galdiano, José, 228n32, 230n47
Lectura Dominical, La (Madrid), 119

Lee Six, Abigail, 101, 103
Legouvé, Ernest, 11, 31
ley de taquilla 17
leyenda dorada, 2, 7–8, 37, 174, 176, 182, 198, 201–02, 207–09, 214–15, 257n1, 261n5
leyenda negra, 7, 174, 201, 211–12, 215, 251n7
Liberal, El (Madrid), 42, 119
libre albedrío, 66, 108, 188
"Ligeia" (Poe), 245n30
Lirismo en la poesía francesa, El (Pardo Bazán), 239n39
literata, 4, 53
Literatura francesa moderna, La (Pardo Bazán), 31, 109
Literatura policíaca, 1, 18, 35, 90, 92, 109
"Literatura y otras hierbas" (Pardo Bazán), 18, 220
Loca de la casa, La (Pérez Galdós), 253n16
Lomnitz, Claudio, 64
Lope de Vega y Carpio, Félix, 12, 17–18, 219, 230n38
López, Mariano, 84
López Quintáns, Javier, 11, 119, 175, 193, 247n12
Lorenzo Luaces, Joaquín, 253n16
Lozano de Vilchez, Enriqueta, 228n30
Lyon, John, 60, 74, 80, 234n16, 240n43

Macbeth (Shakespeare), 87
machismo, 101, 150
Madre naturaleza, La (Pardo Bazán), 230
Madrid Cómico (Madrid), 255n6
Maeterlinck, Maurice, 18, 22, 57, 66–67, 74, 79, 218
    como modelo lingüístico para Pardo Bazán, 62–63
    influencia de, 72, 73, 80, 235n4

Índice alfabético

introducción en España de, 235n2, 237n13
teatro para marionetas de, 79–80
teatro simbolista de, 21, 59–62, 67, 80, 87, 237n16, 239n33, 239n35
Maeztu, Ramiro de, 5, 8, 166, 197, 200, 202, 238n24, 249n23, 261n6
Mainer, José Carlos, 2, 127, 223n4
Malas herencias (Echegaray), 243n14
Malinche, La (Pardo Bazán), *x*, 11, 37, 197–216, 221, 260
Malinche, La (personaje), 38, 198, 203–04, 206–11, 213–14, 261n7,
Mallada, Lucas, 8, 128, 202
Mallorca, 138, 140, 148, 153, 254n19
Malquerida, La (Benavente), 242
maniqueismo, 1, 14, 29, 107
Mañueco Ruiz, Ángela, 90, 93, 115, 155, 241n6, 250n1, 255n7
Mariana (Echegaray), 15, 22, 62, 219
marido de la Téllez, El (Benavente), 41
marionetas, 34–35, 58, 77–80, 84, 86–87, 239n30, 240n44
Mariscal Pedro Pardo, El (Pardo Bazán), 11, 28, 30, 221
Mariucha (Pérez Galdós), 119
Marrugo, Cecilia, 64
Martín, Annabel ,20–21
Martínez Martín, Jesús, 224n8, 225n8
Martínez Ruiz, José (Azorín), 115, 233, 249
Más (Pardo Bazán), 36, 159
"Más clínica" (Pardo Bazán), 109, 220, 223n3, 241n2, 245n31
masculinidad, 4, 27, 71–72, 107, 124, 128, 225n9, 237n22

Mastro, Mark P. del, 259n13
mater dolorosa, 65, 67, 200, 210, 223n4, 248n16
Maura, Antonio, 254n19
Mauss, Marcel, 149
Mayer, Tamar, 4, 9, 38, 223n4, 226n18, 230n40
McClintock, Anne, 69, 130, 204
McKinney, Collin, 146
Mediterráneo, 140, 148, 152–53, 252n9
Melancolía, 82–83, 156
Melibea (personaje), 160, 257n18
melodrama, 14–15, 33, 75, 108, 130, 229n37,
  convenciones, 1, 14, 21, 35, 41, 90–91, 92, 95–98, 100, 106–07, 110, 119–21, 124, 209, 215, 228n31, 243n17
  exceso y efectismo, 20–22, 96, 112, 120
  y Echegaray, 14, 40, 91, 93, 98, 103, 228n31
  y literatura gótica, 100–01
memoria orgánica, 148
Menegilda, La (personaje), 46
Menéndez Pelayo, Marcelino, 35, 97, 111–12, 243n18, 244n18, 245n27
mercader de Venecia, El (Shakespeare), 252n12
Messinger Cypess, Sandra, 261n7
metáforas imperiales, 9, 17, 185
metáforas orgánicas, 176–77, 180, 187
metateatralidad, 41
metrópolis, 24–25, 62, 74, 168, 180, 183, 186–87, 204–05, 226n16
Miguélez-Carballeira, Helena, 205
Mill, John Stuart, 24
Miño (río), 94, 103–04, 106
Miquis, Alejandro, 75, 118, 241n7, 242n10
Misericordia (Pérez Galdós), 148

301

Índice alfabético

misión civilizadora, 2, 23, 36, 58, 64, 65, 70, 73, 74, 98, 100, 123, 138, 223n3
misión cultural (Weber), 223
misoginia, 27, 37, 89, 112, 125, 157, 168, 177, 191
moda, 28, 34, 41, 47–48, 52–55, 118, 186, 195, 218, 233–34n14, 234n15, 236n10, 246n1, 248n16
modernidad, 27, 111, 114–16, 127, 137, 140, 183, 199, 207, 210, 214, 252n10, 256n12
  aparente, 138, 140, 151, 153
  de las obras de Pardo Bazán, 12
  europea y extranjera, 8, 130, 133
  expulsión de España de la, 7, 8, 200, 202, 207, 211, 215
  literaria, 18, 225n8, 250n3
modernismo, 57, 61, 79
modernización, 59, 117, 136, 190, 224n6, 234n15, 246n34
monólogo, 11, 33–34, 39–41, 43–45, 55, 63, 69, 118, 231, 233n10, 234n17, 237n17, 246n6
Monteagudo, José, 75
Moratín, Leandro Fernández de, 15
Moreau, Gustave, 81–82
Morgan, Jack, 103
Morote, Luis 12, 90, 241n4
Morriña (Pardo Bazán), 230n45
Mosse, George, 2, 4, 65, 223n4, 225n9
muerte de la Quimera, La (Pardo Bazán), 11, 34–35, 57–58, 77–88, 220–21, 234, 239n30, 239n36
muerte de Tintagiles, La (*La mort de Tintagiles*) (Maeterlinck), 239n33
"Mujer española, La" (Pardo Bazán), 5, 45–46, 144, 150, 167, 193
Muñiz y Mas, Adelaida, 228n30

Murguía, Manuel, 25, 30, 65
Muse, John, 10, 20

Nación, 124–25, 129, 138, 57, 223, 230n40, 256n13
  afeminamiento de, 248n16
  atraso de, 8, 199
  construcción discursiva, 2–3, 211, 225n8, 226n13
  como museo, 252n11
  como provincia del extranjero, 123, 234n16
  crisis de, 174
  debate sobre, 5–6, 224n6
  participación de las escritoras al, 3, 38, 114, 130
  degeneración de, 114, 122, 176, 251nn7–8
  e imperio, 6, 136, 156, 169, 173, 176, 200, 211
  estudios sobre, 2
  eterna España católica, 35, 97
  formación de, *ix*, 3, 6, 10, 11, 140, 199, 207, 223n4, 224n6, 227n25
  fraternidad masculina, 65, 92, 124, 223n3
  idea de, 5 26, 69, 135, 199, 224n8
  impedimento para su progreso, 34, 41, 166
  literatura apropiada para, 8, 16
  misión civilizadora de, 117, 137, 139, 152–53
  noción patriarcal de, 113
  preocupación por, 23, 152
  representación de
    alegórica, 58
    como *Mater dolorosa*, 65
    decadentista como mujer moribunda, 187
    hegemónica de, 10
    mediante el personaje de Don Juan, 124
    metafórica de, 25, 37, 114, 176, 180, 185

Índice alfabético

proyecto de regeneración, 4, 18, 20, 36, 137, 140, 152
sacrificarse por, 35, 58, 64, 194
según los noventayochistas, 116, 126, 129, 130, 133, 255n4
según Pardo Bazán, 2, 19, 24, 34, 57, 74, 100, 117, 133
situación crítica de, 1, 7, 35,
y afectos, 19, 26, 54
y arquitectura, 244n23
y familia, 23, 25, 102, 183, 245n26, 258n8
y Galicia, 24–26, 35, 74, 104
y género sexual, 3, 4, 11, 20, 23, 38, 39, 102, 111, 114–17, 125–26, 131, 133, 139, 152, 153, 204, 210, 223n4, 225n9
y moda, 234n15
y teatro, 1, 9–10, 16, 20, 39, 121
Nación, La [Buenos Aires], v, 13, 17–18, 47–48, 62, 74, 218, 247n12, 261n3
nacionalismo (cultural), 3–4, 9, 16–17, 19, 24, 36, 54, 62, 129, 133, 223n4, 224n8, 225n9
naciones moribundas, 7, 259n16
Nada (Pardo Bazán), 228n27
naturalismo, 14, 52, 57, 60, 188, 195, 235n3, 236n10, 260n26
naturalismo en el teatro, El (Zola), 15, 16, 22, 33
Navarrete Lecanda, 118
Neumann, Birgit, 179–80, 185
Nietzsche, Friedrich, 73, 235n4, 238n24, 240n43
Nieva, Francisco, 11–12, 57, 87, 90, 92, 94, 106–07, 119, 156, 245n28
Niña Chole (personaje), 261
Niño de Guzmán, El (Pardo Bazán), 249n22, 261n4
Nolacea Harris, Amanda, 261n7

Noroeste, El (Gijón), 118, 250n1
"novelistas en el teatro, Los" (Val), 43, 246n6
noventayochistas, 35–36, 38, 115–17, 129–30, 197–98, 261n4
nudo gordiano, El (Sellés), 188, 259n21
nueva cuestión palpitante, La (Pardo Bazán), 109
"Nueva generación de novelistas y cuentistas en España" (Pardo Bazán), 220, 235n4
Nuevo Teatro Crítico (NTC) (Pardo Bazán), 7, 9, 13, 15–17, 19, 22, 32, 56, 62, 91, 93, 95–98, 199–200, 202, 218–19, 227n21, 227n23, 228n32, 230n38, 231n51, 238n26, 244n21, 245n33
Nunemaker, J. Horace, 241n4
Núñez Sabarís, Xaquín, 30
Nunley, Gayle, 252n10
Nünning, Ansgar, 179–80, 258n9
Nussbaum, Marta, 230n40

O'Connor, Patricia, 40
Oleza, Joan, 235
Oliva, César, 61, 79
Oller, Narcís, 66
ominoso, 21, 35, 69, 73, 105, 112, 146, 245n34
Onís, Federico de, 118, 242n7, 246n5
ópera, 13, 66, 104, 203, 259n15
"opinión sobre la mujer, Una" (Pardo Bazán), 189
Ordóñez, Elizabeth, 53, 106, 230n44, 243n13
Orsino. *Ver* Salinas Rodríguez, Galo
Ortega y Gasset, José, 174, 257n19
Otis, Laura, 148

Palacio Valdés, Armando, 4, 253n16
Palencia, Ceferino, 118, 247n6
Pallejá-López, Clara, 102

303

Índice alfabético

Pandora, caja de, 45, 53, 234n17
paradigma melodramático. *Ver* melodrama
Pardo Bazán, Emilia,
    admiración por Barbey d'Aurevilly, 236n12
    admiración por Bélgica, 254n21
    anticipando a García Lorca, 243n16
    anticipando a Ortega y Gasset, 174, 257n19
    antisemitismo, 254n22
    autoría intelectual femenina, 4, 34–35, 41, 50, 53–54, 57–58, 77, 86–87, 132, 227n23
    carlismo, 249n29
    casa-museo, x
    catolicismo, 188, 194, 209, 253n17, 254n21, 254n23
    como dramaturga innovadora, 11, 21, 38, 40, 55, 58, 73, 87–88, 91, 98, 100, 107, 111, 163
    como figura intelectual pública, 223–24n5
    conciencia de clase, 23, 28, 100, 128, 157, 247n12, 249n29, 253n14
    conservadurismo político, 226n17
    contra Menéndez Pelayo, 35, 97–98, 111–12, 244n18, 245n27
    contra la nación como fraternidad masculina, 4, 23, 36, 58, 64–65, 70, 73–74, 98, 100, 123, 138, 223n3
    contra los toros, 248n17
    cosmopolitismo, 8, 35, 112, 117
    cuentos, 24, 39, 42, 45, 61, 89, 99, 182, 187, 226n15, 228n27, 230n39, 232n9, 234n17, 237nn21–22, 241n3, 247n8, 252n10, 257n1, 261n4
    defensora de la misión civilizadora del imperio, 2, 23, 36, 58, 64–65, 70, 73–74, 98, 100, 123, 138, 209, 213, 223n3, 254n19
    desilusión ante la pérdida del imperio, 7, 115, 197–99, 200–02
    determinismo, 195, 236n10
    disconformidad con la España constituida, 215
    feminismo, 55, 198, 225n12, 231n4, 259n20
    importancia del pueblo, 235n5, 236n6, 249n22
    miembro del Ateneo, 225n10
    modernidad literaria y teatral, 18, 58–59, 61, 115, 225n8, 250n4
    "sacerdotisa de las modas literarias," 52
    su nacionalismo cultural, 3–4, 9, 16, 17, 19, 24, 36, 54, 62, 133
    orgullo ante el pasado colonial, 216
    participación en los eventos del IV centenario, 199–200
    prensa periódica, 217–20, 228n29, 260–61n3, 261n5
    proyecto de regeneración, 8, 36, 111, 136, 139, 153, 198, 202, 227n22
    proyecto teatral *ix*, 1–3, 6, 9–12, 23, 40, 55, 57–58, 66
    dramaturgo como demiurgo, 79, 86
    estrenos, 12, 229n32, 240n45
    de *El becerro de metal*, 250n1
    de *Cuesta abajo*, 118–19, 246n5, 246–47n6
    de *La suerte*, 74–77
    de *Verdad*, 89–90, 241nn4–6, 241–42n7, 242n10, 243n15

de *El vestido de boda*,
    42–43, 231n5,
    233n10
(falta de) experiencia teatral,
    12, 55
génesis y gestación
    de *Juventud*, 159–60,
    255nn5–6
de *La muerte de la
    Quimera*, 77,
    238–39n30
de *Las raíces*, 257n1
ideas sobre el teatro, 12,
    16–19
importancia de la técnica
    teatral, 23n51
influenciada por Ibsen,
    22–23, 92, 110, 112,
    160, 167, 236–37n13,
    242n7, 245n32, 251n5,
    255n8, 257n2
influenciada por Maeterlinck,
    22, 62, 73, 74, 79, 80
    como modelo lingüístico,
    62–63
interés por el teatro, 228n28
    obras teatrales, 221,
    223n2, 227–28n28
    manuscritos y fragmentos,
        11, 30, 159, 230n47,
        250n1, 255n5
    obra teatral juvenil, 11,
        28–34
protagonismo de mujeres,
    67, 105–06, 113, 126,
    131, 178, 203, 209,
    232n9
público, 9, 40, 42, 227n21,
    229n37, 231n7, 233n11
recepción crítica, 11, 12
    de *Juventud* por Fernando
        Díaz de Mendoza, 155
    moderna, de *Cuesta abajo*
        119–21
sobre actores, 43

Adriana Lecouvreur, 33,
    231n52
Balbina Valverde, 232n8
María Guerrero, 15,
    92–93
María Tubau, 238n26
Sara Bernardt, 33,
    231n52
sobre Shakespeare, 61
teatros frecuentados por
    la autora y su familia,
    230n46, 247n8
teatro para marionetas, 78
un teatro que hace pensar
    y sentir, 19–20, 57, 67,
    95–96, 156
y Benavente, 242n8
y *Celestina*, 160–61, 173
y D'Annunzio, 237n15
y el discurso gótico, 21, 92,
    101, 245n34
y Echegaray, 15, 73
y los filmes *noir*, 107
y la literatura policiaca, 92, 109
y el melodrama, 20–21, 35,
    92
y las óperas de Wagner, 66
y Pérez Galdós, 59, 90–91,
    133, 228n32, 230n39,
    242–43n11, 245n33
y el teatro simbolista, 21,
    34, 57, 74, 235nn3–4,
    239n32, 240n43
racismo, 6
reclamando un espacio para la
    mujer, 4, 23, 53, 87, 115,
    117, 133, 156, 169, 173,
    227n25
relación con Murguía, 65
(revisión del mito de) Hernán
    Cortés, 37, 198, 203–04,
    206, 208, 210, 212, 215,
    260n2
sobre la crisis finisecular, 2, 18,
    35, 37, 111

305

Índice alfabético

Pardo Bazán (*continuación*)
  sobre el donjuanismo, 124
  sobre educación e imperialismo, 250n2
  sobre la (falta de igualdad entre) los géneros sexuales, 2, 37, 51, 97, 125–26, 144, 167, 191, 201, 204, 206, 213, 246n3
  sobre Francia, 47, 233n14
  sobre los hombres como culpables de los problemas de la nación, 92, 115, 126, 130, 195
  sobre la importación excesiva de productos franceses, 50
  sobre la leyenda dorada, 7–8, 127, 174, 176, 182, 201, 207, 248n15
  sobre la leyenda negra, 212
  sobre la literatura que necesitan los españoles, 8, 9, 195, 202, 226–27n20
  sobre la moda, 48, 234n15
  sobre las modistas francesas, 47, 48
  sobre la mujer decimonónica, 39, 45–46, 49, 97, 128, 150, 167, 170–71, 193
  sobre la mujer gallega, 71, 158
  sobre la nación provincia de Francia, 123
  sobre la reconciliación con los judíos sefardíes, 135, 137, 139, 152, 251nn7–8, 252n11
  sobre representaciones decadentistas de mujeres moribundas, 187
  sobre representaciones de la mujer como ángel-monstruo, 192
  sobre Santa Teresa y el misticismo, 253n17
  sobre el tren para conectar con la modernidad, 251n10
  sobre la violencia de género, 89, 111, 223n3, 240–41n2, 241n3, 248n20
  traductora, 230–31n50
  y Alarcón, 260n26
  y el binario civilización-barbarie, 204
  y Concepción Gimeno de Flaquer, 203, 204
  y los confesores decimonónicos, 206
  y Darwin, 177, 187, 188, 189, 260n25
  y el deseo carnal de la mujer, 189
  y el discurso orientalista, 205, 207
  y la economía del don, 149
  y el folklore gallego, 68, 230n45
  y Galicia, 2, 24–27, 35, 103–04, 112, 236n9, 236n11, 244n20–22, 246n34, 246n2, 258n11
  y la generación realista, 3–5, 113, 225n11
  y la generación del '98, 2, 111, 114–16, 128, 129–31, 133, 197, 200, 202, 238n24, 247n9, 260n1, 261n6
  y el mito de la Quimera, 81–85, 239n39, 240n40
  y la noción de memoria orgánica, 148
  y el pecado original, 188
  y Portugal, 106
  y los prerrafaelitas, 71
  y el problema de España, 214
  y Rosalía de Castro, 65
  y Valera, 203–04, 261n8
Pardo de Cela, Pedro, 30
Paredes-Méndez, Francisca, 248n18
Parker, Andrew, 9, 223n4
Pascual López. Autobiografía de un estudiante de medicina (Pardo Bazán), 255n3

Índice alfabético

Patiño Eirín, Cristina, 33, 160, 227n23, 228n28, 231n2, 236n10, 236n12, 238n29
pato salvaje, El (Ibsen), 23, 175, 182, 258n4
patria, 33, 82, 139–40, 147, 151, 156, 207, 225n8, 231n52
    como problema, 2, 5, 20, 128, 197–98, 261n5
    y Galicia, 24–25, 65, 74, 104, 258n11, 261n4
    historia, 17
    e identidad nacional, 5, 24, 104, 235n5
    madre patria, 71, 74, 179, 185
    revitalización, 9, 19, 224n7, 249n27
    sacrificarse por, 64, 74, 236n9
    textual, 226n13
patrie en danger, La (Goncourt), 11
Pazos de Ulloa, Los (Pardo Bazán), 230n45, 244n24, 254n20
pecado original, 177, 188, 194, 258n9
Pélléas et Mélisande (Maeterlinck), 80
Peral Vega, Emilio, 78
Perder y salir ganando (Pardo Bazán), 11, 28–29, 221, 230n47
pérdida del imperio, 7, 9, 23, 36–37, 115, 122, 156, 161, 173, 175–77, 184, 186–87, 200–01, 210, 256n13
Pereda, José María de, 4
Peregrim, John, 44
Peregrinos, Los (Pardo Bazán), 11, 221
Pereira-Muro, Carmen, *x*, 3–5, 25, 53–54, 65, 104, 111, 223–24n5, 225n11, 226n13, 244n18
Péreire (Hermanos), 250, 252
Pérez, Janet, 102
Pérez Bernardo, María Luisa, 219–20, 260nn1–2, 261n4
Pérez de Ayala, Ramón, 12, 61

Pérez de la Dehesa, Rafael, 235
Pérez Galdós, Benito, 18, 34, 49–50, 137, 151, 156, 165, 233n13, 251n7, 253n14, 253n16, 245n10
    generación realista, 4, 9, 226n13
    teatro, 15–18, 32, 40, 55, 59, 90–91, 119–20, 127, 133, 227n23, 228n29, 229nn33–35, 229n37, 245n33, 250n31, 250n3
    Ver también *Realidad*
Pérez y González, Felipe, 46
Pérez Ledesma, Manuel, 72
Pérez Romero, Emilia, 260
performance, 8, 10, 19, 43–44, 123, 202, 223n5
performatividad, 9
periodismo, *ix*, 227n24
Perrault, Charles, 102
Phelan, Peggy 10, 51
Pi y Margall, Francisco, 261n6
Picavea, Macías, 8, 202
Picón, Jacinto Octavio, 95
Piedra angular, La (Pardo Bazán), 241n3
Pino, José M. del, 122
Pino, Rosario, 228n27
Pizarro, Francisco, 202, 261n3
Plan de un drama (*En Extremadura*) (Pardo Bazán), 11, 28, 33, 221
plebiscito cotidiano (Renan), 10
poderes coloniales, 6, 136, 210, 212
Podol, Peter, 244n18, 247n7
Poe, Edgar Allen, 97, 108–09, 187, 245n30
Pollock, Griselda, 237
Por la Europa católica (Pardo Bazán), 106, 112, 246n2, 248n17, 249n27, 252n10, 254n2, 261n4
Portugal, 94, 106
Pozo, Alba del, 258n7

307

Índice alfabético

Prado Mas, María, 11, 175, 179, 243n16
Pratt, Mary Louise, 226n16
prerrafaelitas, 66, 71, 123, 237n20
Presner, Todd, 147
Primera Guerra Mundial, 61, 212, 215
problema de España, 5, 35–36, 113–15, 197, 214, 246
Prohibido, Lo (Pérez Galdós), 253
Prol Galinañes, Teresa, 119
Provincialismo, 24
Público (teatral), 14–16, 32, 40, 42, 44–46, 52, 58, 75, 94, 96, 118, 144, 193, 208, 218, 227n21, 228n29, 232nn7–8, 243n15, 255nn7–8
   benevolente de los beneficios, 12
   educar al, 3, 16–22, 37, 89, 110, 194, 202, 227n37
   y emociones, 9, 19–21, 35, 96, 105, 111, 215, 245n34
   expectativas del, 12, 20, 31, 34, 40–41, 58, 87, 90, 95, 102, 112
   ficticio en *El vestido de bodas,* 46, 49–50
   gallego, 76
   ignorancia e indiferencia, 9, 12–13, 17–18, 90, 229nn36–37, 241n7
   interacción en el teatro con, 9–10, 227n23, 231n51, 241n3
Pulido Fernández, Ángel, 135, 137, 139, 141, 148, 150, 152–53, 251n7

Quesada Novás, Ángeles, 13, 228n28
Quijote (Cervantes), 3, 78, 84, 166, 174
Quimera, La (Pardo Bazán), 11, 61, 77, 84–86, 238n29, 238–39n30, 240n44

Rabaté, Jean-Claude, 117
Radford, Jill, 240
raíces, Las (Pardo Bazán), 11, 36–37, 175–95, 221, 257n1, 259n17
Ramos Carrión, Miguel, 231
Ramos Escandón, Carmen 204
Real Academia Española, 224n5, 226n13, 254n19
Real Academia Galega, *x*, 159, 198, 230n47, 250n1, 255n5, 257n1
Realidad (Pérez Galdós), 1, 9, 16, 19, 22, 32, 56, 91–93, 95–98, 219, 223n1, 227n23, 228n32, 242n11, 245n33, 258n6
Realismo, 3, 14, 16, 18, 28, 40, 56, 59–60, 79, 160, 173–74, 195, 225n9, 235n3, 236n10, 245n33
"Recuerdos de un destripador" (Pardo Bazán), 219, 244n20
Reflexiones científicas contra el darwinismo (Pardo Bazán), 187
Regeneración, 35, 91, 111–12, 119, 128, 135, 173, 254n23
   y mujer, 2, 20, 23, 56, 114, 117, 139, 147, 153, 201
   y teatro, 9, 229n35
Regeneracionistas, 9, 38, 59, 128, 130, 198–200, 202, 246n34, 248n21, 254n19, 257n14
Renan, Ernest, 10, 130, 199, 227nn25–26, 230n40
Restauración, 3, 122, 134, 136, 197–200, 202, 210–11, 214, 225n9
retablo de las maravillas, El (Cervantes), 78
"retablo de Maese Pedro, El" (Cervantes), 78
Reteatralización, 78, 239

Índice alfabético

retour de Jérusalem, Le (Donnay), 250n3
revenants 21
Revilla, Manuel de la, 228n29
Revista de España, 18, 220
revolución y la novela en Rusia, La (Pardo Bazán), 109, 224n8
Rexurdimento, 245
Reyes Católicos, Los, 30, 199, 210
Reyles, Carlos, 66, 237n19
Ribao Pereira, Montserrat, *x*, 11, 30–32, 104, 140, 148, 156, 158–60, 164, 221, 223n2, 227–28n27, 230n49, 231n2, 234n17, 245n29, 257n1
Rideau cramoisie, Le (Barbey d'Aurevilly), 236n12
Ríos, Blanca de los, 75, 89, 93, 118, 159, 247n8
Ríos, Xosé-Carlos, 66
Ríos-Font, Wadda, 14–16, 40–41, 91, 96, 98, 100, 119, 223n1, 228n31, 229n34, 229n37, 259n21
Riquer i Permanyer, Borja de, 224n8
Rohr, Isabelle, 252nn9–10
Rojas, Fernando de, 18, 160–61, 174
Romanticismo, 31, 185–86, 195, 215
Rothschilds, 250–51n4, 251nn10–11
Rougon-Macquart (serie) (Zola), 187
Rousseau, Jean-Jacques, 258n10
Rozenberg, Danielle, 139–40
Rubia Barcia, José, 247n9
Rubio Jiménez, Jesús, 16, 22, 31, 59–61, 91, 229n33, 239n31, 245n32
Rufete, Isidora (personaje), 49
Ruiz-Galardón, Alberto, 135
Ruiz-Ocaña Dueñas, Eduardo, 17, 48, 61, 241n3
Rupp, Jan, 179–80, 258n9

Rusiñol, Santiago, 62
Russell, Diana E., 240n1

Sacrificio, El (¿Pardo Bazán?), 11, 221
Said, Edward, 5, 9, 136, 198, 205
Sainz de Robles, Federico Carlos, 227n27, 231n2
Salaün, Serge, 239n35
Salinas Rodríguez, Galo, 76
Salisbury, Lord, 7, 259n16
Salmon, Fabienne, 48
San Agustín, 188
Sánchez del Abrojo (personaje), 186
Sánchez Estevan, Ismael, 243n15
Sánchez-Llama, Íñigo, *x*, 3, 18, 58–59, 85–86, 132–33, 225n9, 238–39n30, 239n39, 240n41, 250n3, 257n19
Santa Teresa de Ávila, 147, 253n17
Santana, Mario, 241n3
"Santiago el mudo" (Pardo Bazán), 99
Sátira, 40–41, 52, 54, 123
Scanlon, Geraldine, 225n12
Schiavo, Leda, 90, 93, 155, 228n28, 241n6, 250n1, 255n7
Schivelbush, Wolfgang, 140
Schmidt-Nowara, Christopher, 6, 203, 207, 213
Schopenhauer, Arthur, 235n4
Schor, Naomi, 146
Schyfter, Sara, 253n17
Scoular, Bryan, 103
Scribe, Eugène, 11, 31, 32
sefarditas, 36, 135, 137–40, 152, 251n7, 251–52n9, 252n10
Sellés, Eugenio, 15, 188
Sentimiento patriótico (patriotismo), 8, 202, 230n40, 261n5
Servén, Carmen, 253n16
Shakespeare, William, 15, 61, 87, 230n38, 240n46, 244n19, 252n12

309

Índice alfabético

Shkatulo, Olena, 8, 47, 216, 234n14
Shubert, Adrian, 225n8
Sieburth, Stephanie, 225n9
"Siempre la guerra" (Pardo Bazán), 219, 236n9
"Siglo XVIII" (Pardo Bazán), 228n27
Siglo de Oro, 3, 14, 132, 151, 182, 225n8
Sil (río), 26, 63, 68, 72, 236n7, 238n25
simbolismo, 59, 61–62, 78, 86–87, 123, 258n9
Simón Palmer, María del Carmen, 42, 254n19
Sinclair, Allison, 19
Sinovas Maté, Juliana, 218, 261n3
Sinfonía. La muerte de la Quimera. Tragicomedia para marionetas (Pardo Bazán), 77, 86
"Sin título," 220, 240n40
Sinúes de Marco, Pilar, 253n16
sirena negra, La (Pardo Bazán), 61
Smith, Allen, 256n10
Smith, Jennifer, x, 241n3
Sobejano, Gonzal, 91, 245n33
Société de Conférences (París), 7
Sófocles, 230n38
Solis y Rivadeneyra, Antonio, 260n2
Sommer, Doris, 225n8
Sonata de estío (Valle-Inclán), 261n7
Sosa-Velasco, Alfredo, 148
Sotelo Vázquez, Marisa, 24, 68, 217, 260n1, 260–61n3, 261n1
Spencer, Philip, 19, 64, 223n4, 227n26, 230n40
Spurr, David, 179, 205
Staël, Madame de, 132
Stavans, Ilan, 135
Stead, Evanghélia, 82
Stoker, Bram, 240

Strindberg, August, 40, 231n3
"Subastas, las" (Pardo Bazán), 219, 253n18
sueño de una noche de verano, El (Shakespeare), 61
sueño de Rapiña, El (Reyles), 66, 237n19
suerte, la (Pardo Bazán), 11, 25–26, 34, 57–77, 86–87, 113, 117, 159, 221, 234, 236n10, 237n15, 237n21, 238n26, 238n28, 255n6
Surwillo, Lisa, 257n15
Suspicion (Hitchcock), 245n28
Sutherland, Erika, 241n3

Tamayo y Baus, Manuel, 14, 230n38
"Tapiz, El" (Pardo Bazán), 61
Tassende, Mercedes, 261n3
teatrillos por horas, 13
teatro breve, 33
Teatro de la Comedia, 41, 91, 223n1, 228n27, 255n6
teatro de ensueño, 18, 22, 61, 77, 79, 86, 240n42
Teatro de Lara (Madrid), 12, 41–44, 46, 52, 231n4, 232nn6–8, 233n10
Teatro de Novedades (Barcelona), 231
Teatro de la Princesa (Madrid), 12, 74
Teatro Español (Antiguo Corral del Príncipe, Madrid), 12, 89–90, 93, 98, 223n3, 242nn9–10
Teatro María Guerrero (Madrid), 250n1
teatro nacional, 4, 11, 13, 16–17, 29
Teatro Principal (A Coruña), 12
teatro simbolista, 21, 57, 59, 61, 67, 88, 239n33, 240n42
"Temis" (Pardo Bazán), 89, 220, 223n3

Índice alfabético

tempestad, La (Shakespeare), 61
Tempestad de invierno (Pardo
   Bazán), 11, 28, 31, 221
Tenreiro, José Carlos, 101, 245n34,
   246n34, 248n17
tentation de saint Antoine, La
   (Flaubert), 85
Teresa (Clarín), 9
Théâtre de la République (París), 31
Thion-Soriano Mollá, Dolores,
   11, 113, 156, 227nn22–23,
   241n5
Thrift, Nigel, 20
Tierra, La (La terre) Zola, 236n6
Tirso de Molino (Gabriel Téllez),
   17, 18, 230n38, 255n6
títeres, 77–78
Todorov, Tsvetan, 102, 214
Tolliver, Joyce, x, 6, 131, 177,
   181–82, 187, 237n22,
   248n14
Tolstoi, Leo, 15
Torquemada (serie) (Pérez Galdós),
   137, 141, 253n14
Torre del Río, Rosario de la, 7,
   259n16
Tragicomedia de Calisto y Melibea.
   Ver *Celestina*
Tragedia de ensueño (Valle-Inclán),
   57, 240n42
trágico cotidiano, 60, 65
Trilogía de la muerte (Maeterlinck),
   21, 60, 67
Trouilhet Manso, Juan, 239n31
Tubau, María. *Ver* Álvarez Tubau de
   Palencia, María
turno imperial, 5, 135

Ubersfeld, Anne, 43
Urban Baños, Alba, 228n28
Unamuno, Miguel de, 115, 127,
   132, 148, 249n30, 251n7
   preocupación por la España
   finisecular, 5, 8, 197, 200,
   202

sobre Galicia, 248n19
y carlismo, 249n25
y Castilla, 27, 116, 130, 255n4
y *Don Quijote*, 165–66
y Europa, 249n27
y las mujeres, 131
y Pardo Bazán, 18, 84, 86, 119,
   247n9, 261n6
y el teatro, 229n35, 244n19

Vade, Yves, 81
Val, Mariano Miguel del, 43,
   228n27, 246n6
Valera, Juan, 4, 202–04, 261n8
Valis, Noël, 48, 142, 254n1
Valle-Inclán, Ramón del, 18, 57,
   78–79, 229n37, 235n4,
   240n42, 261n7
Vallejo, Catherine, 234n14
Valverde, Balbina, 12, 42–43, 55,
   232n8, 233n10
Varela, J. L., 255n6, 257n1
"Véra" (Villiers de l'Isle-Adam), 245
Verdad (Pardo Bazán), x, 1, 2, 11,
   26–27, 31, 35, 82, 89–113,
   118, 155, 221, 223n3,
   241nn4–6, 241–42n7,
   242–43n11, 248n20,
   249n26, 254n2
Versteeg, Margot, 41, 57, 241n3
Vesteiro Torres, Teodosio, 30
Vestido de boda, El (Pardo Bazán), x,
   11, 20, 33–34, 39–56, 113,
   221, 231n2, 231n5, 232n6,
   232–33n9, 233n10, 234n17
Viaje de novios, Un (Pardo Bazán),
   225n8
Vida contemporánea, La, 10, 12–13,
   17, 48, 61–62, 78, 160,
   217–18, 227n21, 229n36,
   231n52, 232n8, 238n26,
   239n30, 240n44, 242n8,
   243n11, 252n11, 256n8,
   261n2
Vicetto, Benito, 30, 104

Índice alfabético

Villanueva, Darío, 238n29
Villiers de l'Isle-Adam, 245n30
violencia, 21, 26–27, 35, 69, 87,
  100–01, 103, 112, 126,
  165, 187, 237n15, 237n21,
  242n7
 doméstica. *Ver* violencia de
  género
 género, de, 23, 31, 89, 101,
  241n3, 248n20
"Vistas" (Pardo Bazán), 51, 220
"Viuda de marino" (Pardo Bazán),
  220

Wallace, Dianne, 102
Walpole, Horace, 104
Walter, Susan, *x*, 169, 177, 191
Weber, Max, 20, 223n5, 225n9
Whitaker, Daniel, 238n29
Wilcox, John, 11, 14, 114, 175,
  228n30
Williams, Simon, 22–23
Wilmer, Stephen, 9–10
Wollman, Howard, 19, 65, 223n4,
  227n26, 230n40
Wolstenholme, Susan, 102

Yuval-Davis, Nira, 65
Yxart, José, 23–24, 160, 166,
  228n29, 245n32
Zamora, Andrés, 225n9
Zatlin, Phyllis, 120
Zeda. (*Ver* Fernández Villegas,
  Francisco)
Zola, Émile, 15–16, 18, 22, 33, 40,
  55, 187–88, 236n6

Sobre el libro

Margot Versteeg
Propuestas para (re)construit una nación:
El teatro de Emilia Pardo Bazán
PSRL 76

Propuestas para (re)construir una nación explora cómo Emilia Pardo Bazán (1851–1921) imagina y engendra la nación española en su producción teatral finisecular que vio la luz entre 1898 y 1909. A la zaga de la debacle de 1898, cuando la introspección colectiva dirige la mirada de los autores hacia la patria, Pardo Bazán genera una serie de propuestas teatrales para revitalizar la nación. En sus obras, expone sus ideas sobre la crisis finisecular, reflexiona sobre el lugar de España en la arena internacional (enfatizando su misión civilizadora), critica el poder embriagador de la que llama la leyenda dorada (el glorioso pasado español) y ve la causa de los males de la patria en la falta de educación de sus habitantes y en la desigualdad entre hombres y mujeres.

En vez de enfocarse en el pasado, Pardo se imagina un futuro en el que nuevas configuraciones sociales sean posibles. En lugar de ubicar sus obras en una Castilla ancestral, Pardo sitúa varias de sus piezas teatrales en su Galicia natal. Para la autora los problemas regionales son inseparables de los nacionales y los problemas nacionales son inseparables de la cuestión de la mujer.

La dramaturga apela tanto al raciocinio como a las emociones de sus espectadores/lectores para hacerles pensar y sentir que son los hombres los que constituyen el problema nacional. Para Pardo Bazán la clave de la regeneración de España se encuentra en la mujer.

Propuestas ofrece una nueva perspectiva de la participación de las autoras femeninas en el contencioso debate sobre la nación española. Dentro de la extensa producción creadora de la autora, su teatro es un terreno frecuentemente pasado por alto y *Propuestas* desafía el tan trillado tópico del retraso de la escena española y la supuesta falta de innovación durante el fin de siglo.

About the book

Margot Versteeg
Propuestas para (re)construit una nación:
El teatro de Emilia Pardo Bazán
PSRL 76

Propuestas para (re)construir una nación explores how Emilia Pardo Bazán (1851–1921) imagines and engenders the Spanish nation in her theatrical productions staged and/or published between 1898 and 1909. In the aftermath of Spain's colonial losses, when Spain's male authors, in a growing mood of collective introspection, directed their attention to the homeland, Pardo Bazán generated a series of theatrical proposals to revitalize the nation. In her plays, she manifests her ideas about Spain's fin de siècle crisis, reflects on Spain's place in the international arena (emphasizing the nation's civilizing mission), critiques the intoxicating power of the so-called golden legend (Spain's glorious past), and sees the origin of the nation's hardship in the lack of education of its inhabitants and in the inequality between men and women.

Pardo Bazán's vision of Spain is forward looking, and she imagines a future in which new social configurations will be possible. Instead of locating her plays in an ancestral Castile, she situates several of her works in her native Galicia. For the author, Spain's regional issues are inseparable from the country's national issues and these can all be traced back to the woman question. The playwright appeals to the spectators/readers' reason and emotions in order to let them think and feel that the problems the nation faces can all be attributed to the Spanish men. For Pardo Bazán, Spain's potential for national regeneration resided in the inner strength of women.

Propuestas offers a new perspective on the participation of female authors in the contentious debate about the Spanish nation. Pardo Bazán's theater is an overlooked area in the author's extensive creative production, and *Propuestas* challenges the so often repeated topic of the backwardness of the Spanish stage and the alleged lack of innovation during the fin de siècle.

Sobre la autora

Margot Versteeg es catedrática de español en la Universidad de Kansas. Ha publicado ampliamente sobre literatura y cultura de finales del siglo XIX y principios del siglo XX. Es la autora de dos libros: uno sobre el teatro breve decimonónico (*De fusiladores y morcilleros: el discurso cómico del género chico (1870–1910)*, Rodopi 2000) y otro sobre un grupo de protointelectuales decimonónicos (*Jornaleros de la pluma. La definición del papel del escritor-periodista en la revista* Madrid Cómico, Iberoamericana/Vervuert 2011). Versteeg ha coeditado *Teaching the Works of Emilia Pardo Bazán* (MLA 2017, con Susan Walter), e *Imagined Truths: Realism in Modern Spanish Literature and Culture* (University of Toronto Press 2019, con Mary Coffey).

About the author

Margot Versteeg is a professor of Spanish at the University of Kansas. She has published numerous articles on nineteenth- and early-twentieth-century literature and culture, and is the author of two books: one on 19th century Spanish theater (*De fusiladores y morcilleros: el discurso cómico del género chico (1870–1910)*, Rodopi 2000) and another on nineteenth-century proto-intellectuals (*Jornaleros de la pluma. La definición del papel del escritor-periodista en la revista* Madrid Cómico, Iberoamericana/Vervuert 2011). She also coedited *Teaching the Works of Emilia Pardo Bazán* (MLA 2017, with Susan Walter), and *Imagined Truths: Realism in Modern Spanish Literature and Culture* (University of Toronto Press 2019, with Mary Coffey).

"Este es un libro excelente. La autora analiza las obras dramáticas de Pardo Bazán como representaciones de una identidad regional (gallega) y nacional, pero además hace hincapié constantemente en su feminismo y en el papel de la mujer en la sociedad. Pardo Bazán fue una dramaturga extraordinariamente flexible, cuyas obras incorporaron las preocupaciones regionales y nacionales, comentarios sobre el género, el conflicto de clases, la retórica simbolista, el melodrama, diálogos y monólogos. Durante los últimos veinte años ha habido una abundante producción crítica acerca del género, la ansiedad y el concepto de nación, pero aquí se ofrecen ejemplos concretos de cómo estas preocupaciones informaron la obra de una de las mejores escritoras de la España decimonónica."
       David T. Gies, University of Virginia

"This is a terrific book. The author analyses Pardo Bazán's plays as representations of regional (Galician) and national identity, but consistently underscores her focus on feminism and the role of women in society. Pardo Bazán was an impressively flexible dramatist whose plays included regional concerns, national issues, gender discussions, class conflicts, symbolist rhetoric, melodrama, dialogues, and monologues. There has been a lot of critical commentary in the past twenty years concerning gender, anxiety, and nation, but here we get concrete examples of how these concerns informed the work of one of Spain's greatest nineteenth-century writers."
       David T. Gies, University of Virginia